ACCOUNTING
K-IFRS

개정2판

회계원리

김연수·한승우 공저

도서출판 두남

머리말

현대생활을 살면서 경제활동을 이해하고 일상생활을 영위하자면 회계의 필요성을 증차대하다. 현대인이 어느 업종의 업무에 종사하든지 그 업종에서 발군의 실력을 나타내기 위해서는 회계원리의 이해는 더욱더 필요해졌다.

정보화 사회를 맞아 컴퓨터 만능시대를 살지만 기업의 흥망성쇠나 국가살림을 위해서는 회계의 이해가 필요해졌다. 그리하여 국내의 모든 대학에서는 회계원리란 제하에서 한학기 수업을 위해 저서를 출판하게 되었다.

최근에 회계환경이 급변해서 종래의 기업회계기준의 준거규준에 따라 이해되던 회계원리에서 벗어나 국제적 흐름을 이해해야 되기에 이르렀다. 외국자본이 국내에 유입되면서 자국(自國)의 이해가 상반되어 국제회계기준 도입이 불가피해졌다.

이에 따라 정부는 회계기준원으로 하여금 국제회계기준에서 한국이 수용하기 위한 로드맵을 정하고 한국채택국제회계기준(K-IFRS)을 결정하여 2011년부터 모든 상장기업에 적용토록 하고 있다.

따라서 한국의 모든 회계학 저서들이 이에 대한 이해와 현실에서의 적용이 다급해졌다.

본서는 이를 반영하여 회계원리 측면에서 학습되고 보완되도록 꾸며나갔다. 특히 복식부기원리에 충실하며 공인회계사, 세무사 등 각종 자격고시에 대비하며 폭넓게 회계학에 이해하는데 도움이 되도록 쉽게 쓰도록 성의를 다했다.

평소 대학에서 30여년동안 회계원리교육을 하면서 학생들이 난이하게 이해된 부분을 평이하게 이해되도록 원고를 쓰고자 노력하였다.

이 책이 나오기까지 수고하신 두남의 관계자 여러분께 진심으로 감사드리며 회계학의 입문서로써 사명을 다하길 바란다.

2010년 3월

저자 씀

차 례

차 례

차 례

제 13 장 무형자산과 기타의 자산 213

제 14 장 부채 227

차 례

회계와 회계학 제 1 장

§1 회계의 의의와 목적

1. 회계의 의의

기업경영활동에 기업재산이 필요하며 기업재산은 기업활동에 따라서 증가하거나 감소한다. 또한 경제상태 · 자연현상의 변화에 따라 가치의 증가 또는 감소가 되는 경우도 있다. 그러므로 기업은 기업재산이 증가하거나 감소하는 상태를 기록 · 정리해서 정확한 재산과 손익을 계산해야 할 필요가 있다.

회계는 이와 같은 자본순환을 대상으로 하여 가치의 증감변화를 계수적으로 파악하여 그 성과를 명료하게 기록 · 계산 · 정리하는 기법이다. 회계는 여러 가지로 정의될 수 있겠지만, 다음의 두 가지 정의가 중요시되고 있다.

미국공인회계사회의 회계용어공보(Accounting terminology Bulletin ; ATB) No.1에 게시된 바에 의하면,

> 회계는 재무적 성격을 갖는 거래나 사상을 의미있는 방법으로 화폐단위에 의하여 기록, 분류, 요약하고 그 결과를 해석하는 기술이다.
>
> Accounting is the art of recording, classifying, and summarizing in a significant manner and in terms of money, transactions and events which are, in part at least, of a financial character, and interpreting the results there of.

이것은 전통적 회계기능의 관점에서 정의된 것으로 회계를 단순한 재무제표 작성수단으로 본 것이다. 또한 회계를 기술 또는 실무로 간주하여 과학이 아니라는 것을 묵시적으로 강조하고 있다.

다른 하나는 미국회계학회가 기초적 회계이론에 관한 보고서(A Statements of

Basic Accounting Theory ; ASOBAT)에 제시한 바에 의하면,

> 회계란 정보이용자가 사정을 잘 알고서 판단이나 의사결정을 할 수 있도록 경제적 정보를 식별하고 측정하여 전달하는 과정이다.
>
> The Committee defines accounting as the process of identifying, measuring, and communicating economic information to permit informed judgements and decisions by users of the information.

이것은 회계를 정보지향적 접근법에 의해 정의한 것으로 회계에서 정보의 측정과 전달을 통해 정보이용자의 의사결정에 유용한 정보의 제공을 강조하였다. 이 정의로부터 회계학에서 정보이론 · 의사결정이론 · 커뮤니케이션이론 등 사회과학이론이 논의될 수 있게 되었고, 회계학은 기술의 범주를 벗어나 사회과학으로서 발전하게 되었다.

따라서 회계학에 대하여 정의하면 "회계학이란 기업의 경영활동에서 발생하는 경제가치 변화를 일정한 회계측정기구에 의하여 기록 · 계산 · 정리하고, 그 결과를 정확 · 명료하게 표시함으로써 경영실태를 파악하고, 이를 회계정보 이용자에게 전달하는 실천과학이며 사회과학의 한 분야인 것이다."

2. 회계의 목적

회계는 다음과 같은 여러 가지 목적을 달성하기 위하여 정보를 측정 · 전달한다.

① 의사결정을 위한 정보의 제공

② 자원의 효율적 운용을 위한 정보의 제공

③ 자원의 보전 및 관리에 관한 보고

④ 사회적 기능 및 통제를 가능하게 수행할 수 있는 정보의 제공

첫째의 의사결정을 위한 정보의 제공이라 함은 유한한 자원을 효율적으로 활용하기 위해서 정보를 마련하는 것을 의미한다. 즉 경영자들은 한정된 경제적 자원을 효율적으로 이용하려고 할 때 여러 가지 가능한 대체적 방안 중에서 최선의 어떤 방안을 선택하지 않으면 안 되는 상황에 자주 직면하게 된다. 이때 대체안의 선택문제가 제기된다. 대체안 중에서 최선의 방안을 선택하는 것은 각각의 대체안에 대하여 유

리 또는 불리한 점을 체계적으로 비교 · 분석하여 가장 유리하고 실행가능한 어떤 한 가지 방안을 선택하는 과정을 밟게 된다. 이때 경제적 유리 또는 불리를 비교하는 데 회계정보에 의존하게 되는 경우가 많이 있다. 특히 원가자료는 경영자가 의사결정을 하는 데 많은 도움을 준다.

둘째의 자원의 효율적 운용을 위한 정보의 제공이라 함은 경영을 지휘 · 통제하는 데 있어서 회계정보가 계획의 입안과 실행을 용이하게 하기 위해서 이용된다고 하는 것을 의미한다. 조직적인 기록, 특별연구 및 자료분석을 통해서 회계는 계획에 필요한 자원을 취득하고 유지하며 또 효율적으로 사용할 수 있도록 한다. 회계는 계획을 수립하고 실천하는 사람들에게 자극을 주는 역할을 할 뿐만 아니라 수행된 업무의 능률을 평가하기 위한 수단을 제공하기도 한다.

셋째의 자원의 보전 및 관리에 관한 보고라 함은 영리기업에 있어서의 이사회와 마찬가지로 경영자의 직능일 수도 있을 뿐만 아니라 타인의 재산을 수탁 또는 보관하고 있는 경우와 같이 수탁자의 직능일 수도 있다. 경영자 또는 수탁자는 재산의 위탁자 또는 이해관계자에게 동 재산에 대한 관리보전의 임무를 충실하게 수행하였다고 보고하여 그 승인을 받음으로써 그의 책임이 해소(discharge)되게 된다. 이와 같은 위임 · 해소관계(charge and discharge relationship)는 회계가 오랫동안 가지고 있는 기본적 직능의 하나이다.

넷째의 사회적 기능 및 통제를 가능하게 수행할 수 있는 정보의 제공이라 함은 과세, 각종 부정의 방지, 정부의 공익사업규제, 상업의 일반적 규제와 촉진을 위한 정부활동, 노사관계 및 이해관계자를 위한 경제활동 등에 관한 정보를 마련하는 것을 의미한다. 이 같은 활동은 사회를 조직적이고 합리적으로 운영하는 데 필요한 의사결정의 기초자료를 제공하게 되며 결과적으로 이는 사회 전체의 복지증진에 기여할 수 있도록 한다.

§2 부기와 회계

1. 부기와 회계

회계학의 역사적 발전과정을 보면 부기로부터 진화 · 발전되어 새로운 학문영역을 형성하게 되었음을 알 수 있다. 그러나 회계에 관한 초보적 지식밖에 갖고 있지 않은 사람은 회계학과 부기를 동일한 것으로 혼동하는 경우를 우리 주위에서 많이 찾아볼 수 있다.

회계와 부기를 동일시하는 이유는 초기단계의 회계학교육이 동서양을 막론하고 장부기입(book-keeping)을 중심으로 이루어진 데 있었고, 부기하는데 따라야 할 원리와 연구범위와 대상에 관해서 별다른 진전을 보지 못하였기 때문인 것으로 볼 수 있다. 예로서 구미 제 국가에서의 회계학발전의 초기단계의 교과서 명칭만 보더라도 거의 모두가 [부기] 또는 [계정]이란 말로서 표현되었고, 장부에의 기입(부기)도 단순히 관습적으로 전래해 오는 기능적 작업으로 이루어졌던 것이다. 그러던 것이 부기의 배후에 숨어 있는 원리가 개발되고 그에 대한 지식이 점차로 체계화되어 연구범위와 대상이 점차 밝혀지면서 회계는 단순히 거래사실을 장부에 기록하는 부기의 차원을 넘어서 인간의 경제활동을 측정 및 보고하고 이를 해석하는 학문으로 발전한 것이다.

이와 같은 점에서 부기는 일정의 회계모델에 따라 거래를 단순히 기계적으로 기록・분류・요약・보고하는 기술적이고 반복적 성격을 가지고 있는 회계학의 한 기술적 측면을 일컫는 말이 되었다. 물론 회계라고 할 때에는 이 같은 부기적 요소를 포함하지 않는 것은 아니다. 회계에서 중요시되는 것은 부기에서 중요시하고 있는 회계의 기술적・기계적・반복적 측면이 아니라 회계의 원리를 찾아내고 이를 체계화하는 동시에 경제활동 내용을 체계적으로 분석・요약・보고・설명하는 데에 있다.

회계와 부기의 차이점을 이와 같이 볼 때 부기업무를 담당하는 기장자(book-keeper)는 회계모델에 관한 최소한의 지식을 갖고 단순한 거래의 반복적이고 기계적인 기록을 할 수 있으면 된다. 또한 이 같은 지식 및 기술은 수주 또는 수개월이면 습득이 가능하며, 이곳에서 요구되는 것은 반복에 의한 숙련이다. 이에 대해서 회계인(accountant)은 정보시스템을 설계하고 복잡한 경제적 사건을 분석・해석・보고하며 재무상 및 관리상의 조언을 할 수 있는 유능한 전문적인 직업인을 말한다.

2. 부기의 분류

부기는 관점에 따라서 여러 가지로 분류할 수 있다. 본 교재에서는 ① 단식부기와 복식부기, ② 상업부기와 공업부기로 구분하여 설명하기로 한다.

(1) 단식부기와 복식부기

이것은 거래를 장부에 기입하는 방법에 따라 구분한 것이다. 단식부기(single entry book-keeping)는 경영체의 경제활동을 어떤 한쪽 측면에서만 파악하여 기록・계산하는 부기법을 말한다. 이때 부기・계산의 대상은 일정하지 않고 경우에 따라서는 단지 현금・예금의 출납에 국한하고 있는가 하면, 때에 따라서는 이에 대인적인 채권・채무의 발생・소멸을 추가적으로 기록・계산의 대상으로 삼고 있는 경우도 잇다. 또 상품의 매입・매출을 포함하기도 하며 나아가 기업의 전 재산의 동향을 파악하기 위하여 기록하는 경우도 있다.

단식부기는 다음에 보는 복식부기와는 달리 재산(자산・부채)이 곧 자본이라는 사고를 출발점으로 한 부기법이 아니기 때문에 경제활동이 수행됨에 따라 기록・계산되는 것은 자산 및 부채에 그치고 말며 이의 총체적 표현인 자본의 증감계산이 이루어지지는 않는다. 따라서 단식부기에 의하면 이익과 손실이 나타나기까지의 원인을 명백히 알 수 없고, 부기・계산을 통하여 기계적으로 검출되지 않는다. 이 같은 점에서 단식부기는 불완전부기라고 한다.

복식부기(double entry book-keeping)는 단식부기와는 달리 모든 재산(자산・부채)은 곧 자본이란 관점에서 출발하고 있기 때문에 경영체의 모든 경제활동은 재산과 자본의 두 측면에 영향을 미치는 것으로 본다. 따라서 복식부기에 의하면 손익거래를 포함한 모든 거래를 복식기입의 방법으로 처리하게 된다. 이 같은 방법을 채택하게 되면 총체적인 손익계산을 할 수 있는 재무상태표뿐만 아니라 손익의 발생원인에 따른 포괄손익계산서를 동시에 一元的으로 파악할 수 있게 되고 재무상태표와 포괄손익계산서상의 이익 또는 손실은 동액이 된다. 즉 복식부기는 모든 거래를 대차로 이중기록을 하게 되므로 대차평균의 원리(principle of equilibrium)가 작용하게 되어 거래가 이면적으로 계산될 뿐만 아니라 그 결과도 당연히 합치하게 되는 기구를 가지고 있다. 그에 따라 이익액이나 결손액도 재무상태표의 측면에서나 포괄손익계산서의 측면에서 다같이 명백하게 된다. 즉 손익의 계산은 기록이나 계산의 유도과정에 오류가 없는 한 당연히 합치되고 또 자동적으로 검증된다. 복식부기가 가지고 있는 이 같은 기능을 자기검증기능이라 한다.

(2) 상업부기와 공업부기

이것은 부기를 채택하는 기업이 상기업이냐 아니면 공기업(제조기업)이냐에 따라 구분한 것이다.

상기업에서 자본증식을 이룩하는 전현적인 형태를 보면, 우선 화폐자본을 구매과정을 통하여 상품자본으로 전환시키고 이를 판매하여 다시 화폐자본으로 전환시킴으로써 기업의 자기자본증식을 도모하는 과정을 밟게 된다. 이와 같이 볼 때 상기업의 경제활동, 즉 자본순환과정은 비교적 단순하다. 화폐를 G, 상품을 W, 증식된 화폐를 G'라고 하면 상기업의 가치순환관계는 다음과 같이 표시할 수 있다.

G ——— W ——— G'

상기업은 이와 같은 경제활동(구매 및 판매활동)으로부터 생긴 기업의 자산·부채·자본의 증가·감소를 복식부기의 원리에 따라 화폐가치계수적으로 기록·계산·정리하여 기업에 있어서 일정기간의 경영성적과 일정시점에 있어서의 재무상태를 명백히 하기 위해서 포괄손익계산서나 재무상태표 등 재무제표를 포함한 상기업에 관한 재무적 정보를 마련하게 된다. 이 때 상기업에서 채택하는 부기를 상업부기(commercial book-keeping)라 한다.

이에 대해서 工企業의 경제활동 또는 자본순환과정은 위에서 본 상기업의 구매과정과 판매과정의 중간단계로서 제조과정이 추가로 개재되기 때문에 상기업보다는 훨씬 복잡한 양상을 띠게 된다.

공기업을 운영하려면 우선 일정의 자금으로서 건물·기계 등을 매입하고 원재료를 구입함과 아울러 종업원에게 임금·급료를 지급하고 또 그 밖에 필요한 기타의 제 경비를 지급하여 제조활동을 수행하지 않으면 안 된다. 그리고 이와 같이 하여 생산된 제품을 판매함으로써 자금을 회수하여 이익을 얻게 된다. 이와 같은 일련의 관계를 표시하기 위하여 화폐를 G, 상품을 W, 생산수단(설비 등 노동수단이나 원재료 등의 노동대상)을 P_m, 노동력을 A, 생산과정을 P, 변형되어 가치증식이 된 상품을 W', 증식된 화폐를 G'라고 하면 工企業의 자본순환관계는 다음과 같이 나타낼 수 있다.

$$G \text{———} W \cdots \left[\begin{array}{l} P_m \\ \cdots\cdots \\ A \end{array} \right. \quad P \cdots\cdots W' \text{———} G'$$

이같은 공기업의 활동 중 원재료나 임금·급료 및 제 경비 등을 소비함으로써 이루어지는 제품의 제조활동을 내부활동이라 한다. 이에 대해서 원재료의 매입, 임금·급료의 지급, 제품의 판매 등의 활동은 기업외부와의 관계를 나타내는 것이므로 외부활동이라고 한다.

工企業은 내부활동과 외부활동이 함께 이루어지기 때문에 이들 활동으로부터 생긴 기업의 자산·부채·자본의 증가·감소를 복식부기의 원리에 따라 기록·계산·정리하여 기업에 있어서 일정기간의 경영성적과 일정시점에 있어서의 재무상태를 명백히 하기 위해서 포괄손익계산서나 재무상태표 등의 재무제표를 작성하게 된다. 이때 工企業에서 채택하는 부기를 공업부기(factory book-keeping)라 한다.

공업부기에서는 외부활동을 기록·계산·정리하는 외에 기업의 외부활동에서 생긴 거래, 즉 제품의 제조에 소요된 원가인 제조원가를 계산하지 않으면 안 된다. 공업기업에서는 복식부기원리에 따라 제조원가를 기록·계산·정리하여 보고하는 것이 중요한 내용으로 되어 있다.

§3 회계학의 체계

앞의 부기의 분류는 회계학을 기술 또는 실물의 관점에서 보고 분류한 것이다. 여기서의 회계학의 체계는 앞의 경우보다 학술적 또는 학문적 관점에서 분류한 것이라고 볼 수 있다. 그 내용은 [표 1-1]에 요약되어 있다.

[표 1-1] 회계학의 체계

1. 회계보고의 목적 · 대상에 따라	
① 재무회계	② 관리회계
2. 교육과정상의 분류에 따라	
① 회계원리(재무회계)	② 중급회계
③ 고급회계	④ 회계이론
⑤ 관리회계	⑥ 원가회계
⑦ 회계감사	⑧ 세무회계
⑨ 회계정보시스템	⑩ 재무재표론
⑪ 비영리조직회계	⑫ 기타

1. 회계보고의 목적 · 대상에 따라

(1) 재무회계

재무회계(financiaql accounting)는 기업의 재무상태와 경영성과를 파악하기 위한 회계를 말하는 것으로 재무제표 중심의 회계이다. 이것은 기업의 광범위한 이해관계자인 외부 정보이용자(투자자 · 채권자 · 주주 등)의 경제적 의사결정에 유용한 재무정보를 측정 · 보고할 목적으로 이루어지는 외부정보목적의 회계이다. 회계의 사회적 책임을 다하기 위한 수단으로서 다수의 이해관계자들에게 재무제표를 공시함으로써 합리적인 의사결정을 하는데 자료를 제공하는 것이다.

따라서 재무회계는 경영자 입장에서 보면 투자자들의 자원을 수탁받은 관리자로서의 수탁책임을 밝혀 주고 그 책임이행의 결과에 대한 보고의 기능을 수행한다. 재무회계 고유영역으로는 회계원리 · 회계이론 · 재무제표론 · 회계감사 · 실제원가계산 등이 있다.

(2) 관리회계

관리회계(managerial accounting)는 기업 경영자가 경영의사결정을 하는데 필요한 회계정보를 제공하는 내부정보목적의 회계이다. 경영자는 기업의 관리활동을 통제할 목적으로 회계정보를 필요로 한다. 기업의 목표인 이윤극대화를 위하여 경영계획의 수립과 경영통제를 효과적으로 수행할 수 있도록, 재무회계와 다른 관점에서 회계정보를 수집 · 정리 · 보고 · 해석하는 이들 정보를 관리 · 이용할 필요가 있다.

그 결과 사후적으로 이익계산에 치중하는 회계는 다른 한편으로 사전적인 경영관리에도 이용하게 되었는데, 이와 같은 경영관리목적을 위한 내부정보의 회계를 말한다. 관리회계의 고유영역으로는 표준원가계산론(원가회계), 관리회계 · 경영분석 · 경영통제론 · 이익관리론 · 예산통제론 등이 이에 속한다.

이상을 일괄표시하면 [표 1-2]와 같다.

[표 1-2] 회계보고목적에 따른 분류

회계학	분류	과목	계산
회계학 (계산적 영역)	재무회계 (보고적 회계)	회계원리(부기원리)	사후계산
		회계이론(재무제표론)	
		회계감사론	
		재무제표론	
		실제원가계산론	
	공통영역	내부보고제도	사전 · 사후계산
		내부통제제도	
		회계원리(부기원리)	
	관리회계 (관리통제적 회계)	이익관리론	
		예산통제론	
		관리회계	
		표준원가계산론(원가회계)	
		경영분석론	
		경영통제론	

2. 교과과정상의 분류에 따라

교과과정상 회계학은 ① 재무회계, ② 관리회계, ③ 회계감사, ④ 기타로 분류된다. 재무회계는 원리와 실무를 다루는 회계원리 · 중급회계 · 고급회계, 그리고 이론을 다루는 회계이론으로 나누어진다. 관리회계는 초보적인 회계계산과 회계정보의 관리적 이용을 다루는 관리회계와 원가의 측정 · 계획 · 통제와 계량적 원가회계를 다루는 원가회계로 나누어지다. 여기서 앞의 관리회계는 광의로, 뒤의 관리회계는 협의로 본 것이다. 기타로는 세무회계 · 회계정보시스템 · 비영리조직회계 · 재무제표론 등이 있다.

각 교과목을 간단히 설명하면 아래와 같다.

1) **회계원리(principles of accounting)** 재무회계라고도 부르는 것으로, 부리원기(분개 · 원장 · 시산표 · 결산), 회계장부, 계정과목별 회계처리, 재무제표의 작성 등을 다룬다. 회계학의 입문적 과목으로, 회계학의 기초적 개념과 이론이 설명되기도 한다.

2) **중급회계(intermediate accounting)** 회계원리보다 높은 수준의 과목으로, 복잡하고 상세한 회계처리의 문제를 다룬다. 회계원리보다 이론적 설명도 강화된다. 계정과목별 회계처리와 재무제표의 작성이 중심이 되고, 특수한 회계문제로 인플레회계 ·

리스회계・법인세배분회계 등이 다루어진다.

3) **고급회계(advanced accounting)** 특수회계문제 중심의 과목으로, 연결재무제표의 작성이 많은 부분을 차지하고 그 밖에 조합기업회계・합병회계・외화환산회계 등이 다루어진다.

4) **관리회계(management accounting)** 관리회계가 무엇인가에 대해서는 앞에서 설명한 바 있다. 내용으로는 개별원가계산・종합원가계산・표준원가계산・직접원가계산 등의 원가계산과 원가-조업도-이윤분석, 특별의사결정, 종합예산, 변동예산, 사업부회계, 재고관리, 계량적 기법 등 관리기법을 포함한다.

5) **원가회계(cost accounting)** 원가계산이라고도 하는 것으로, 원가의 측정・계획・통제와 원가시스템의 설계・관리를 다루는 것이다. 최근에는 수학적・통계적 기법을 이용한 원가의 측정・배분・추정도 중요시하게 되었다. 위의 관리회계의 대부분의 내용이 원가회계의 내용이 되는데, 관리회계보다 높은 수준의 내용이라고 할 수 있다.

6) **회계이론(accounting theory)** 회계이론이란 회계현상을 관찰하여 얻을 수 있는 제 원리의 논리적 지식체계라고 할 수 있는 것으로, 이론의 정립과 이론정립을 위한 회계 연구의 수행을 포괄하는 것이다. 회계는 원래 실무로부터 발달한 것이지만, 최근 회계현상을 이론적으로 연구함으로써 이론을 정립하고 나아가서 사회과학으로서의 위치를 견고히 하려는 방향으로 발전되고 있다.

회계이론의 범위로는 ① 회계개념(자산・부채・자본・수익・비용・이익), ② 회계이론의 틀(공준, 목적, 회계정보의 질적 특성, 기준), ③ 자산평가와 이익측정, ④ 제회계이론(측정이론・의사결정이론・자본시장연구 등)이 포함된다.

회계이론은 재무회계・관리회계・회계감사의 회계분야에 모두 관련될 수 있으나, 주로 재무회계를 중심으로 한 재무회계이론을 다루고 있다. 이에 대해 관리회계는 회계자료의 관리적 이용이 중심이 되고, 회계감사는 회계감사인의 감사방법을 주로 다루고 있어 기술적 내용이 주를 이루고 있다.

7) **회계감사(auditing)** 감사인이 회계자료의 적정성을 검토하여 의견표명하는 것에 관련된 문제를 다루는 것이다. 감사인은 보통 공인회계사가 되나 내부감사인 또는 정부감사인도 있을 수 있다. 감사인은 재무제표의 적정성을 검토할 때에 ①일반

적으로 인정된 회계원칙과, ② 일반적으로 인정된 감사기준에 의거해서 감사하여 적정의견·한정의견·부적정의견·의견거절의 의견을 표명하게 된다.

회계감사의 내용으로는 회계감사의 기초개념(독립성·적정성·중요성), 감사의견, 회계감사기준, 직업윤리와 법적 책임, 내부통제제도, 표본이론, EDPS감사, 계정과목별 감사절차 등이 있다.

8) 세무회계(tax accounting) 세무회계는 세법에 따라 정부·지방자치단체에 대해 납부하는 세금에 관련된 회계로서 세액의 결정·세무신고서의 작성, 세무계획, 세무관리 등을 다룬다. 세무회계는 보통 기업을 대상으로 하므로 법인세의 계산이 중요시되나, 그 외에도 개인소득세·부가가치세 등에 대한 계산도 중요하다. 기업경영에서 세무문제는 매우 중요하며, 각종 경영의사결정에 중요한 요소로 작용한다.

연습문제

01 회계란 무엇인가? 미국공인회계사회와 미국회계학회의 정의를 약술하고 그 의미를 서술하라.

02 회계의 목적을 서술하라. 미국회계학회와 미국재무회계기준심의회이 회계목적을 약술하고 비교하라.

03 회계와 부기란 동일한 것인가? 다르다면 차이점을 서술하라.

04 단식부기와 복식부기의 차이점을 설명하라.

05 복식부기의 장점(특징)을 서술하라.

06 상업부기와 공업부기는 어떻게 다른가?

07 재무회계와 관리회계를 정의하고 차이점을 설명하라.

08 기업회계와 세무회계의 의의 · 목적 · 차이에 대해 약술하라.

제2장 회계의 기본적 전제

§1 회계공준의 본질

1. 회계공준의 의의

회계공준(accounting postulates)이란 회계의 제 관습 및 회계의 제 원칙의 근저에 있는 기업회계의 가장 기초적인 제 가정이다. 이들은 경제적 · 사회적 환경에서, 더욱이 경제사회의 모든 분야에 있어서의 사고방식 및 관습에서 도출된 기본적인 회계상의 가정이다. 그 존재의 근거는 유용성과 실시가능성에 있으므로 경제적 · 사회적 환경의 변화에 따라 회계공준도 변화하며 고정적인 것은 아니다. 또 실시상 유용한 결과를 가져오지 못할 경우에는 도태되어 새로운 공준으로 바꾸지 않으면 안 된다.

공준이란 말은 광의로 해석하면 모든 종류의 회계에 공통되는 회계상의 가정이며, 기업회계와 같이 특정한 회계제도에서 인정되는 전제를 포괄하고, 경우에 따라서는 경제적 · 정치적인 배경(환경공준), 회계에 관련하여 필연적으로 수반되는 공준(부수적 공준), 회계행위의 목표로서 회계행위를 규정하는 목적(동기공준), 회계실천의 규범 · 원칙(당위공준)도 포함이 된다.

또한 회계공준을 협의로 보면 근대적인 기업회계 내지 경영과 자본이 분리된 근대적인 주식회사의 회계에 관한 전제 또는 가정을 말한다. 그 범위와 성격에 대해서는 여러 의견이 있다. 그러나 회계의 구조 혹은 원칙 · 기준의 기본가정으로서 그들의 하부구조를 형성하는 것에는 변함이 없다.

2. 회계공준의 내용

(1) 기업실체의 공준

기업실체의 공준이란 기업과 기업의 인적 구성원인 자본주나 소유주(기업주체)를 관념적으로 분리하고, 기업회계는 이러한 기업실체를 중심으로 처리되어야 한다는 사고에서 나온 공준이다. 여기에서 말하는 기업실체는 법률상으로 말하는 기업실체에 대체로 해당된다. 그러나 그것은 단지 법정실체(legal entity), 즉 법인격을 갖는 회사에만 한정되지 않고 법인격을 갖지 않는 단독기업 기타에도 적용된다.

(2) 계속기업의 공준

계속기업(going concern)이란 기업활동의 계속상태를 의미한다. 그것은 회계의 대상으로서 회계사상의 성격을 한정하는 것이다. 계속기업의 공준이란 회계를 취급하는 대상으로서 기업의 경영활동의 계속성을 전제로 하는 공준이다. 따라서 기업은 원칙적으로 영속적 생명을 갖고 계속하여 사업을 영위한다는 전제하에서 회계처리를 하는 것을 말하고, 뒤에 설명하는 기업회계의 중요기본원칙, 예를 들면 원가주의 평가의 원칙, 비교가능성의 원칙, 비용·수익대응의 원칙, 계속성원칙 등은 모두 이 공준에 의하여 이끌어지며 또한 세 목적으로 이것을 보면 충당금의 계상, 무형자산 등은 모두 이 공준에 의하여 성립될 수가 있다.

(3) 회계기간의 공준

계속기업의 공준에 의거하여 기업이 영속하는 것이라고 한다면 과세·배당 및 경영성적의 판정 등 경영실태의 파악을 위해서는 인위적으로 시간적 계산단위로서 회계연도를 설정하고, 연도를 기준으로 하여 재산계산 및 손익계산을 하지 않으면 안 된다. 이것을 회계기간의 공준이라 한다. 즉 회계기간의 공준이란 원가계산을 제외한 일반회계 또는 경영계산에 있어서는 시간상의 계산단위 또는 시간적 한계로서 회계연도를 설정하고, 일체의 계산항목이나 성과요소는 모두 소정의 회계연도를 기준으로 하여 그 소속을 결정하는 시간적 재무계산 및 성과계산을 함으로써 동일계속기업을 마치 전혀 별개의 타기업의 연속과 같이 엄격한 구획계산을 실행하도록 요구하는 것을 말한다.

(4) 발생주의 기준

발생주의 기준(accrual basis)이란 거래의 그 밖의 사건의 영향을 인식할 시점을 현금이나 현금성자산의 수취나 지급시점이 아니라, 당해 거래 또는 사건이 발생한 기간에 인식하여 해당기간의 장부에 기록하고 재무제표에 표시하는 것을 말한다. 한편 현금주의(cash basis)는 현금이 유입될 때 수익을 보고하고 현금의 유출될 때 비용을 인식한다. 그러나 현금주의의 작용은 수익과 비용간의 인과관계를 무시함으로써 기간별 경영성과가 왜곡 측정되는 결과를 가져오는 것이다. 따라서 이에 대한 대안으로 발생기준이 사용된다.

발생주의 기준을 적용한 재무제표는 현금의 수지를 수반한 과거의 거래뿐만 아니라 미래에 현금을 지급해야 하는 의무와 현금의 수취가 기대되는 자원에 대한 정보를 이용자에게 제공함으로써 이용자의 경제적 의사결정에 가장 유용한 형태의 정보를 제공한다. 즉 발생기준에서는 대손상각, 감가상각 등 자신의 미래 현금창출능력의 감소를 고려하고 있으며, 수익과 비용의 대응에 의하여 수익과 비용의 발생을 인식함으로써 현금주의보다 미래 현금흐름을 정확하게 예측할 수 있다.

§2 우리나라 회계기준과 국제회계기준

1. 기업회계기준의 성격

회계기준(accounting standards) 또는 회계원칙(accounting principles)이 회계학에 대두된 것은 구미선진국에 있어서 1930년대의 일이다. 회계기준이란 기업회계를 처리할 때 준수하지 않으면 안 될 행위의 지침으로서 산업사회에 있어서 기업의 회계실무를 이끌어가는 지도원리라고 할 수 있다.

회계기준은 회계담당자가 거래를 기록하고 재무제표를 작성하는 데 따라야 할 지침이라고도 할 수 있지만, 산업사회에 있어서 기업의 회계실무를 이끌어 가는 지도원리가 되는 것이다. 따라서 회계기준은 그 나라의 회계이론과 회계관행을 종합적으로 집약하여 체계화한 진수이므로, 회계학을 이해하고 연구하는 데 있어서 회계기준의 본질 · 성립 · 역할 · 구조 등에 대하여 올바른 인식이 요구되는 것이다. 이제 회계기준은 어떠한 성격을 가지고 있는가를 간단히 요약하여 설명하여 보기로 한다.

첫째, 회계기준은 회계실무에 있어서 관습적으로 발달한 것 가운데 일반적으로 공정·타당하고 유용하다고 인정된 원리를 체계화한 것이다. 이것은 회계기준이 기업의 회계행위를 수행할 때 준수하지 않으면 아니 될 기업실무의 행위지침이다. 그런데 기업의 회계행위에는 회계처리·회계정보뿐만 아니라 회사의 회계보고서를 감사하는 회계감사인의 행위도 포함한다. 그러나 회계기준은 구체적인 회계처리나 보고방법을 지시하는 것이 아니고 전반적 사항에 대한 일반적 지침으로서 회계행위를 할 때에 있어서의 판단기준·측정기준·비교기준이 된다. 이로써 회계기준은 회계실무를 수행할 때 지도원리가 되는 것이다.

둘째, 회계기준은 보편타당성을 갖는다. 회계기준은 모든 기업에 적용가능한 대체안 중에서 최선의 것을 선택할 수 있도록 포괄적인 일반적 지침을 회계행위의 기준으로 제공해준다. 그러므로 회계기준은 회계의 중대한 관계문항만을 표시한 것이기 때문에 어떤 특정의 규칙이나 절차와 그 내용 및 성격을 달리하고 있다. 그러므로 회계기준은 여러 가지 대체적인 선택 가능한 대체안 중에서 최선의 것을 선택·결정할 수 있는 포괄적인 지침을 회계행위의 기준으로서 제공한 것이다. 세법 등의 법규도 이와 같은 규범에 따라야 할 것이라는 요청도 회계기준이 이와 같은 특성을 가지고 있기 때문이다.

셋째, 회계기준은 변화의 속성을 가지고 있다. 회계는 사회적 제도에 의해 인정되는 것이기 때문에 경제사회의 변화에 따라 또는 산업사회의 구조변천에 따라 변화되어야 하며, 또 회계는 시대적 요청에 따라 달리 수립되어야 한다. 이것은 회계기준이란 인간이 마련한 제도에서 보편타당성과 영구불변성에 한계가 있음을 암시하는 속성을 갖고 있다.

넷째, 회계기준은 규범성을 갖는다. 회계기준은 최선의 회계실무의 방향을 제시하는 규범적인 성격을 가지고 있다 일반적으로 회계기준은 높은 수준의 회계실무를 유지할 수 있도록 의도적으로 선택된다. 이것은 회계실무를 협소한 범위 내에 국한시켜 탄력성을 잃게 하려는 것이 아니라, 진실·정직·공정의 회계처리를 위한 지침을 만들고자 의도된 것이다. 그래서 회계기준은 회계목적과 일치된 방향에서 수립되고 회계실무가 이 방향으로부터 이탈되는 것을 막는 견제의 역할을 한다. 회계기준의 이러한 규범성 때문에 회계기준으로 부터 회계담당자나 회계감사인은 상황에 따라 세부적인 회계절차를 적용하게 되는 것이다. 회계기준이 이러한 규범성을 갖고 있기 때문에 세법이나 증권거래법에 의한 회계기준도 이러한 규범을 따라야 하는 것이다.

다섯째, 회계기준은 이론의 추론과정을 거쳐서 형성된 것이어야 한다. 회계기준은 회계환경에서 도출한 회계목적으로부터 논리적으로 체계화되어야 한다는 것이다.

2. 우리나라 회계기준의 제정경위

우리나라 「기업회계기준」은 1958년에 처음으로 「기업회계원칙」과 「재무제표규칙」이라는 이름으로 제정되었다. 「기업회계원칙」은 그 당시 재무부장관의 자문기관으로서 민간·학계의 저명인사로 구성된 재정금융위원회의 분과위원회인 기업회계준칙제정 소위원회의 기초소위원회의 중간보고의 형식으로 발표되었으며, 「재무제표규칙」은 같은 해 7월 2일 재무부고시 제169호로 발표되었다. 이 두 기업회계규정은 1959년 1월 1일부터 본격적으로 시행되어 그 동안 우리나라 회계제도수립과 발전의 근간을 이루어 왔다.

「기업회계원칙」과 「재무제표규칙」의 제정으로 우리나라 기업회계는 크게 발전하였으며, 이들 규정은 원칙 없이 제각기 행해졌던 회계실무의 통일화와 질적 수준을 높이는데 크게 기여하였다. 회계용어와 재무제표의 작성양식이 통일되었으며 회계처리방법도 점차 개선되었다. 그 후 1963년 1월 1일 상법이 개정·시행되고 부칙 제5조에 의거한 「주식회사의 계산서류 등에 관한 건」이 대통령령으로 공포되어 1964년 1월 1일부터 시행되게 됨에 따라 「재무제표규칙」이 일부 개정되어 1964년 6월 1일부터 위의 대통령령과 같이 개정·시행되게 되었다.

그러던 중 1973년부터 우리나라 자본시장의 육성과 그 발전이 크게 진전되었고 상장법인이 대폭 증가함에 따라 회계공시제도를 확립하여 투자자의 보호를 가하지 않을 수 없게 되었다. 이에 따라 선진제국의 발전된 기업회계기준을 검토하여 종전의 「기업회계원칙」에 대한 개정작업이 재무부당국과 한국공인회계사회에 의해 추진되었다.

한편 개정 증권거래법의 규정에 의해 1973년 10월 초에 증권심의위원회가 구성되고 동심의위원회의 분과위원회로서 기업회계분과위원회가 조직되어 「기업회계원칙」의 개정안을 기초심의하고 증권심의위원회를 경유하여 1974년 7월 18일자로 「상장법인 등의 회계처리에 관한 규정」을 대통령령으로 공포하여 1975년 1월 1일부터 적용하게 되었다.

1976년 7월에 「상장법인 등의 회계처리에 관한 규정」의 1차 개정을 보았으며 이와 동시에 종전의 「기업회계원칙」을 개정하여 기업회계분과위원회의 제2차 중간보고의 형식으로 발표함으로써 두 규정의 실질적 내용이 사실상 일치하게 되었다.

그 후 우리나라 경제 여건의 변화에 따라 기업내용의 공시기능을 확대하고 국제회계조류에 부응하기 위하여 1980년 11월에 「상장법인 등의 회계처리에 관한 규정」을 전면개정하고, 이에 따라 1981년 1월 증권관리위원회는 회계제도자문위원회의 자문을 받아 「기업회계원칙」을 전반적으로 재검토하여 그 내용을 전면개정하였으며, 다시 동년 12월 23일 「기업회계원칙」에 「재무제표규칙」을 포함시켜 새로운 형태의 「기업회계기준」을 제정 · 발표하여 모든 기업은 이에 따라 재무제표를 작성하도록 하였다. 그 후 1984년 9월 1일 일부 조항을 개정하여 개정상법과 보조를 맞추었다.

또다시 1985년 12월 27일에 몇 개 조항을 개정하였으며 1990년 3월 자본자율화 조치를 수용할 목적으로 대폭 수정이 있었다. 그 후 1994년 4월에는 국제회계기준에 맞추어 다시 현금흐름표 도입을 위한 개정이 이루어졌다.

한편 1996년 4월에는 종래의 삭제부분을 보충하는 등 기업회계기준의 대폭적인 개정이 추진되고 이어 1997년 12월, 1998년 12월 연이어 개정되었다.

또한 기업회계기준의 국제화를 도모코자 2001년~2002년에 기업회계기준서를 제정하여 현재에 이르고 있다.

자본이 국제적으로 유입되고 자본조달이 그루벌함에 따라 국제회계기준의 도입이 필요하여 우리나라 회계연구원은 2007년 급기야 국제회계기준 37개 항목을 기업회계기준서로 제정 한국채택 국제회계기준(K-IFRS)으로 명명하여 도입실시하고 있다.

2012년에는 모든 상장기업이 적용하도록 권장하고 있다.

3. 국제회계기준의 현황과 도입

우리나라 회계기준의 현 체계는 경제위기 이전부터 존재하여 왔던 「기업회계기준」 및 「기업회계기준서」, 「기업회계기준해석서」 등이 KASB에 의해 제정 · 실시되어 오다가 국제회계기준의 전면적 도입의 전초로 한국채택 국제회계기준(K-IFRS)까지 혼재되어 있는 과도기적 상황이다.

「기업회계기준」과 그 하위회계기준들이 경제위기 이전의 구(舊)패러다임을 대표한다면, KASB의 「기업회계기준서」와 「기업회계기준해석서」는 새 패러다임을 대표한다. 「기업회계기준서」는 이슈별로 만들어지며, 「기업회계기준」과는 달리 법조문형식이 아닌 서술식으로 기술되어 있다. 뿐만 아니라 「기업회계기준서」는 실무적용의 편의를 위해 문단(paragraph)식 구조를 가지며, 회계처리방법에 대한 규정 이외에도 기준서의 요약, 목차, 목적, 용어의 정의, 배경정보와 결론도출근거 등을 포함하고 있어서 내용의 이해가능성도 크게 제고하였다. 또 「기업회계기준해석서」는 「기업회계기준서」의 하위에 있는 회계기준으로서, 「기업회계기준서」의 일반적 표현에 대한 구체적인 해석이 필요하거나 사후적으로 보완할 필요가 잇는 경우에 발간한다. 특히 「기업회계기준해석서」는 「기업회계기준서」에서는 다루지 못한 세부 실행지침을 제시하고, 기술적인(technical) 문제는 사례중심으로 해설하거나 실무지침을 제공한다.

KASB는 1999년 창설 이후 독자적으로 "현행의 기업회계기준(K-GAAP)"을 제정해 오던 중, 2007년 우리나라가 국제회계기준을 전면도입함에 따라 국제회계기준을 번역한 "한국체택국제회계기준(K-IFRS)"도 제정하였다. 지금까지 K-GAAP은 25개가 제정되었고, 관련 「기업회계기준서」는 제정된 순서대로 제1호에서 제25호로 번호가 계정되었다. 그런데 K-IFRS도 공식적인 명칭이 「기업회계기준서」로서 K-GAAP의 공식명칭과 동일함에 따라 K-IFRS를 구별하기 위한 새로운 번호체계가 필요하게 되었다. 이에 따라, ① IASC가 제정한 국제회계기준인 IAS(International Accounting Standards)를 번역한 기준서는 1100단위로 시작하며 끝자리는 관련 IFRS 번화와 일치하게 하였고(예 : IAS 1을 번역한 것은 「기업회계기준서」 제1001호가 됨), ② IASC가 IASB로 개칭한 이후 제정한 국제회계기준인 IFRS(International Financial Reporting Standards)를 번역한 기준서는 1100단위로 시작하며 끝자리는 관련 IFRS 번호와 일치하게 하였다(예 : IFRS 1을 번역한 것은 「기업회계기준서」 제1101호가 됨). 또 IASC와 IASB가 제정한 해석서인 SIC와 IFRIC을 번역한 「기업회계기준해석서」는 각각 2000단위와 2100단위를 부여하였다(예 : SIC 10을 번역한 것은 「기업회계기준해석서」 제2010호가 되고, IFRIC 1을 번역한 것은 「기업회계기준해석서」 제2101호가 됨). 지금까지 K-IFRS로서 「기업회계기준서」가 37개, 「기업회계기준해석서」는 21개가 제정되었다.

한편, KASB가 제정하는 「기업회계기준서」와 「기업회계기준해석서」의 규정이 「기업회계기준」, 「준칙」, 「해석」 등 구(舊)패러다임의 회계기준과 상충되는 경우에는 해당 구패러다임의 회계기준은 그 효력을 상실한다. 일례로, 지금까지 「기업회계기준」

의 경우는 현금흐름표 관련 규정을 제외하고는 대부분 효력을 상실한 상태이고, 18개의 「준칙」 중 6개는 KASB의 「기업회계기준서」에 의해 대체되어 12개만 유효하며, 62개의 「해석」 중에는 36개만 유효하다.

KASB가 새로운 회계기준을 지속적으로 제정함에 따라 구패러다임의 회계기준은 궁극적으로 대체되어 사라질 것이다. 또 2011년부터 "한국채택국제회계기준"이 전면 도입되면 "현행의 기업회계기준"도 대체될 것이다. 그러나 그때까지 우리나라 회계기준체계는 [그림 2.1]과 같이 복잡한 다중성(多衆性)을 유지할 수밖에 없다.

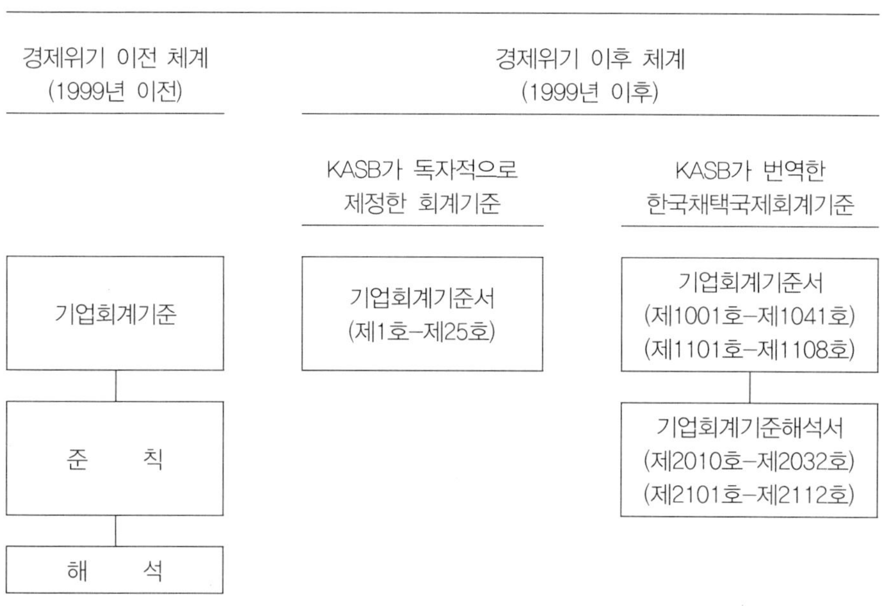

[그림 2-1] 우리나라 회계기준체계

한편 중소기업협의회가 중심이 되어 별도의 회계 기준을 제정하여 2013년에 입법예고 중이며 2014년 1월1일부터 "중소기업회계기준"제정 시행하게 되어 있어 국내의 회계 규범은 "한국채택국제회계기준 (K-IFRS), 일반기업회계기준, 중소기업회계기준으로 3원화 될 형편으로 진행되고 있다.

연습문제

01 기업회계기준의 성격을 논하라.

02 우리나라 기업회계기준의 제정경위를 설명하라.

03 기업회계기준의 체계를 설명하라.

04 기업회계기준의 일반원칙을 들고 설명하라.

05 회계공준이란 무엇인가?

06 발생주의 공준에 대해 약술하라.

기업의 재무상태 제3장

§1 자산과 자본의 의의

자산과 자본은 회계에 있어서 2대 기록의 대상이다. 복식부기는 어떤 기업에 속하는 자산에 관한 증감변화와 자본에 관한 증감변화를 조직적으로 기록하는 방식이다. 자산(assets)이란 기업의 소유에 속하는 유가물건 및 권리 등 일체의 경제적 재화를 말하며, 자본(capital)이란 이러한 재화를 총괄적으로 합계한 가치의 크기를 의미한다.

종래에 있어서 자본은 생산에 사용되고 잇는 구체적 · 물질적인 경제재화, 즉 생산재를 자본이라고 해석하고 있었다. 그러나 자본은 물질 그 자체가 아니고 기업의 이윤추구의 목적으로 순환작용을 하고 있는 재화에 내재되어 있는 가치의 합계(크기)를 말한다.

이러한 자본은 기업의 경영활동을 통해서 끊임없이 순환작용을 한다. 자본의 증식과정은 화폐→상품→화폐' (G-W-G')인 규범적인 공식으로 표시할 수 있는바, 자본은 화폐상태에서 상품상태로 전형되고 새로 원형인 화폐상태로 복귀됨으로써 최초의 화폐액을 증대시킨다. 이것을 자본의 순환작용이라고 한다.

구매과정 생산과정 매매과정

화폐－상품－(물적 생산수단(재화) / 인적 생산수단(노동력))－(생산품 / 판매품) 상품－'화폐'

자본의 순환은 기업이 계속하는 한 한번의 순환에 끝나는 것이 아니고 끊임없이 계속해서 반복하는 복잡한 형태를 이루고 있다.

이상과 같이 자본의 개념은 이윤을 산출하는 화폐가치액을 가리키는 추상적인 가치의 크기이며, 자본이 현실적으로 자본으로 활동하려면 어떠한 구체적인 존재형태, 즉 재화가 필요하다. 이 재화를 회계상 자산이라 하며, 넓은 의미에서 물질적 재화뿐만 아니라 법률적 재화, 즉 유형·무형의 일체의 경제적 재화를 의미한다.

그러므로 자산과 자본은 동일물체를 서로 다른 측면에서 본 것에 지나지 않으며, 그 가치관계에 있어서는 구체적 존재형태면에서 본 동등한 균형관계가 된다. 이것을 일반적으로 자산을 A, 자본을 K라고 하여 다음과 같은 등식으로 표시한다(A는 독일어로 자산의 뜻인 Aktiva, P는 부채의 뜻인 Passiva, K는 자본의 뜻인 Kapital의 약자이다).

자산 (구체적 존재형태)		자본 (조달형태)
A	=	K

§2 부채

부채(liabilities)란 화폐액으로서 계약되어 있는 지급의무를 의미하는 것으로서 법률상의 채무를 말한다.

기업자본을 조달형태면에서 말하면 기업주 자신이 투하한 화폐가치액을 자기자본(own capital)이라 하며, 기업주 이외의 제3자가 투하한 화폐가치액을 타인자본(other capital)이라고 한다.

회계학상 부채의 자산성에 대해서 두 가지 견해가 있다. 즉 그 하나는 조달된 자본(타인자본을 포함)의 구체적 존재상태로 표시되는 자산에는 권리와 의무가 있는데, 전자를 적극적 자산이라 하고 후자를 소극적 재산이라 한다. 자산에는 이 양자를 포함하고 있으므로 적극적 재산에서 소극적 재산을 차감한 것이 순재산(net worth)이라 하며, 회계에서는 이것을 자본(capital)이라고 한다. 이를 등식으로 표시하면 다음과 같다.

자산	−	부채	=	자본
A	−	P	=	K

이것을 자본등식(capital equation)이라 한다.

다른 하나는 자본은 단지 자산과 부채의 차액이 아니고 기업 내에서 활동하는 모든 재정적 수단으로서의 재화 가치를 표시한다. 그러므로 부채를 소극적 자산이라고는 하나, 기업의 경영활동에 있어서 이용되는 면에서는 자기자본에 못지않게 이용되며, 다만 어디에서 조달했느냐에 따라서 그 혼동을 피하기 위해서 한편을 부채라고 이름하며, 다른 한편을 자본이라고 호칭하는데 지나지 않는다. 이것을 재무상태표등식(balance sheet equation)이라고 하며, 이를 등식으로 표시하면 다음과 같다.

자산	=	부채	+	자본
A	=	P	+	K

이 두 개의 등식은 회계의 기본적 관계를 표시하는 것이다. 회계상 자산은 기업이 소유하는 구체적인 모든 재산을 의미하고, 자본은 그 재산의 추상적인 가치합계를 의미한다. 자산은 항상 그 구성부분에 있어서 유동하지만 자본은 불변한 것으로서 기업 전체의 가치 크기를 표시한다.

§3 자산 · 부채 및 자본의 분류

1. 자산의 분류

자산(assets)은 과거 사건의 결과로서 현재 기업이 통제하고 있고, 미래의 경제적 효익이 기업에 유입될 것으로 기대되는 자원이다. 미래의 경제적 효익이 있다는 의미는 미래에 현금유입을 증가시키거나 현금유출을 감소시키는 능력을 말한다.

자산은 회계정보이용자들이 이해하기 쉽도록 해당 자산의 성격을 잘 나타내는 과목을 사용하여 나타내야 하며, 한국채택국제회계기준에서는 최소한 유동자산과 비유동자산으로 구분하여 표시하도록 하고 있다. 한국채택국제회계기준에서 분류 · 표시하도록 규정하고 있는 자산항목을 구체적으로 살펴보면 다음과 같다.

유동자산은 1년 이내에 현금화되거나 사용되어 소멸되는 자산이다. 이를 구분하면 다음과 같다.

현금및현금성자산은 사용의 제한이 없거나 제한기간이 1년 이내인 자산으로서 통화 및 통화대용증권, 당좌예금 · 보통예금 등의 요구불예금, 취득 당시 만기가 3개월 이내에 도래하는 채무상품이나 단기금융상품인 현금성자산이 이에 속한다.

매출채권 및 기타채권은 상품이나 제품 등을 외상으로 판매하여 발생한 채권으로서 만기가 1년 이내인 매출채권, 타인에게 현금을 대여하여 발생한 채권으로서 만기가 1년 이내인 대여금, 상품이나 제품 이외의 자산을 처분하고 대금을 아직 받지 않아서 발생한 채권으로서 만기가 1년 이내인 미수금이 이에 속한다.

기타금융자산은 단기 즉 1년 이내에 매각할 목적으로 보유한 주식과 채권인 유가증권, 금융기관이 취급하는 정기예금, 정기적금, 만기가 1년 이내인 기타 정형화된 금융상품이 이에 속한다.

재고자산은 기업의 정상적인 영업주기 내에 판매를 목적으로 외부에서 구입한 상품, 판매를 목적으로 직접 제조한 제품, 제조 중에 있는 재공품, 제조과정에 투입하기 위하여 구입한 원료와 재료인 원재료가 이에 속한다.

기타자산은 위에서 나열한 유동자산 외에 1년 이내에 상품을 인수하기로 약정하고 상품 등을 인수하기 전에 상품대금의 전부 또는 일부를 지급한 선급금, 결산과정에서 나타나는 미수수익, 선급비용이 이에 속한다.

비유동자산은 위에서 분류한 유동자산 이외의 자산이다.

대여금 및 수취채권은 타인에게 현금을 대여하여 발생한 채권으로서 만기가 1년 이후에 도래하는 대여금, 상품이나 제품 이외의 자산을 외상으로 판매하여 발생한 채권으로서 만기가 1년 이후에 도래하는 미수금이 이에 속한다.

기타금융자산은 1년 이상 장기간 보유목적으로 취득하였으나 만기까지 보유할 의도가 없는 유가증권과 금융기관이 취급하는 금융상품인 매도가능금융자산, 1년 이상 장기간 보유목적으로 취득하고 만기까지 보유할 의도가 있는 유가증권과 금융기관이 취급하는 금융 상품인 만기보유금융자산이 이에 속한다.

투자부동산은 임대수익이나 시세차익을 얻기 위하여 보유하고 있는 부동산이다.

유형자산은 영업활동에 사용할 목적으로 보유하는 물리적 실체가 있는 자산인 토지, 건물, 비품, 기계장치 등이 이에 속한다.

무형자산은 영업활동에 사용할 목적으로 보유하는 물리적 실체가 없는 자산인 특허권, 상표권 등이 이에 속한다.

기타자산은 1년 이후에 상품을 이수하기로 약정하고 상품 등을 인수하기 전에 상품대금의 전부 또는 일부를 지급한 선급금, 타인의 부동산 등을 일정기간 동안 사용하기 위하여 담보로서 임대인에게 지급한 금액인 보증금이 이에 속한다.

- 자산
  - 유동자산
    - 현금및현금성자산 – 현금, 당좌예금, 보통예금
    - 매출채권 및 기타채권 – 매출채권, 대여금, 미수금
    - 기타금융자산 – 단기매매금융자산, 정기예금, 정기적금
    - 재고자산 – 상품, 제품, 재공품, 원재료
    - 기타자산 – 선급금, 미수수익, 선급비용
  - 비유동자산
    - 대여금 및 수취채권 – 대여금, 미수금
    - 기타금융자산 – 매도가능금융자산, 만기보유금융자산
    - 투자부동산
    - 유형자산 – 토지, 건물, 비품, 기계장치
    - 무형자산 – 특허권, 상표권, 실용신안권
    - 기타자산 – 선급금, 보증금

2. 부채의 분류

부채(liabilities)는 과거의 사건에 의하여 발생하였으며, 미래에 자원이 유출됨으로써 이행될 것으로 기대되는 현재의 의무이다. 즉, 부채는 과거의 거래 또는 경제적 사건의 결과로 기업이 다른 기업 등에게 미래에 제공할 채무를 화폐액으로 표시한 것으로서 채권자에게 재화, 용역 등을 제공할 현재의 채무 또는 의무로서 미래의 경제적 효익이 희생이다.

재무상태표에 표시되는 부채는 재무상태일로부터 1년 이내에 상환해야 하는 채무인 유동부채와 1년 이후에 상환해야 하는 채무인 비유동부채로 분류된다.

한국채택국제회계기준에서 분류・표시하도록 규정하고 있는 부채항목을 구체적으로 살펴보면 다음과 같다.

유동부채는 재무상태표일로부터 1년 이내에 결제될 것으로 예상되는 부채이다. 이를 구체적으로 구분하면 다음과 같다.

매입채무는 상품을 외상으로 매입하여 발생한 채무로서 만기가 재무상태표일로부터 1년 이내에 도래하는 채무이다.

기타금융부채는 타인으로부터 현금을 빌려 발생한 채무로 상환기간이 재무상태표일로부터 1년 이내에 차입금, 상품 이외의 자산을 외상으로 구입하여 발생한 채무로서 만기가 재무상태표일로부터 1년 이내에 도래하는 미지급금, 제3자에게 지급하여야 할 금액을 일시적으로 보관하고 있는 예수금, 당기에 지급하여야 할 세금으로서

아직 현금으로 지급하지 못한 미지급법인세가 이에 속한다.

충당부채는 지출의 시기 또는 금액이 불확실한 부채로서 제품보증충당부채, 경품충당부채가 이에 속한다.

기타부채는 상품 등을 인도하기 전에 판매대금의 전부 또는 일부를 받고 1년 이내에 상품 등을 인도하기로 약정한 선수금, 결산과정에서 나타나는 미지급비용, 선수수익 등이 이에 속한다.

비유동부채는 위에서 분류한 유동부채 이외의 부채이다.

금융부채는 타인으로부터 현금을 빌려 발생한 채무로 상화기간이 재무상태표일로부터 1년 이후에 도래하는 차입금, 상품 이외의 자산을 외상으로 구입하여 발생한 채무로서 만기가 재무상태표일로부터 1년 이후에 도래하는 미지급금 등이 이에 속한다.

퇴직급여부채는 미래에 종업원이 퇴직할 때 지급할 퇴직금이나 퇴직 이후에 지급할 퇴직연금의 현재가치를 말한다.

기타부채는 상품 등을 인도하기 전에 판매대금의 전부 또는 일부를 받고 1년 이후에 상품 등을 인도하기로 약정한 선수금, 타인에게 부동산 등을 일정기간 빌려주고 담보로 임차인에게 받은 임대보증금이 이에 속한다.

- 부 채
  - 유동부채
    - 매입채무
    - 기타금융부채 – 미지급금, 예수금, 미지급법인세
    - 충당부채 – 제품보증충당부채, 경품충당부채
    - 기타부채 – 선수금, 미지급비용, 선수수익
  - 비유동부채
    - 금융부채 – 차입금, 사채, 미지급금
    - 충당부채 – 퇴직급여 충당부채
    - 기타부채 – 선수금, 임대보증금

---

3. 자본의 분류

자본(capital)이란 기업의 자산에서 모든 부채를 차감한 후의 잔여지분이다. 즉, 기업이 가지고 있는 자산에 대한 기업의 소유주 또는 주주의 청구권이다. 이는 기업의 자산에서 채권자의 지분인 부채를 차감한 잔액으로서 기업의 소유주 또는 주주에게 귀속되는 부분이다. 즉, 자본은 기업주 자산이 영업활동을 위하여 출자한 출자액과 기업이 영업활동으로 벌어들인 이익 중에서 기업 밖으로 유출시키지 않고 기업 내부에 유보시킨 유보이익까지도 포함한다.

자본은 납입자본, 기타자본요소, 이익잉여금으로 분류된다. 한국채택국제회계기준에서 분류・표시하도록 규정하고 있는 자본항목을 구체적으로 살펴보면 다음과 같다.

납입자본은 자본금과 주식발행초과금 등 소유주가 출연한 자본과 회사가 자기가 발행한 주식을 구입한 경우 납입자본에서 차감하여야 하는 자기주식이 이에 속한다.

기타자본요소는 자본거래 중 납입자본으로 분류할 수 없는 임시적인 자본항목으로서 자본에 차감 또는 가산되어야 하는 자본유지조정으로 감자차익(차손), 자기주식처분이익(손실)등이 있으며, 손익거래 중 포괄손익계산서에 포함되지 않는 기타포괄손익의 잔액으로 매도가능금융자산평가손익, 파생금융상품평가손익, 해외사업환산손익, 재평가잉여금 등이 이에 속한다. 또한 이익잉여금 중 법규나 기업 임의적으로 유보한 일반적립금으로 법정적립금, 임의적립금이 이에 속한다.

이익잉여금은 기업이 벌어들인 이익 중 배당금이나 기타자본요소로 처분되지 않고 남아있는 부분이다.

자본
- 납입자본 – 자본금, 주식발행초과금, 자기주식
- 기타자본요소
  - 자본조정 – 감자차익, 자기주식처분손익
  - 기타포괄손익누계액 – 매도가능금융자산평가손익, 재평가잉여금
  - 일반적립금 – 법정적립금, 임의적립금
- 이익잉여금

---

§4 재무상태표

재무상태의 구조를 계정식을 중심으로 살펴보면 다음과 같다. 재무상태표의 머리부분에는 ① 기업의 명칭, ② 재무제표의 명칭인 재무상태표 및 ③ 재무상태표의 기준일이 되는 특정일자가 명시되어야 한다. 재무상태표의 본문은 크게 나누어 자산・부채・자본의 세 부분으로 구성되어 있는데, 자산은 왼쪽에 부채와 자본은 오른쪽에 나타난다. 재무상태표의 오른쪽 부분 전체를 지분(equities)이라고 부르기도 하는데, 이중 부채는 채권자지분(creditor’s equity) 그리고 자본은 소유주지분(owner’s equity)을 나타낸다.

재 무 상 태 표

제×기 20×9년 ×월 ×일 현재

회 사 명 : (단위 : 원)

과 목	제×(당)기	제×(전)기	과 목	제×(당)기	제×(전)기
자 산			부 채		
Ⅰ. 유 동 자 산	×××	×××	Ⅰ. 유 동 부 채	×××	×××
			Ⅱ. 비유동부채	×××	×××
Ⅱ. 비유동자산	×××	×××	부 채 총 계	×××	×××
			자 본		
			Ⅰ. 자 본 금	×××	×××
			Ⅱ. 자본잉여금	×××	×××
			Ⅲ. 자본조정	×××	×××
			Ⅳ. 이익잉여금	×××	×××
			Ⅴ. 기타포괄손익누계액	×××	×××
			자 본 총 계	×××	×××
자 산 총 계	×××	×××	부채와 자본 총계	×××	×××

보기 3-1 4월 1일 동창생 5명이 1인당 ₩10,000,000을 출자하여 신일가전상사를 설립하기로 하고 출자된 ₩50,000,000과 은행에서 차입한 ₩40,000,000으로 다음과 같은 자산을 구입하여 개업을 하였다. 신일가전상사의 재무상태표를 작성하여라.

건 물	₩40,000,000	상 품	₩50,000,000
비 품	₩ 5,000,000	외상매입상품	₩10,000,000

풀이

재 무 상 태 표

신일가전상사 20×1년 4월 1일 현재 (단위 : 원)

자 산	금 액	부채 및 자본	금 액
현 금	5,000,000	외 상 매 입 금	10,000,000
상 품	50,000,000	차 입 금	40,000,000
비 품	5,000,000	자 본 금	50,000,000
건 물	40,000,000		
	100,000,000		100,000,000

연습문제

01 부기상의 재산의 뜻을 설명하라.

02 자산과 부채를 비교 설명하라.

03 1년법칙(one year rule)이란 무엇인가?

04 자본등식과 재무상태표등식을 비교 설명하라.

05 재무상태표란 무엇인가?

06 남산상사의 자산 및 부채는 다음과 같다. 재무상태표등식을 이용하여 자본액을 산출하라.

현금및예금	₩ 80,000	매 출 채 권	₩ 50,000
상 품	₩ 20,000	건 물	₩500,000
매 입 채 무	₩ 40,000	차 입 금	₩110,000

07 동천상사의 부채 및 자본은 다음과 같다. 재무상태표등식을 이용하여 자산액을 산출하라.

외상매입금	₩ 30,000	미 지 급 금	₩ 50,000
단기차입금	₩ 20,000	자 본 금	₩500,000

08 강서상사의 200×년 12월 31일 현재 자산, 부채 및 자본은 다음과 같다. 다음의 예시자료에 따라 작성하라.

예시자료

재 무 상 태 표

강서상사 200×년 12월 31일 (단위)

자 산	금 액	부채및자본	금 액
:	:	:	:
:	:	:	:
합 계		합 계	

현 금	₩200,000	당 좌 예 금	₩126,000
매 출 채 권	₩ 96,000	자 본 금	₩ 80,000
상 품	₩258,000	비 품	₩ 60,000
매 입 채 무	₩173,000	차 입 금	₩450,000
미 지 급 금	₩ 37,000		

09 4월 1일에 현금 ₩1,000,000을 출자하여 개업한 사랑상사의 4월 30일에 있어서의 다음 자료에 의하여 기말의 재무상태표를 작성하라.

현 금	₩140,000	당 좌 예 금	₩430,000
매 출 채 권	₩450,000	상 품	₩350,000
비 품	₩120,000	매 입 채 무	₩210,000
차 입 금	₩100,000		

10 다음의 각 항목을 자산과 부채로 구분하여 재무상태표를 작성하고 자본액을 계산하라.

외상매출금	₩150,000	비 품	₩450,000
현 금	₩600,000	차 입 금	₩750,000
건 물	₩570,000	대 여 금	₩300,000
외상매입금	₩360,000	받 을 어 음	₩240,000
지 급 어 음	₩150,000	당 좌 예 금	₩600,000

기업의 경영성과 제4장

§1 손익의 의의

기업경영의 제1차적 목적은 이윤추구이다. 기업자본은 경영활동을 통하여 여러 가지 형태로 끊임없이 순환작용을 함에 따라 새로운 가치가 증감된다. 가치를 이익(profit)이라 하며, 감소된 가치를 손실(loss)이라고 한다.

손익(profit and loss)은 기업자본의 증감에 직접적으로 관계된다. 그러므로 기업회계는 그 기업에 투하된 자본이 각 기간에 있어서 경영의 성과가 여하히 변동되어 있는가를 결정하는 데 있다. 즉 이익이란 기업주의 출자에 의하지 않고 기업의 자본이 증가하는 것이며, 손실은 그와 반대로 기업주의 환급이나 또는 감자에 의하지 않고 기업의 자본이 감소하는 것이다. 예를 들면 기초자본금 ₩1,000,000을 투하하여 영업을 한 결과 기말에 있어서 ₩1,300,000으로 증가되었다면 차액 ₩300,000은 그 기간 중에 발생한 기업의 이익금이며, 그와 반대로 기말자본금이 ₩800,000이 되었다면 차액 ₩200,000은 손실이다.

이익의 발생은 상품매매업에 있어서는 주로 상품을 원가 이상으로 매출할 때 그 초과액이 주요한 이익의 원천이 되며, 손실의 발생은 그와 반대로 상품을 원가 이하로 매출할 때 그 부족액과 상품매매를 위하여 소비되는 비용이 손실의 원천이 된다.

또한 손실을 분류하여 순수손실과 비용손실로 나누고 있다. 그 발생이 자본의 감소를 일으키는 점에서 동일한 개념이지만, 순수손실은 화재로 건물이 손실되거나 외상매출금의 회수불능 등과 같이 회복될 수 없는 비생산적인 것을 말하며, 비용손실은 급료·여비·광고비·통신비 등과 같이 장래에 회복할 수 있는 생산적 소비를 의미한다. 그러나 이것은 자본을 감소하는 동일한 개념이므로 양자를 구별 없이 사용하고 있으며, 일상적으로 이익은 수익, 손실은 비용이라는 용어로 통용되고 있다.

§2 손익계산

손익계산은 반드시 일정한 기간을 전제로 하여 계산하여야 한다. 기업의 경영활동이 계속되는 한 자본의 순환과정도 무한정하므로 경영의 성과계산은 회계기술상 일정한 기간을 정하여 회계연도를 단위로 하여 계산하게 된다. 기업자본의 영리활동에서 산출되는 손익은 기업주의 자본금과 직접적인 관계가 되어 있기 때문에 이익이 발생하면 자본금에 가산하고 손실이 발생하면 자본금에서 차감하여 계산하는 것이 원칙이나, 손익이 발생할 때마다 일일이 자본금을 변동시키는 것은 자본금의 내용을 복잡하게 할 뿐만 아니라 경영의 성과를 불분명하게 하는 결과를 가져온다. 그러므로 일반적으로 자본금과 분리하여 회계기말에 수익과 비용을 대응시켜 순손익에 대체하는 방법을 취한다.

손익을 계산하는 방법에는 재산법과 손익법 두 가지가 있다.

1. 재산법에 의한 계산방법

기말자본금 − 기초자본금 = 순이익
기초자본금 − 기말자본금 = 순손실
기초자산 − 기초부채 = 기초자본금
기말자산 − 기말부채 = 기말자본금

이 방법은 기말자본금과 기초자본금을 비교하여 손익을 계산하는 방법인데, 재무상태표에 의해서 표시되는 순손익이다. 재산법에 의하여 알 수 있는 것은 단지 영업연도에 있어서 생기는 순이익(net profit) 또는 순손실(net loss)을 표시할 뿐이며, 손익발생의 경로와 원인을 직접 알 수 없다. 즉 순이익 ₩200,000이 산출되었다면 어떠한 내용과 원인으로 산출되었는가를 알 수 없다는 단점을 가지고 있다.

2. 순익법에 의한 계산방법

총수익 − 총비용 = 순이익
총비용 − 총수익 = 순손실

이 등식은 손익계산등식이라 하며, 자본등식과 더불어 기본등식이다.

이 방법은 일정기간의 총수익과 총비용을 비교하여 순손익을 계산하는 방법이다. 기업의 동일실체에 대한 손익을 계산하므로 재산법에 의하여 계산한 순손익액과 동일하다. 그러나 재산법과 다른 점은 재산법에 의한 순손익은 순손익의 결과만을 표시하거나, 손익법에 의한 경우는 각 항목의 내용을 설명할 뿐만 아니라 손익이 어떠한 원인으로 발생하였는지를 알 수 있다. 따라서 손익법에 의한 계산방법은 장래의 경영정책을 수립하는 데 지침이다.

§3 포괄손익계산서

1. 수익

수익(revenues)은 기업이 일정한 회계기간 동안에 고객에게 제공한 재화나 용역의 가치 즉, 기업의 생산물을 고객에게 제공한 가치로서 자산의 유입 또는 부채의 감소를 가져와 순자산을 증가시킨다. 이와 같이 수익은 기업이 생산한 재화나 용역을 기업 외부로 유출시켜 발생하는 자산의 증가나 부채의 감소를 의미한다.

한국채택국제회계기준에서는 수익을 포괄손익계산서에서 매출액과 기타수익으로 구분하여 표시하도록 규정하고 있다.

매출액(amount of proceeds)은 기업의 가장 중심적이면서도 중요한 영업활동과 관련하여 발생한 재화를 판매하거나 용역을 제공함에 따라 발생하는 수익을 말한다. 따라서 매출액은 그 기업의 주요 영업활동이 무엇이냐에 따라 달라진다. 예를 들면, 판매회사는 제품판매액이, 운송회사는 승객 또는 화물의 운송수입이 매출액이 되며, 서비스 제공회사는 용역수익이 매출액이 되며, 건설회사의 경우에는 공사수익이 매출액으로 보고된다.

기타수익(other income)은 기업의 중요한 영업활동 이외의 활동, 즉 재무 및 투자활동을 통하여 부수적으로 발생하는 수익으로 이자수익, 배당금수익, 임대료수익, 수수료수익, 유형자산처분이익 등이 여기에 속한다.

수 익 ┌ 매출액 – 용역수익, 공사수익
　　　└ 기타수익 – 이자수익, 배당금수익, 임대료수익, 유형자산처분이익

2. 비용

비용(expenses)은 일정기간 동안 기업이 수익을 얻기 위하여 지출 또는 소비된 재화나 용역의 가치 즉, 수익을 얻기 위하여 소멸된 원가이다. 비용은 기업에 자산의 유출 또는 부채의 증가를 가져와 순자산을 감소시킨다.

한국채택국제회계기준에서는 비용을 포괄손익계산서에 성격별로 구분하여 표시할 것인지, 기능별로 구분하여 표시할 것인지 선택할 수 있도록 규정하고 있다.

성격별 표시방법은 비용을 상품매입액, 종업원급여, 감가상각비, 이자비용, 기타비용 등과 같이 비용의 유형별로 구분하여 표시하는 방법이며, 이 방법에 의할 경우 매출원가를 당기 상품재고액의 변동액을 당기상품매입액에 가감하는 방법으로 표시하게 된다.

기능별 표시방법은 비용을 매출원가, 물류활동원가인 물류비, 관리활동원가인 일반관리비, 마케팅비용 등 기능별로 구분하여 표시하는 방법으로 매출원가를 반드시 다른 비용과 분리하여 나타내게 된다.

비 용 ┌ 성격별 표시방법 – 상품매입액, 종업원급여, 감가상각비, 이자비용
　　　└ 기능별 표시방법 – 매출원가, 물류비, 일반관리비, 마케팅비용

3. 포괄손익계산서의 양식

포괄손익계산서

2×10. 1. 1 ~ 2×10. 1. 1

비 용	금 액	수 익	금 액
매 출 원 가		매 출 액	
물 류 비		(매출총이익)	
일반관리비		기 타 수 익	
이 자 비 용			
마케팅비용			
기 타 비 용			
법인세비용			
당기순이익			
	×××		×××

보기 4-1 신일가전상사의 1년간 영업활동내용은 다음과 같다. 동 상사의 경영성과를 손익계산서에 표시하여라.

상품매출이익	₩3,500,000	이 자 수 익	₩ 200,000
급 료	₩1,500,000	이 자 비 용	₩ 800,000
제 세 공 과 금	₩ 900,000		

풀이

손 익 계 산 서

신일가전상사 20×1년 4월 1일 현재 (단위 : 원)

비 용	금 액	수 익	금 액
급 료	1,500,000	상품매출이익	3,500,000
제세공과금	900,000	이 자 수 익	200,000
이 자 비 용	800,000		
당기순이익	500,000		
	3,700,000		3,700,000

연습문제

01 재산법과 손익법의 순이익계산방법의 차이점에 관하여 설명하라.

02 종로상점의 20×6년 4월 1일부터 9월 30일까지 발생한 수익 · 비용은 다음과 같다. 수익 · 비용의 각 합계금액과 순이익을 계산하고 포괄손익계산서를 작성하라.

상품매매이익	₩264,000	수입수수료	₩116,000
급 료	₩146,000	잡 비	₩120,000
이 자 비 용	₩ 6,000		

03 다음 표의 공란 (A)~(F)의 금액을 계산하라. 단 순이익란에 표시된 –는 순손실을 나타낸 것임.

자 본 금		수익총액	비용총액	순 이 익
기 초	기 말			
₩495,000	(A)	₩294,000	(B)	₩ 63,000
(C)	₩1,904,000	(D)	₩375,000	–₩102,000
₩1,092,000	₩1,251,000	₩252,000	(E)	(F)

04 기말에 작성한 신림상점의 재무상태표와 포괄손익계산서는 다음과 같다. 틀린 것이 있으면 정정하고 올바른 순손익을 계산하라.

재무상태표

현 금	159,000	외상매입금	165,000
외상매출금	165,000	차 입 금	237,000
상 품	57,000	수입수수료	18,000
비 품	150,000	자 본 금	120,000
이 자 비 용	33,000	순 이 익	24,000
	564,000		564,000

포괄손익계산서

급 료	30,000	상품매출이익	66,000
잡 비	12,000		
순 이 익	24,000		
	66,000		66,000

05 청명상점의 20×6년 중의 비용과 수익은 다음과 같다. 이 기간의 순이익을 계산하고 포괄손익계산서를 작성하라.

급 료	₩ 50,000	광 고 료	₩ 10,000
이 자 수 익	₩ 11,000	지급임차료	₩ 20,000
소 모 품 비	₩ 18,000	수입임차료	₩ 12,000
잡 비	₩ 15,000	여 비	₩ 13,000
상품매출원가	₩ 90,000	매 출 액	₩250,000

06 여울상점의 다음 자료를 가지고 20×7년 4월 1일부터 9월 30일까지 기간 동안의 순이익을 구하고 포괄손익계산서를 작성하라.

〈4월 1일의 재무상태〉

현 금	₩ 20,000	상 품	₩ 90,000
단기매매증권	₩ 50,000	자 본 금	?
건 물	₩100,000	외상매출금	₩120,000
차 입 금	₩180,000		

〈9월 30일의 재무상태〉

현 금	₩ 80,000	상 품	₩110,000
외상매출금	₩200,000	단기매매증권	₩ 60,000
건 물	₩250,000	외상매입금	₩130,000
차 입 금	₩ 70,000	지 본 금	?

〈4월 1일부터 9월 30일까지의 경영성과〉

상품매출이익	₩( )	수입수수료	₩ 12,000
급 료	₩ 65,000	지급임차료	₩ 23,000
여 비	₩ 9,000	통 신 비	₩ 22,000
보 험 료	₩ 10,000	이 자 비 용	₩ 11,000
잡 이 익	₩ 16,000		

07 광명상회의 20×8년도중의 비용과 수익은 다음과 같다. 이 기간의 순이익을 계산하고 포괄손익계산서를 작성하라.

상품매출액	₩352,000	상품매출원가	₩231,000
이자수익	₩ 3,600	수입수수료	₩ 25,700
배당금수익	₩ 2,100	유형자산처분이익	₩ 18,000
급료	₩ 46,000	판매수수료	₩ 36,800
운반비	₩ 7,900	교통비	₩ 3,100
감가상각비	₩ 33,000	잡비	₩ 1,600
이자비용	₩ 3,000	화재손실	₩ 40,000

08 현금 ₩400,000과 상품 ₩600,000을 투자하여 개업한 태평상회의 다음 기말재무상태표와 포괄손익계산서를 완성하라.

재무상태표

현금	360,000	외상매입금	(①)
외상매출금	300,000	차입금	100,000
상품	460,000	자본금	(②)
대여금	200,000	(③)	(④)
이자비용	140,000		
	1,460,000		(⑤)

손익계산서

급료	24,000	상품매출이자	(⑦)
보험료	6,000	이자수익	6,000
잡비	36,000		
이자비용과 할인료	10,000		
(③)	(④)		
	(⑥)		106,000

09 중앙상회는 20×8년 5월 1일에 현금 ₩2,000,000과 상품 ₩500,000을 출자하여 영업을 개시하였다. 20×8년 5월 31일의 다음 자료에 의하여 월말의 재무상태표와 포괄손익계산서를 작성하여라. 단 재무상태표에는 월초의 자본금과 기간순손익을 분리하여 표시할 것.

현　　　금	₩1,500,000	당 좌 예 금	₩1,250,000
상　　　품	₩ 925,000	매 출 채 권	₩ 770,000
비　　　품	₩ 75,000	건　　　물	₩2,000,000
매 입 채 무	₩1,820,000	상품매출이익	₩ 675,000
차　입　금	₩1,750,000	지급임차료	₩ 175,000
급　　　료	₩ 80,000	수입수수료	₩ 75,000
이 자 비 용	₩ 20,000	광　고　료	₩ 25,000

10 다음 자료에 의하여 기말의 재무상태표와 포괄손익계산서를 작성하라.

<u>기초의 재무상태</u>

현　　　금	₩ 26,500	비　　　품	₩ 28,400
상　　　품	₩102,400	건　　　물	₩ 40,000
외상매입금	₩ 40,600	외상매출금	₩ 24,000

<u>기말의 재무상태</u>

현　　　금	₩ 50,600	비　　　품	₩ 28,400
상　　　품	₩148,600	건　　　물	₩ 40,000
외상매입금	₩ 37,200	외상매출금	₩ 32,000
차　입　금	₩ 20,000		

<u>기중의 경영성과</u>

영　업　비	₩ 27,240	급　　　료	₩ 60,000
상품매출이익	₩170,820	잡　　　비	₩ 8,460
광　열　비	₩ 13,420		

거래 · 계정기입과 분개 제5장

§1 거래와 거래의 이중성

1. 거래의 의의

기업이 경영활동을 영위하는 동안 경영활동과 관련하여 수많은 사건이 외부와 내부에서 계속적으로 발생한다. 기업의 경영활동 중 생산에 필요한 생산요소를 외부에서 구입하고, 필요한 설비를 구입하고, 완성된 제품을 외부에 판매하는 사건들은 대부분이 기업과 외부와의 교환에 의하여 발생하지만, 원재료를 투입하는 제품을 생산하는 생산활동에 관한 사건들은 외부와의 교환 없이 기업내부에서 발생하기도 한다. 이들을 총칭하여 기업을 중심으로 발생한 경제적 사건(economic event)이라고 한다.

기업을 중심으로 발생한 경제적 사건을 기업의 경제실체에 경제적 영향을 주어 기업의 자산, 부채, 자본의 증감과 수익과 비용이 발생하게 된다. 이와 같이 기업의 자산, 부채, 자본의 증감을 일으키고, 수익, 비용을 발생케 하는 경제적 사건을 회계상의 거래(transaction)라고 한다.

2. 회계상 거래의 요건

경제적 사건 중에서 일상생활에서는 거래라고 인식하지만 회계상으로는 거래가 되지 않는 것이 있고, 또한 일상생활에서는 거래가 아니라고 인식하지만 회계상으로는 거래로 인식하는 것이 있다. 회계상 거래로서 성립되기 위해서는 다음의 조건을 모두 만족시켜야 한다.

① 사건이 이미 발생하였다.

② 재무제표의 구성요소에 영향을 미친다.

③ 사건을 화폐가치로 정확하게 측정가능하다.

회계상의 거래는 일상생활에 통용되는 거래의 개념보다 한정적인 의미로 사용되고 있다. 예를 들어 상품의 매매계약, 토지·건물의 임대차계약, 상품의 주문, 보관 등은 일상적으로는 거래라고 인식하지만 재무상태에 변동을 가져오는 사항이 아니므로 회계상으로는 거래라고 하지 않는다. 반면에 화재나 도난으로 인한 손실은 사건은 이미 발생하였고, 재무상태에 미치는 영향을 화폐가치로 측정할 수 있으므로, 일상생활에서는 거래라고 인식하지 않지만 회계에서는 거래라고 한다.

3. 거래의 이중성

회계상 모든 거래를 살펴보면 항상 거래가 발생된 원인과, 그 결과로 구성되어 있다. 즉 경제적 사건이 회계상의 거래로서 성립되면 거래의 결합관계는 거래의 8요소 중에서 반드시 차변요소와 대변요소의 결합으로 이루어지는 것을 알 수 있는데 이를 거래의 이중성(bilateral character of transaction)이라 한다. 거래의 이중성에 의하여 회계상의 거래는 하나 이상의 차변요소와 하나 이상의 대변요소의 결합관계로 분해할 수 있고, 이 때 서로 대응하는 양쪽의 요소들은 거래의 원인과 결과를 나타내는 것이다.

§2 거래의 구조

1. 거래의 8요소의 결합원리

이상의 거래의 결합은 모두 자산·부채·자본과 수익·비용의 증감관계에 있어서 ① 자산의 증가와 감소, ② 부채의 증가와 감소, ③ 자본의 증가와 감소, ④ 수익 및 비용의 발생으로 요약할 수 있다. 이러한 각 항목을 거래의 요소라고 한다. 거래는 반드시 이와 같은 각 요소의 대립관계가 결합되어 이루어진다. 거래요소 결합에 있어서 좌측을 차변, 우측을 대변이라 한다.

이를 도시하면 다음과 같다.

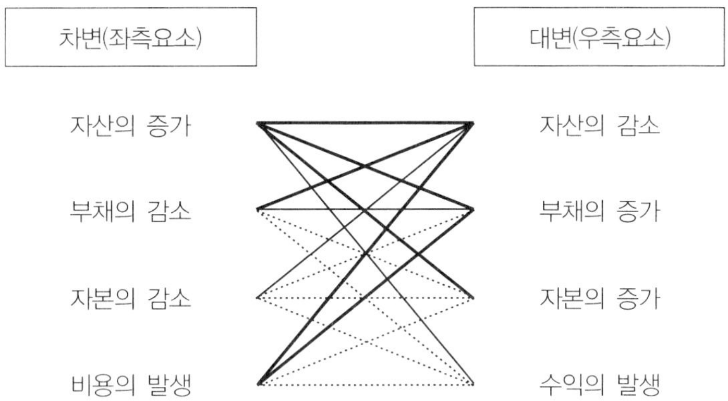

[그림 5-1] 거래요소의 결합관계

이들을 자세히 살펴보면 다음과 같다.

① 자산의 증가와 자산의 감소를 가져오는 거래

거래 건물 ₩5,000,000을 현금으로 매입하다.

거래분석 자산(건물) ₩5,000,000 증가 – 자산(현금) ₩5,000,000 감소

② 자산의 증가와 부채의 증가를 가져오는 거래

거래 상품 ₩ 30,000을 외상으로 매입하다.

거래분석 자산(상품) ₩30,000 증가 – 부채(외상매입금) ₩30,000 증가

③ 자산의 증가와 자본의 증가를 가져오는 거래

거래 현금 ₩1,000,000을 출자하여 영업을 시작했다.

거래분석 자산(현금)₩1,000,000 증가 – 자본(자본금)₩1,000,000 증가

④ 자산의 증가와 수익의 발생을 가져오는 거래

거래 현금 ₩200,000을 이자로 받다.

거래분석 자산(현금) ₩200,000 증가 – 수익(이자수익) ₩200,000 발생

⑤ 부채의 감소와 자산의 감소를 가져오는 거래

거래 차입금 ₩ 50,000을 현금으로 갚다.

거래분석 부채(차입금) ₩50,000 감소 – 자산(현금) ₩50,000 감소

⑥ 부채의 감소와 부채의 증가를 가져오는 거래

거래 외상매입금을 지급하기 위해 약속어음 ₩40,000을 발행하다.

(거래분석) 부채(외상매입금) ₩40,000 감소 – 부채(지급어음) ₩40,000 증가

⑦ 부채의 감소와 자본의 증가를 가져오는 거래

(거래) 사채 ₩1,000,000을 자본금으로 전환하다.

(거래분석) 부채(사채) ₩1,000,000 감소 – 자본(자본금) ₩1,000,000 증가

⑧ 부채의 감소와 수익의 발생을 가져오는 거래

(거래) 외상매입금 ₩500,000의 지급을 면제받다.

(거래분석) 부채(외상매입금) ₩500,000 감소 – 수익(채무면제이익) 500,000 발생

⑨ 자본의 감소와 자산의 감소를 가져오는 거래

(거래) 출자한 자본금의 일부인 현금 ₩350,000을 인출해가다.

(거래분석) 자본(자본금) ₩350,000 감소 – 자산(현금) ₩350,000 감소

⑩ 자본의 감소와 부채의 증가를 가져오는 거래

(거래) 퇴사하는 자본주 갑의 출자금 ₩600,000을 반환하지 않고 차입금으로 하다.

(거래분석) 자본(자본금) ₩600,000 감소 – 부채(차입금) ₩600,000 증가

⑪ 자본의 감소와 자본의 증가를 가져오는 거래

(거래) 갑의 출자금 ₩1,000,000을 병의 출자금에 대체하다.

(거래분석) 자본(갑 자본금) 감소 – 자본(병 자본금) 증가
₩1,000,000 ₩1,000,000

⑫ 비용의 발생과 자산의 감소를 가져오는 거래

(거래) 급여 ₩300,000을 현금으로 지급하다.

(거래분석) 비용(급여) ₩300,000 발생 – 자산(현금) ₩300,000 감소

⑬ 비용의 발생과 부채의 증가를 가져오는 거래

(거래) 차입금의 이자 ₩100,000을 원금에 가산하다.

(거래분석) 비용(이자비용) ₩100,000 발생 – 부채(차입금) ₩100,000 증가

2. 거래의 종류

회계상의 거래는 거래요소의 결합방법에 따라 교환거래, 손익거래 및 혼합거래로

분류할 수 있다.

교환거래(exchange transaction)란 자산 · 부채 · 자본의 증감변화를 일으키는 거래이나 수익 · 비용의 발생에 영향을 미치지 않는 거래이다. 교환거래는 자산 구성요소간의 교환거래, 부채구성요소간의 교환거래, 자본구성요소간의 교환거래, 자산, 부채간의 교환거래, 자산, 자본간의 교환거래, 부채, 자본간의 교환거래로 나눌 수 있다.

손익거래(profit and loss transaction)란 수익과 비용에 영향을 미치는 거래로서 이를 통하여 궁극적으로 자본의 증감을 일으키는 거래이다.

혼합거래(mixed transaction)는 교환거래와 손익거래가 혼합되어 있는 거래이다.

§3 계정과 계정기입법

1. 계정과 계정과목

거래가 발생하면 기업의 재무상태에 변화가 일어난다. 이 경우 각 거래요소에 대한 변화내용을 명확하게 기록하기 위하여 자산, 부채, 자본, 수익, 비용에 대하여 구체적으로 항목을 설정하여 각 항목별로 그 증감 변화를 기록하게 된다. 이렇게 각 항목별로 설정되는 기록 계산의 단위를 계정(account : a/c)이라 하고, 계정에 붙이는 이름을 계정과목(title of account)이라 한다.

2. 계정의 분류

계정은 자산계정, 부채계정, 자본계정, 수익계정, 비용계정으로 분류된다. 재무상태표에 기재되는 자산, 부채, 자본에 속하는 계정을 재무상태표계정이라 하며, 포괄손익계산서에 기재되는 수익과 비용에 속하는 계정을 포괄손익계산서계정이라 한다.

3. 계정기입의 원칙

복식부기에 있어서 기업의 자산변동은 재산계산과 손익계산의 2개의 계산부문에서 계산된다. 재산계산과 손익계산은 대차대조표와 손익계산서로 표시되므로, 이를 위한 계정기입도 A=K+P라는 등식을 기본으로 한 원리에 의하여 계정기입을 하게 된다.

즉 자산에 속하는 모든 계정기입은 그 증가를 차변에, 그 감소를 대변에 기입하고, 자본 • 부채에 속한 모든 계정기입은 그 증가를 대변에, 그 감소를 차변에 기입한다. 손익은 자본과 동일성질이므로 수익에 관한 계정은 그 발생을 대변에, 그 소멸을 차변에 기입하고, 비용에 관한 계정은 그 발생은 차변에, 소멸을 대변에 기입한다. 이상의 계정기입의 법칙을 정리하면 다음과 같다.

(차변) 자산계정	(대변)
증가(+)	감소(–)

(차변) 부채계정	(대변)
감소(–)	증가(+)

(차변) 자본계정	(대변)
감소(–)	증가(+)

(차변) 비용계정	(대변)
발생(+)	소멸(–)

(차변) 수익계정	(대변)
소멸(–)	발생(+)

계정의 대차 중 반드시 잔액이 생기는데 자산계정의 잔액은 차변잔액이 생기며, 이것은 대차대조표의 차변에 표시된다. 자본 • 부채계정은 대변에 잔액이 생기며 대

[그림 5-2] 계정과 재무제표의 연결

차대조표의 대변에 표시된다. 또한 비용계정은 차변에 잔액이 생기며 손익계산서의 차변에 표시하고, 수익계정은 그 잔액이 대변에 생기어 손익계산서의 대변에 표시된다. 이것을 도해하면 [그림 5-2]와 같다.

§4 분개의 의미와 방법

1. 분개의 의의

기업의 거래는 반드시 차변요소와 대변요소가 결합이 되어 성립하기 때문에 이것을 차변과 대변으로 분해할 수 있다. 분개(journalizing)란 복식부기에 있어서 각 거래에 관하여 원장의 어떤 계정의 차변에 얼마를 기입하며, 또한 어떤 계정의 대변에 얼마를 기입하느냐를 기록하기에 앞서 결정 · 지시하는 분해절차를 말한다. 예를 들면, "상품 ₩50,000을 매입하고 대금은 현금으로 지급하였다."라는 거래에 있어서 계정계좌에 기입하기에 앞서 계정과목을 결정하고, 그 계정의 차변 · 대변 어느 곳에 얼마의 금액을 기입할 것인가를 결정하기 위하여 다음과 같이 분해한다.

(차) 상품계정 50,000 (대) 현금계정 50,000

상품을 매입함으로써 자산이 증가하고 현금을 지급함으로써 자산이 감소된다. 이와 같이 한 거래를 차변과 대변으로 분해하여 기입하는 것을 분개라고 한다. 기업에서 일어나는 모든 거래는 이와 같이 차변 · 대변으로 분류하여 총계정원장의 당해 계정계좌에 기입하게 된다. 상기의 예로는 상품계정의 차변에 ₩50,000을 현금계정의 대변에 ₩50,000을 기입하면 된다.

(차)	상 품	(대)
현 금	50,000	

(차)	현 금	(대)
	상 품	50,000

2. 분개의 법칙과 전기

거래를 계정으로 분리하여 당해 계정계좌에 기입하기 위하여 분개를 하는 데는 아래의 분개법칙을 기준으로 한다.

분개 법칙은 전술한 계정기입의 법칙과 동일하다.

① 자산계정의 증가는 차변에, 감소는 대변에

② 부채계정의 증가는 대변에, 감소는 차변에

③ 자본계정의 증가는 대변에, 감소는 차변에

④ 수익계정의 발생은 대변에, 소멸은 차변에

⑤ 비용계정의 발생은 차변에, 소멸은 대변에

분개법칙에 의하여 기업의 모든 거래를 차변・대변으로 분류하는데, 이 때 사용하는 장부를 분개장이라 한다. 분개장에서의 분개를 총계정원장의 각 계정계좌에 옮기는 절차를 轉記(posting)라 한다. 전기의 요령은 다음과 같다.

① 일자란에는 분개장의 거래발생일을 기입한다.

② 적요란에는 거래내용을 간단히 기입하는데, 계정계좌의 상대과목을 기입한다. 단, 상대과목이 두 개 이상일 경우에는 제좌(諸座)라고 기입한다.

③ 차변금액란에는 분개장의 차변금액을 기입하고, 대변금액란에는 분개장의 대변금액을 기입한다.

④ 분면란에는 분개장의 면수를 기입한다.

⑤ 차변란 또는 대변란에는 잔액이 차변잔액일 때는 차, 대변금액일 때는 대라고 기입한다.

보기 5-1 다음 거래를 분개하고 해당 계정에 전기하여라.

(1) 현금 ₩500,000을 출자하여 상품매매업을 시작하다.

(2) 상품 ₩200,000을 매입하고 대금 중 반액은 현금으로 지급하고 잔액은 외상으로 하다.

(3) 비품 ₩150,000을 구입하고 현금을 지급하다.

(4) 원가 ₩100,000의 상품을 ₩130,000으로 매출하고 대금은 현금으로 받다.

(5) 원가 ₩ 50,000의 상품을 ₩ 65,000으로 매출하고 대금 중 ₩ 10,000은 현금으로 받고 잔액은 외상으로 하다.

(6) 외상매입금 ₩ 50,000을 현금으로 지급하다.

(7) 급료 ₩ 20,000, 잡비 ₩ 10,000을 현금으로 지급하다.

풀이

(1)	(차) 현금	500,000	(대) 자본금	500,000
(2)	(차) 상품	200,000	(대) 현금	100,000
			외상매입금	100,000
(3)	(차) 비품	150,000	(대) 현금	150,000
(4)	(차) 현금	130,000	(대) 상품	100,000
			상품매출이익	30,000
(5)	(차) 현금	10,000	(대) 상품	50,000
	외상매출금	55,000	상품매출이익	15,000
(6)	(차) 외상매입금	50,000	(대) 현금	50,000
(7)	(차) 급료	20,000	(대) 현금	30,000
	잡비	10,000		

현금 (1)

차변		대변	
① 자본금	500,000	② 상품	100,000
④ 제좌	130,000	③ 비품	150,000
⑤ 제좌	10,000	⑥ 외상매입금	50,000
		⑦ 제좌	30,000

비품 (2)

차변		대변	
③ 현금	150,000		

외상매출금 (3)

차변		대변	
⑤ 제좌	55,000		

상품 (4)

차변		대변	
② 제좌	200,000	④ 현금	100,000
		⑤ 제좌	50,000

외 상 매 입 금 (5)

차변		대변	
⑥ 현 금	50,000	② 상 품	100,000

자 본 금 (6)

차변		대변	
		① 현 금	500,000

상품매출이익 (7)

차변		대변	
		④ 현 금	30,000
		⑤ 제 좌	15,000

급 료 (8)

차변		대변	
⑦ 현 금	20,000		

잡 비 (9)

차변		대변	
⑦ 현 금	10,000		

§5 대차평균의 원리

거래의 이중성에 의하여 모든 거래가 차변과 대변에 동일금액으로 이중기입 되는데 이것이 복식부기의 특징이다. 이와 같이 회계상의 거래가 발생하여 복식부기 방식으로 기록하게 되면 차변과 대변에 항상 동일한 금액을 기입하게 되므로, 거래가 아무리 많이 발생하더라도 차변항목의 합계금액과 대변항목의 합계금액은 항상 일치하게 된다. 이를 대차평균의 원리(principle of equilibrium)라고 한다. 대차평균의 원리는 복식부기의 가장 중요하고 기본적인 원칙으로서, 계정 전체의 차변금액합계와 대변금액의 합계의 일치여부를 확인함으로써 장부기장과 계산의 정확성 여부를 판단할 수 있다. 복식부기는 이러한 대차평균의 원리에 의하여 기록, 계산의 정확성을 자동적으로 검사할 수 있는 자기통제 또는 자기검증의 기능을 갖는데, 이를 복식부기의 자기검증기능이라고 한다. 이와 같이 복식부기의 원리는 이러한 거래의 이중성과 대차평균의 원리에 기반을 두고 있다고 할 수 있다.

보기 5-2 다음 거래를 분개하고 각 계정에 전기한 다음 계정집계표를 작성하여 대차평균의 원리를 음미하라.

(1) 현금 ₩500,000을 출자하여 상품매매업을 개업하다.

(2) 상품 ₩200,000을 태광상사로부터 외상으로 매입하다.

(3) 비품 ₩150,000을 평민상사로부터 현금으로 구입하다.

(4) 상품 ₩130,000을 동문상사에 현금으로 매출하다.

(5) 상품 ₩ 65,000을 남문상사에 외상으로 매출하다.

(6) 태광상사에 대한 외상매입금 ₩ 50,000을 현금으로 갚다.

(7) 급료 ₩ 30,000을 현금으로 지급하다.

풀이

(1) 분 개

	(차 변)		(대 변)	
1)	현 금	500,000	자 본 금	500,000
2)	상 품	200,000	외 상 매 입 금	200,000
3)	비 품	150,000	현 금	150,000
4)	현 금	130,000	상 품	130,000
5)	외상매출금	65,000	상 품	65,000
6)	외상매입금	50,000	현 금	50,000
7)	급 료	30,000	현 금	30,000

(2) 계정에의 전기

현 금 (1)

1) 자 본 금	500,000	3) 비 품	150,000
4) 상 품	130,000	6) 외상매입금	50,000
		7) 급 료	30,000

상 품 (2)

2) 외상매입금	200,000	4) 현 금	130,000
		5) 외상매출금	65,000

	비 품		(3)
3) 현 금	150,000		

	외 상 매 출 금		(4)
5) 상 품	65,000		

	외 상 매 입 금		(5)
6) 현 금	50,000	2) 상 품	200,000

	자 본 금		(6)
		1) 현 금	500,000

	급 료		(7)
7) 현 금	30,000		

(3) 계정집계표의 작성

계 정 집 계 표

차 변 금 액	계 좌 번 호	계 정 과 목	대 변 금 액
630,000	1	현 금	230,000
200,000	2	상 품	195,000
150,000	3	비 품	
65,000	4	외상매출금	
50,000	5	외상매입금	200,000
	6	자 본 금	500,000
30,000	7	급 료	
1,125,000			1,125,000

연습문제

01 다음 사항 중 회계상의 거래를 골라라.

(1) 은행에서 현금 ₩30,000을 인출하다.
(2) 점원을 월급 ₩50,000의 약속으로 채용하다.
(3) 건물을 빌리기로 대차계약을 체결하다.
(4) 상품 ₩150,000을 분실 도난당하다.
(5) 급료 ₩18,000을 현금으로 지급하다.
(6) 상품 ₩400,000을 주문하다.
(7) 상품 ₩25,000을 거래처에서 외상으로 인수하다.
(8) 은행에 ₩2,000,000의 융자신청을 하여 은행으로부터 승인의 통지를 받다.
(9) 벼락으로 건물 ₩1,000,000이 파괴되었다.
(10) 거래처 파산으로 외상채권 ₩3,000이 회수불능이 되다.

02 다음 거래 예를 거래의 종류별로 구분해 보시오.

(1) 외상매입금 ₩50,000을 현금으로 지급하다.
(2) 이달분 급료 ₩ 25,000을 현금으로 지급하다.
(3) ₩1,500,000 증자를 행하다.
(4) 상품매매를 주선하고 수수료 ₩ 5,000을 현금으로 받다.
(5) 차입금에 대한 원금 ₩100,000과 이자 ₩ 5,000을 현금으로 지급하다.

03 다음 거래를 현금거래, 전부대체거래, 일부대체거래로 분류하라.

(1) 상품 ₩100,000을 현금매출하다.
(2) 은행에서 현금 ₩500,000을 차입하다.
(3) 외상매출금 ₩175,000을 현금으로 회수하다.
(4) 상품 ₩300,000을 매입하고 이 중 ₩ 50,000을 수표를 발행 지급하고, 잔액은 외상으로 하다.
(5) 상품 ₩100,000(원가 ₩80,000)을 현금매출하다.

04 다음 거래의 결합관계를 표시하라.

(1) 영업비 비품 ₩ 20,000을 현금으로 구입하다.
(2) 외상매출금 ₩ 60,000을 회수하여 당좌예금하다.
(3) 상품 ₩120,000을 매입하고, 대금 중 ₩ 80,000은 약속어음을 발행 교부하고 잔액은 현금으로 지급하다.

(4) 광고료 ₩ 18,000을 현금으로 지급하다.

(5) 원가 ₩100,000의 상품을 ₩120,000에 매출하고, 대금 중 ₩ 70,000은 약속어음을 받고, 잔액은 외상으로 하다.

05 다음에 표시한 대립관계에 맞는 거래의 예를 하나씩 들어라.

(1) 자산의 증가 ↔ 자산의 감소

(2) 자산의 증가 ↔ 부채의 증가

(3) 부채의 감소 ↔ 자산의 감소

(4) 비용의 발생 ↔ 자산의 감소

(5) 비용의 발생 ↔ 부채의 증가

(6) 자산의 증가 ↔ 수익의 발생

(7) 자산의 증가 ↔ 자산의 감소
수익의 발생

(8) 자산의 증가 ↔ 자산의 감소
부채의 증가

(9) 부채의 감소 ↔ 부채의 증가
비용의 발생

(10) 자본의 감소 ↔ 자산의 감소

06 다음 계정과목 중 자산계정에는 A, 부채계정에는 L, 자본계정에는 C, 비용계정에는 E, 수익계정에는 R를 ( ) 안에 기입하라.

(1) 상 품 ( )

(2) 외 상 매 입 금 ( )

(3) 외 상 매 출 금 ( )

(4) 상품매출이익 ( )

(5) 영 업 비 ( )

(6) 당 좌 예 금 ( )

(7) 자 본 금 ( )

(8) 차 입 금 ( )

(9) 이 자 수 익 ( )

(10) 창 업 비 ( )

07 다음 거래 중의 ( ) 안이 차변이면 Dr, 대변이면 Cr를 기입하라.

(1) 상품을 외상으로 매입하면 상품 a/c의 ( )과 외상매입금 a/c ( )에 기입한다.

(2) 비품을 현금으로 구입하면 비품 a/c의 ( ), 현금 a/c의 ( )에 기입한다.

(3) 원가 ₩ 80,000의 상품을 ₩100,000에 외상으로 매출하면 외상매출금 a/c의 ( )과 상품 a/c의 ( ) 및 상품매출이익 a/c의 ( )에 기입한다.

(4) 차입금과 이자를 현금으로 지급하면 현금 a/c의 ( )과 차입금 a/c의 ( ), 지급이자 a/c의 ( )에 기입한다.

(5) 현금과 건물을 원입하여 개업하면 자본금 a/c의 ( )과 현금 a/c의 ( ), 건물 a/c의 ( )에 기입한다.

08 다음 각 계정은 무엇을 뜻하는가?

① 상　　품

	100,000

② 외상매입금

	250,000

③ 외상매출금

	170,000

④ 이자수익

	500

⑤ 이자비용

800	

⑥ 자 본 금

400	

09 다음의 거래를 분개하라.

(1) 외상매출금 ₩ 20,000을 현금으로 받다.
(2) 동업자에게 ₩ 80,000을 대여하고 수표를 발행하여 인도하다.
(3) 현금 ₩ 30,000과 차입금 ₩ 20,000으로 영업을 개시하다.
(4) 화재보험료 ₩ 12,000을 현금으로 지급하다.
(5) 대여금 ₩ 80,000과 그 이자 ₩ 8,000을 현금으로 받다.
(6) 당좌예금에서 ₩ 20,000을 인출하다.
(7) 사무용 소모품 ₩ 5,000을 현금으로 매입하다.
(8) 현금 ₩100,000을 은행에 당좌예금하다.
(9) 당월분 집세 ₩ 3,000을 현금으로 지급하다.
(10) 상품 ₩ 40,000을 외상으로 매입하다.

10 다음의 분개에서 거래를 추정하라.

(1)	(차) 상　　품	200,000	(대) 현　　금	200,000
(2)	(차) 현　　금	3,500	(대) 이 자 수 익	3,500
(3)	(자) 외상매출금	50,000	(대) 상　　품	40,000
			상품매출이익	10,000
(4)	(차) 외상매입금	10,000	(대) 현　　금	10,000
(5)	(차) 급　　료	15,000	(대) 현　　금	15,000

11 다음의 계정기입에서 거래를 추정하여라.

(1) 현　　금

차 입 금　100,000	

(2) 상　　품

외상매입금　50,000	

(3) 외 상 매 출 금

	현 금 30,000

(4) 대 여 금

	현 금 60,000

(5) 영 업 비

현 금 4,500	

(6) 당 좌 예 금

	상 품 80,000

12 다음 풍농상사의 거래를 1) 분개하고, 2) 약식계정에 전기하여, 3) 계정집계표(합계시산표)를 작성하여라.

(1) 현금 ₩100,000을 투자하여 매매업을 개시하다.

(2) 금고 한 대를 ₩ 20,000에 구입하고 대금은 현금으로 지급하다.

(3) 상품 ₩ 80,000을 매입하고, 대금 중 ₩ 50,000은 현금으로 지급하고 잔액은 외상으로 하다.

(4) 상품 원가 ₩ 60,000을 ₩ 68,000에 매출하고, 대금 중 ₩ 30,000은 현금으로 받고 잔액은 외상으로 하다.

(5) 외상매입금 중 ₩ 15,000을 현금으로 지급하다.

(6) 외상매출금 중 ₩ 30,000을 현금으로 받다.

(7) 영업비 ₩ 10,000을 현금으로 지급하다.

(8) 현금 ₩ 50,000을 차입하다.

(9) 차입금의 이자 ₩ 2,000을 현금으로 지급하다.

(10) 잡비 ₩ 3,000을 현금으로 지급하다.

장부 제6장

§1 장부의 의의와 종류

1. 장부의 의의

회계상 장부란 재산의 변동을 조직적 · 계속적으로 기록하여 기업이 행하는 재산의 보전과 운용과정을 계산적으로 관리하는 서류이다. 어떠한 소규모의 단순한 기업이라도 기록없이는 기업경영활동을 알 수가 없다.

기업자본의 복잡한 변동사항을 명백히 기록하고 장래의 경영에 대한 지침을 얻기 위해서도 기업경영 내외에서 발생하는 모든 거래를 계속적으로 기록할 필요가 있다. 이러한 기록을 표시하는 지편을 집합한 것을 장부(books)라 한다. 장부는 매일 발생하는 거래를 역사적으로 기록 · 계산하여 재산과 자본의 변동을 기록 · 표시하는 것은 물론, 재산계산과 손익계산의 자료가 되며, 경영활동의 증거자료로서 관리기능을 다하는 것이다.

또 어떠한 장부를 설정한 것인가는 업종 · 규모 · 거래의 성질, 거래의 빈도 여하에 따라 달라서 일정하지 않으나, 회계사무를 원활하게 꾸려나가기 위해서는 장부 상호간에 유기적인 연락을 도모하여 부정 · 오류가 일어나지 않도록 조직할 필요가 있다. 이와 같이 장부간의 상호관계를 「장부조직」(system structure of books)이라 한다.

2. 장부의 종류

장부의 종류는 여러 관점에서 분류할 수 있다.

(1) 회계적 기능에 의한 분류

회계적 기능으로 본 장부는 「주요장부」(main books)와 「보조장부」(auxiliary or subsidiary books)로 나누어진다. 주요장부(main books)란 회계장부의 기본이 되는 장부로, 분개장과 총계정원장(원장)을 말한다. 분개장은 거래를 처음 기록하는 장부로서 원시기록이 된다는 점에서 중요하고, 원장은 분개장에 기록된 거래를 계정과목별로 기록함으로써 재무상태표・포괄손익계산서 등 재무제표 작성의 기초가 된다는 점에서 중요하다. 분개장과 원장은 소로 성격과 기능이 다르나, 복식부기에서 없어서는 안 될 가장 기본적인 장부라는 점에서 주요장부라고 부르고 있다.

보조장부(auxiliary or subsidiary books)란 주요장부에 대해 보충적인 장부로서, 주요장부의 부족한 점을 보충하거나 주요장부 내의 어떤 금액의 내역을 상세하게 표시하는 장부이다. 보조장부는 다시 보조기입장・보조원장 기타의 보조장부로 나누어진다. 보조기입장(subsidiary registers)은 거래를 발생순서에 따라 기입하는 장부이고, 보조원장(subsidiary ledgers)은 원장계정의 명세를 기입하는 장부며, 기타의 보조장부는 주로 비망적 목적으로 작성되는 장부이다.

(2) 형태에 의한 분류

이는 장부의 양식을 중심으로 한 분류인데, 「장정장부」(bound books)와 「비장정장부」(unbound books)로 분류되어, 전자는 주요부 이외에 현금출납장・당좌예금출납장・매입장・매출장 등이 있고, 후자는 「카드식」(card system)・「루스리프식」(loose leaf system) 등이 있다.

[표 6-1] 주요부와 보조부

- 장부
  - 주요부
    - 분개장
    - 원장(총계정원장)
  - 보조부
    - 보조기입장
      - 현금출납장 · 당좌예금출납장 · 소액현금출납장 ·
      - 매입장 · 매출장
      - 받을어음기입장 · 지급어음기입장
    - 보조원장
      - 상품재고장 · 적송품원장 · 고정자산대장
      - 매입처원장 · 매출처원장 · 주주원장
    - 기타의 보조부(주문수령장 · 외상매출금연령장 · 어음기일장)

(3) 법정 강제에 의한 분류

이는 장부의 기입이 법률에 의해서 강제되어 있는가 아닌가를 기준으로 하는 분류인데, 「강제장부」(compulsory books), 「임의장부」(optional books)로 분류된다.

(4) 기장의 순서에 의한 분류

이는 거래가 발생한 경우 일차적으로 기록되는가 아닌가를 기준으로 한 것인데, 전자를 原始簿(books of original entry)라 하며, 분개장이 이에 해당된다. 후자는 원시부를 기초로 하여 기재되는 것으로 轉記簿라 하며, 총계정원장이 이에 해당한다.

(5) 기술적 기능에 의한 분류

이는 장부가 가진 기술적 기능에 따라 분류한 것으로, 거래명세부(매입장・매출장・현금출납장)・거래분류부(총계정원장)・전기매개부(분개장) 등으로 구분된다.

이상 여러 가지 분류 중 가장 중요한 것은 회계적 기능에 의한 분류인데, 거래가 장부에 기록되어가는 관계를 표시하면 [표 6-2]와 같다.

[표 6-2] 장부간의 연결도

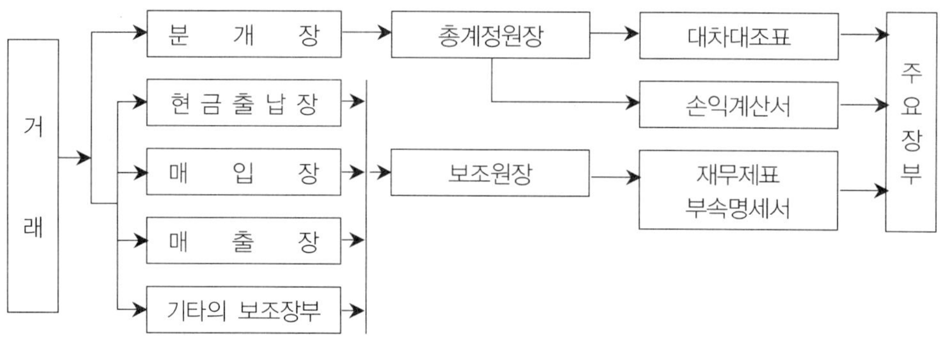

§2 분개장

1. 분개장의 의의와 형식

거래를 발생순서별로 원장에 전기하기에 앞서 분류하는 준비적 장부를 분개장(journal)이라 한다. 분개장을 통하지 않고 거래를 직접 원장에 기입할 수 있으나, 그것은 실무상 불가능하다. 분개장은 분개 이외에 거래를 발생순으로 기록하고, 총계정원장의 차변과목과 대변과목을 분류하여 전기할 준비장부이므로 이것을 분개일기장(journal day books)이라고 하며, 원장전기의 중개를 한다는 점에서 전기매개부라고 한다. 또한 거래가 최초에 기입되는 장부라 하여 원시기입장부라고도 한다.

분개장의 형식에는 병립식과 분해식이 있는데 전자를 일방식, 후자는 쌍방식 혹은 표준식이라 한다.

2. 분개장의 기입요령

병립식 분개장의 기입방법은 다음과 같다.

(1) 일자란

일자란에는 거래발생의 연월일을 기입한다. 발생일이 같을 때에는 「〃」(ditto)를 친다.

(2) 적요란

적요란에는 분개의 계정과목이 기입된다. 차변·대변을 명료하게 자우로 나우어 기입한다.

① 차변계정과목을 왼쪽 윗줄에, 대변계정과목을 다음 줄 오른쪽에 기입한다.

② 하나의 거래에 있어서 대변이나 차변에 기입되는 계정과목이 두 개 이상인 때에는 그 위에 「제좌」(sundries)라고 쓴다.

③ 장부의 행수를 절약하기 위하여 「제좌」라 쓴 난에 상대계정과목을 쓴다.

④ 계정과목을 쓴 다음 줄에 거래의 내용을 한 칸의 반 정도의 작은 글씨로 간단 명료하게 기입한다.

(3) 원면란

원면이란 원장(총계정원장)의 면수를 말하며, 원장에 전기하였을 때 그 계정계좌의 번호 또는 페이지(page)수를 기입한다. 이를 조회번호(counter folio)라고 한다. 전기에 누락을 방지하기 위해서이다.

(4) 금액란

금액란에는 차변·대변의 금액을 기입하며, 적요란에 기입한 계정과목과 같은 줄에 기입한다.

(5) 기타 기입사항

① 한 거래의 분개가 끝나면 다른 거래와 구분하기 위하여 적요란에 붉은 잉크로 선을 긋는다.

② 한 거래의 분개를 두 페이지에 걸쳐 기입해서는 아니 된다.

③ 각 페이지의 마지막 적요란에는 「차면에」(또는 다음 p에)라고 적고, 그 페이지의 대·차변의 합계액을 각각 그 금액란에 기입한다. 이때 합계액을 기입한 금액의 윗줄에 단선을 그어둔다. 이를 합계선이라 한다. 그리하여 다음 페이지의 첫줄의 적요란에 「전면에서」(또는 앞 p에서)라고 적고, 금액란에 앞 페이지의 대차변 합계액을 각각 그대로 옮겨 기입한다.

④ 모든 분개가 끝나면 금액란에 한 줄(합계선)을 긋고 차변·대변의 합계액을 적

고 두 줄을 긋는다. 이를 결산선 또는 마감선이라 한다. 일자란에도 복선을 그어 마감을 표시한다.

보기 6-1 다음 거래를 분개장에 기입하라.

5월 1일 현금 ₩200,000과 건물평가액 ₩500,000을 元入하여 개업하다.

5월 2일 서울상회로부터 상품 ₩150,000을 매입하고, 그 대금 중 ₩100,000은 현금으로 지급하고, 잔액은 외상으로 하다.

5월 3일 동명상회에 상품 ₩120,000을 현금으로 매출하다.

풀이

분 개 장

〈병립(일방)식〉

일자		적요		원면	차 변	대 변
5	1	제 좌	(자 본 금)	15		700,000
		(현 금)		1	200,000	
		(건 물)		8	500,000	
		현금과 건물을 원입하여 개업				
〃	2	(상 품)	제 좌	6	150,000	
			(현 금)	1		100,000
			(외상매입금)	13		50,000
		서울상회에서 상품매입하고, 대금 중 일부는 현금, 잔액은 외상				
〃	3	(현 금)		1	120,000	
			(상 품)	6		120,000
		동명상회에 상품 현금매출				

page.1

분 개 장

〈분할(쌍방)식〉

차 변	원면	적요		원면	대 변
		5월 1일			
200,000	1	(현 금)	(자 본 금)	15	700,000
500,000	8	(건 물)			
		현금과 건물 원입하여 개업			

차변	원면	적요	원면	대변
		5월 2일		
150,000	6	(상 품) (현 금)	1	100,000
		(외상매입금)	13	50,000
		서울상회에서 상품매입하고, 대금 중 일부는 현금, 잔액은 외상		
		5월 3일		
120,000	1	(현 금) (상 품)	6	120,000
		동명상회에 상품 현금매출		

page.1

§3 총계정원장

1. 총계정원장의 의의

총계정원장(general ledger)은 재산과 자본의 상태를 표시하는 일체의 계정계좌를 설정하고, 분개장에서 분개하였던 각 거래를 차변항목과 대변항목을 계정과목별로 계좌를 설정하여 기록계산하는 장부를 말한다. 원장은 기업의 자산과 자본의 전 재무상태를 표시하는 가장 중요한 장부이며, 부기의 주목적인 재무상태표와 포괄손익계산서의 작성에 필요한 자료를 제공한다. 따라서 원장은 기업경영의 청사진이며 기업재정의 축도판이기도 하다.

원장에 계정계좌를 설정하는 데는 자산・부채・자본・수익・비용의 순서로 설정하는 것이 편리하다. 원장의 형식에는 표준식과 잔액식의 두 종류가 있다.

2. 총계정원장의 기입요령

원장의 형식에는 표준식과 잔액식이 있으며, 일반적으로 학습에서는 전자를, 실무에서는 후자를 이용한다.

(1) 일자란

이의 기입요령은 분개장과 같다.

(2) 적요란

① 적요란에는 그 거래의 개요를 기록하여야 하나 번잡을 피하기 위하여 분개한 상대계정과목만을 기입한다.

② 상대계정과목이 두 개 이상일 때는 「제좌」라 기입한다.

(3) 분면란

분면란에는 분개장의 몇 페이지에서 전기되었는가를 표시하기 위하여 분개장의 페이지 수를 기입한다.

(4) 금액란

① 차변금액란에는 분개장의 차변 금액을, 대변금액란에는 분개장의 대변금액을 기입한다.

② 잔액식 원장의 경우 잔액란에는 차변・대변의 각 합계의 차액을 기입하고, 「차 또는 대」란에는 그 잔액이 차변이면 「차」, 대변이면 「대」라 기입한다.

분개장에서 총계정원장(표준식)에의 전기를 도래하면 [그림 6-1]과 같다.

보기 6-2 앞의 <보기 6-1>의 분개장에서 (총계정)원장의 현금계정에 전기한 결과를 표시하면 다음과 같다.

풀이

총계정원장

〈표준식〉 현금계정 p.1

일 자		적 요	분면	금 액	일 자		적 요	분면	금 액
5	1	자 본 금	1	200,000	5	2	상 품	1	100,000
〃	3	상 품	〃	120,000					

총계정원장

〈잔액식〉 현금계정 p.1

일 자		적 요	분면	차 변	대 변	차 또는 대	금 액
5	1	자 본 금	1	200,000		차	200,000
〃	2	상 품	〃		100,000	〃	100,000
〃	3	상 품	〃	120,000		〃	220,000

분 개 장 p.1

일	자	적 요	원면	차 변	대 변
3	7	(외상매출금)	5	3,200	
		(상 품)	7		3,200
		대일상사에 외상매출			

총계정원장
외상매출금 p.5

일자		적요	분면	금액	일자	적요	분면	금액
3	7	상품	1	3,200				

총계정원장
상 품 p.7

일자		적요	분면	금액	일자		적요	분면	금액
3	1	전기이월		5,000	3	7	외상매출금	1	3,200

[그림 6-1] 분개장에서 원장에의 전기

§4 보조장부

보조장부는 주요장부의 간단한 기입내용을 보조하는 역할을 하는 장부이다. 그러나 복식부기의 장부체계상 보조장부의 역할이 주요장부의 기입을 보조하는 역할을 한다는 것은 부기의 계산기능상으로 보아 보조장부가 없어도 된다든가 또는 중요하지 않다는 것을 의미하는 것은 아니다.

보조장부는 원장에 기록되어 있는 각 계정과목별로 관계사항에 대해 상세한 기록이 필요할 때에 사용하는 장부이다. 기업에 있어서 재산변동의 내용은 전체적으로는 주요장부인 원장에 의해 계산관리된다. 따라서 종류·명칭 및 사용횟수도 기업의 성질과 규모의 대소, 업무분담관계에 따라서 다르게 된다. 보조장부는 보조원장과 보조기입장으로 구분 할 수 있다.

1. 보조원장

보조원장은 원장에 설정된 특정계정에 대하여 개별적인 내용을 상세하게 표시하는 것을 목적으로 한다. 대규모 기업에 있어서 한 개의 원장에 동일종류의 계정계좌를 많이 나열하는 것은 곤란한 일이므로 원장에는 통합계정만 두고 그 내용은 보조원장에 자세하게 기록하는 것이 간단하다. 즉 상품매출처원장과 상품매입처원장 같이 많은 거래처를 원장에 일일이 설정하는 것보다 원장에 외상매출금계정 · 외상매입금계정의 통제계정을 설정 · 처리하고, 각 거래처에 대해서는 매입처원장 · 매출처원장인 보조원장에 자세하게 기장하는 것과 같다.

보조원장
- 상품재고장
- 적송품원장
- 판매수탁원장
- 수탁매입원장
- 매출처원장
- 매입처원장
- 채권원장
- 채무원장
- 사채원장
- 유가증권원장
- 고정자산원장
- 주주원장

2. 보조기입장

보조원장이나 보조기입장은 원장의 어떤 계정을 보조설명하는 것은 동일하다. 그러나 보조원장은 원장 내의 어떠한 특정계정의 내용을 품목별 · 인명별로 그 구성단위에 따라 기록하는 것이며, 보조기입장은 원장 내의 어떤 계정의 거래 내용을 상세하게 기록하는 장부이다. 즉 보조원장은 원장기록과 동시적인 정리기록이지만 보조기입장은 거래의 발생순서적인 상세기록이라고 할 수 있다. 원장은 총괄적인 금전적 가치만을 기록하는 것이나, 그 수량관계 · 법률관계 등에 대해서는 충분히 기입되지 않으므로 이러한 관계를 상세하게 기록하는 장부가 보조기입장이다.

보조기입장
- 현금예금출납장
- 소액현금출납장
- 매 입 장
- 매 출 장
- 받을어음기입장
- 지급어음기입장
- 판매비내역장
- 관리비내역장

§5 기장예시

1. 기장상의 유의사항

① 장부는 횡서로 기장하는 것이 원칙이다.

② 숫자는 아라비아숫자를 사용하고 원 이상 세 자리마다 콤마를 찍어 단위를 구별하고 가감계산에 편리하도록 수치를 맞추어서 쓴다.

③ 적요란에는 우리말로 간단명료하게 기입하고 필요한 사항은 빼 놓아서는 안 된다.

④ 모든 숫자의 기입은 2행에 걸쳐서는 안 된다.

⑤ 한자로 금액을 기장할 경우 一, 二, 三, 十 등의 숫자는 각각 壹, 貳, 參, 拾을 사용한다.

⑥ 한 거래의 기입을 2행에 걸쳐서는 안 된다.

⑦ 문자의 크기는 행간의 1/2, 숫자의 크기는 행간의 1/3 정도로 한다.

⑧ 장부의 여백은 반드시 횡단선을 그어 추가기입을 방지한다.

⑨ 장부를 정정할 때는 적복선으로 말소하고 그 위에 正字를 기입한다.

⑩ 우리 말은 오자만 정정하고 숫자는 전부를 정정한다. 고무・약품・면도날 등을 사용하여 삭제하거나, 첩지를 해서는 안 된다.

⑪ 매면마다 최후의 행에서 차면에로 이월절차를 하여야 한다.

⑫ 기장상 필요한 기호와 약호

a/c; account(계정)

Dr; debtor(D)(차변)

Cr; creditor(C)(대변)

No. 또는 #; number(번호)

〃; ditto(위와 같음)

%; percent(백분비)

‰; per mille(千分比)

@; at(단가)

√; check mark(대조표, 기장 끝남)

L.F.; ledger folio(원장 면수)

J.F.; journal folio(분개장 면수)

D/F; carried forward(전면에서 이월)

C/D; carried down(다음 면에 이월)

₩; won(원)

$; dollar(美弗)

¥; yen(日圓)

2. 기장예시

다음에 풍남상사의 제 거래를 분개장과 원장에 기입한 모형을 표시한다.

풍남상사영업일지

200×년

6월 1일 현금 ₩1,000,000을 출자하여 영업을 시작하다.

2일 평화은행과 당좌거래를 체결하고 현금 ₩300,000을 예입하다.

〃일 영업용 기구비품을 구입하고 대금 ₩100,000을 현금으로 지급하다.

3일 개업인사 및 광고선전비용 ₩ 25,000을 현금으로 지급하다.

〃일 대동상회에서 다음과 같이 외상으로 매입하다.

A 제품 200개 @₩290 ₩ 58,000

B 제품 500개 @₩600 ₩300,000

4일 수월상회에 다음과 같이 외상으로 매출하다.

A 제품 100개 @₩330 ₩ 33,000(원가 @₩290)

5일 김영생에게 현금 ₩ 50,000을 대여하다.

6일 천일상회에 다음과 같이 매출하고 대금은 당좌수표로 받아 즉시 당좌예금하다.

B 제품 100개 @₩700 ₩ 70,000(원가 @₩600)

7일 삼화상회에서 다음과 같이 외상매입하다.

C 제품 300개 @₩1,000 ₩300,000

8일 대전상회에 다음과 같이 매출하고 대금은 당좌수표로 받아 즉시 당좌예금하다.

B 제품 100개 @₩700 ₩ 70,000(원가 @₩600)

9일 동양상회에 다음과 같이 외상으로 매출하다.

C 제품 50개 @₩1,200 ₩ 60,000(원가 @₩1,000)

10일 일신상회에 다음과 같이 매출하고 대금은 당좌수표로 받아 즉시 당좌예금하다.

A 제품 100개 @₩340 ₩ 34,000(원가 @₩290)

C 제품 100개 @₩1,300 ₩130,000(원가 @₩1,000)

11일 수원상회로부터 외상매출대금 ₩ 30,000을 현금으로 받다.

13일 수원상회에 다음과 같이 외상으로 매출하다.

B 제품 100개 @₩700 ₩ 70,000(원가 @₩600)

C 제품 50개 @₩1,300 ₩ 65,000(원가 @₩1,000)

15일 대동상회에서 다음과 같이 매입하고 대금 중 ₩200,000은 수표를 발행하여 지급하고 잔액은 외상으로 하다.

A 제품 300개 @₩285 ₩ 85,500

C 제품 200개 @₩610 ₩122,000

16일 우표 및 수입인지대 ₩550을 현금으로 지급하다.

18일 영일상회에 다음과 같이 매출하고 대금은 당좌수표로 받아 즉시 당좌예금하다.

A 제품 200개 @₩700 ₩140,000(원가 @₩600)

C 제품 100개 @₩1,300 ₩130,000(원가 @₩1,000)

20일 수원상회에 다음과 같이 현금으로 매출하다.

B 제품 100개 @₩700 ₩ 70,000(원가 @₩610)

22일 천일상회에 다음과 같이 매출하고 대금은 당좌수표로 받아 즉시 당좌예금하다.

A 제품 200개 @₩350 ₩ 70,000(원가 @₩285)

23일 대동상회에 외상매입금 중 ₩178,000을 수표를 발행하여 지급하다.

25일 동양상회로부터 외상매출금 ₩ 30,000을 받아 당좌예금하다.

〃일 당월급료 ₩ 50,000 현금으로 지급하다.

26일 수표를 발행하여 현금 ₩ 50,000을 인출하다.

27일 삼화상회에 외상매입금 중 ₩200,000을 당좌수표를 발행하여 지급하다.

29일 본월분 제 경비 ₩ 52,000을 현금으로 지급하다.

30일 김영생으로부터 대여금이자 ₩ 3,000을 현금으로 받다.

(1) **분 개 장**

일	자	적 요	원면	차 변	대 변
6	1	(현 금)	1	1,000,000	
		(자 본 금)	8		1,000,000
		현금 출자 영업개시			
〃	2	(당 좌 예 금)	2	300,000	
		(현 금)	1		300,000
		평화은행과 당좌거래개시			
〃	〃	(비 품)	6	100,000	
		(현 금)	1		100,000
		영업용 비품구입			
〃	3	(영 업 비)	12	25,000	
		(현 금)	1		25,000
		개업인사 · 광고비지급			
〃	〃	(상 품)	4	358,000	
		(외상매입금)	7		358,000
		대동상회에서 상품매입			
〃	4	(외상매출금) 제 좌	3	33,000	
		(상 품)	4		29,000
		(매 출 이 익)	9		4,000
		수원상회에 상품외상매출			
〃	5	(대 여 금)	5	50,000	
		(현 금)	1		50,000
		김영생에게 현금대여			
〃	6	(당 좌 예 금) 제 좌	2	70,000	
		(상 품)	4		60,000
		(매 출 이 익)	9		10,000
		천일상회에 매출			
		차면에		1,936,000	1,936,000

(2) **분 개 장**

일	자	적 요	원면	차 변	대 변
		전면에서		1,936,000	1,936,000
6	7	(상 품)	4	300,000	
		(외상매입금)	7		300,000
		삼화상회에서 외상매입			
〃	8	(당 좌 예 금) 제 좌	2	70,000	
		(상 품)	4		60,000
		(매 출 이 익)	9		10,000
		대전상회에 매출			
〃	9	(외상매출금) 제 좌	3	60,000	
		(상 품)	4		50,000
		(매 출 이 익)	9		10,000
		동양상회에 외상매출			
〃	10	(당 좌 예 금) 제 좌	2	164,000	
		(상 품)	4		129,000
		(매 출 이 익)	9		35,000
		일산상회에 매출			
〃	11	(현 금)	1	30,000	
		(외상매출금)	3		30,000
		수원상회로부터 외상대금 받음			
〃	13	(외상매출금) 제 좌	3	135,000	
		(상 품)	4		110,000
		(매 출 이 익)	9		25,000
		수원상회에 외상매출			
〃	15	(상 품) 제 좌	4	207,500	
		(당 좌 예 금)	2		200,000
		(외상매입금)	7		7,500
		대동상회에서 매입			
〃	16	(영 업 비)	12	550	
		(현 금)	1		550
		우표 및 인지대지급			
		차면에		2,903,050	2,903,050

(3)

분 개 장

일	자	적 요	원면	차 변	대 변
		전면에서		2,903,050	2,903,050
6	18	(당 좌 예 금) 제 좌	2	270,000	
		(상 품)	4		220,000
		(매 출 이 익)	9		50,000
		영일상회에 매출			
〃	20	(현 금) 제 좌	1	70,000	
		(상 품)	4		61,000
		(매 출 이 익)	9		9,000
		수원상회에 매출			
〃	22	(당 좌 예 금) 제 좌	2	70,000	
		(상 품)	4		57,000
		(매 출 이 익)	9		13,000
		천일상회에 매출			
〃	23	(외상매입금)	7	178,000	
		(당 좌 예 금)	2		178,000
		대동상회에 외상대금지급			
〃	25	(당 좌 예 금)	2	30,000	
		(외상매출금)	3		30,000
		동양상회에서 외상대금받음			
〃	〃	(급 료)	11	50,000	
		(현 금)	1		50,000
		당월분급료지급			
〃	26	(현 금)	1	50,000	
		(당 좌 예 금)	2		50,000
		현금인출			
〃	27	(외상매입금)	7	200,000	
		(당 좌 예 금)	2		200,000
		삼화상회 외상대금지급			
		차면에		3,821,050	3,821,050

(4) **분 개 장**

일	자	적 요	원면	차 변	대 변
		전면에서		3,821,050	3,821,050
6	29	(영 업 비)	12	52,000	
		(현 금)	1		52,000
		당월분제경비지급			
〃	30	(현 금)	1	3,000	
		(이 자 수 익)	10		3,000
		김영생으로부터 대여이자수입			
				3,876,050	3,876,050

(1) **원 장**

현 금

일	자	적 요	분면	금 액	일	자	적 요	분면	금 액
6	1	자 본 금	1	1,000,000	6	2	당 좌 예 금	1	300,000
〃	11	외상매출금	2	30,000	〃	3	비 품	〃	100,000
〃	20	제 좌	3	70,000	〃	〃	영 업 비	〃	25,000
〃	26	당 좌 예 금	〃	50,000	〃	5	대 여 금	〃	50,000
〃	30	이 자 수 익	4	3,000	〃	16	영 업 비	2	550
					〃	25	급 료	3	50,000
					〃	29	영 업 비	4	52,000

(2)

당 좌 예 금

일	자	적 요	분면	금 액	일	자	적 요	분면	금 액
6	2	현 금	1	300,000	6	15	상 품	2	200,000
〃	6	제 좌	1	70,000	〃	23	외상매입금	3	178,000
〃	8	〃	2	70,000	〃	26	현 금	〃	50,000
〃	10	〃	〃	164,000	〃	27	외상매입금	〃	200,000
〃	18	〃	3	270,000					
〃	22	〃	〃	70,000					
〃	25	외상매출금	〃	30,000					

(3)

원 장

외상매출금

일	자	적 요	분면	금 액	일	자	적 요	분면	금 액
6	4	제 좌	1	33,000	6	11	현 금	2	30,000
〃	9	〃	2	60,000	〃	25	당 좌 예 금	3	30,000
〃	13	〃	〃	135,000					

(4) 상 품

일	자	적 요	분면	금 액	일	자	적 요	분면	금 액
6	3	외상매입금	1	358,000	6	4	외상매출금	1	29,000
〃	7	〃	2	300,000	〃	6	당 좌 예 금	1	60,000
〃	15	제 좌	〃	207,500	〃	8	〃	2	60,000
					〃	9	외상매출금	〃	50,000
					〃	10	당 좌 예 금	〃	129,000
					〃	13	외상매출금	〃	110,000
					〃	18	당 좌 예 금	3	220,000
					〃	20	현 금	2	61,000
					〃	22	당 좌 예 금	〃	57,000

(5) 대 여 금

일	자	적 요	분면	금 액	일	자	적 요	분면	금 액
6	5	현 금	1	50,000					

(6) 비 품

일	자	적 요	분면	금 액	일	자	적 요	분면	금 액
6	3	현 금	1	100,000					

(7) 외상매입금

일	자	적 요	분면	금 액	일	자	적 요	분면	금 액
6	23	당 좌 예 금	3	178,000	6	3	상 품	1	358,000
〃	27	〃	〃	200,000	〃	7	〃	2	300,000
					〃	15	〃	〃	7,500

(8) 원 장

자 본 금

일	자	적 요	분면	금 액	일	자	적 요	분면	금 액
					6	1	현 금	1	1,000,000

(9) 상품매출이익

일	자	적 요	분면	금 액	일	자	적 요	분면	금 액
					6	4	외상매출금	1	4,000
					〃	6	당 좌 예 금	1	10,000
					〃	8	〃	2	10,000
					〃	9	외상매출금	〃	10,000
					〃	10	당 좌 예 금	〃	35,000
					〃	13	외상매출금	〃	25,000
					〃	18	당 좌 예 금	3	50,000
					〃	20	현 금	〃	9,000
					〃	22	당 좌 예 금	〃	13,000

(10) 이자수익

일	자	적 요	분면	금 액	일	자	적 요	분면	금 액
					6	30	현 금	4	3,000

(11) 급 여

일	자	적 요	분면	금 액	일	자	적 요	분면	금 액
6	25	현 금	3	50,000					

(12) 영 업 비

일	자	적 요	분면	금 액	일	자	적 요	분면	금 액
6	3	현 금	1	25,000					
〃	16	〃	2	550					
〃	29	〃	4	52,000					

연습문제

01 남원상회의 4월중의 거래는 다음과 같다. 이를 분개장(병립식)에 분개하고 총계정원장(표준식)에 전기하라.

4월 1일 현금 ₩400,000(중 차입금 ₩200,000)을 원입하여 개업하다.
5일 비품 ₩ 50,000을 구입하고 대금은 현금으로 지급하다.
6일 현금 ₩200,000을 은행에 보통예금하다(보통예금 a/c).
8일 동방상점으로부터 상품 ₩150,000을 매입하고 대금 중 ₩ 50,000은 보통예금을 인출하여 지급하고 잔액은 외상으로 하다.
10일 북부상점에서 수수료 ₩ 5,000을 현금으로 받다.
12일 서부상회에 원가 ₩120,000의 상품을 ₩160,000에 매출하고, 대금 중 ₩ 80,000은 현금으로 받고 잔액은 외상으로 하다.
16일 차입금 중 ₩100,000을 보통예금을 인출하여 지급하고, 이자 ₩ 7,000은 현금으로 지급하다.
20일 강남상사로부터 상품 ₩170,000을 외상매입하다. 별도로 반입운임 ₩ 2,000을 현금으로 지급하다.
22일 동문상점에 현금 ₩ 20,000을 대여하다.
24일 서부상회에 대한 외상매출금 중 ₩ 60,000을 현금으로 받다.
25일 금월분 급료 ₩ 8,000을 현금으로 지급하다.
28일 동방상점에 대한 외상매입금 중 ₩ 50,000을 현금으로 지급하다.
29일 현금 ₩120,000을 보통예금하다.
30일 금월분 잡비 ₩ 3,000을 현금으로 지급하다.

02 순천상회의 4월중의 다음 거래를 분개장에 기입하고 원장에 전기하라.

4월 1일 현금 ₩300,000과 건물 ₩450,000을 출자하여 영업을 시작하다.
2일 책상 · 의자 등 사무용 비품 ₩ 42,000을 현금으로 매입하다.
3일 동부상점에서 상품 ₩ 75,000을 현금으로 매입하다.
5일 서울상회에서 상품 ₩120,000을 외상으로 매입하다.
6일 동일상점에 원가 ₩ 90,000의 상품을 ₩105,000에 현금으로 매출하다.
7일 서울은행에 당좌거래를 개설하고, 현금 ₩ 60,000을 예금하다.
9일 삼일상점에 원가 ₩ 54,000의 상품을 ₩ 60,000에 외상으로 매출하다.
11일 서울상회에 대한 외상매입금 ₩ 90,000을 현금으로 지급하다.
13일 김정남에게 현금 ₩ 60,000을 대여해 주다.
15일 삼일상점에 대한 외상매출금 중 ₩ 45,000을 현금으로 회수하다.

18일 남문상점에서 상품 ₩ 45,000을 매입하고 그 대금은 서울은행 앞 수표를 발행하여 지급하다.

25일 금월분 급료 ₩ 18,000, 집세 ₩ 1,500을 현금으로 지급하다.

30일 김정남으로부터 대여금이자 ₩ 2,100을 현금으로 받다.

03 청주상회의 다음 거래를 분개장에 기입하고 총계정원장에 전기하라.

5월 1일 상품 ₩800,000, 현금 ₩1,200,000으로써 영업을 시작하다.

2일 사무용 비품 ₩200,000을 구입하고 대금을 현금으로 지급하다.

4일 A상점에 상품 ₩320,000(원가 ₩240,000)을 매출하고 대금을 현금으로 받다.

5일 사무용 비품 ₩100,000을 구입하고 대금 중 ₩ 50,000은 현금으로 지급하고 잔액은 외상으로 하다.

6일 관악상점에서 상품 ₩600,000을 외상으로 매입하다.

7일 신림상점에 상품 ₩800,000(원가 ₩640,000)을 매출하고 대금 중 ₩400,000은 현금으로 받고 잔액은 외상으로 하다.

8일 대전상회에 현금 ₩400,000을 대여하고 월말에 받기로 하다.

9일 강동상회에 상품 ₩400,000(원가 ₩240,000)을 매출하고 대금은 현금으로 받아 관악상점에 대한 외상매입금의 일부를 갚았다.

20일 금월분 수도료 · 전기료 ₩ 16,000을 현금으로 지급하다.

25일 금월분 점원급료 ₩ 40,000을 현금으로 지급하다.

26일 대전상회에서 대여한 ₩400,000과 그 이자 ₩ 60,000을 현금으로 받다.

29일 금월분 잡비 ₩ 20,000을 현금으로 지급하다.

결산 제 7 장

§1 결산의 의의와 종류

1. 결산의 의의

기업의 결산제도는 기업에 있어서 재산의 보전과 운용의 과정을 관리하기 위하여 재산계산과 손익계산을 행하는 것이다. 결산(closing accounts)이란 일회계기말에 있어서 그 기간중에 발생하였던 기업경영의 결과, 즉 자산과 자본의 변동사항을 각 계정에 기록된 사실을 기초로 하여 일정시점의 재무상태와 일정기간의 경영성과를 산출하는 절차를 말한다.

기업회계에 있어서 관리계산은 기업의 개시로부터 폐쇄까지 일회계기간으로 행하는 것이 아니라, 인간의 사회생활이 자연계의 사계운행에 제약되어 해를 단위로 구분하고 있는 것과 같이 기업의 계산도 당연히 연도별로 구분된 기간계산으로서 행하지 않으면 안 된다. 기업의 재무상태나 경영성과는 논리상 매일 또는 매 시간 계산할 수 있으나, 이것은 실행상 곤란하며 특수한 경우를 제외하고는 매일 알 필요가 없으므로 어떤 일정한 기간을 정하여 계산하는 것이 일반적이다. 이 일정기간을 회계연도(회계기간) 또는 영업연도(영업기간)(accounting period)라 한다. 회계연도는 기업의 사정에 따라서 다르며, 상법의 규정에 의하여 대게는 1개년을 원칙으로 하고 있으나 1년을 상반기, 하반기의 2회로 나누어 결산을 행하는 경우도 있다.

2. 결산의 종류

결산의 종류를 목적상으로 분류하면 통상결산과 중간결산 및 폐업결산으로 구분한다.

통상결산이라 함은 평상결산 또는 보통결산이라고도 하는데, 계속기업(going concern) 중에 행하는 결산을 말한다. 따라서 일단 총계정원장을 마감한 후 다시 차기의 최초 날짜(즉 결산일의 익일)에 잔액의 이월기입을 행한다. 중간결산은 어떤 목적으로 특정결산일 이외에 행하는 결산을 말한다. 그리고 폐업결산이라 함은 영업을 폐쇄하는 경우에 행하는 결산으로, 그 장부는 다시 사용하지 않으며, 따라서 잔액이월은 기입하지 않고 그대로 재산을 처분하게 된다.

결산은 절차상의 방법으로 영미식 결산법(English closing method)과 대륙식 결산법(continental closing method)으로 구분되는데, 이에 대해서는 후술하기로 한다.

§2 결산절차의 순서

기업에 있어서 자산과 자본의 변동은 총계정원장에 손익계산통계정과 재산계산계통계정에 기록 집계되어 있으며, 그 내역명세는 각 계정을 단위로 하여 설정된 보조원장에 기록되어 있다. 결산은 총계정원장과 보조원장의 기록을 기초로 하여 행한다. 결산의 순서는 결산예비절차 · 본절차 · 결산보고서 작성의 3단계로 나누어 행하게 된다. 결산절차의 순서를 열거하면 다음과 같다.

(1) 결산예비절차

1) 시산표의 작성

① 총계정원장과 보조원장의 대조

② 시산표에 의한 총계정원장의 검증

2) 재고조사표의 작성

3) 원장기록의 수정기입

① 자산계정의 수정기입

② 손익제계정의 수정기입

4) 정산표의 작성

(2) 결산본절차

1) 총계정원장의 마감

2) 보조장부의 마감

(3) 결산보고서 작성

1) 재무상태표의 작성
2) 포괄손익계산서의 작성
3) 현금흐름표의 작성
4) 자본변동표의 작성
5) 재무제표부속명세표의 작성

결산은 원장의 각 계정을 마감해서 그 기간의 관리계정을 당해 연도 말에 총괄하여 계산의 결과를 확인하고, 당기와 차기의 관리계산을 명료하게 구분하는 절차이다. 따라서 결산의 목적을 정확히 하기 위하여 여러 가지 보충적인 처리를 할 필요가 있으므로, 일반적으로 결산절차는 3단계로 나누는 것이 편리하다.

이상 결산절차는 제(16)장에서 개별적으로 상술하기로 하며, 여기에서는 기본적인 것에 대하여 주로 설명한다.

§3 결산의 예비절차

1. 시산표의 작성

(1) 시산표의 의의

총계정원장의 대・차변 합계액 또는 잔액을 한 표에 모은 것을 시산표(trial balance; T/B)라 한다. 시산표를 작성하는 목적은 분개장에서 총계정원장에의 전기가 정확한가 아니한가를 검증하며, 결산 전의 경영성과(손익상태)나 재무상태의 개요를 알기 위하여 작성한다. 전자를 '오류지적기능'이라 하며, 후자를 '재무제표적 기능'이라 한다.

시산표의 원리를 도시하면 다음의 [그림 7-1]과 같다.

시 산 표

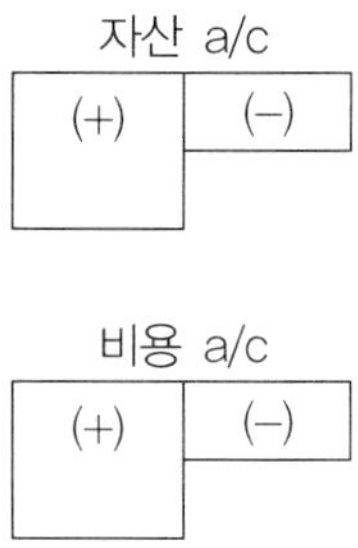

차 변	계 정 과 목	대 변
(+)	자 산 a/c	(−)
(−)	부 채 a/c	(+)
(−)	자 본 a/c	(+)
(−)	수 익 a/c	(+)
(+)	비 용 a/c	(−)
(×××)	계	(×××)

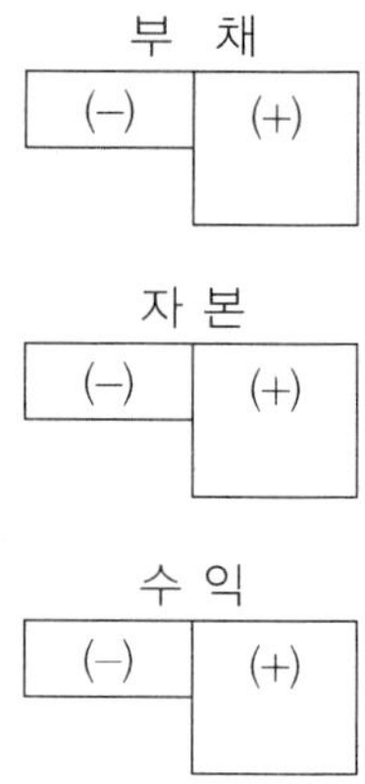

대차평균의 원리
(합계 · 잔액일치)

* +: 증가(또는 발생), −: 감소(또는 소멸)

[그림 7-1] 시산표의 작성원리

(2) 시산표의 종류

시산표는 그 내용과 작성시기에 따라 다음과 같이 분류된다.

1) 작성자료의 내용에 의한 분류

① 합계시산표(trial balance of total)

총계정원장 각 계정의 차변 및 대변의 합계액으로 작성한다. 총합계액은 분개장의 합계액과 일치하므로 분개장에서 원장에로 전기상의 오류나 탈락을 발견하는 기능을 가지며, 1기간의 거래총량을 알 수 있는 장점이 있으나, 기업재무의 현재상태를 알 수 없는 단점이 있다.

② 잔액시산표(trial balance of balance)

원장 각 계정의 대차잔액으로서 작성하는 것으로, 결산제표를 작성하는 데 필요한 자료를 제공하며 일 회계기간의 거래의 결과를 알 수 있는 장점이 있다.

③ 합계잔액시산표(trial balance of total and balance)

합계시산표와 잔액시산표를 결합한 것으로, 양자의 장점을 모두 가지고 있다.

2) 작성시점에 의한 분류

① 일계표(daily trial balance)

매일 작성하는 시산표로서, 일반적으로 은행부기에서 잔액시산표로 작성된다.

② 주계표(weekly trial balance)

매 주말에 잔액시산표로서 작성된다.

③ 월계표(monthly trial balance)

매 월말에 작성한다. 은행부기에서는 합계잔액시산표로서 작성함이 보통이다.

④ 수정시산표(adjusted trial balance)

결산수정기입 후의 제 계정의 잔액으로 작성하는 잔액시산표를 말한다.

⑤ 이월시산표(post-closing trial balance)

영미식 결산법에 의한 경우 결산본절차가 끝난 후 자산·부채·자본의 각 계정의 '차기이월액'으로서 작성하는데, 합계는 재무상태표의 합계와 일치된다. 이는 결산수정 및 마감절차의 정오를 검증하는 기능을 가지며, 또 재무상태표 작성의 기초자료가 된다.

앞에서 예시한 풍남상사의 거래내용에 따라 합계시산표·잔액시산표 및 합계잔액시산표를 작성하여 보면 다음과 같다.

합 계 시 산 표

200×년 6월 30일

차 변	원면	계 정 과 목	대 변
1,153,000	1	현 금	577,550
974,000	2	당 좌 예 금	628,000
228,000	3	외 상 매 출 금	60,000
865,500	4	상 품	776,000
50,000	5	대 여 금	
100,000	6	비 품	
378,000	7	외 상 매 입 금	665,500
	8	자 본 금	1,000,000
	9	상 품 매 출 이 익	166,000
	10	이 자 수 익	3,000
50,000	11	급 료	
77,550	12	영 업 비	
3,876,050			3,876,050

잔 액 시 산 표

200×년 6월 30일

차 변	원면	계 정 과 목	대 변
575,450	1	현 금	
346,000	2	당 좌 예 금	
168,000	3	외 상 매 출 금	
89,500	4	상 품	
50,000	5	대 여 금	
100,000	6	비 품	
	7	외 상 매 입 금	287,500
	8	자 본 금	1,000,000
	9	상 품 매 출 이 익	166,000
	10	이 자 수 익	3,000
50,000	11	급 료	
77,550	12	영 업 비	
1,456,500			1,456,500

합 계 잔 액 시 산 표

200×년 6월 30일

잔 액	합 계	원면	계 정 과 목	합 계	잔 액
575,450	1,153,000	1	현 금	577,550	
346,000	974,000	2	당 좌 예 금	628,000	
68,000	228,000	3	외 상 매 출 금	60,000	
89,500	865,500	4	상 품	776,000	
50,000	50,000	5	대 여 금		
100,000	100,000	6	비 품		
	378,000	7	외 상 매 입 금	665,500	287,500
		8	자 본 금	1,000,000	1,000,000
		9	상 품 매 출 이 익	166,000	166,000
		10	이 자 수 익	3,000	3,000
50,000	50,000	11	급 료		
77,550	77,550	12	영 업 비		
1,456,500	3,876,050			3,876,050	1,456,500

(3) 시산표상의 오류

1) 시산표상의 오류발견방법 시산표를 작성하여 대차합계가 불일치할 때는 원장의 기입 또는 계산 오류가 있다는 것을 의미한다. 그러나 시산표는 그 대차가 불일치에 의하여 기장상 어떤 오류가 원장 내에 있다는 것은 알지만 그 오류의 수, 종류, 금액 및 소재 등에 대해서는 알 수 없다. 시산표상의 대차불일치는 차변・대변에 소재한 오류에 대한 금액의 차감 결과가 되므로 사소한 금액일지라도 경시해서는 안 된다.

이 오류의 종류에는 다음과 같은 것이 있다.

a) 시산표작성상의 오류

① 원장 각 계정의 합계 또는 잔액을 틀리게 기입할 때

② 차변・대변금액을 반대로 기입할 때

③ 원장의 이기에 있어서 누락될 때

④ 시산표에 있어서 계산상의 오류

b) 원장기입상의 오류

① 어떤 계정의 전기를 오기 또는 누락할 때

② 전기에 있어서 대차를 틀리게 기입할 때

③ 동일계정을 이중전기할 때

④ 원장계산상의 오류

c) 계산상의 오류

특별분개장의 합계에 오산이 있는 금액을 그대로 원장에 전기가 되어 있을 때

2) 오류의 발견순서 시산표상 대・차 합계가 불일치할 때 오류를 발견하는 방법은 다음의 순서에 의하여 시산표에서 분개장까지 역으로 금액을 조사한다.

① 시산표의 대차합계를 검산한다.

② 시산표의 각 계정금액을 원장의 당해 계정금액에 대조한다.

③ 원장 각 계정의 대차합계 또는 잔액을 검산한다.

④ 시산표합계의 대차차액을 2등분한 금액의 분개가 대차를 반대로 전기되었는가를 조사한다.

⑤ 특수분개장의 합계에 오류가 있는지 검산한다.

⑥ 원시기입장에 있어서 원장의 각 계정기입과 대조한다. 이 경우는 원장 제 계정

계산에서 분개장으로 대조하는 것이 편리하다.

3) 시산표상 발견할 수 없는 오류 시산표상 대차합계가 불일치하면 반드시 오류가 있다는 것은 입증되나, 시산표의 대차가 일치한다 하더라도 기장과 계산이 반드시 정확하다고 단정할 수는 없다. 대차평균의 원리에 관계가 없는 다음과 같은 원리적인 오류나 기장기술적인 오류는 시산표에서 지적할 수 없다.

① 원장에의 전기의 대차는 맞으나 계정계좌가 틀릴 때
② 원장의 대차양변에 동일금액을 오기를 하였을 때 혹은 동일측의 금액의 오기가 서로 상계될 경우
③ 거래 전체의 분개가 누락되거나, 동일거래의 이중기록 및 금액계산의 착오
④ 보조장부와 원장계정의 금액의 불일치
⑤ 시산표작성에 있어서 대차양변에 동일금액의 오기를 하였을 때 또는 금액의 오기가 상계될 때
⑥ 장부상 물량계산의 오류

2. 재고조사표의 작성

재고조사표(inventory)는 기말에 있어서 원장에 있는 각 계정의 대차잔액을 진실한 가치에 일치시키기 위하여 수정기입에 필요한 자료를 기재한 표이다. 원장에 기록된 금액은 시간 경과함에 따라서 여러 가지 원인에 의하여 진정한 가치를 표시하지 못하는 경우가 있다.

결산시에 있어서 진정한 재무상태와 경영성과를 명백히 표시하기 위하여 제 계정의 수정에 관한 사항을 기록한 재고조사표를 작성하여 수정절차를 밟아야 한다.

결산에 있어서 중요한 수정사항은 다음과 같다.

(1) 자산계정의 수정사항

① 현금의 실제재고와 장부잔액의 불일치의 처리
② 유형자산의 감가상각(단, 토지는 제외)
③ 수취계정에 대한 대손상각
④ 평가손익의 계상

⑤ 기말상품재고의 처리
⑥ 소모품 또는 저장품에 대한 재고처리

(2) 손익계정의 수정사항

① 미지급비용의 계상
② 미수수익에 대한 계상
③ 선급비용의 차감
④ 선수수익의 차감

재 고 조 사 표

적		요		금 액
상 품				
	A 상 품	90개 @₩2,000	180,000	
	B 상 품	100개 @₩2,200	220,000	
	C 상 품	140개 @₩1,700	238,000	638,000
현 금		장 부 잔 액	100,500	
		부 족 액	500	
		실 제 시 재 액		100,000
유 가 증 권		장 부 가 액	196,000	
		평 가 액	1,000	195,000
건 물		장 부 가 액	1,000,000	
		감 가 상 각 비	34,000	966,000
비 품		장 부 가 액	50,000	
		감 가 상 각 비	5,000	45,000
대손충당금	외상매출금잔액			
	₩1,200,000에 대한 2%			24,000
보 험 료		지 급 액	12,000	
		미 경 과 액	6,000	6,000
미지급집세	11 ~ 12 월 분			5,000
미 수 이 자	대여금 ₩50,000에 대한			1,500
	이자			1,980,500

3. 정산표의 작성

(1) 정산표의 의의

복식부기의 장부체계에 있어서 정규결산절차는 총계정원장과 보조장부에 대하여 행하는 장부결산이다. 그 주요 절차는 총계정원장의 각 계정계좌에 재고조사표에 기재된 정리사항을 기입한 후 이것에 의하여 재무상태표와 포괄손익계산서를 작성하는 데 있다. 총계정원장에 산재되어 있는 각 계정계좌의 기록에 대해서 결산절차를 시행하는 것은 수고가 들며, 오류를 범하기 쉽다. 그러므로 총계정원장의 기록을 간명하게 집계한 것이 시산표이기 때문에, 시산표를 재고조사표에 기재된 정리사항에 의하여 수정한 후 포괄손익계산서계정 및 재무상태표계정을 각각 집합하는 절차를 취하면 결산을 신속 정확하게 할 수 있다. 정산표(working sheet)는 이 목적을 달성하기 위하여 작성되는 표이다. 정산표는 잔액시산표란 · 정리기입란 · 포괄손익계산서란 · 재무상태표란을 두고 있는 8위식 정산표 및 정리기입란의 다음에 정리후 시산표란을 설정하는 10위식 정산표가 표준형식이다.

결산의 기장절차는 상당히 혼잡하므로 도중에 오류를 범할 기회가 적지 않으며, 또한 기업의 재무정책상의 이유에서 결산정리를 정책적으로 조작할 필요성도 실제 기업경영 있을 수 있다. 이러한 사정에서 결산을 장부상에서 행하면 정정기입이 빈번하므로 장부의 기록을 불명료하게 할 위험도 많다. 그러므로 결산절차상 정규의 장부결산에 앞서 먼저 정산표를 작성하는 것이 회계실무상 정석으로 되어 있다.

(2) 정산표의 목적

정산표는 편의적 집합표이기는 하나, 이를 작성하는 목적은 다음과 같다.

① 원장결산과 포괄손익계산서 및 재무상태표작성의 기초자료가 된다.

② 원장결산의 정오(正誤)를 검증하기 위해서이다.

③ 결산확정 후의 기업재무상태와 경영성과를 파악할 수 있다.

(3) 정산표의 작성방법

정산표는 하나의 표 중에 결산절차 전체를 망라한 것으로 작성방법은 다음과 같은 순서에 의한다.

① 먼저 잔액시산표의 각 계정금액을 대차 그대로 정산표의 잔액시산표란에 기입한다.

② 다음으로 결산정리사항에 의하여 정리분개를 행하고 이것을 정리기입란에 기입한다.

③ 시산표란의 금액에 정리기입란의 금액을 가감하여 포괄손익계산서란 또는 재무상태표란에 이동시킨다 금액의 이동처는 자산・부채・자본의 각 계정은 재무상태표, 비용 및 수익의 각 계정은 포괄손익계산서이다. 시산표란 또는 정리기입란의 기입뿐인 계정은 그대로 해당 란에 이동하면 된다.

④ 포괄손익계산서란에 기입된 금액의 대변합계액에서 차변합계액을 차감하여 순이익을 산출하여 계정과목란에 당기순이익을 기입하고 그 순이익액을 포괄손익계산서란의 차변과 재무상태표의 대변에 기입한다. 이 기입에 의하여 재무상태표란의 차변합계액과 대변합계액은 일치해야 한다,

⑤ 마지막에 각 란의 대차합계금액을 산출하여 마감한다.

다음에 전장의 기장 보기에 의하여 6위식 정산표를 작성하였다.

정 산 표

200×년 6월 30일

계정과목	잔액시산표		포괄손익계산서		재무상태표	
	차 변	대 변	차 변	대 변	차 변	대 변
현 금	575,450				575,450	
당 좌 예 금	346,000				346,000	
외 상 매 출 금	168,000				168,000	
상 품	89,500				89,500	
대 여 금	50,000				50,000	
비 품	100,000				100,000	
외 상 매 입 금		287,500				287,500
자 본 금		1,000,000				1,000,000
상품매출이익		166,000		166,000		
이 자 수 익		3,000		3,000		
급 료	50,000		50,000			
영 업 비	77,550		77,550			
당 기 순 이 익			41,450			41,450
	1,456,500	1,456,500	169,000	169,000	1,328,950	1,328,950

§4 결산본절차

결산예비절차가 끝나면 결산본절차로 들어가는데, 결산본절차는 원장의 마감과 보조장부의 마감으로 이루어진다.

1. 원장의 마감

(1) 비용 · 수익계정의 마감

기말에 있어서 순손익을 산출하기 위하여 집합손익계정(profit and loss summary account)을 설정한다. 비용에 속하는 각 계정의 잔액은 차변에 있으므로 집합손익계정 차변에 대체하고, 수익에 관한 각 계정의 잔액은 대변에 있으므로 이것을 집합손익계정의 대변에 대체한다. 대체는 반드시 분개를 통해서 행하여야 하며, 이 분개를 대체분개 또는 결산분개라고 한다. 이와 같이 원장 내에 있는 일체의 수익과 비용에 속하는 제 계정은 집합손익계정에 대체되고, 대차가 평균되어 마감된다.

그 결과 집합손익계정의 차변은 그 기간에 발생했던 모든 비용이, 대변은 수익이 대체기록되므로 이 양자를 비교하면 그 기간에 있어서 순손익이 산출된다. 대변잔액일 때는 순이익(net profit)이 되며, 차변잔액일 때는 순손실(net loss)이 된다.

수익에 관한 계정의 대체분개

(차) 상품매출이익	166,000	(대) 손 익	166,000
(차) 이 자 수 익	3,000	(대) 손 익	3,000

비용에 관한 계정의 대체분개

(차) 손 익	50,000	(대) 급 료	50,000
(차) 손 익	77,550	(대) 영 업 비	77,550

상품매출이익

손 익 a/c	166,000	제 좌	166,000
	166,000		166,000

이 자 수 익

손 익 a/c	3,000	현 금	3,000
	3,000		3,000

급 료

현 금	50,000	손 익 a/c	50,000
	50,000		50,000

영 업 비

현 금	77,550	손 익 a/c	77,550
	77,550		77,550

손 익

급 료	50,000	상 품 매 출 이 익	166,000
영 업 비	77,550	이 자 수 익	3,000

(2) 순손익의 처리

집합손익계정에서 산출된 순손익은 결과적으로 그 기간에 있어서 자본금의 증감을 가져오게 되며, 회사기업에 있어서는 수수총회의 처분결정에 따라서 처분하지만 개인기업에 있어서는 자본금계정에 대체한다.

앞에서 예시한 바에 따라 순이익이 발생하였으므로 다음과 같이 분개하여 집합손익계정의 차변과 자본금계정의 대변에 각각 기입되어 집합손익계정은 대차가 평균되어 자연히 마감되고 자본금계정의 금액은 증가한다.

(차) 손 익 41,450 (대) 자 본 금 41,450

손 익

급 료	50,000	상 품 매 출 이 익	166,000
영 업 비	77,550	이 자 수 익	3,000
자 본 금	41,450		
	169,000		169,000

자본금			
	현 금		1,000,000
	손 익		41,450

(3) 자산·부채·자본계정의 마감

원장 내에 있는 손익에 속한 제 계정은 전부 대차가 평균되어 자연히 마감되고 아직도 잔액이 남아 있어 마감이 안 된 계정은 자산·부채·자본에 속한 계정이다. 이러한 계정은 영업을 계속하는 한 당연히 차기에 이월되어야 할 계정이며, 이에 대한 마감방법은 두 가지가 있다. 즉 분개를 통하여 원장을 마감하는 방법과 분개를 통하지 않고 간략식을 사용하는 방법이다. 전자를 대륙식 결산법(continental method)이라고 하며, 후자를 영미식 결산법(English method)이라 한다.

1) 대륙식 마감법(continental closing account method) 이 방법은 전술한 집합손익계정과 같이 결산잔액계정(closing balance account)을 원장 내에 설정하며 자산·부채·자본에 속한 계정의 잔액을 다음의 분개에 의하여 대체하면서 마감한다.

대체분개 예시

차변	금액	대변	금액
(차) 결산잔액	1,328,950	(대) 현금	575,450
		당좌예금	346,000
		외상매출금	168,000
		상품	89,500
		대여금	50,000
		비품	100,000
(차) 외상매입금	287,500	(대) 결산잔액	1,328,950
자본금	1,041,450		

상기의 분개에 의하여 모든 자산·부채·자본에 속한 각 계정은 당연히 대차평균이 되어서 마감된다. 결산잔액계정 차변에는 자산계정의 대변잔액이 대체기입되고, 대변에 부채·자본의 차변잔액이 대체기입된다.

자산계정의 예시

현 금

차변	금액	대변	금액
자본금	1,000,000	당좌예금	300,000
외상매출금	30,000	비품	100,000
제좌	70,000	영업비	25,000
당좌예금	50,000	대여금	50,000
이자수익	3,000	영업비	550
		급료	50,000
		영업비	52,000
		결산잔액	575,450
	1,153,000		1,153,000

부채계정의 예시

외상매입금

차변	금액	대변	금액
당좌예금	178,000	상품	358,000
당좌예금	200,000	상품	300,000
결산잔액	287,500	상품	7,500
	665,500		665,500

자본계정의 예시

자 본 금

차변	금액	대변	금액
결산잔액	1,041,450	현금	1,000,000
		손익	41,450
	1,041,450		1,041,450

* 여타의 자산에 속하는 계정들은 현금계정과 같은 요령으로 대변에 결산잔액이 기입되어 마감된다.

결 산 잔 액

차변	금액	대변	금액
현금	575,450	외상매입금	287,500
당좌예금	346,000	자본금	1,041,450
외상매출금	168,000		
상품	89,500		
대여금	50,000		
비품	100,000		
	1,328,950		1,328,950

위와 같은 방법으로 모든 계정은 마감이 된다. 그러나 자산·부채·자본에 속한 제 계정의 잔액은 기업이 계속되는 한 차기의 회계연도에 이월하게 되는 관계상 차기의 최초일에 신계정에 기입하지 않으면 안된다. 이것을 개시기입(opening entry)이라고 한다. 대륙식 방법에 있어서는 개시잔액계정을 설정함과 동시에 분개를 통하여 기입을 하면, 이 절차에 의하여 자산·부채·자본에 속한 제 계정의 잔액은 차년도 영업개시와 동시에 새로 재개되어 각종 거래를 계속적으로 계정에 기록한다.

(차)	현 금	575,450	(대) 개 시 잔 액	1,328,950
	당 좌 예 금	346,000		
	외 상 매 출 금	168,000		
	상 품	89,500		
	대 여 금	50,000		
	비 품	100,000		
(차)	개 시 잔 액	1,328,950	(대) 외 상 매 입 금	287,500
			자 본 금	1,041,450

여기서 주의할 점은 손익에 관한 제 계정은 개시잔액계정에 나타나지 않는다. 손익계정은 본질상 당해 회계연도에 한하게 되며 또한 그 잔액은 순손익을 산출하기 위하여 집합손익계정에 대체되어 자동적으로 마감되었으며 차기에 이월할 잔액이 없기 때문이다.

원장의 개시기입에 있어서 상기에 개시잔액계정을 설정치 않은 별법이 있다. 개시잔액계정은 그 기입이 완료되면 대차가 평균되어 잔액이 영이 되기 때문에 이것을 생략하고 기말결산잔액계정을 그대로 기초재무상태표로 인정하여 다음과 같이 분개함으로써 원장의 각 계정에 기입하고 차기의 거래를 계속적으로 기록한다.

개 시 잔 액

외 상 매 입 금	987,500	현 금	575,450
자 본 금	1,041,450	당 좌 예 금	346,000
		외 상 매 출 금	168,000
		상 품	89,500
		대 여 금	50,000
		비 품	10,000
	1,328,950		1,328,950

(차) 현　　　　금 575,450　　(대) 외 상 매 입 금 287,500
　　 당 좌 예 금 346,000　　　　 자　　본　　금 1,041,450
　　 외 상 매 출 금 168,000
　　 상　　　　품 89,500
　　 대　　여　　금 50,000
　　 비　　　　품 100,000

대륙식 결산법은 형식상 또는 부기기술상 완전한 결산이라고 할 수 있으나 실제에 있어서 번잡한 절차가 필요하므로 많이 사용하지 않으나, 부기의 이론상 도달하여야 할 귀결점을 명백히하는 데는 필요한 방법이다. 이 방법에 의한 결산은 전장의 기장 예시로 하면 다음과 같다.

(4) 분 개 장

200×년		적요	원면	차 변	대 변
		결산분개			
69	30	(결산잔액) 제 좌	14	1,328,950	
		(현 금)	1		575,450
		(당 좌 예 금)	2		346,000
		(외상매출금)	3		168,000
		(상 품)	4		89,500
		(대 여 금)	5		50,000
		(비 품)	6		100,000
		자산계정의 잔액을 잔액계정에대체하다.			
	30	제 좌 (결산잔액)	14		1,328,950
		(외상매입금)	7	287,500	
		(자 본 금)	8	1,041,450	
		부채 및 자본계정의 잔액을 잔액계정에 대체하다.		2,657,900	2,657,900
		개시분개			
7	1	제 좌 (개시잔액)	14		1,328,950
		(현 금)	1	575,450	
		(당 좌 예 금)	2	346,000	
		(외상매출금)	3	168,000	
		(상 품)	4	89,500	
		(대 여 금)	5	50,000	
		(비 품)	6	100,000	

		적요	원면	차변	대변
		자산계정의 개시기입을 하다.			
	1	(개시잔액) 제 좌		1,328,950	
		(외상매입금)	7		287,500
		(자 본 금)	8		1,041,450
		부채 · 자본계정의 개시기입을 하다.			
				2,657,900	2,657,900

(5) **분 개 장**

200×년		적 요	원면	차 변	대 변
		결산분개			
6	30	제 좌 (손 익)	13		169,000
		(상품매출이익)	9	166,000	
		(이 자 수 익)	10	3,000	
		수익에 속한 계정의 잔액을 손익계정에 대체한다.			
〃	〃	(손 익) 제 좌	13	127,550	
		(급 료)	11		50,000
		(영 업 비)	12		77,550
		비용에 속하는 계정의 잔액을 손익계정에 대체하다.			
〃	〃	(손 익)	13	41,450	
		(자 본 금)	8		41,450
		당기순이익을 자본금계정에 대체하다.			
				338,000	338,000

(1) **현 금**

일	자	적 요	분면	금 액	일	자	적 요	분면	금 액
6	1	자 본 금	1	1,000,000	6	2	당 좌 예 금	1	300,000
〃	11	외상매출금	2	30,000	〃	3	비 품	〃	100,000
〃	20	제 좌	3	70,000	〃	〃	영 업 비	〃	25,000
〃	20	당 좌 예 금	〃	50,000	〃	5	대 여 금	2	50,000
〃	26	이 자 수 익	〃	3,000	〃	16	영 업 비	〃	550
					〃	25	급 료	3	50,000
					〃	29	영 업 비	〃	52,000
					〃	30	결 산 잔 액	4	575,450
				1,153,000					1,153,000
7	1	전 기 이 월	4	575,450					

(2) **당 좌 예 금**

일	자	적 요	분면	금 액	일	자	적 요	분면	금 액
6	2	현 금	1	300,000	6	15	상 품	2	200,000
〃	6	제 좌	2	70,000	〃	23	외상매입금	3	178,000
〃	8	〃	〃	70,000	〃	26	현 금	〃	50,000
〃	10	〃	〃	164,000	〃	27	외상매입금	〃	200,000
〃	18	〃	3	270,000	〃	30	결 산 잔 액	4	346,000
〃	22	〃	〃	70,000					
〃	25	외상매출금	〃	30,000					
				974,000					974,000
7	1	전 기 이 월	4	346,000					

(3) **외상매출금**

일	자	적 요	분면	금 액	일	자	적 요	분면	금 액
6	4	제 좌	1	33,000	6	11	현 금	2	30,000
〃	9	〃	2	60,000	〃	25	당 좌 예 금	3	30,000
〃	13	〃	〃	135,000	〃	30	결 산 잔 액	4	168,000
				228,000					228,000
7	1	전 기 이 월	4	168,000					

(4) **상 품**

일	자	적 요	분면	금 액	일	자	적 요	분면	금 액
6	3	외상매입금	1	358,000	6	4	외상매출금	1	29,000
〃	7	〃	2	300,000	〃	6	당 좌 예 금	2	60,000
〃	15	제 좌	〃	207,500	〃	8	〃	〃	60,000
					〃	9	외상매출금	〃	50,000
					〃	10	당 좌 예 금	〃	129,000
					〃	13	외상매출금	〃	110,000
					〃	18	당 좌 예 금	3	220,000
					〃	20	현 금	〃	61,000
					〃	22	당 좌 예 금	〃	57,000
					〃	30	결 산 잔 액	4	89,500
				865,500					865,500
7	1	전 기 이 월	4	89,500					

(5) **대 여 금**

일	자	적 요	분면	금 액	일	자	적 요	분면	금 액
6	5	현 금	1	50,000	6	30	결 산 잔 액	4	50,000
7	1	전 기 이 월	4	50,000					

(6) **비 품**

일	자	적 요	분면	금 액	일	자	적 요	분면	금 액
6	3	현 금	1	100,000	6	30	결 산 잔 액	4	100,000
7	1	전 기 이 월	4	100,000					

(7) **외상매입금**

일	자	적 요	분면	금 액	일	자	적 요	분면	금 액
6	23	당 좌 예 금	3	178,000	6	3	상 품	1	358,000
〃	27	〃	〃	200,000	〃	7	〃	2	300,000
〃	30	결 산 잔 액	4	287,500	〃	15	〃	〃	7,500
				665,500					665,500
					7	1	전 기 이 월	4	287,500

(8) **자 본 금**

일	자	적 요	분면	금 액	일	자	적 요	분면	금 액
6	30	결 산 잔 액	4	1,041,450	6	1	현 금	1	1,000,000
					6	30	손 익	5	41,450
				1,041,450					1,041,450
					7	1	전 기 이 월	4	1,041,450

(9) **상품매출이익**

일	자	적 요	분면	금 액	일	자	적 요	분면	금 액
6	30	손 익	5	166,000	6	4	외상매출금	1	4,000
					〃	6	당 좌 예 금	2	10,000
					〃	8	〃	〃	10,000
					〃	9	외상매출금	〃	10,000
					〃	10	당 좌 예 금	〃	35,000
					〃	13	외상매출금	〃	25,000

일	자	적 요	분면	금 액	일	자	적 요	분면	금 액
					〃	18	당 좌 예 금	3	50,000
					〃	20	현 금	〃	9,000
					〃	22	당 좌 예 금	〃	13,000
				166,000					166,000

(10) 이 자 수 익

일	자	적 요	분면	금 액	일	자	적 요	분면	금 액
6	30	손 익	5	3,000	6	30	현 금	3	3,000

(11) 급 료

일	자	적 요	분면	금 액	일	자	적 요	분면	금 액
6	25	현 금	3	50,000	6	30	손 익	5	50,000

(12) 영 업 비

일	자	적 요	분면	금 액	일	자	적 요	분면	금 액
6	3	현 금	1	25,000	6	30	손 익	5	77,550
〃	16	〃	2	550					
〃	29	〃	3	52,000					
				77,550					77,550

(13) 손 익

일	자	적 요	분면	금 액	일	자	적 요	분면	금 액
6	30	급 료	5	50,000	6	30	상품매출이익	5	166,000
〃	〃	영 업 비	〃	77,550	〃	〃	이 자 수 익	〃	3,000
〃	〃	자 본 금	〃	41,450					
				169,000					169,000

(14)

결 산 잔 액

일	자	적 요	분면	금 액	일	자	적 요	분면	금 액
6	30	현 금	4	575,450	6	30	외상매입금	4	287,500
〃	〃	당 좌 예 금	〃	346,000	〃	〃	자 본 금	〃	1,041,450
〃	〃	외상매출금	〃	168,000					
〃	〃	상 품	〃	89,500					
〃	〃	대 여 금	〃	50,000					
〃	〃	비 품	〃	100,000					
				1,328,950					1,328,950

개 시 잔 액

일	자	적 요	분면	금 액	일	자	적 요	분면	금 액
7	1	외상매입금	4	287,500	7	1	현 금	4	575,450
〃	〃	자 본 금	〃	1,041,450	〃	〃	당 좌 예 금	〃	346,000
					〃	〃	외상매출금	〃	168,000
					〃	〃	상 품	〃	89,500
					〃	〃	대 여 금	〃	50,000
					〃	〃	비 품	〃	10,000
				1,328,950					1,328,950

2) 영미식 마감법(English closing account method) 이상의 대륙식 마감법은 형식상으로 보아 완전한 절차를 거쳐서 작성된다. 그러나 동일 내용을 가진 두 개의 잔액계정, 즉 결산잔액계정과 개시잔액계정이 설정되는 것이 형식상 중복이 된다고 할 수 있다. 영미식에 있어서는 이러한 중복을 피하여 계정을 설정하지 않으며, 분개를 통하지 않고 원장 내에세 각 계정의 잔액을 반대편에 주기하여 대차를 일치시켜 마감한다.

영미식 마감절차는 자산 • 부채 • 자본에 관한 제 계정의 잔액을 그 잔액이 있는 반대측에 차기이월이라 주기하여 대차를 일치시켜 마감한다. 그리고 다음 연도 첫날짜로 차기이월의 반대편에 전기이월이라 기입하여 개시기입을 한다. 이 기입은 분개를 하지 않고 단지 원장 내에서만 행한다. 따라서 영미식 마감법은 원장 내에서만 전기하는 관계상 오기가 생길 우려가 있으므로 정확성을 검증하기 위하여 이월시산표를 작성한다.

영미식 결산법에 의해 전장 기장 예제에 의한 결산을 하면 아래와 같다.

(4) **분 개 장**

200×년		적 요	원면	차 변	대 변
		결산분개			
6	30	제 좌 (손 익)	13		169,000
		(상품매출이익)	9	166,000	
		(이 자 수 익)	10	3,000	
		수익에 속한 계정의 잔액을 손익계정에 대체한다.			
〃	〃	(손 익) 제 좌	13	127,550	
		(급 료)	11		50,000
		(영 업 비)	12		77,550
		비용에 속하는 계정의 잔액을 손익계정에 대체하다.			
〃	〃	(손 익)	13	41,450	
		(자 본 금)	8		41,450
		당기순이익을 자본금계정에 대체하다.			
				338,000	338,000

원 장

(1) 현 금

일	자	적 요	분면	금 액	일	자	적 요	분면	금 액
6	1	자 본 금	1	1,000,000	6	2	당 좌 예 금	1	300,000
〃	11	외상매출금	2	30,000	〃	3	비 품	〃	100,000
〃	20	제 좌	3	70,000	〃	〃	영 업 비	〃	25,000
〃	20	당 좌 예 금	〃	50,000	〃	5	대 여 금	〃	50,000
〃	26	이 자 수 익	〃	3,000	〃	16	영 업 비	2	550
					〃	25	급 료	3	50,000
					〃	29	영 업 비	〃	52,000
					〃	30	**차 기 이 월**		575,450
				1,153,000					1,153,000
7	1	전 기 이 월	4	575,450					

(2) 당 좌 예 금

일	자	적 요	분면	금 액	일	자	적 요	분면	금 액
6	2	현 금	1	300,000	6	15	상 품	2	200,000
〃	6	제 좌	2	70,000	〃	23	외상매입금	3	178,000
〃	8	〃	〃	70,000	〃	26	현 금	〃	50,000
〃	10	〃	〃	164,000	〃	27	외상매입금	〃	200,000
〃	18	〃	3	270,000	〃	30	**차 기 이 월**		346,000
〃	22	〃	〃	70,000					
〃	25	외상매출금	〃	30,000					
				974,000					974,000
7	1	전 기 이 월	4	346,000					

(3) 외상매출금

일	자	적 요	분면	금 액	일	자	적 요	분면	금 액
6	4	제 좌	1	33,000	6	11	현 금	2	30,000
〃	9	〃	2	60,000	〃	25	당 좌 예 금	3	30,000
〃	13	〃	〃	135,000	〃	30	**차 기 이 월**		168,000
				228,000					228,000
7	1	전 기 이 월	4	168,000					

(4) 상 품

일	자	적 요	분면	금 액	일	자	적 요	분면	금 액
6	3	외상매입금	1	358,000	6	4	외상매출금	1	29,000
〃	7	〃	2	300,000	〃	6	당 좌 예 금	1	60,000
〃	15	제 좌	〃	207,500	〃	8	〃	2	60,000
					〃	9	외상매출금	〃	50,000
					〃	10	당 좌 예 금	〃	129,000
					〃	13	외상매출금	〃	110,000
					〃	18	당 좌 예 금	3	220,000
					〃	20	현 금	2	61,000
					〃	22	당 좌 예 금	〃	57,000
					〃	30	**차 기 이 월**		89,500
				865,500					865,500
7	1	전 기 이 월	4	89,500					

(5) 대 여 금

일	자	적 요	분면	금 액	일	자	적 요	분면	금 액
6	5	현 금	1	50,000	6	30	**차 기 이 월**		50,000
7	1	전 기 이 월	4	50,000					

(6) 비 품

일	자	적 요	분면	금 액	일	자	적 요	분면	금 액
6	3	현 금	1	100,000	6	30	**차 기 이 월**		100,000
7	1	전 기 이 월	4	100,000					

(7) 외상매입금

일	자	적 요	분면	금 액	일	자	적 요	분면	금 액
6	23	당 좌 예 금	3	178,000	6	3	상 품	1	358,000
〃	27	〃	〃	200,000	〃	7	〃	2	300,000
〃	30	**차 기 이 월**		287,500	〃	15	〃	〃	7,500
				665,500					665,500
					7	1	전 기 이 월		287,500

(8) 자 본 금

일	자	적 요	분면	금 액	일	자	적 요	분면	금 액
6	30	**차 기 이 월**		1,041,450	6	1	현 금	1	1,000,000
					6	30	손 익	5	41,450
				1,041,450					1,041,450
					7	1	전 기 이 월		1,041,450

(9) 상품매출이익

일	자	적 요	분면	금 액	일	자	적 요	분면	금 액
6	30	손 익	4	166,000	6	4	외상매출금	1	4,000
					〃	6	당 좌 예 금	1	10,000
					〃	8	〃	2	10,000
					〃	9	외상매출금	〃	10,000
					〃	10	당 좌 예 금	〃	35,000
					〃	13	외상매출금	〃	25,000
					〃	18	당 좌 예 금	3	50,000
					〃	20	현 금	〃	9,000
					〃	22	당 좌 예 금	〃	13,000
				166,000					166,000

(10) 이 자 수 익

일	자	적 요	분면	금 액	일	자	적 요	분면	금 액
6	30	손 익	4	3,000	6	30	현 금	4	3,000

(11) 급 료

일	자	적 요	분면	금 액	일	자	적 요	분면	금 액
6	25	현 금	4	50,000	6	30	손 익	4	50,000

(12) 영 업 비

일	자	적 요	분면	금 액	일	자	적 요	분면	금 액
6	3	현 금	1	25,000	6	30	손 익	4	77,550
〃	16	〃	2	550					
〃	29	〃	3	52,000					
				77,550					77,550

(13) 손 익

일	자	적 요	분면	금 액	일	자	적 요	분면	금 액
6	30	급 료	4	50,000	6	30	상품매출이익	4	166,000
〃	〃	영 업 비	〃	77,550	〃	〃	이 자 수 익	〃	3,000
〃	〃	자 본 금	〃	41,450					
				169,000					169,000

2. 이월시산표의 작성

이상과 같은 영미식 결산법은 결산잔액계정을 설정하지 않고 또한 개시기입의 분개를 생략하므로, 각 계정의 '차기이월'계산과 기입이 정확한가 아니한가를 검증하기 위하여 원장 각 계정의 '차기이월'의 금액만을 모아서 잔액시산표를 작성해야 한다. 이를 이월시산표(post-closing trial balance)라 하며, 때로는 '결산후시산표'라고 한다. 이월시산표의 금액을 자료로 재무상태표를 작성하게 된다. 이월시산표의 작성 과정을 표시하면 [그림 7-2]와 같다.

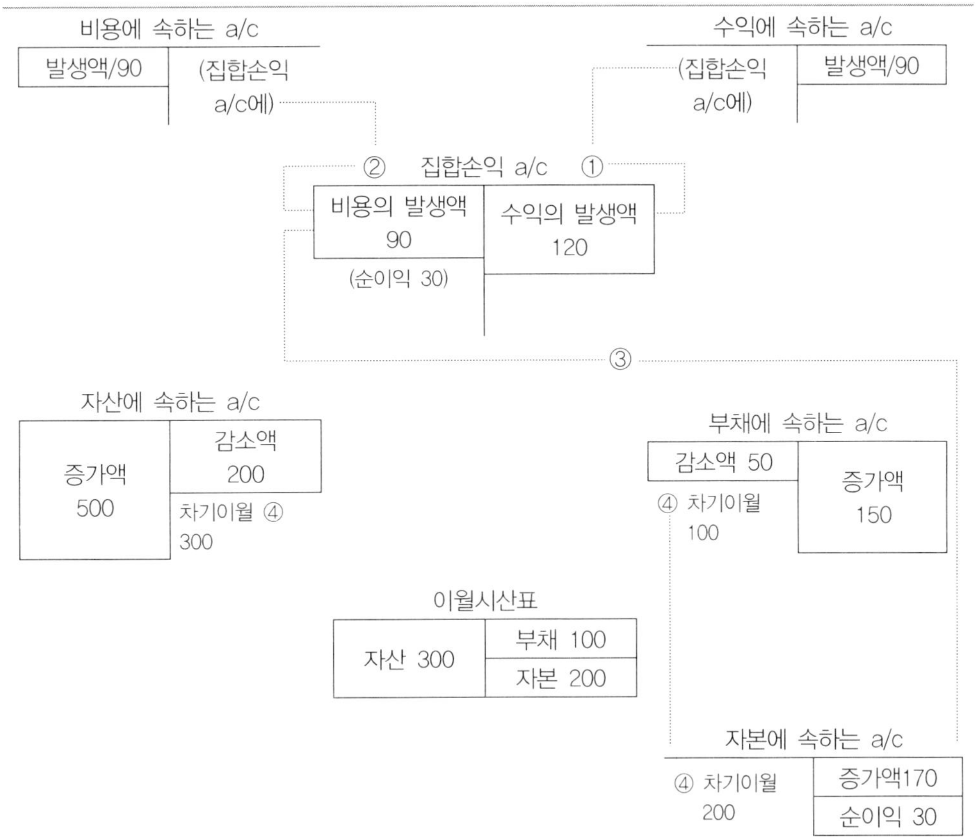

[그림 7-2] 이월시산표의 작성과정

보기 7-1 앞의 풍남상사의 총계정원장의 자료로 이월시산표를 작성하라.

이월시산표

차 변	원면	계 정 과 목	대 변
575,450	1	현 금	
346,000	2	당 좌 예 금	
168,000	3	외 상 매 출 금	
89,500	4	상 품	
50,000	5	대 여 금	
100,000	6	비 품	
	7	외 상 매 입 금	287,500
	8	자 본 금	1,041,450
1,328,950			1,328,950

3. 기타 제장부의 마감

원장마감의 절차가 끝나면 분개장, 기타 보조장부를 마감한다. 기타의 장부는 반드시 결산시에만 하는 것이 아니라 필요에 따라서 수시로 할 수 있으나, 결산시에는 반드시 마감하여야 한다. 그 방법은 원장계정을 마감하는 것과 비슷하다. 즉 대차 양 금액란을 가지고 있을 때는 반드시 잔액을 금액이 적은 난의 적요란에 차기이월을 기입하고 금액을 주기하여 대차를 일치시켜 마감하고 다음에 차기초일에 그 반대란에 전기이월이라고 하여 흑기한다.

§5 결산제표의 작성

원장의 마감절차가 끝나면 장부상의 결산절차는 일단 완료된다. 기업회계에 있어서 결산이란 것은 단지 장부기록상에서 기간계산의 총괄을 행할 뿐만 아니라 장부결산의 결과를 표시한 재무제표(financial statement)를 작성하는 것까지 결산의 범위에 들어간다. 따라서 이러한 결산의 결과를 종합하여 기업의 이해관계자들에게 보고하기 위하여 재무제표를 작성할 필요가 있다. 재무제표는 주주총회에 보고한다는 의미에서 결산보고서라고 하며, 기업의 경영성과 및 재무상태를 정확하게 판단하는 데 있어서 가장 중요한 서류이다.

여기서는 우선 재무상태표와 포괄손익계산서만을 설명한다.

1. 재무상태표의 작성

재무상태표(balance sheet; B/S)는 기말에 있어서 원장에 있는 자산 · 부채 · 자본의 모든 계정의 잔액을 한 표에 대비하여 그 기간의 순이익액을 확정하는 동시에 기업의 재무상태를 일목정연하게 배열하여 높은 표이다. 이 표는 기업의 재무상태를 판정하는 데 가장 중요한 자료가 된다. 작성원리는 재무상태표등식(자산=부채+자본)에 의하여 작성되며, 자료는 대륙식 결산법의 경우 원장에 있는 결산잔액계정이 되며, 영미식 결산법의 경우 이월시산표가 된다. 형식에는 계정식과 보고식이 있으며, 계정과목의 배열방법에는 유동성배열법과 고정성배열법이 있다.

재무상태표

유 동 자 산	유 동 부 채
비 유 동 자 산	비 유 동 부 채
	자 본 금
	자 본 잉 여 금
	이 익 잉 여 금
	자 본 조 정
	(당 기 순 이 익)

전예제에 의하여 재무상태표를 작성하면 다음과 같다.

재 무 상 태 표

풍남상사 20×1년 6월 30일 (제 1 기)

자 산	금 액	부채 및 자본	금 액
현 금	575,450	외 상 매 입 금	287,500
당 좌 예 금	346,000	자 본 금	1,000,000
외 상 매 출 금	168,000	당 기 순 이 익	41,450
상 품	89,500		
대 여 금	50,000		
비 품	100,000		
	1,328,950		1,328,950

* 1. 재무상태표의 날짜는 결산일로 표시한다.
2. 자본금계정의 잔액과 재무상태표의 자본금계정은 당기순이익을 분리하여 표시한다.
3. 재무상태표의 당기순이익은 청색으로 기입하는 것이 관례이다.

2. 포괄손익계산서의 작성

포괄손익계산서(income statement; I/S)는 일정기간 중에 발생한 영업성적을 일목정연하게 표시하는 것으로서 비용과 수익을 비교하여 순이익액을 확정한다. 순이익액을 결정하려면 원인과 경로가 명시되어야 하며, 그 작성원리는 포괄손익계산서(총수익-총비용=순이익)에 의하여 작성된다. 따라서 이 표는 원장의 집합손익계정이 자료가 된다. 형식에는 계정식(account form)과 보고식(report form)이 있다. 포괄손익계산서는 장래의 경영정책을 수립하는 데 있어서도 가장 중요한 지침이 된다.

포괄손익계산서

매출원가	당기매출액
판매비및관리비	영업외수익
영업외비용	특별이익
특별손실	(당기순손실)
법인세비용등	
(당기순이익)	

전예제에 의해 포괄손익계산서를 작성하면 다음과 같다.

포괄손익계산서

20×1년 6월 1일 ~ 6월 30일

비용	금액	수익	금액
급료	50,000	상품매출이익	166,000
영업비	77,550	이자수익	3,000
당기순이익	41,450		
	169,000		169,000

연습문제

01 다음 기장예제는 태인상사의 4월중의 거래이다. 이에 의해 대륙식 결산을 행하여라.

① 1일 현금 ₩400,000(중 차입금 ₩200,000)을 元入하여 개업하다.

② 2일 비품 ₩ 50,000을 구입하고 대금은 현금으로 지급하다.

③ 6일 현금 ₩200,000을 은행에 당좌예금하다.

④ 8일 동원상사로부터 상품 ₩150,000을 매입하고 대금 중 ₩ 50,000은 당좌예금을 인출하여 지급하고 잔액은 외상으로 하다.

⑤ 10일 무등상점에서 수수료 ₩ 5,000을 현금으로 받다.

⑥ 12일 서부상회에 원가 ₩120,000의 상품을 ₩160,000에 매출하고, 대금 중 ₩ 80,000은 현금으로 받고 잔액은 외상으로 하다.

⑦ 16일 차입금 중 ₩100,000은 당좌예금을 인출하여 지급하고, 이자 ₩ 7,000은 현금으로 지급하다.

⑧ 20일 강남상사로부터 상품 ₩170,000을 외상으로 매입하다. 별도로 반입운임 ₩ 2,000을 현금으로 지급하다.

⑨ 22일 이문상점에 현금 ₩ 20,000을 대여하다.

⑩ 24일 서부상회에 대한 외상매출금 중 ₩ 60,000을 현금으로 받다.

⑪ 25일 금월분 급료 ₩ 8,000을 현금으로 지급하다.

⑫ 28일 동원상사에 대한 외상매입금 중 ₩ 50,000을 현금으로 지급하다.

⑬ 29일 현금 ₩120,000을 당좌예금하다.

⑭ 30일 금월분 잡비 ₩ 3,000을 현금으로 지급하다.

02 다음의 합계잔액시산표를 완성하여라.

<u>합계잔액시산표</u>

잔 액	합 계	계정과목	합 계	잔 액
43,700	( )	현 금	927,000	
102,200	368,100	당 좌 예 금	( )	
( )	( )	외 상 매 출 금	( )	
( )	1,512,600	상 품	1,162,000	
82,200	82,200	비 품		
	110,000	외 상 매 입 금	327,000	( )
	150,000	차 입 금	300,000	( )
		자 본 금	( )	( )
		상품매출이익	211,300	211,300
80,000	80,000	급 료		
105,000	105,000	영 업 비		
( )	3,825,300		( )	1,078,300

03 다음 결산분개와 이월시산표에 의해서 결산 직전의 잔액시산표를 추정하여 작성하라.

〈결산분개〉

(1) (차) 손 익 34,000 (대) 급 료 14,000
영 업 비 20,000

(2) (차) 상품매출이익 50,000 (대) 손 익 56,000
이 자 수 익 6,000

이월시산표

차 변	계정과목	대 변
66,000	현 금	
83,000	매 출 채 권	
45,000	대 여 금	
96,000	상 품	
30,000	비 품	
	매 입 채 무	70,0000
	자 본 금	250,000
320,000		320,000

04 다음의 6위식 정산표를 완성하여라.

정 산 표

계정과목	시 산 표		포괄손익계산서		재무상태표	
	차 변	대 변	차 변	대 변	차 변	대 변
현 금	9,600					
외 상 매 출 금	5,500					
상 품	12,800					
비 품	3,500					
외 상 매 입 금		7,200				
차 입 금		4,000				
자 본 금		20,000				
상품매출이익		3,200				
수 입 수 수 료		600				
급 료	1,500					
영 업 비	1,400					
이 자 비 용	700					
당 기 순 이 익						
	35,000	35,000				

05 다음의 원장계정잔액으로서 잔액시산표를 작성하라. 단 자본금은 각자 계산하라.

현 금	₩ 14,000	은 행 예 금	₩ 55,000
비 품	40,000	상 품	146,000
건 물	250,000	차 입 금	50,000
상품매매이익	35,900	이 자 수 익	1,000
급 료	20,000	잡 비	3,000

06 다음 중 시산표에서 발견할 수 있는 오류는 어느 것인가?

(1) 분개장에서 원장에의 전기를 누락한 경우

(2) 분개장에서 원장에 전기를 할 때 계정과목을 대차 반대로 전기한 경우

(3) 전기를 할 때 현금계정 차변에 전기해야 할 것을 외상매출금계정 차변에 전기한 경우

(4) 두 번의 오류가 우연히 상계되는 경우

(5) 전기를 할 때 차변 또는 대변의 어느 한편만을 전기한 경우

(6) 분개를 할 때 대차 어느 한쪽의 금액을 틀리게 기장한 경우

07 매산상점의 다음 계정잔액으로서 정산표를 작성하라.

현 금	₩370,000	자 본 금	₩1,500,000
매 출 채 권	318,000	급 료	252,200
상 품	604,000	통 신 비	9,800
비 품	98,000	광 고 비	16,000
건 물	550,000	이 자 비 용	30,000
토 지	445,000	상 품 매 매 익	398,000
매 입 채 무	483,000	수 입 수 수 료	12,000
차 입 금	300,000		

08 평안상사의 3월 31일 현재의 손익계정과 이월시산표에 의해 포괄손익계산서와 재무상태표를 작성하라. 다만 3월 31일이 결산일이며 회계기간을 1년이다.

손 익

3/31	급 료	43,000	3/31	상품매출이익	115,000
	광 고 료	27,000		수 입 수 수 료	36,000
	통 신 비	13,500			
	이자비용	2,500			
	잡 비	7,000			
	자 본 금	58,000			
		151,000			151,000

이월시산표

차 변	계 정 과 목	대 변
195,000	현 금	
210,000	외 상 매 출 금	
95,000	상 품	
78,000	비 품	
710,000	건 물	
880,000	토 지	
	외 상 매 입 금	275,000
	차 입 금	700,000
	자 본 금	1,193,000
2,168,000		2,168,000

09 다음 계정의 기입을 자료로 하여

(1) 잔액시산표의 작성　　(2) 결산에 필요한 분개의 표시

(3) 결산분개의 손익 a/c에의 전기　　(4) 계정의 마감과 개시기입

(5) 정산표를 작성하라.

다만 모든 계정과 표는 약식으로 하며, 결산절차는 대륙식 결산법에 의한다.

총계정원장

현 금 1	
123,000	76,000

당 좌 예 금 2	
157,000	87,000

상 품 3	
196,000	128,000

비 품 4	
82,000	

외상매출금 5	
92,000	70,000

차 입 금 6	
60,000	90,000

외상매입금 7	
54,000	86,000

자 본 금 8	
	200,000

상품매출이익 9	
	38,000

수입수수료 10	
	8,000

영 업 비 11	
15,000	

이 자 비 용 12	
4,000	

10 다음의 시산표와 결산정리사항에 의하여 재무상태표와 포괄손익계산서를 작성하여라.

〈기말정리사항〉

① 현금실제잔액은 ₩1,490,000이다.

② 외상매출금 중 ₩ 50,000이 대손이다.

③ 외상매출금 잔액에 대한 5%의 대손을 충당하다.

④ 기말상품재고액은 ₩2,000,000이다.

⑤ 건물 · 비품에 대하여 장부가격의 10%를 간접법에 의해 감가상각하다.

⑥ 소모품의 미사용액은 ₩ 20,000이다.

⑦ 차입금에 대한 미지급이자는 ₩400,000이다.

⑧ 화재보험료의 지급액 중 당기에 부담해야 할 액은 ₩200,000이다.

⑨ 이자수익 ₩540,000 중 당기분은 ₩400,000이다.

잔액시산표

현금예금	1,500,000	외상매입금	1,500,000
외상매출금	2,050,000	차입금	1,000,000
이월상품	1,900,000	대손충당금	200,000
대여금	1,000,000	감가상각누계액	1,000,000
건물	9,000,000	자본금	10,000,000
비품	400,000	매출	6,250,000
매입	2,500,000	이자수익	540,000
소모품비	100,000		
급료	900,000		
화재보험료	240,000		
이자비용	900,000		
	20,490,000		20,490,000

금융자산 : 현금 · 예금과 유가증권 계정

제8장

§1 현금계정

1. 현금계정

(1) 의의

현금계정은 현금의 수입과 지급을 처리하는 계정으로 현금을 받을 때에는 현금계정의 차변에, 지급 할 때에는 현금계정의 대변에 기입한다. 따라서 잔액은 차변에 남아서 현금의 현재액을 나타낸다. 다만 자기가 발행한 수표를 받은 때에는 당좌예금계정에서 처리하며, 현재 통용되지 않는 구화폐나 외국화폐는 현금으로 처리하지 않는다.

현금에는 지폐 · 동전 등 통화(currency)뿐만 아니라, 통화와 마찬가지로 통용 될 수 있는 통화대용증권 · 경화도 포함된다.[1] 통화대용증권에는 자기앞수표, 타인발행의 당좌수표, 가계수표, 송금수표, 여행자수표(traveler's check), 우편환증서, 만기가 된 공사채의 이자표, 기한이 도래한 약속어음 · 환어음, 관청의 지급통지서, 이익배당이 결정 된 주식의 배당권 등이 있다.

현 금

수 입	지 급
통 화	통 화
통화대용증권	통화대용증권

1) 이와 같은 통화대용증권 등은 동일 지역(시)의 어음교환소(clearing house)에서 어음교환(clearing of bill)을 하는 것을 전제로 하고 있기 때문에 현금과 같이 취급한다. 동일 어음교환소 이외의 것이면 거래은행을 통해서 대금추심을 의뢰하게 되는데, 이를 "타지추심어음"이라 한다.

보기 8-1 전라상회에 상품 ₩350,000을 매출하고 그 대금을 다음과 같이 받다.

우리은행발행 자기앞수표 ₩150,000

당점 발행수표 ₩100,000

우편환증서 ₩100,000

풀이

(차)			(대)		
	현 금	250,000		상 품	350,000
	당 좌 예 금	100,000			

(2) 현금출납장 기장

현금출납장은 현금수지에 대한 상세한 기록을 유지하기 위한 보조장부로서 현금수지에 관한 거래를 발생순서에 따라 일자별로 거래내용, 상대계정, 거래상대편, 계산내역 등의 정보를 기록한다.

보기 8-2 다음의 거래를 현금출납장에 기입하여라.

4월 1일 전월이월액 ₩92,000
2일 창고수선비 ₩7,000을 현금으로 지급하다.
5일 대동상회에 외상매입금 ₩75,000을 현금으로 지급하다.
8일 남산상회로부터 외상매출금 ₩50,000을 현금으로 받다.
9일 상품 ₩18,000을 매출하고 현금으로 받다.
10일 통신비 ₩1,300을 현금으로 지급하다.
15일 받을어음 ₩100,000을 은행으로부터 할인하고 할인료 ₩1,500을 차감한 실수금은 현금으로 받다.
16일 비품 ₩7,000을 구입하고 대금은 현금으로 지급하다.
18일 평화상회에서 외상매출금 ₩80,000을 받다.
20일 대광상회에서 외상매입금 ₩60,000을 현금으로 지급하다.
21일 상품 ₩65,000을 매입하고 대금은 현금으로 지급하다.
25일 남도상회에서 이자 ₩3,000을 현금으로 받다.
30일 영업제경비 ₩12,000을 현금으로 지급하다.

현 금 출 납 장

20xx년		적요	수입	지출	잔액
4	1	전월이월	92,000		92,000
〃	2	창고수선비지급		7,000	85,000
〃	5	대동상회 외상매입금 지급		75,000	10,000
〃	8	남산상회 외상매출금 회수	50,000		60,000
〃	9	상품 매출	18,000		78,000
〃	10	통신비지급		1,300	76,700
〃	15	받을어음 할인 할인료 1,500 지급	100,000	1,500	175,200
〃	16	비품구입		7,000	168,200
〃	18	평화상회 외상매출금 회수	80,000		248,200
〃	20	대광상회 외상매입금 지급		60,000	188,200
〃	21	상품매입		65,000	123,200
〃	25	남도상회에서 이자수입	3,000		126,200
〃	30	영업제경비 지급		12,000	114,200
			343,000	228,800	
		차월이월		114,200	
			343,000	343,000	
5	1	전월이월	114,200		114,200

(3) 현금과부족계정

현금은 부정사건 이외에 현재금액이 장부상의 현금출납장잔액과 불일치하는 경우가 있다. 불일치의 원인은 현금출납장에 기입 할 때에 오기 · 탈루가 있거나 또는 장부는 정확하지만 현금수지에 있어서 초과하여 지급하거나 부족하게 수납 할 때에 발생한다. 이러한 원인에 의하여 일치하지 않을 때에는 현금과부족계정(cash short and over a/c)을 설정한다.

현금이 부족할 때에는 이 계정의 차변(일시적 자산)에, 남을 때에는 대변(일시적 부채)에 각각 기입하였다가 원인을 조사하여 원인이 판명되면 해당 계정에 대체한다. 만일 결산일까지 그 원인이 밝혀지지 않을 때에는 부족액은 잡손실계정에, 과잉액은 잡이익계정에 대체하여 처리한다. 따라서 이 계정은 일시적 자산 또는 부채를 처리하는 가계정이다.

현금과부족

현금부족	현금과잉

보기 8-3 다음 거래의 분개를 표시하여라.

(1) 현금시재액이 ₩5,000이 부족함을 발견한다.

(2) 위의부족액을 조사한바, 통신비 ₩4,000의 지급이 기입 누락되었음이 판명되다.

(3) 결산일까지 위의 나머지 부족액을 판명할 수가 없다.

풀이

(1)	(차) 현금과부족	5,000	(대) 현금	5,000
(2)	(차) 통신비	4,000	(대) 현금과부족	4,000
(3)	(차) 잡손실	1,000	(대) 현금과부족	1,000

2. 소액현금계정

(1) 의의

은행에 당좌예금계좌를 개설 해 두고 있으면 현금의 수입과 지출은 당좌예금을 통해서 행하여지므로 기업 내에 번잡과 위험이 따르는 현금을 많이 둘 필요가 없다. 그러나 통신비, 교통비, 문방구비 등의 소액의 지출 비용까지 수표를 발행하면 불편하므로 용도계를 두어 필요금액을 선급하여 소액지급에 충당케 하면 편리하며 능률적이다.

이때 용도계에 선급하는 금액을 소액현금 또는 '소액자금'이라 하고, 소액현금계정(petty cash a/c)으로 처리한다. 선급액이나 보급액은 차변에, 지급액은 대변에 기입한다.

소액현금

선급액 보급액	지급액

(2) 소액현금의 선급법

1) 수시자금선급법

이는 선급액을 특정하지 않고 필요시에 수시로 행하는 방법인데 '단순자금선급법'이라고도 한다.

보기 8-4 다음 거래를 분개하여라.

(1) 4월 1일 용도계에 수표(#7) ₩30,000을 발행하여 선급하다.

(2) 4월 30일 용도계로부터 금월분 지급액은 소액현금출납장의 기입대로 통신비 ₩5,000, 소모품비 ₩7,000, 잡비 ₩3,000이라는 보고를 받다.

(3) 4월 30일 용도계로에 선급금 ₩20,000을 수표(#20)를 발행하여 보급하다.

풀이

	차변	금액	대변	금액
(1) 4월 1일	(차) 소 액 현 금	30,000	(대) 당 좌 예 금	30,000
(2) 4월 30일	(차) 통 신 비	5,000	(대) 소 액 현 금	15,000
	소 모 품 비	7,000		
	잡 비	3,000		
(3) 4월 30일	(차) 소 액 현 금	20,000	(대) 당 좌 예 금	20,000

2) 정액자금선급법

이는 1기간(보통 1개월)의 필요액을 예정하고 월초에 일정액을 수표로써 선급하였다가, 월말에 실제 지급액을 보고시켜 동액을 보충시키는 방법으로 일반적으로 널리 이용되고 있다. 이 방법에 의하면 용도계의 책임을 한정시키며 용도계에 언제나 정액의 현금의 있게 된다.

보기 8-5 정액자금선급법에 의하면 위의 수시자금선급법과 같이 월말(4/30)의 보급액은 ₩20,000이 아니라 ₩15,000(잡비₩3,000+통신비₩5,000 + 소모품비 ₩7,000)이 된다. 따라서 위의 (3)의 분개는 다음과 같게 된다.

풀이

	차변	금액	대변	금액
(3) 4월 30일	(차) 소 액 현 금	15,000	(대) 당 좌 예 금	15,000

* 용도계의 보고와 이에 따르는 보급액은 항상 동시에 행해지므로 실무상으로는 (2)와 (3)의 분개를 합병하여 다음과 같이 처리하는 것이 일반적이다.

	차변	금액	대변	금액
4월 30일	(차) 통 신 비	5,000	(대) 당 좌 예 금	15,000
	소 모 품 비	7,000		
	잡 비	3,000		

(3) 소액현금출납장

소액현금을 취급하는 용도계에서는 소액현금의 출납을 상세히 기록하기 위하여 보조기입장인 소액현금출납장(pretty cash book)을 비치한다. 이 장부에는 지급이 빈번한 경비에 대해서 각각의 내역란을 설정하고, 지급할 때마다 그 내역을 기입한다.

§2 당좌예금과 제예금계정

1. 당좌예금거래의 기장

은행예금에는 당좌예금・보통예금・정기예금・통지예금・별단예금 등(5대 기본 예금) 여러 가지 종류가 있다. 당좌예금은 그 중 가장 대표적인 예금으로 운영자금을 은행에 예입하고 은행으로 하여금 영업상의 지급을 맡게 하여 현금 수급의 착오나 도난을 방지할 목적으로 이용되는 무이자 예금이다.

은행과 당좌예금 계약을 함에 있어서 상당한 자격과 신용이 있어야 하며[2)]예입할 때에는 당좌계정입금표를, 인출할 때는 당좌수표(current check)를 이용한다. 또 예입에는 통화뿐만 아니라 통화대용증권도 가능하다

계정 처리는 예입한 때에 당좌예금계정(current deposit a/c)의 차변의 기입하고, 수표를 발행했을 때에는 대변에 기입한다. 따라서 잔액은 보통 차변에 남아서 당좌예금의 현재액을 나타낸다.

보기 8-6 다음 거래의 분개를 표시하여라.

4월 1일 당좌예금의 전월이월액은 ₩450,000이다.

2일 강원상회에서 상품 ₩225,000을 매입하고 대금은 동국은행 앞 수표 #12를 발행하여 지급하다.

3일 현금 ₩50,000과 당사 소지의 자기앞수표(하나은행 앞) ₩30,000을 동국은행에 예입하다.

5일 충남상회에 상품 ₩90,000을 매출하고 대금은 동점 발행 수표(# 15)를

---

2) 당좌예금 개시자격에는 ① 일정한 보증금의 제공 ② 일정액 이상의 초입금 ③ 일정액 이상의 예금잔액 등을 갖추어야 한다.

받아 곧 당좌예금하다.

풀이

4/1 분개 없음

4/2 (차) 상　　품 225,000　　(대) 당좌예금 225,000

4/3 (차) 당좌예금 80,000　　(대) 현　　금 80,000

4/5 (차) 당좌예금 90,000　　(대) 상　　품 90,000

2. 당좌예금출납장의 작성

당좌예금의 예입과 인출은 보조기입장인 당좌예금출납장에 기입한다. 원칙적으로 거래은행별로 설정한다. 그리고 현금출납장과 당좌예금출납장을 합한 것을 '현금당좌예금출납장(cash&bank book)'이라 하는데, 일반적으로 이것이 많이 이용된다.

보기 8-7 <보기 8-6>의 거래를 당좌예금출납장에 기입하여라.

풀이

당좌예금출납장

20XX 년		적　요	수입액	인출금		잔액
				수표번호	금액	
4	1	전월이월	450,000			450,000
〃	2	상품매입(강원상회)		12	225,000	225,000
〃	3	현금예입(중 자기앞수표 30,000)	80,000			305,000
〃	5	상품매출(충남상회 수표 #15수입)	90,000			395,000

보기 8-8 다음 거래를 현금 · 당좌예금출납장에 기입하여라.

4월 1일 현금 ₩500,000 투자하여 개업하다.

3일 우리은행에 현금 ₩200,000을 당좌예금하다.

7일 전남상회에서 상품을 매입하고 대금 ₩250,000 중 ₩150,000은 현금으로 ₩100,000은 우리은행앞 수표 #1을 발행하여 지급하다.

10일 경남상회에 상품 ₩180,000을 매출하고 대금 ₩80,000은 현금으로 받고 잔액은 외상으로 하다.

20일 경남상회에서 외상매출금 ₩100,000을 동점발행 수표(#33)를 받아 당좌예금하다.

25일 영업비 ₩38,000을 현금으로 지급하다.

현금당좌예금출납장

20XX년		적요	현금	당좌예금	20XX년		적요	현금	당좌예금
4	1	투자액	500,000		4	3	현금예입	200,000	
〃	3	현금예입		200,000	〃	7	상품대지급(전남상회)	150,000	
〃	10	상품매출(경남상회)	80,000		〃	〃	전남상회상품대지급(#1)		100,000
〃	20	외상매출금 회수		100,000	〃	25	영업비 지급	38,000	
					〃	30	차월이월	192,000	200,000
			580,000	300,000				580,000	300,000
5	1	전월이월	192,000	200,000					

3. 당좌차월의 처리

당좌예금의 인출은 예금잔액의 한도 내에서만 가능하며, 이를 초과하여 수표를 발행하면 부도수표(dishonoured check)가 되어 은행에서는 지급을 거절하게 된다. 그러나 미리 거래은행과 당좌차월계약을 맺고 근저당[3])을 설정하여 차월한도와 기간을 정해두면 예금잔액을 초과하여 일정금액까지는 일정기간 수표를 자유로이 발행할 수 있다.

당좌차월액은 은행으로부터 일종의 차입금에 해당하는 것이기 때문에 당좌차월이 있을 경우에는 당좌차월계정(bank overdraft account)이라는 부채계정을 설정하여 대변에 기입한다. 그리고 후일에 다시 당좌예금을 하면 우선 당좌차월계정의 잔액을 상쇄시키고 초과하는 부분이 당좌예금의 잔액이 된다.

보기 8-9 다음 거래를 분개하여라.

4월 20일 우리은행과 당좌차월계약을 체결하고 근저당으로 유가증권 시가 ₩50,000(장부가액 ₩45,000)을 제공하다. 차월한도 ₩40,000, 기간 3개월, 차월이율 연 25%

3) 상거래(주로 도매상)나 은행거래 등과 같이 계속적이며 반복적인 거래가 있는 경우 장래에 발생할 채권을 담보하기 위하여 설정하는 담보물권을 근저당이라 한다. 그 특색은 증감변동하는 불특정의 채권을 예정한 최고액의 범위 내에서 담보하는 점이다. 당좌차월 계약의 체결의 경우는 정기예금증서나 유가증권 등을 담보로서 제공한다.

25일 정읍상사의 외상매입금 ₩60,000을 지급하기 위하여 우리은행앞수표 #3을 발행하여 주다. 다만 당좌예금 잔액은 ₩40,000이다.

29일 현금 ₩50,000을 당좌예금하다.

풀이

4/20 분개 없음

4/25	(차) 외상매입금	60,000	(대) 당좌예금	40,000
			당좌차월	20,000
4/29	(차) 당 좌 차 월	20,000	(대) 현 금	50,000
	당 좌 예 금	30,000		

4. 제예금계정

은행 · 신용금고 · 기타의 금융기관에서 취급하고 있는 예금의 종류에는 전술한 당좌예금 이외에 보통예금 · 정기예금 · 별단예금 · 적금 · 금전신탁 및 우체국의 대체저금 등 여러 가지가 있다. 이와 같은 예금 중 언제나 인출이 가능하거나 재무상태표일로부터 기산하여 1년 이내에 기한이 도래하는 것은 유동자산인 제예금계정에서 처리한다.

제 예금은 각 예금별로 계정을 설정하여 처리할 수도 있다. 다만 특정목적에 충당하기 위한 특정예금은 유동자산과 구별하여 그 예금 목적을 명백히 표시하는 특별계정을 설정하여야 한다. 예입하였을 때에는 차변에 인출하였을 때에는 대변의 기입한다. 이자를 받았을 때는 그 예금 계정의 차변과 이자수익계정의 대변에 기입한다.

보기 8-10 다음 거래를 분개하여라.

(1) 현금 ₩250,000을 신한은행에 보통예금하다.

(2) 정기예금 ₩400,000이 만기가 되어 이자 ₩8,000과 같이 보통예금에 대체하다.

(3) 동양상사로부터 외상매출금 ₩300,000에 대하여 당사 대체저금구좌에 입금되었다는 통지를 받다.

풀이

(1) (차) 보통예금 250,000 (대) 현 금 250,000

(2) (차) 보통예금	408,000	(대)	정기예금	400,000
			이자수익	8,000
(3) (차) 대체저금	300,0000	(대)	외상매출금	300,000

§3 유가증권 계정

1. 유가증권의 정의

유가증권은 재산권을 나타내는 증권으로 지분증권과 채무증권이 포함된다.

지분증권은 회사, 조합 또는 기금 등의 순자산에 대한 소유지분을 나타내는 유가증권(예 : 보통주, 우선주, 수익증권 또는 자산유동화출자증권)이고 일정금액으로 소유지분을 취득할 수 있는 권리(예 : 신주인수권 또는 콜옵션) 또는 소유지분을 처분할 수 있는 권리(예 : 풋옵션)를 나타내는 유가증권 및 이와 유사한 유가증권을 말한다.

채무증권은 발행자에 대하여 금전을 청구할 수 있는 권리를 표시하는 유가증권 및 이와 유사한 유가증권을 말한다. 채무증권은 국채, 공채, 사채(전환사채 포함), 자산유동화채권 등을 말한다.

그러나 회계학에서의 유가증권에는 상품에 대한 권리를 나타내는 창고증권, 화물상환증 및 선화증권 등은 포함되지 않는다.

2. 유기증권의 분류

유가증권은 취득한 후에 만기보유금융자산, 단기매매금융자산, 그리고 매도가능금융자산 중의 하나로 분류한다. 분류의 적정성은 재무상태표일마다 재검토하여야 한다.

① 만기보유금융자산 : 만기보유금융자산은 만기가 확정된 채무증권으로서 상환금액이 확정되었거나 확정이 가능한 채무증권을 만기까지 보유 할 적극적인 의도와 능력이 있는 경우에만 분류한다.

② 단기매매금융자산 : 단기매매금융자산은 주로 단기간 내의 매매차익을 목적으로 취득한 유가증권으로 매수와 매도가 적극적이고 빈번하게 이루어지는 것을 말한다.

③ 매도가능금융자산 : 단기매매금융자산이나 만기보유금융자산으로 분류되지 아니하는 유가증권은 매도가능금융자산으로 분류한다.

보기 8-11 다음 거래를 분개하여라.

(1) 일시소유목적으로 반도철강 주식 1000주를 @₩6,000에 매입하고 대금은 수표로 지급하다.

(2) 5년 만기 삼영화학사채 500주를 @₩7,000에 매입하고 대금은 현금으로 지급하다. 만기까지 소유하고자 한다.

풀이

	차변	금액	대변	금액
(1)	(차) 단기매매금융자산	6,000,000	(대) 당좌예금	6,000,000
(2)	(차) 만기보유금융자산	3,500,000	(대) 현　　금	3,500,000

3. 유가증권의 평가

(1) 만기보유금융자산

만기보유금융자산은 상각 후 취득원로 평가하여 재무상태표에 표시한다. 만기보유금융자산은 상각 후 취득원가로 측정 할 때에는 취득원가와 만기액면가액의 차이를 상환기간에 걸쳐 유효이자율법에 의하여 취득원가와 이자수익에 가산한다. 만기보유금융자산의 매도, 상환 및 감액으로 실현된 이익이나 손실은 당기손익에 반영한다.

(2) 단기매매금융자산

단기매매금융자산은 공정가액으로 평가하며 평가손익은 당기의 손익항목으로 처리한다. 따라서 단기매매금융자산으로 분류되는 채무증권에 대한 투자는 할인차금이나 할증차금을 상각하지 않는다.

(3) 매도가능금융자산

매도가능금융자산은 공정가액으로 평가한다. 다만, 매도가능금융자산 중 시장성이 없는 자본증권의 공정가액을 신뢰성 있게 측정할 수 없는 경우에는 취득원가로 평가한다. 매도가능금융자산에 대한 미실현보유손익은 자본항목으로 처리하고, 당해 유가증권에 대한 자본항목의 누적금액은 유가증권을 처분하거나 감액손실을 인식하는 시점에 일괄하여 당기손익에 반영한다.

매도가능금융자산으로 분류 된 재무증권의 경우에는 할인 또는 할증차금을 상각하여 이자수익을 먼저 인식 한 후에, 상각 후 취득원가와 공정가액의 차이금액인 미실현보유손익을 자본항목으로 처리한다. 매도가능금융자산의 매도, 상환 및 감액으로 실현 된 이익이나 손실은 당기손익에 반영한다.

보기 8-12 다음 거래를 분개하여라.

(1) 결산일이 되어 앞서 매입한 반도철강 주식 ₩6,000,000이 ₩8,000,000으로 시가기준평가하다.

(2) 삼영화학사채 ₩3,500,000이 ₩4,000,000으로 인상되다.

풀이

(1) (차) 단기매매금융자산 2,000,000 (대) 단기매매금융자산평가이익 2,000,000

(2) 분개 없음(만기보유금융자산은 중간에 평가 없음)

4. 유기증권의 처분

유기증권을 처분 할 때 시장성 있는 단기매매금융자산은 시가에 의하여 처분된 가액으로 기입한다. 처분손익은 당기손익에 반영한다.

보기 8-13 다음 거래를 분개하여라.

(1) 단기매매차익을 얻기 위해 반도철강 주식 500주를 @₩10,000에 처분하다. 대금은 수표로 받다.

(2) 특수관계에 있는 태산물산주식 ₩4,000,000 어치를 ₩3,500,000에 매매하다. 대금은 현금으로 받다.

풀이

	차변	금액		대변	금액
(1) (차)	현금	5,000,000	(대)	단기매매금융자산	3,000,000
				단기매매금융자산처분이익	2,000,000
(2) (차)	현금	3,500,000	(대)	매도가능금융자산	4,000,000
	단기매매금융자산처분손실	500,000			

연습문제

01 다음 물음에 답하라.

(1) 현금과부족계정을 설정하는 이유를 설명하라.

(2) 소액현금계정의 필요성에 대하여 설명하라.

(3) 유가증권의 평가방법에 대하여 설명하라.

02 다음 일련의 거래를 분개하라.

(1) 일진상사로부터 상품 ₩300,000을 매입하고 대금은 수표(#9)를 발행하여 지급하다. 다만 예금잔액은 ₩220,000이나 당좌차월 계약이 있다.

(2) 광신상사의 외상매출금 ₩200,000에 대한 동점발행수표 ₩160,000, 은행 자기앞수표 ₩10,000, 송금수표 ₩20,000, 통화 ₩10,000을 받다.

(3) 은행에 현금 ₩150,000을 당죄예금하다.

(4) 은행으로부터 당좌차월이자 ₩1,200을 차감했다는 통지가 있었다.

(5) 당좌예금 중 ₩50,000을 정기예금으로 대체하기 위해 수표(#10)을 발행해주다.

(6) 외상매출금이 있는 부산 동래상회에서 ₩30,000이 당좌이체가 있었다는 은행으로부터의 통지를 받았다.

03 다음 ( )에 필요 숫자를 기입하여 현금출납장을 완성하고, 5월 10일, 12일, 18일, 25일의 분개를 표시하라.

현 금 출 납 장

일	사	석 요	수입	지출	잔액
5	1	전월이월	300,000		①( )
〃	10	현금 추가투자	500,000		②( )
〃	12	우리은행에서 차입	③( )		900,000
〃	18	삼일상사에 상품 매입대금 지급		④( )	560,000
〃	25	부산의 향도상사에 매출품 발송비를		3,000	⑤( )
〃		지급			
〃	31	**차월이월**		**⑥( )**	
			⑦( )	⑧( )	
6	1	전월이월	⑨( )		⑩( )

04 다음의 분개나 계정계좌에 대한 거래를 추정하여라.

(1)	(차) 상 품	50,000	(대)	현 금	25,000
				당 좌 예 금	20,000
				외 상 매 입 금	5,000
(2)	(차) 당 좌 차 월	80,000	(대)	외 상 매 출 금	140,000
	당 좌 예 금	60,000			
(3)	(차) 소 액 현 금	45,300	(대)	당 좌 예 금	45,300
(4)	(차) 당 좌 예 금	50,000	(대)	현 금	50,300

05 다음의 계정계좌로부터 날짜별로 거래를 추정하여라.

<u>현금과부족</u>

6/ 5 현 금	2,560	6/ 7 잡 비	1,560
6/ 8 잡수익	300	6/30 손 익	2,300

06 다음 거래를 분개하라.

(1) 동양은행에 현금 ₩3,000,000을 연이율 10%, 6개월의 정기예금으로 예입하다.

(2) 위(1)의 정기예금을 만기일에 원금과 이자를 보통예금으로 대체입금하다.

(3) 거래처와의 채권 · 채무 결제를 위하여 대체저금에 가입하고 현금 ₩300,000을 입금하다.

(4) 광주의 전남상점으로부터 외상매출금 ₩1,500,000이 대체저금구좌에 입금되었다는 통지를 받다.

(5) 당월분 대체저금에 ₩3,600을 차감하였음을 은행으로부터 확인하다.

(6) 우리은행과 당죄거래를 개설하고 현금₩3,000,000을 예입하다. 당좌예금 약정과 더불어 한도 ₩3,000,000의 당좌차월약정도 체결하고, 보유부동산(시가 ₩3,600,000)에 대해 근저당을 설정하다.

(7) 태평상점에 상품을 판매하고 대금 ₩2,100,000을 수표로 받다.

(8) 성북상점으로부터 외상매출대금으로 ₩150,000의 선일자수표를 받다.

(9) 상기 선일자수표가 기일이 되어 당좌예입하다.

(10) 성동상점으로부터 상품을 ₩600,000에 매입하고 대금을 수표를 발행하여 지급하다. 이날 현재 당좌예금 잔액은 ₩450,000이다.

(11) 기말에 현금과부족계정의 차변잔액 ₩150,000 중 ₩50,000은 이자지급액 ₩680,000을 ₩630,000으로 잘못 기장하였음을 발견하고 이를 정정하는 한편, 잔액은 잡손실로 처리하다.

(12) 보통예금에 대한 이자 ₩8,700이 통장에 가산되었다는 통지를 은행으로부터 받다.

(13) 월말에 용도계로부터 아래와 같은 소액현금 사용명세서를 받고 수표를 발행하여 소액현금을 전도하다. 단 이 회사는 정액전도제를 채택하고 있다.

소액현금사용명세서

20xx년 4월분

수입액 :			₩150,000
지출액:			
	소모품비	₩43,650	
	통 신 비	26,280	
	교 통 비	59,670	
	잡 비	5,850	135,450
잔 액 :			₩14,550

07 다음 유가증권과 관련한 일련의 거래를 분개하라.

(1) (주)국민의 액면 @₩10,000 주식을 @₩8,500씩 10,000주를 구입하다.

(2) 위의 주식을 결산기말에 @₩8,000에 평가하다.

(3) (2)의 주식을 다시 @₩9,500으로 상승하다.

(4) (2)의 주식이 @₩8,300만큼 상승하다.

(5) (1)의 주식을 @₩9,000에 처분하다.

상품계정 제9장

§1 상품의 의의

기업에서 생산되는 대다수의 제품은 일반시장을 목표로 생산되고 있다. 생산된 제품은 시장을 통해 소비자에게 전달되며, 상업경영은 생산자와 소비자간의 중간적 역할을 담당하는 배급적 기능을 가진 조직체이다.

상업경영체가 전매할 목적으로 매입하는 물건을 상품(merchandise, goods)이라 한다. 상품은 기업체의 종류에 따라 다르겠지만 농산물이나 해산물 또는 공산품을 불문하고 영리를 위하여 전매할 목적으로 매입할 경우 상품이라 한다. 상기업에 있어서 상품의 매매거래는 가장 중요한 거래이며 기간 손익계산에 있어서 수익의 원천이 되는 중요한 영역이 되는 것이므로 상품에 대한 회계상의 처리법은 중요하다. 상품매매거래를 기록계산하기 위하여 계정설정 및 회계처리방법은 상품계정 하나에서 처리하는 단일계정처리방법과 상품계정을 분할 처리하는 분할계정처리방법이 있다.

1. 단일계정처리방법

상품의 매매를 단일계정으로 일괄처리하는 경우 두 가지 처리방법이 있다.

(1) 분기법

분기법은 상품을 매입 하였을 때는 매입원가로 상품계정(goods or merchandise a/c)차변에 매출하였을 때는 상품의 매출원가로 상품계정의 대변에 기입한다. 매출상품의 매가와 원가의 차액은 판매 할 때마다 매출손익을 산출하여 상품매출손익계정으로 처리한다. 이와 같이 상품을 판매 할 때마다 매입원가와 매출손익을 분리하여 기장하는 방법을 분기법이라 한다. 이때의 상품계정은 순수자산계정이 되며, 그 성질은 현금계정과 같이 상품의 증감을 명료하게 표시하여 잔액은 항상 차변에 생기고 상품의 현재 재고액을 표시하게 된다.

분기법으로 처리하면 매출 할 때마다 매출손익을 산출하게 되는 복잡성이 있기 때문에 오늘날과 같이 상업경영에 있어서 취급상품의 품목이 많고 매매가 빈번하게 행해지고 있는 경우에는 사실상 곤란하다. 따라서 조선업, 건설업, 귀금속상, 미술공예품상 등의 특수업종 이외에는 실용성이 없다.

보기 9-1 동광상회의 4월 중 상품매매에 관한 영업일지는 다음과 같다. 다음 거래를 분개하고 약식 원장에 전기 한 이후 마감하여라.(분기법에 의할 것.)

4월 1일 기초상품재고액 ₩150,000

5일 삼화상회에서 상품 ₩100,000을 현금으로 매입하다.

8일 호남상회에 원가 ₩100,000의 상품을 ₩120,000에 현금으로 매출하다.

14일 대광상회에서 상품 ₩250,000을 외상으로 매입하다.

28일 동화상회에서 상품 ₩350,000을 현금으로 매입하다.

30일 기린상회에 원가 ₩350,000의 상품을 ₩420,000에 현금으로 매출하다.

풀이

날짜	차변	금액	대변	금액
4/ 5	(차) 상품	100,000	(대) 현금	100,000
4/ 8	(차) 현금	120,000	(대) 상품	100,000
			상품매출이익	20,000
4/14	(차) 상품	250,000	(대) 외상매입금	250,000
4/28	(차) 상품	300,000	(대) 현금	300,000
4/30	(차) 현금	420,000	(대) 상품	350,000
			상품매출이익	70,000

상 품

날짜	적요	금액	날짜	적요	금액
4/ 1	기초상품	150,000	4/ 8	현금	100,000
4/ 5	현금	100,000	4/30	현금	350,000
4/14	외상매입금	250,000	〃	**차기이월**	**350,000**
4/28	현금	300,000			
		800,000			800,000
5/ 1	전기이월	350,000			

상품매출이익

4/ 30	손 익	90,000	4/ 8	현 금	20,000
			4/30	현 금	70,000
		90,000			90,000

손 익

			4/ 30	상품매출이익	90,000

(2) 총기법

총기법은 상품을 매입하였을 경우에 매입원가로서 상품계정의 차변에 기입하는 것은 분기법과 동일하다. 그러나 매출하였을 때 매출이익을 일일이 산출하지 않고 매가로서 동 계정의 대변에 기입한다. 상품의 매가 중에는 매출손익이 포함되어 있으므로 상품계정의 대변에는 상품원가와 매출손익이 포함되어 기입된다. 이와 같이 한 계정에 자산계정의 성질과 손익계정의 성질이 혼합되어 있는 계정을 혼합계정(mixed a/c)이라고 한다.

따라서 상품계정을 총기법인 혼합계정을 사용 할 때에는 그 진액은 대・차 어느 곳에 나타나지만 아무 의미가 없다. 상품계정을 혼합계정으로 사용 할 때 기말결산시에 있어서 상품매출이익을 산출히려면 기말상품재고액을 상품계정의 대변에 기입하여 대・차의 차액을 비교하면 된다. 즉, 대변잔액이면 매출이익을 표시하고, 반대로 차변잔액이면 매출손실을 포시하게 된다. 상품계정으로 정리하면 다음과 같다.

상 품

차변	대변
기초상품재고액	당기매출액
당기매입액	매입환출액
매출환입액	매입에누리액
매출에누리액	**(기말상품재고액)**
매입제비용	

이것을 산식으로 표시하면 다음과 같다.

> 순매출액 = 총매출액 − 환입 및 에누리 액
> 매출원가 = (기초상품재고액 + 당기 순매입액) − 기말상품재고액
> 매출이익 = 순매출액 − {(기초상품재고액 + 당기 순매입액) − 기말상품재고액}

위의 <보기 9-1>을 표시하면 다음과 같다.

상 품

날짜	적요	금액	날짜	적요	금액
4/ 1	기 초 상 품	150,000	4/ 8	현 금	100,000
4/ 5	현 금	100,000	4/30	현 금	350,000
4/14	외 상 매 입 금	250,000	〃	**차 기 이 월**	**350,000**
4/28	현 금	300,000			
		800,000			800,000
5/ 1	전 기 이 월	350,000			

손 익

날짜	적요	금액	날짜	적요	금액
			4/30	상 품 매 출 이 익	90,000

상품에 관련된 일체의 거래를 한 개의 상품 계정으로 처리할 때는 차변・대변에 여러 가지 사항이 기장되어 이 계정의 내용이 복잡할 뿐만 아니라 차변・대변 합계 그것만으로는 순매입액・순매출액을 알 수가 없다. 상품계정의 대변에는 자산과 손익이 혼합되어 매출액에 포함되어 있기 때문에 대차의 잔액이 순수한 상품잔액이라 볼 수 없다. 그러므로 혼합계정은 불편하고 결점이 많기 때문에 소규모 사업 이외에는 적합하지 않아서 상품계정을 몇 개의 계정으로 분할하여 처리하는 것이 일반적이다.

2. 분할계정처리방법

혼합계정인 상품계정은 그 잔액이 아무런 의미를 갖지 않으며 상품의 순매입액 또는 순매출액을 표시 할 수 없다. 그러므로 상품의 매입・매출・환출품・환입품・에누리 등을 정확하게 알기 위하여 상품계정을 분할처리하는 것이 편리하다. 상품 계

정을 몇 개로 분할 할 것인가에 대해서는 기업의 성질, 기업 규모의 대소에 따라 결정 된다. 일반적으로 2분법, 3분법, 5분법, 7분법, 8분법, 9분법 등이 있다.

(1) 2분법

2분법은 상품계정을 매입계정(purchases a/c)과 매출계정(sales a/c)으로 분할하는 것으로 가장 단순한 방법이다.

이 방법은 매입계정의 차변에는 기초상품재고액과 총매입액이 기입되고 대변에는 매입환출금, 매입에누리가 기입되어 차변잔액은 순매입액이 표시된다. 매출계정의 차변에는 매출환입금, 매출에누리가 기입되고 대변에는 총매출액이 기입되어 대변잔액은 순매출액을 표시하게 된다.

매 입	
기초상품재고액	매 입 환 출 액
당 기 매 입 액	매입에누리액
매 입 제 비 용	

매 출	
매 출 환 입 액	당 기 매 출 액
매출에누리액	

(2) 3분법

3분법은 2분법의 매입계정에서 기초이월상품액을 분리시켜 이월상품계정(merchandise inventory a/c) · 매입계정 · 매출계정으로 분할하는 방법이다. 기초와 기말의 이월상품을 분리시키면 매입계정은 기중의 총매입액 · 순매입액을, 매출계정은 기중의 총매출액 · 순매출액이 계정상에서 정확하게 알게 되고, 또 그 기입내용은 매입장 · 매출장 · 상품재고장의 기입과 일치하게 된다.

이월상품	
기초이월상품액	

매 입	
당 기 매 입 액	매 입 환 출 액
매 입 제 비 용	매입에누리액

매 출	
매 출 환 입 액	당 기 매 출 액
매출에누리액	

(3) 5분법

5분법은 환입품·환출품의 거래가 빈번하게 일어날 때 이를 분리시켜 매입·매출·이월상품·환입품·환출품 계정으로 분할하는 방법이다.

이월상품	
기초이월상품액	

매 입	
당 기 매 입 액 매 입 제 비 용	매입에누리액

매 출	
매출에누리액	당 기 매 출 액

환입품	
매출환입액	

환출품	
	매입환출액

(4) 7분법

7분법은 매입·매출에 에누리가 빈번하게 일어날 때 이를 분리시켜 매입·매출·이월상품·환입품·환출품·매입에누리·매출에누리 계정으로 분할하는 방법이다.

이월상품	
기초이월상품액	

매 입	
당 기 매 입 액 매 입 제 비 용	

매 출	
	당 기 매 출 액

환출품	
	매 입 환 출 액

환입품	
매 출 환 입 액	

매입에누리	
	매입에누리액

매출에누리	
매출에누리액	

(5) 8분법

8분법은 매입에 수반하여 발생하는 제비용을 파악하기 위하여 매입계정에서 분리시켜 매입·매출·이월상품·환입품·환출품·매입에누리·매출에누리·매입제비용계정으로 분할하는 방법이다.

(6) 9분법

9분법은 가장 자세하게 계정을 분리시킨 방법으로 이월상품 · 매입 · 매입환출 · 매입에누리 · 매입할인 · 매출 · 매출환입 · 매출에누리 · 매출할인 계정으로 분할하는 방법이다.

§2 분할계정의 손익산출방법

1. 2분법의 손익산출

2분법은 매입계정 · 매출계정으로 분할하고 있으며, 매입계정에서 매출원가를 산출하여 손익계정의 차변에 대체한다. 그리고 매출계정에서 순매출액을 산출하여 손익계정의 대변에 대체한 다음 손익계정에서 매출원가와 순매출액을 비교함으로써 매출손익을 산출한다.

보기 9-2 동광상회는 상품계정을 2분법을 채용하고 있다. 다음의 자료에 의하여 그 계정에 분할기입하고 상품매출이익을 산출하여라.

(1)	기초상품재고액	₩3,000,000	(2)	기말상품재고액	₩3,170,000
(3)	총 매 출 액	10,000,000	(4)	총 매 입 액	7,500,000
(5)	매출에누리액	10,000	(6)	매입에누리액	20,000
(7)	매 출 환 입 액	15,000	(8)	매 입 환 출 액	25,000
(9)	매 입 운 임	80,000			

풀이

매 입

(1) 전 기 이 월	3,000,000	(6) 매입에누리액	20,000
(4) 총 매 입 액	7,500,000	(8) 매입환출액	25,000
(9) 매 입 운 임	80,000	차 기 이 월	3,170,000
		손 익	7,365,000
	10,580,000		10,580,000
전 기 이 월	3,170,000		

매 출

(5) 매출에누리액	10,000	(3) 총 매 출 액	10,000,000
(7) 매출환입액	15,000		
손 익	9,975,000		
	10,000,000		10,000,000

손 익

매 입	7,365,000	매 출	9,975,000

2. 3분법의 손익산출

상품계정의 3분법에 의하여 분할처리하는 경우의 매출손익산출방법에는 총액법과 순액법 두 가지 방법이 있다.

(1) 총액법

총액법은 손익계정에서 매출손익을 산출하는 방법이다. 즉 기초상품이월액을 이월상품계정으로부터 매입계정의 차변에, 기말상품재고액을 이월상품 계정의 차변과 매입계정의 대변에 대체하여 매입계정에서 매출원가를 계산한다. 매입계정에서 계산된 매출원가를 손익계정의 차변에 대체하고 매출계정에서 순매출액을 산정하여 손익계정의 대변에 대체한다. 그리하여 손익계정에서 매출원가와 순매출액을 대응시켜 상품매출이익을 산출하는 것이다. 또 이월상품계정은 자산계정으로서 기말상품재고액을 차기이월 시키게 된다.

보기 9-3 <보기 9-2>의 자료에 의하여 3분법(총액법)에 의한 매출손익을 산출하여라.

풀이

<대체분개>

① 기초이월상품액을 매입계정에 대체한다.

(차) 매 입 3,000,000 (대) 이월상품 3,000,000

② 기말이월상품액을 매입계정에 대체한다.

(차) 이 월 상 품 3,170,000 (대) 매 입 3,170,000

③ 매출원가를 손익계정에 대체한다.

(차) 손 익 7, 365,000 (대) 매 입 7, 365,000

④ 순매출액을 손익계정에 대체한다.

(차) 매 출 9,975,000 (대) 손 익 9,975,000

이월상품

전 기 이 월	3,000,000	① 매 입	3,000,000
② 매 입	3,170,000	차 기 이 월	3,170,000
	6,170,000		6,170,000
전 기 이 월	3,170,000		

매 입

총 매 입 액	7,500,000	매입환출액	25,000
매 입제비용	80,000	매입에누리액	20,000
① 이 월 상 품	3,000,000	② 이 월 상 품	3,170,000
		③ 손익(매출원가)	7,365,000
	10,580,000		10,580,000

매 출

매출환입액	15,000	총 매 출 액	10,000,000
매출에누리액	10,000		
④ 손익(순매출액)	9,975,000		
	10,000,000		10,000,000

손 익

③ 매입(매출원가)	7,365,000	④ 매출(순매출액)	9,975,000
매 출 총 이 익	2,610,000		
	9,975,000		9,975,000

(2) 순액법

순액법은 매출원가를 매입계정에서 매출계정으로 대체하여 동 계정에서 매출손익을 산정한 다음에 매출손익을 손익계정으로 대체하는 방법이다. 총액법과 비슷하나 매출원가를 손이계정으로 대체하는가, 또는 매출계정으로 대체하는가의 차이이다.

보기 9-4 <보기 9-2>의 자료에 의하여 3분법(순액법)에 의한 매출손익을 산출하여라.

풀이

<대체분개>

① 기초이월상품액을 매입계정에 대체한다.

(차) 매　　입　3,000,000　(대) 이월상품　3,000,000

② 기말이월상품액을 매입계정에 대체한다.

(차) 이 월 상 품　3,170,000　(대) 매　　입　3,170,000

③ 매출원가를 매출계정에 대체한다.

(차) 매　　출　7, 365,000　(대) 매　　입　7, 365,000

④ 순매출액을 손익계정에 대체한다.

(차) 매　　출　2,610,000　(대) 손　　익　2,610,000

이월상품

차변	금액	대변	금액
전 기 이 월	3,000,000	① 매　　입	3,000,000
② 매　　입	3,170,000	차 기 이 월	3,170,000
	6,170,000		6,170,000
전 기 이 월	3,170,000		

매　　입

차변	금액	대변	금액
총 매 입 액	7,500,000	매입환출액	25,000
매 입제비용	80,000	매입에누리액	20,000
① 이 월 상 품	3,000,000	② 이 월 상 품	3,170,000
		③ 매출(매출원가)	7,365,000
	10,580,000		10,580,000

매　　출

매출환입액	15,000	총 매 출 액	10,000,000
매출에누리액	10,000		
③ 매입(매출원가)	7,365,000		
④ 손익(매출총이익)	2,610,000		
	10,000,000		10,000,000

손　　익

		④ 매출(매출총이익)	2,610,000

3. 5분법의 손익산출

5분법은 3분법을 세분 한 것이다. 대규모의 기업경영활동에 있어서 매입환출・매출환입이 다량으로 일어날 때 환출품 계정・환입품 계정을 설정하고 상품매매거래 기장을 세분화하여 처리한다. 환출품・환입품 계정은 각각 매입계정 및 매출계정의 평가계정에 대체하여 순매입액・순매출액을 계산하게 된다.

따라서 그 외의 절차는 3분법의 손익산출절차와 동일하다.

보기 9-5 <보기 9-2>의 자료에 의하여 5분법(총액법)에 의한 매출손익을 산출하여라.

풀이

<대체분개>

	차변	금액	대변	금액
①	(차) 매　　입	3,000,000	(대) 이 월 상 품	3,000,000
②	(차) 이 월 상 품	3,170,000	(대) 매　　입	3,170,000
③	(차) 환 출 품	25,000	(대) 매　　입	25,000
④	(차) 매　　출	15,000	(대) 환 입 품	15,000
⑤	(차) 손　　익	7, 365,000	(대) 매　　입	7, 365,000
⑥	(차) 매　　출	9,975,000	(대) 손　　익	9,975,000

이월상품

전기이월	3,000,000	① 매입	3,000,000
② 매입	3,170,000	차기이월	3,170,000
	6,170,000		6,170,000
전기이월	3,170,000		

매　　입

총매입액	7,500,000	매입에누리액	20,000
매입제비용	80,000	② 이월상품	3,170,000
① 이월상품	3,000,000	③ 매입환출품액	25,000
		⑤ 손익	7,365,000
	10,580,000		10,580,000

환 출 품

③ 매입	25,000	매입환출품액	25,000

매　　출

매출에누리액	10,000	당기매출액	10,000,000
④ 매출환입액	15,000		
⑥ 손익	9,975,000		
	10,000,000		10,000,000

환 입 품

매출환입품액	15,000	④ 매출	15,000

손　　익

⑤ 매입	7,365,000	⑥ 매출	9,975,000

§3 상품매매에 관련된 제 거래의 처리

1. 매입제비용

상품의 매입에 수반하여 발생하는 매입제비용은 손익계산의 입장에서 당연히 매입원가의 일부를 구성한다. 따라서 매입제비용을 지급하였을 때는 매입계정의 차변에 기입하는 것이일반적이다. 그러나, 당사 부담의 제비용을 상대편이 대신 지급하여 송장가액에 가산되었을 때는 그 송장가액을 매입계정의 차변에 기입한다.

매입제비용은 각종 매입품에 배분하기가 곤란하거나 또는 그 발생이 빈번하게 일어날 때에는 매입제비용 계정을 설정하여 처리한 다음 기말에 매입계정으로 대체한다. 편의상 영업비로 처리한다. 매입환출품에 대한 비용은 상품원가가 아니므로 당점부담 일 때는 지급운임계정으로, 상대방부담의 경우에는 외상매입금의 감소로 처리한다.

보기 9-6 다음 거래를 분개하여라.

(1) 동양상회로부터 주문한 상품 ₩150,000이 도착하여 인수운임 ₩1,500을 현금 지급하다.

(2) 호남상회에서 상품 ₩180,000을 외상매입하다. 발송비 ₩2,500을 동점에서 대신 지급하였다는 통지를 반다.

(3) 기말에 매입제비용 ₩64,500을 매입계정에 대체하다.

풀이

(1)	(차) 매　　입	151,500	(대)	외상매입금	150,000
				현　　금	1,500
(2)	(차) 매　　입	182,500	(대)	외상매입금	182,500
(3)	(차) 매　　입	64,500	(대)	매입제비용	64,500

2. 매출제비용

매출에 수반하여 발생하는 운임 · 수수료 · 기타의 제비용은 당점이 부담하는 것은 지급운임계정으로 처리하며, 상대방의 부담으로서 당점이 대산 지급 할 때는 외상매출금계정의 증가로 처리한다. 매출환입품의 반송운임은 일반적으로 당점이 부담하는 것이 원칙이며 이것은 지급운임으로 처리한다. 그리고 상대방의 부담분은 외상매출금의 감소로 처리한다.

보기 9-7 대동상회에 대해 상품 ₩640,000을 매출하고 대금 중 ₩500,000은 당좌수표로 받고 잔액은 현금으로 받다. 발송운임 ₩8,000(당점부담)을 현금으로 지급하다.

풀이

(차)			(대)		
(차)	현 금	640,000	(대)	매 출	640,000
	지 급 운 임	8,000		현 금	8,000

3. 환입 · 환출품과 에누리

이것은 상품거래에 수반하여 사후에 발생하는 수정거래이다. 즉, 상품매입 · 매출의 결과로서 그 상품이 파손 · 부패 · 진부 · 증발 · 훼손 · 품명상위(品名相違) 등의 원인으로 매출처로부터 반품이 되거나, 매입처에 반품을 함으로써 환입 · 환출이 이루어지고, 상품대금이 깎임으로써 에누리가 발생한다. 매입환출 · 매입에누리는 매입가액의 감소를 표시하므로 매입계정의 대변에 기입하여 총매입액에서 차감한다. 그리고 반품을 받은 경우에 그 상품 중 파손 등의 원인으로 이것을 수선하더라도 매출품이 되지 못할 상품이 있다. 이것을 폐기할 때에는 상품폐기손 계정으로 처리한다. 상품폐기손은 사업연도 중에 발생한 상품의 폐기라는 영업거래에 의한 손실이다. 같은 상품의 폐기도 재고 도중에 발생한 경우의 손실은 결산정리거래이다. 상품감모손실이라는 정리계정을 별도로 설정하여 처리한다.

보기 9-8 다음의 거래를 분개하여라.

(1) 대광상회에서 매입한 상품 중 일부 품질상위로 ₩25,000을 반성하다.

(2) 호남상회에 매출 한 상품 중 일부 훼손으로 인해 ₩15,000을 에누리하다.

(3) 수원상회에서 매입한 상품 중의 불량품으로 인하여 ₩12,000의 에누리를 받다.

(4) 대전상회에 매출한 상품 중 품질상위로 ₩20,000이 반송되다.

(5) 동남상회에서 반품한 상품 중의 ₩40,000이 훼손되어 사용불능으로 폐기하다.

풀이

(1) (차) 외 상 매 입 금 25,000 (대) 매 입 25,000
(2) (차) 매 출 15,000 (대) 외 상 매 출 금 15,000
(3) (차) 외 상 매 입 금 12,000 (대) 매 입 12,000
(4) (차) 매 출 20,000 (대) 외 상 매 출 금 20,000
(5) (차) 상품폐기손실 40,000 (대) 매 입 40,000

연습문제

01 다음의 표는 다섯 개의 영업소를 가지고 있는 영생상사의 상품매매손익에 관한 자료이다. 빈칸에 적당한 숫자를 기입하여 이 표를 완성하라.

영업소	순매출액 (a)	기초상품재고액(b)	당기상품매입액(c)	합계 (b+c)	기말상품재고액(d)	매출원가 (e)	매출총이익 (f)
A	260,000	①	210,000	②	130,000	③	155,000
B	100,000	15,000	④	105,000	25,000	⑤	⑥
C	⑦	⑧	100,000	120,000	⑨	95,000	40,000
D	⑩	55,000	⑪	185,000	⑫	145,000	80,000
E	⑬	40,000	110,000	⑭	35,000	⑮	65,000

02 다음 계정기입에서 거래를 추정하고, 아래의 번호를 (　　)속에 기입하다.

상　품

(a) (　) 이　　월	5,000	(e) (　) 현　　금	16,000
(b) (　) 현　　금	17,000	(f) (　) 외상매출금	5,000
(c) (　) 외상매출금	3,000	(g) (　) 외상매입금	2,000
(d) (　) 외상매입금	8,000	(h) (　) 당 좌 예 금	4,000

① 외상매출　　② 외상매입품의 반품
③ 외상매입　　④ 기초재고액
⑤ 외상매출품의 반품　　⑥ 현금매출
⑦ 수표에 의한 매출　　⑧ 현금매입

03 다음 혼합상품계정을 3분법으로 분할하여 각 계정을 마감하고 필요분개를 표시하라. 다만 상품매매손익의 산출방법은 총액법에 의할 것.

상　품

기 초 재 고 액	35,000	매　출　액	75,000
매　입　액	80,000	매입품환출액	2,000
매 입 제 비 용	3,000	매입품에누리액	1,800
매출품 환입액	4,000		
매출품 에누리액	2,000		

(기말재고액 ₩60,000)

04 다음 총계정원장의 잔액에 의하여 집합손익계정에서 상품매매손익을 산정하기 위한 수정분개 및 결산분개를 하고 계정을 마감하라(기말상품재고액 : ₩50,000). 단, 매출원가는 매출원가계정에서 산정한다.

상 품	
전기이월 30,000	

매 입	
매입채무 120,000	

매 출	
	매출채권130,000

매입에누리와환출	
	매입채무 5,000

매출에누리와환입	
매출채권 8,000	

05 다음 일련의 거래를 상품계정 3분법에 의한 분개를 한 뒤, 각 계정에 전기하고, 상품매매손익을 산출하는 데 필요한 분개와 계정계좌의 기록면을 표시하라(다만 순액법에 의할 것).

(1) 갑상품 ₩122,000을 매입하고 대금 중 ₩50,000은 수표발행지급하고 잔액은 외상으로 하다.

(2) 위의 상품 중 불량품이 있어 ₩20,000의 상품을 반품하다.

(3) 상품 ₩100,000을 매출하고 대금 중 ₩30,000은 현금을 받고 잔액은 외상으로 하다. 운임 ₩1,000을 현금으로 지급하다.

(4) 위의 상품 중 견품보다 저질의 상품이 있다는 통지가 있어 ₩10,000을 에누리 해주다.

(5) 기말의 상품재고액은 ₩65,000이다.

이월상품	
전기이월 70,000	

매 출	

매 입	

손 익	

06 신생상사에 있어서 1영업기간의 상품에 관한 제 항목 및 금액은 다음과 같다. 상품계정 3분법에 의한 상품매매손익을 산출하는데 필요한 분개와 계정계좌의 기록을 표시하라. (다만 총액법에 의할 것).

기초상품재고액	₩95,000	매입상품에누리액	₩5,000
기말상품재고액	148,000	매 출 상 품	1,665,000
매 입 상 품	1,620,000	환 입 상 품	25,000

환 출 상 품	35,000	매 출 상 품 운 임	15,000
매입상품보험료	6,000	매출상품에누리액	4,000

이월상품

매 입

매 출

손 익

07 상품계정을 이월상품 · 매입 · 매출의 3계정으로 분할하는 경우 1기간의 매매에 관한 자료는 다음과 같으며, 상품매매이익은 ₩500,000이라 한다. 각 계정계좌에 기입하고, 기말상품재고액을 구하여라(다만 순액법에 의할 것).

전 기 이 월 액	₩830,000	매 입 총 액	₩2,950,000
매 입 제 비 용	35,000	매 출 총 액	2,890,000
환 출 품 액	78,000	매 입 에 누 리 액	18,000
환 입 품 액	46,000	매 출 에 누 리 액	21,000

08 다음 자료에 의하여 이월상품계정 · 매입계정 · 매출계정의 마감된 것을 표시하라(다만 총액법에 의할 것).

(1)

손 익 계 정

매 입	850,000	매 출	1,050,000
급 료	45,000	수 입 수 수 료	30,000
영 업 비	50,000		
감 가 상 각 비	25,000		
자 본 금	110,000		
	1,080,000		1,080,000

(2) 기초상품재고액 ₩150,000 기말상품재고액 ₩200,000

(3) 매입품에누리액 ₩3,000 매출품환입액 ₩2,000

(4) 상품의 매매는 전부 외상거래이다.

09 다음 자료로 3분법에 의한 상품매매손익을 산출하는데 필요한 분개와 계정계좌의 기록을 표시하라(다만 상품매매손익의 산출은 총액법에 의할 것).

(1) 기초상품재고액 ₩600,000

(2) 당 기 매 입 액 ₩1,960,000

(3) 당 기 매 출 액 ₩2,300,000

(4) 기말생품재고액 : 장부재고액(원가) ₩740,000

실지재고액(원가) ₩700,000

시 가 ₩640,000

* 상품재고손실과 상품평가손실을 계산하여야 함.

10 다음의 기말재고상품에 대해서 필요한 분개를 표시하라.

(1) 수량 : 상품재고장 1,000개, 실제재고량 950개(이 중 변질된 것 30개)

(2) 가격 : 장부가 @₩20, 시가 @₩16 변질물 @₩10)

(3) 재고손실(감모손) 중에 장부잔액의 1%까지는 경상적으로 발생하는 것이다.

재고자산 제 10 장

§1 재고자산의 의의

재고자산(inventory)이란 기업이 판매를 목적으로 보유하고 있는 자산(상품과 제품, 재공품, 원재료, 저장품)을 말한다. 따라서 회사가 보유하고 있는 자산 중에서 거래가 가장 빈번한 자산이며, 회사의 주된 영업활동을 통해 거래되는 자산이다. 일반적으로 재고자산은 1년 이내에 최종 소비자에게 판매되는 자산이므로 유동자산으로 분류한다.

재고자산은 기업의 영업활동과정 중에서 판매를 목적으로 부유하는 자산이라는 점에서 영업활동 과정에 사용 할 목적으로 보유하고 있는 유형자산과 구분되고, 영업활동과 무관하게 투자 할 목적으로 보유하는 투자자산과 구분된다.

동일한 자산이라도 기업의 주요 영업활동에 따라 분류가 달라진다. 부동산 매매가 주된 영업활동인 부동산매매업을 영위하는 기업이 판매를 목적으로 건물을 보유하고 있다면 재고자산으로 분류되며, 생산활동을 주된 영업활동으로 하는 기업이 생산활동에 활용하기 위하여 건물을 보유하고 있다면 유형자산으로 분류되며, 투자를 목적으로 건물을 보유하면 투자자산으로 분류된다.

재고자산은 구입 또는 생산 후 재판매 되는 과정에서 매출원가의 결정이 기업의 주된 이익인 매출총이익을 결정에 영향을 미치므로 매우 중요하다. 즉, 매출원가는 (기초상품재고액+당기순매입액-기말상품재고액)으로 산출 되므로 재고자산의 금액은 매출원가에 영향을 미치어 이후 기업을 평가하는 당기순이익의 크기에 큰 영향을 미치게 된다.

§2 재고자산의 종류

한국채택국제회계기준에서 분류하고 있는 재고자산의 유형은 다음과 같다.

1. 상품

판매를 목적으로 구입한 상품·미착상품·적송품 등으로 하며, 부동산매매업에 있어서 판매를 목적으로 소유하는 토지·건물 기타 이와 유시한 부동산은 이를 상품에 포함하는 것으로 한다.

2. 제품

기업내부에서 판매를 목적으로 제조한 생산품·부산물 등으로 한다.

3. 반제품

자가제조한 중간제품과 부분품으로 한다.

4. 재공품

제품 또는 반제품의 제조를 위하여 제조과정에 있는 것으로 한다.

5. 원재료

완제품을 제조·가공 할 목적으로 구입한 원료·재료·매입부분품·미착원재료 등으로 한다.

6. 저장품

소모품・소모공구기구비품・수선용 부분품 및 기타 저장품으로 한다.

7. 기타의 재고자산

위에 속하지 아니하는 재고자산으로 한다.

§3 재고자산의 기장

1. 매입장

매입장(purchases book)은 상품의 매입에 대한 명세기록 보조장부로서 매입처・상품명・지급조건・수량・금액 등의 사항을 거래발생순으로 기록하는 장부이다. 매입처로부터 받은 송장이나 납품서를 기장자료로 하여 구매계에서 기장한다. 매입장의 기장내용은 총계정원장에 있어서 매입계정의 기록과 대응관계에 있으므로 매입계정의 금액과 일치 하여야 한다. 일단 기장된 매입상품이 파손이나 훼손 등으로 인하여 반품 되었을 때는 매입취소이므로 매입장에 주기하였다가 장부를 마감 할 때 총매입액에서 차감하여 순매입액을 표시한다. 에누리를 받았을 때도 처리방법은 동일하다. 또한 반품거래가 많을 때는 별도로 매입환출품기입장에 기입하여야 한다.

보기 10-1 다음의 거래를 매입장에 기입하고 마감하여라.

6월 5일 평택상회에서 다음과 같이 매입하고 대급 중 반액은 수표를 발행하여 지급하고 잔액은 외상으로 하다.
인수운임 ₩1,500을 현금으로 지급하다.

A 상품	500개	@₩300	₩150,000

10일 영동상회에서 다음과 같이 매입하고 대금은 외상으로 하다.

B 상품	200개	@₩500	₩100,000
C 상품	400개	@₩400	₩160,000

15일 동광상회에서 다음과 같이 외상으로 매입하다.

A 상품 600개 @₩300 ₩180,000

16일 6월 15일 동광상회에서 매입한 상품 중 불량품으로 50개를 반송하다.

매 입 장

일자		적 요				내역	금액
6	5	평택상회			수표, 외상		
		A상품	500개	@₩300		150,000	
			인수운임			1,500	151,500
〃	10	영동상회			외 상		
		B상품	200개	@₩500		100,000	
		C상품	400개	@₩400		160,000	260,000
〃	15	동광상회			외 상		
		A상품	600개	@₩300			180,000
〃	**16**	**동광상회**			**환 출 품**		
		A상품	**50개**	**@₩300**			**15,000**
					총매입액		591,500
					환출품액		15,000
					순매입액		576,500

2. 매출장

매출장(sales book)은 상품의 매출에 관한 명세기록 보조장부로서 매출거래마다 매출처 · 상품명 · 수량 · 금액 · 단가 · 대금취급방법 등의 사항을 거래발생순으로 기록하는 보조장부이다. 매출장의 기록내용은 총계정원장의 매출계정과 대응관계가 있으므로 매출금액의 금액과 일치하여야 한다. 매출장은 매입장과 더불어 매출손익을 산출하는데 기초자료가 된다. 일단 기장한 매출상품이 반품되어 오거나 에누리를 해 주었을 때에는 매출장에 주기하고 장부를 마감 할 때 총매출액에서 차감하여 순매출액을 표시한다. 또한 환입품거래가 많을 때느 매출환입장기입장에 기장하기도 한다.

보기 10-2 다음의 거래를 매출장에 기입하고 마감하여라.

7월 2일 송도상회에 A상품 500개를 @₩600에 매출하고 대금은 현금으로 받다.

15일 동명상회에 B상품 700개를 @₩800으로 매출하고 약속어음을 받다.

20일 신광상회에 C상품 2,000개를 @₩800으로 매출하고 대금은 수표로 받다.

24일 신광상회에 매출한 C상품 중 품질불량으로 200개 반품을 받다.

풀이

<u>매 출 장</u>

일자		송장 No.	적요	내역	금액
7	2		송도상회 현 금 A상품 500개 @₩600		300,000
〃	15		동명상회 약 어 B상품 700개 @₩800		560,000
〃	20		신광상회 수 표 C상품 2,000개 @₩800		1,600,000
〃	**24**		**신광상회 환 입 품** **C상품 200개 @₩800**		**160,000**
			총매입액 환출품액		2,460,000 160,000
			순매입액		2,300,000

3. 상품재고장

상품의 재고관리를 위하여 상품의 수입(입고)과 인도(출고)를 기록하여 각 상품의 현재액을 명백히 하지 않으면 아니 된다. 상품의 종류마다 계좌를 설정하고 상품의 수급과 잔액을 알기 위하여 사용하는 보조원장을 상품재고장(stock ledger)이라 한다.

- 단가결정방법
  - 1. 시가법
  - 2. 원가법
    - (1) 개 별 법
    - (2) 선입선출법
    - (3) 후입선출법
    - (4) 평 균 법
      - ① 단순평균법
      - ② 이동평균법
      - ③ 총평균법
    - (5) 최종매입법
  - 3. 저가법

상품 등의 재고자산의 인도단가 내지 단가결정방법을 설명하면 다음과 같다.

(1) 개별법(specific identification method)

재고자산을 개별적으로 식별하여 매입가격별로 판매된 것과 재고로 남은 것을 구별하여 재고자산가격을 결정하는 방법이다. 즉, 매입시 상품에 가격표(price tag)를 붙이는 방법 등으로 매입상품별로 매입가격을 알 수 있도록 함으로써 판매시 판매상품의 매입원가(매출원가가 됨)가 얼마인가를 확인 할 수 있도록 하는 방법이다. 이 방법에 의하면 기말재고액은 재고로 남은 것의 원가를 합계한 것이고, 매출원가는 판매 한 것의 원가를 합계한 것이다.

이 방법은 이상적 방법이나 실무적으로 번거로울 수도 있어 특수한 경우에만 사용된다. 즉, 거래의 빈도수가 많지 않고 수량이 많지 않은 고가(예, 귀금속 제품)의 상품에 적용된다.

(2) 선입선출법(first-in first-out method : FIFO)

매입순법이라고도 하며, 먼저 매입된 것은 먼저 매출하는 것으로 가정하여 계산하는 방법이다. 이 방법은 기말재고자산이 시가에 가까운 가격으로 표시되어 최근의 원가로서 대차대조표상에 표시된다는 장점을 가지고 있다. 반면에 선입선출법은 당기의 수익에 당기의 원가를 대응시킬 수가 없으므로 물가가 상승하는 경우에 이익이 과대하게 나타나고 또 가격변동으로부터 생기는 이득 또는 손실을 구분할 수 없다는 단점이 있다.

(3) 후입선출법(last-in first-out method : LIFO)

매입역순법이라고 하며, 선입선출법과는 반대로 최근에 매입 한 것부터 매출하는 것으로 가정하여 계산하는 방법이다. 그러므로 물가가 상승하는 경우에는 현재의 수익에 최근의 원가를 대응시킬 수 있다는 점에서 손익계산의 방법으로서는 합리적이라 할 수 있다. 또한 재고자산을 기말재고자산과 매출원가로 배분하는데 같은 방법을 적용 할 수 있다는 점은 후입선출법이 갖는 장점이다.

(4) 단순평균법(straight average method)

단순히 각 매입단가를 산술적으로 직접 평균하는 방법으로서 산술평균법이라고 한다. 이 방법은 평균단가를 계산하기가 아주 단순하고 용이하다는 장점을 가지고 있으나 수입단가를 단순평균함으로써 수입수량의 크기를 전혀 무시하고 있다는 점에서 불합리한 결과를 가져온다. 이 방법은 기중에는 적용할 수 없고 말이 되어야 작용 할 수 있는 방법이다.

(5) 이동평균법(moving average method)

매출 할 때마다 평균단가를 계산하는 방법이다. 즉 재고자산을 매입할 때마다 매입 직전의 잔액란의 금액과 매입액의 합계액을 잔액란의 수량과 매입량을 합친 수량 합계액으로 나누어 평균단가를 구하고 이것을 그 다음의 매출단가에 적용하는 방법이다. 따라서 이 방법에 의하면 평균단가는 매입이 있을 때 마다 달라지게 된다.

이동평균법은 장부를 계속적으로 기록해 나가는 방법이므로 계속기록법에만 사용될 수 있고 실지재고조사법에는 적용할 수 없다.

(6) 총평균법(weighted average method)

가중평균법이라고도 하는 것으로 일정기간에 있어서 재고자산의 원가를 평균하는 방식으로 단가를 결정하는 방법이다. 즉 일정기간의 매입합계액을 매입수량으로 나누어 평균단가를 구하고 이 평균단가를 적용하여 기말재고액과 매출원가를 계산하는 방법이다. 총평균법은 일정기간에 대해 가중평균 한 것이므로 실무적으로 편리하게 기간을 구분하여 기간말(보통 월말)에 계산한다.

총평균법은 장부를 계속적으로 기록 할 수 없으므로 실지재고조사법이 사용되고 계속기록법은 사용 될 수 없다. 그러나 실지재고조사법만 사용되더라도 상품재고장은 작성될 수 있다.

(7) 최종매입법(last purchased method)

최종가격법이라고도 하며 기말재고가격산정법의 일종으로 매입일자가 가장 최근인 것의 취득원가로 재고품의 단가로 하는 방법이다. 그런데 선입선출법에 의하면 취득원가의 변동이 심할 때에 재고품은 실제로 매출 할 당시에 있어서의 가격과는 많은 차이가 생긴다.

보기 10-3 다음의 거래를 상품재고장에 (1)선입선출법, (2)후입선출법, (3)이동평균법, (4)총평균법에 의하여 기입하여라.

8월 1일 전기이월 A 상품 100개 @₩200

10일 매 입 〃 200개 @₩260

15일 매 출 〃 100개

20일 매 입 〃 300개 @₩220

25일 매 출 〃 200개

풀이

상 품 재 고 장

A상품 (선입선출법)

일자		적 요	수 입			인 도			잔 액		
			수량	단가	금액	수량	단가	금액	수량	단가	금액
8	1	전기이월	100	200	20,000				100	200	20,000
〃	10	매 입	200	260	52,000				100 200	200 260	20,000 52,000
〃	15	매 출				100	200	20,000	200	260	52,000
〃	20	매 입	300	220	66,000				200 300	260 220	52,000 66,000
〃	25	매 출				200	260	52,000	300	220	66,000
〃	**31**	**차기이월**				**300**	**220**	**66,000**			
			600		138,000	600		138,000			
9	1	전기이월	300	220	66,000				300	220	66,000

상 품 재 고 장

A상품 (후입선출법)

일자		적 요	수 입			인 도			잔 액		
			수량	단가	금액	수량	단가	금액	수량	단가	금액
8	1	전기이월	100	200	20,000				100	200	20,000
〃	10	매 입	200	260	52,000				100 200	200 260	20,000 52,000
〃	15	매 출				100	260	26,000	100 100	200 260	20,000 26,000

〃	20	매 입	300	220	66,000				100 100 300	200 260 220	20,000 26,000 66,000
〃	25	매 출				200	220	44,000	100 100 100	200 260 220	20,000 26,000 22,000
〃	31	**차기이월**				**100** **100** **100**	**200** **260** **220**	**20,000** **26,000** **22,000**			
			600		138,000	600		138,000			
9	1	전기이월	100 100 100	200 260 220	20,000 26,000 22,000				100 100 100	200 260 220	20,000 26,000 22,000

상 품 재 고 장

A상품 (이동평균법)

일자		적 요	수 입			인 도			잔 액		
			수량	단가	금액	수량	단가	금액	수량	단가	금액
8	1	전기이월	100	200	20,000				100	200	20,000
〃	10	매 입	200	260	52,000				300	240	72,000
〃	15	매 출				100	240	24,000	200	240	48,000
〃	20	매 입	300	220	66,000				500	228	114,000
〃	25	매 출				200	228	45,600	300	228	68,400
〃	31	**차기이월**				**300**	**228**	**66,400**			
			600		138,000	600		138,000			
9	1	전기이월	300	228	68,400				300	228	68,400

상 품 재 고 장

A상품 (총평균법)

일자		적 요	수 입			인 도			잔 액		
			수량	단가	금액	수량	단가	금액	수량	단가	금액
8	1	전기이월	100	200	20,000				100		
〃	10	매 입	200	260	52,000				300		
〃	15	매 출				100	230	23,000	200		
〃	20	매 입	300	220	66,000				500		
〃	25	매 출				200	230	46,000	300	230	69,000
〃	**31**	**차기이월**				**300**	**230**	**69,000**			
			600		138,000	600		138,000			
9	1	전기이월	300	230	69,000				300	230	69,000

* 네 가지 방법에 의한 출고액(매출원가)과 기말재고액의 비교

재고자산의 단가결정방법	입고액(매입액)	출고액(매출원가)	기말재고액
(1) 선 입 선 출 법	₩138,000	₩72,000	₩66,000
(2) 후 입 선 출 법	138,000	70,000	68,000
(3) 이 동 평 균 법	138,000	69,600	68,400
(4) 총 평 균 법	138,000	69,000	69,000

* 매출총이익 = 당기순매출액-(전기이월액+당기순매입액-기말재고액)으로 산출되므로, 기말재고액이 가장 큰 선입선출법(fifo)이 매출총이익이 크게 산출된다.

상품매매거래에서 발생하는 에누리나 반품이 있는 경우에 상품재고장의 기입은 다음과 같은 요령으로 기장한다.

① 에누리의 기장방법 : 매입품의 에누리액은 인도란에 기입하며 잔액란의 단가와 금액을 고쳐야 하지만 매출품의 에누리액은 기장 할 필요가 없다.

② 반품의 기장 : 매출품의 환입액은 매입란에 기입하든가 인도란에 주기하며, 매입품의 환출액은 인도란에 주기한다.

§4 기말재고자산의 평가

기말에 정확한 상품매매손익을 산출하기 위해서는 상품의 기말재고액을 파악해야 하는데, 상품의 기말재고액을 조사하는 것을 재고조사(inventory)라 한다.

1. 재고조사방법

상품의 기말재고조사에는 다음의 두 가지가 있다.

(1) 장부재고조사법(book inventory method)

계속기록법 · 항구재고법이라고도 하며, 이것은 재고조사를 같은 종류로 분류하고 출입이 있을 때마다 수급수량을 기록 계산함으로써 장부상의 재고수량을 파악 할 수 있도록 하는 방법이다. 이 방법은 총체적으로 볼 때 다음과 간은 방법에 의하여 재고수량을 구한다.

전기이월재고량 + 당기매입량 − 당기매출량 = 기말재고량

(2) 실지재고조사법(physical inventory method)

전기이월량과 당기매입량의 합계에서 기말재고량을 차감 함으로써 당기의 출고수량 또는 소비수량을 계산하는 방법이다. 이를 산식으로 표시하면

(전기이월량 + 당기매입량) − 기말재고량 = 당기출고량

이는 보관 중인 손실, 즉 수량부족분 · 품질저하분 · 가격저하손 등을 실제로 조사하여 정상적인 재고만을 파악하는 방법이다.

2. 재고상품의 평가방법

기말의 재고상품 평가방법에는 다음 3종이 있다.

(1) 원가법(cost basis)

기말재고상품을 평가할 때 매입대가와 매입부대비용으로 구성하는 취득원가를 기준으로 평가하는 방법이다. 이를 역사적 원가라고도한다.

(2) 시가법(market value basis)

시가기준이라고도 하는데 시가(時價)는 시가(市價) 또는 현행시가로 부른다. 재고상품의 평가를 매입시가 또는 재조달시가에 의하여 평가하는 방법이다.

(3) 저가법(valuation at cost or market)

기말재고상품의 원가와 시가를 비교하여 낮은 가액으로 평가하는 방법으로 재고자산은 원가에 의해 평가된다. 다만, 시가가 원가보다 하락하는 경우에는 보수주의에 따라 시가로 평가한다. 이때 시가가 원가보다 높으면 원가로 평가한다.

연습문제

01 기업회계기준에 따라 재고자산을 분류하라.

02 재고자산평가방법으로서 실지재고조사법과 계속기록법을 정의하고 회계처리상의 차이점을 비교설명하라.

03 재고자산의 수량결정방법 두 가지를 들고 설명하라.

04 기말재고자산의 가격결정방법 중 FIFO와 LIFO를 비교설명하라. 물가가 상승추세에 있는 경우 기말재고액과 당기순이익에 미치는 영향을 비교설명하라.

05 다음 등식을 완성하라.

(1) 순매입액 = 매입액 + (　　　　) − 매입환출 − 매입에누리

(2) 총매출액 = 순매출액 + 매출환입 + (　　　　)

(3) 매출총이익 = 순매출액 − (　　　　)

(4) 매출원가 = 기초재고액 + (　　　　) − 기말재고액

06 다음은 (주)기린의 9월 한 달 동안에 발생한 재고자산과 관련된 자료이다. 9월 10일에 재고자산 13개를 판매하였을 경우 9월 중 매출원가는 얼마인가? 단, (주)소망은 실사법에 의한 선입선출법에 의하여 재고자산을 평가하고 있다.

내역	수량	단위당 원가	금액
기초재고	4	@20	80
매　입	5	40	200
매　입	8	40	320
매　입	5	60	300
매　입	4	80	320

07 다음의 매입장과 매출장에 의하여 (1) 선입선출법과 (2) 이동평균법에 의한 상품재고장을 작성하라.

매 입 장

20xx		적 요				금액
7	1	강원상점			외 상	
		갑상품	60개	@₩75		4,500
〃	2	**강원상점**			**반 품**	
		갑상품	**10개**	**@₩75**		750
〃	3	황해상점			수 표	
		갑상품	50개	@₩85		4,250

매 출 장

20xx		적 요				금액
7	4	영남상점			외 상	
		갑상품	50개	@₩95		4,750
〃	5	영남상점			에 누 리	
		갑상품	50개	@₩5		250
〃	6	호남상점			현 금	
		갑상품	30개	@₩95		2,700

08 다음의 자료를 이용하여 선입선출법과 총평균법에 의하여 기말재고액을 계산하라.

내역	수량	단위당 원가	금액
기초재고	1,000개	@400	400,000
10월 1일 매입	500개	500	250,000
11월 4일 매출	800개	700	560,000
11월 23일 매출	600개	800	480,000
12월 4일 매입	400개	600	240,000

09 (주)만경은 계속기록법에 의한 이동평균법을 적용하여 재고자산을 평가하고 있다. 다음 자료에 의하여 10월 한 달 동안의 매출총이익을 계산하라.

내역	수량	단위당 원가	금액
10월 1일 기초재고	200개	@700	140,000
10월 3일 매 입	300개	720	216,000
10월 10일 매 출	200개	800	160,000
10월 15일 매 출	200개	850	170,000
10월 20일 매 입	300개	750	225,000
10월 27일 매 출	200개	900	180,000

10 다음 거래를 상품재고장에 ①FIFO, ②LIFO, ③이동평균법, ④총평균법에 의해 기입하라. 또한 각 방법에 의한 당기매입액, 매출원가, 기말재고액을 계산하라.

6월 1일	전기이월	을 상품	20개 @1,000	₩20,000
6월 4일	매입	을 상품	80개 @1,100	₩88,000
6월 12일	매출	을 상품	60개 @1,500(판매단가)	₩90,000
6월 18일	매입	을 상품	50개 @1,200	₩60,000
6월 22일	매출	을 상품	50개 @1,500(판매단가)	₩75,000
6월 30일	매입	을 상품	10개 @1,300	₩13,000

채권 · 채무에 관한 계정 제11장

§1 외상거래와 인명계정

외상으로 거래를 하였을 때에 각 거래처와의 대차관계를 명확히 하기 위하여 상대편의 상호나 성명을 계정과목으로 하여 채권 · 채무의 발생과 소멸을 처리하는 계정을 인명계정이라 한다.

인명계정에는 매입처인명계정과 매출처인명계정으로 나누어지며, 매출처를 표시하는 인명계정의 차변에는 외상매출금의 증가액을, 대변에는 그 회수액을 기입한다. 또한 매입처를 표시하는 인명계정의 대변에는 외상매입금의 증가액과 상대편에서 대신 지급하여 준 운임 등을 기입하고, 차변에는 외상매입금의 지급액과 외상매입상품의 환출과 에누리액을 기입한다. 그러므로 인명계정 사용시는 매출처나 매입처에 대한 채권 · 채무의 발생이나 소멸을 쉽게 알 수 있는 장점이 있으나, 거래처의 수가 많을 때에는 총계정원장이 복잡해지고 채권 · 채무의 총액을 파악하는 데 불편한 단점이 있다.

매출처 인명계정

(채권의 발생)	(채권의 소멸)
① 외 상 매 출 금	④ 외상매출금회수액
② 선 급 액	⑤ 매 출 품 환 입 액
③ 대 급 액	⑥ 매 출 품 에누리액

인명계정은 계정과목만으로는 자산과 부채를 구별할 수 없으나, 그 잔액이 차변에 있으면 채권, 대변에 있으면 채무를 나타낸다.

매입처 인명계정

(채무의 소멸)	(채무의 발생)
① 외 상 매 입 금 지 급 액	④ 외 상 매 입 금
② 매 입 품 환 출 액	⑤ 선 수 액
③ 매 입 품 에 누 리 액	⑥ 대 금 받 은 액

보기 11-1 다음 거래를 인명계정에 의한 분개를 하고 전기하여 마감하라.

9월 1일 목포상사로부터 갑상품 ₩150,000을 외상으로 매입하다. 다만 당사가 부담키로한 운임 ₩2,000은 상품 발송시에 이미 동상사가 지급하였다는 통지를 받다.

7일 위의 감상품 중 품명이 다른 것이 있어 ₩40,000을 반송하다.

15일 부산상사에 갑상품 ₩100,000을 외상으로 매출하고 동사가 부담키로 한 운임 ₩1,500은 현금으로 대신 지급하다.

20일 위의 갑상품 중 변질품이 있어 ₩30,000의 에누리를 해주다.

25일 목포상사의 외상매입금 중 ₩60,000의 수표(#5)를 발행하여 지급하다.

27일 부산상사의 외상매출금 중 ₩40,000을 회수하여 곧 당좌예금하다.

풀이

9/ 1	(차)	매 입	152,000	(대)	목포상사	152,000
9/ 7	(차)	목포상사	40,000	(대)	매 입	40,000
9/15	(차)	부산상사	101,500	(대)	매 출	100,000
					현 금	1,500
9/20	(차)	매 출	30,000	(대)	부산상사	30,000
9/25	(차)	목포상사	60,000	(대)	당좌예금	60,000
9/27	(차)	당좌예금	40,000	(대)	부산상사	40,000

부산상사

9/15	제 좌	101,500	9/20	매 출	30,000
			9/27	당 좌 예 금	40,000
			9/30	차 기 이 월	31,500
		101,500			101,500
10/1	전 기 이 월	31,500			

목포상사

9/ 7 매 입	40,000	9/ 1 매 입	152,000
9/ 27 당 좌 예 금	60,000		
9/ 30 차 기 이 월	**52,000**		
	151,000		101,500
		10/ 1 전 기 이 월	52,000

§2 외상매출금 · 외상매입금계정

외상매매를 할 때 거래처의 수가 적을 경우에는 인명계정을 사용하여 대차관계를 표시하면 매우 편리하다. 그러나 거래처의 수가 많을 경우 한 권이 원장에서 모두 인명계정으로 처리한다면 원장의 부피가 커지며, 취급 또한 불편할 뿐만 아니라 시산표의 작성도 용이하지 않다. 그러므로 각 인명계정별의 명세는 매출처원장(customers ledger) 또는 매입처원장(bought ledger)이라는 보조원장에 기록하면 된다. 그리고 총계정원장에는 이것을 총괄한 외상매출금계정(accounts receivable account)과 외상매입금계정(accounts payable account)을 설정하면 편리하다.

외상매출금계정이나 외상매입금계정은 한 계정이 보조부를 가지며, 이 보조부에 설정된 많은 인명계정을 통제하는 구실을 하는 계정을 통제계정(controlling account) 또는 총괄계정이라 한다.

한편 통제계정을 사용하면 다음과 같은 장점이 있다.

① 시산표를 작성하는 데 편리하다.

② 원장기록에 있어서 오류의 소재가 한정되기 때문에 오류를 발견하는 데 용이하다.

③ 재무제표를 신속하게 작성할 수 있다.

④ 기장사무를 분담할 수가 있다.

⑤ 총계정원장의 기장과 보조원장의 기장을 서로 삭제할 수 있다.

보기 11-2 <보기 11-1>의 거래를 (1) 통제계정에 의하여 분개하여, (2) 각 계정에 전기하고, (3) 매출처원장과 매입처원장을 설정하여 기입한 뒤 각각 마감하라.

풀이

(1) 부산상사계정 대신에 외상매출금계정, 목포상사계정 대신에 외상매입금계정이 되며, 기타의 계정을 변동이 없다.

(2) **외 상 매 출 금**

9/ 15 제 좌	101,500	9/ 20 매 출	30,000
		9/ 27 당 좌 예 금	40,000
		9/ 30 차 기 이 월	**31,500**
	101,500		101,500
10/ 1 전 기 이 월	31,500		

외 상 매 입 금

9/ 7 매 입	40,000	9/ 1 매 입	152,000
9/ 27 당 좌 예 금	60,000		
9/ 30 차 기 이 월	**52,000**		
	151,000		101,500
		10/ 1 전 기 이 월	52,000

(3) **매 출 처 원 장**

주소 ______________________

부산상사 전화 ____________ (6)

20xx년		적 요	차 변	대 변	차 또는 대	잔 액
9	15	갑상품 외상매출	100,000		차	100,000
〃	〃	동사부담 운임대급	1,500		〃	101,500
〃	20	갑상품 에누리(변질관계)		30,000	〃	71,500
〃	27	외상매출금 회수		40,000	〃	31,500
〃	**30**	**차기이월**		**31,500**		
			101,500	101,500		
10	1	전기이월	31,500		차	31,500

(3) **매 입 처 원 장**

주소 ______________________

목포상사 전화 ____________ (6)

20xx년		적 요	차 변	대 변	차 또는 대	잔 액
9	1	갑상품 외상매출		150,000	대	150,000
〃	〃	동사부담 운임대급		2,000	〃	152,000
〃	7	갑상품 에누리(변질관계)	40,000		〃	112,000
〃	27	외상매출금 회수	60,000		〃	52,000
〃	**30**	**차기이월**	**52,000**			
			152,000	152,000		
10	1	전기이월		52,000	대	52,000

§3 대손금의 처리

1. 대손상각비

상품을 매출함으로써 발생된 외상매출금이나 받을어음, 대여금 및 미수금과 같은 채권은 상대방(채무자)의 파산 · 폐업 · 사망 · 행방불명 · 실종 등의 원인으로 말미암아 회수가 불가능하게 되는 수가 있는데, 이를 대손금(uncollectable account expense) 또는 단순히 대손(bad debts)이라고 한다. 대손이 영업기간중에 발생하여 확정된 것은 대손상각비계정(bad debts written off a/c)의 차변에 기입하는 동시에 여러 가지 당해 채권계정(외상매출금 · 받을어음 · 대여금 a/c)의 대변에 기입하여 차감시킨다.

그런데 기말연산시의 기말채권에 대해서는 그 회수가능성을 검토하고, 회수가 불가능한 것은 역시 대손상각계정에서 처리해야 하나, 합리적이고 객관적인 기준(대손경험률)에 따라 추정산출한 대손추산액도 역시 대손상각비를 설정하여 그 차변에 계상해야 한다(기업회계기준 제58조 1항).

그러나 이 경우 그 대손이 어느 거래처에서 발생할지 알 수 없는 일이므로 추정한 대손액을 당해 채권계정에서 직접 차감하는 것은 부당하다. 따라서 일단 대손충당금(allowance for bad debts a/c)이라는 별도의 평가계정을 설정하여 그 대변에 기입하였다가 차기에 가서 실제로 대손금이 발생하면 대손충당금과 상계하고, 대손충당금이 부족한 경우에는 부족부분을 그 기의 대손금으로 비용계상한다(기업회계기준 제58조 1항). 대손충당금과 같은 충당금은 평가성충당금이라 한다.

또, 일반적 상거래에서 발생한 매출채권(외상매출금 · 받을어음 등)에 대한 대손액과 대손추산액(대손상각 a/c)은 판매비와 관리비로 기재하고 기타의 채권(대여금 · 미수금 등)에 대한 것은 '영업외비용'으로 처리한다.

2. 대손충당금의 설정

결산시에 계상하는 대손액은 대손추산액에서 대손충당금잔액을 차감한금액으로 한다. 다시 말하면 기말에 새로 추산한 대손금이 대손충당금잔액(전기이월액)보다 클 때에는(대손추산액>대손충당금) 그 부족액만큼 추가로 계상(보충)하며, 적을 때에는 (대손추산액<대손충당금) 그 초과액을 대손충당금환입계정(영업외수익)에서 처리한다. 이를 보간법(supplementary method) 또는 차액보증법 혹은 순액법이라 하는데, 기업회계기준에서는 이 방법에 따르도록 규정하고 있다(동 기준 제58조 4항).

보기 11-3 다음 거래를 분개하라.

(1) 12월 31일 결산에 즈음하여 외상매출금 잔액 ₩800,000 중 거래처 대일상사에 대한 외상매출금 ₩200,000은 회수가능성이 없다고 판단하여 대손처리하고, 그 잔액 ₩600,000에 대해서는 2%의 대손충당금을 설정하다. 다만 당사는 대손경험률(당기발생 매출채권액 기준)에 의해 대손금을 추정하고 있으며, 대손충당금 잔액은 없다.

(2) (다음 해) 3월 2일 거래처 대일상회의 파산으로 인해 동 상회에 대한 외상매출금₩15,000은 회수불능으로 확정되다.

(3) 12월 31일 기말 외상매출금잔액 ₩300,000에 대하여 2%의 대손충당금을 설정하다.

(4) 위의 경우 대손충당금 잔액이 ₩7,000인 경우의 분개를 표시하라.

풀이

	차변	금액	대변	금액
(1)	(차) 대손상각비	212,000	(대) 외상매출금	200,000
			대손충당금	12,000
	(차) 손 익	212,000	(대) 대손상각비	212,000
(2)	(차) 대손충당금	12,000	(대) 외상매출금	15,000
	대손상각비	3,000		
(3)	(차) 대손상각비	4,000	(대) 대손충당금	4,000

* 이 처리법은 전술한 순액법이나, 총액법의 처리는 다음과 같다.

<별 해>

	차변	금액	대변	금액
	(차) 대손충당금	2,000	(대) 대손충당금환입	2,000
	대손상각비	6,000	대손충당금	6,000
(4)	(차) 대손충담금	1,000	(대) 대손충당금환입	1,000

그리고 이미 대손이 확정되어 상각한 매출채권이 후일(다음 회계연도 이후)에 회수되었을 때에는 상각채권추심이익계정(uncollectable accounts recovered a/c)의 대변

에 기입한다.

보기 11-4 다음 거래를 분개하라.

(1) 전기의 외상매출금 ₩50,000은 거래처 오복상사의 파산으로 대손되다. 다만 대손충당금은 ₩36,000이 설정되어 있다.

(2) 오복상사의 재기로 말미암아 앞서 대손으로 처리한 ₩50,000을 현금으로 추심하다.

풀이

(1)	(차) 대손충당금	36,000	(대)	외상매출금	50,000
	대손상각비	14,000			
(2)	(차) 현금	50,000	(대)	상각채권추심이익	50,000

§4 외상거래 이외의 채권 · 채무기장

영업활동 이외의 거래에서 발생하는 채권 · 채무는 외상매출금 · 외상매입금계정에서 처리하지 아니하고, 그 거래의 성질에 따라 다음의 각 계정에서 처리한다.

① 미수금 · 미지급금　　② 선급금 · 선수금

③ 가지급금 · 가수금　　④ 대여금 · 차입금

⑤ 선대금 · 예수금　　⑥ 상품권

⑦ 미결산

1. 미수금과 미지급금

상품 이외의 물건을 매매하여 나타난 일시적인 채권 · 채무를 처리하는 계정으로서 미수금계정과 미지급금계저이 있다. 즉 상품 이외의 물건을 매매하고 채권 또는 채무가 확정되어 있으나 아직 현금의 수수가 없을 때 채권은 미수금계정에서 처리하고 채무는 미지급금계정에서 처리한다. 미수금계정은 공구 · 기구 · 비품 · 운반구 등의 불용품 또는 토지의 처분 등과 관련하여 나타난 채권을 기장하고, 미지급금계정은 공구 · 기구 · 비품 · 운반구 등의 매입대금에 대한 미지급금, 그리고 배당금 · 조세공과 등의 채무를 처리할 때 사용하는 계정이다.

보기 11-5 다음 거래를 분개하라.

(1) 영업용 복사기 1개를 구입하고, 대금 ₩50,000은 월말에 지급키로 하다.

(2) 불용비품 ₩30,000(帳簿價)을 ₩35,000에 매각하고, 대금은 다음 달 15일에 받기로하다.

풀이

	차변	금액	대변	금액
(1)	(차) 비품	50,000	(대) 미지급금	50,000
(2)	(차) 미수금	35,000	(대) 비품	30,000
			유형자산처분이익 (또는 유형자산매각이익)	5,000

2. 선급금과 선수금

상품을 매입할 때 대금의 일부를 선금 또는 계약금・착수금으로 지급한 경우와 지급보증금을 지급한 때에는 자산계정인 선급금계정(prepayments a/c)의 차변에 기입하고, 이와 반대로 상품주문을 받고 납품을 하기 전에 대금의 일부를 받았을 때에는 부채계정인 선수금계정(advance a/c)의 대변에 기입한다. 선급금과 선수금은 대금결제를 할 때 청산되므로 반대기입을 하여 상계한다.

보기 11-6 다음 거래를 분개하라.

(1) 정진상회에 상품 ₩50,000을 주문하고, 계약금으로 ₩10,000을 수표를 발행하여 지급하다.

(2) 위의 주문품 도착하다. 인수운임 ₩800은 현금으로 지급하다.

(3) 평화상회에 상품 ₩100,000을 매출계약을 하고, 내입금으로 ₩30,000을 현금으로 받다.

풀이

	차변	금액	대변	금액
(1)	(차) 선급금	10,000	(대) 당좌예금	10,000
(2)	(차) 매입	50,800	(대) 선급금	10,000
			외상매입금	40,000
			현금	800
(3)	(차) 현금	30,000	(대) 선수금	30,000

3. 가지급금과 가수금

현금을 실제로 주고받았으나, 거래가 완결되지 않았거나 용도가 불분명하거나 일시적인 현금의 수금으로 이들을 처리할 계정과목이나 금액이 확정되지 않았을 경우에 설정되는 계정이다. 자기급금(suspense payments)은 현금이 지급되었으나 계정과목 · 금액을 확정할 수 없을 때 일시적으로 처리하는 자산계정으로, 사원의 출장으로 인한 여비의 전도, 내용불명의 지급 등이 이에 해당한다. 가수금(suspense receipts)은 현금을 받았으나 계정과목 · 금액을 확정할 수 없어 일시적으로 처리하는 부채계정으로, 내용불명의 수입, 출장간 사원이 내용을 명시하지 않고 송금해 온 경우가 이에 해당한다.

보기 11-7 다음 거래를 분개하라.

(1) 점원 이일식을 마산방면으로 출장명령하고 여비개산액 ₩50,000을 현금으로 지급한다.

(2) 출장중의 점원으로부터 ₩800,000의 송금이 있었으나, 그 내용은 현재 불명이다.

(3) 점원이 귀점하여 여비정산의 결과 ₩3,000이 부족하였다는 보고를 받고 부족액을 현금으로 보급하다. 또 송금액 ₩800,000은 거래처인 남해상사로부터의 외상매출금의 회수임이 밝혀졌다.

풀이

	차변	금액	대변	금액
(1)	(차) 가 지 급 금	50,000	(대) 현 금	50,000
(2)	(차) 현 금	800,000	(대) 가 수 금	800,000
(3)	(차) 여 비	53,000	(대) 가 지 급 금	50,000
			현 금	3,000
	(차) 가 수 금	800,000	(대) 외 상 매 출 금	800,000

4. 대여금과 차입금

타인에게 현금을 대여한 때에는 채권인 대여금이, 타인으로부터 현금을 차입한 때에는 채무인 차입금이 나타난다. 현금의 대여 · 차입에 차용증서(I owe you; I.O.U)가 수반될 수 있으나, 반드시 증서가 수반되는 것은 아니다.

대여금과 차입금 중 대여기간 또는 차입기간이 결산일로부터 1년 이내의 것은 단기대여금 또는 단기차입금이라 하고, 1년 이상인 것은 장기대여금 또는 장기차입금이라고 한다.

분개할 때에는 계정과목을 단순히 대여금 · 차입금으로 하기보다는 단기 또는 장기의 기간을 명시하고, 특정의 대여금 · 차입금이면 주주 · 임원 · 종업원 또는 관계회사의 접두어를 붙이는 것이 바람직하다. 그리고 대여금과 차입금에는 이자가 있을 수 있는데, 이자수익 또는 이자비용으로 처리한다.

보기 11-8 다음 거래를 분개하라.

(1) 김삼덕에세 현금 ₩150,000을 대여하고 차용증서(#7)를 받다.

(2) 박권식으로부터 차입금 ₩30,000은 기일이 되어 이자 =20,000과 함께 수표(#3)를 발행하여 변제하다.

풀이

	차변	금액	대변	금액
(1)	(차) 대 여 금	150,000	(대) 현 금	150,000
(2)	(차) 차 입 금	300,000	(대) 당 좌 예 금	320,000
	이 자 비 용	20,000		

5. 선대금과 예수금

기업은 종업원에게 급료를 선대하여 일시적으로 금전을 대여하여 주는 경우가 있다. 이때에는 선대금계정을 설정하고 그 차변에 기입하며, 결재가 이루어지면 그 대변에 기입한다. 따라서 선대금계정은 차변잔액의 자산계정이다.

또한 기업은 종업원에 대한 신원보증금이나 또는 급료에서 공제하는 소득세 등을 맡고 있는 경우가 있다. 이때에는 예수금계정을 설정하여 이 계정의 대변에 기입하고, 이를 반환 또는 조합 · 세무서 등에 납부했을 때에는 차변에 기입한다. 그러므로 예수금계정은 대변잔액이 되는 부채계정이다.

예수금이 많을 때에는 소득세예수금 · 조합비예수금 · 신원보증예수금 등과 같이 특수한 계정을 설정하여 기입하기도 한다.

보기 11-9 다음 거래를 분개하라.

(1) 종업원 이일구 외 15명 건강보험료 =15,000을 현금으로 대급하다.

(2) 이달 분 종업원급료 ₩852,000을 지급함에 있어 위의 건강보험료 ₩15,000 이외에 원천소득세(갑근세) ₩35,000, 국민복지연금 ₩23,000, 퇴직적금(평화은행 예치) ₩30,000, 친목회적립금 ₩6,000을 차감하고 잔액은 현금으로 지급하다.

풀이

	차변	금액	대변	금액
(1)	(차) 종업원선대금	15,000	(대) 현 금	15,000
(2)	(차) 급 료	852,000	(대) 종업원선대금	15,000
			소득세예수금	35,000
			연금예수금	23,000
			퇴직적금예수금	30,000
			친목회연수금	6,000
			현 금	743,000

6. 상품권

기업이 고객으로부터 현금을 받고 상품권(gift certificates)을 발행하면, 상품권소지자에게 그것과 교환으로 유효기간 내에 액면원가에 해당하는 상품을 인도할 의무가 있다. 기업이 상품권을 발행하면 대변에 부채인 상품권을 계상하고, 상품권과 교환으로 상품을 인도하면 차변에 상품권을 기입하여 상품권계정을 소멸시킨다. 상품권계정은 유동부채로서 선수수익의 성격으로, 상품권의 금액이 중요하지 않을 경우에는 선수수익에 합산한다. 한편 상품권소지자의 입장에서 상품권은 유동자산으로 기타유동자산에 속한다.

보기 11-10 다음 거래를 분개하라.

(1) 고객의 의뢰에 의하여 액면 ₩10,000의 상품권 2매(#가 100, #가 101)를 발행하여 교부하다.

(2) 상품권(#가 100)과 상환으로 상품 ₩10,000을 매출하다.

풀이

(1) (차) 현 금 20,000 (대) 상 품 권 20,000
(2) (차) 상 품 권 10,000 (대) 매 출 10,000

7. 미결산계정

사건이 발생하여 금전의 수입 또는 지급할 일이 있으나 발생한 채권・채무의 금액이 미확정되어 있는 경우 이를 처리하기 위한 일시적인 계정으로서 미결산계정(suspense account)이란 것이 있다. 예컨대 건물이 소실되어 보험회사로부터 화재보험금을 받게 되어 있으나 아직 그 금액이 미결상태에 있을 경우 이 계정에서 처리한다. 채권적 성질을 갖는 것은 이 계정의 차변에 기입하고 채무적 성질을 갖는 것은 이 계정의 대변에 기입한다. 그러나 양자가 동시에 존재하는 경우에는 그의 성질에 따라 각각 미결채권계정과 미결채무계정으로 처리한다.

보기 11-11 다음 거래를 분개하라.

(1) 다음과 같은 건물이 소실되어 해동화재보험주식회사에 보험금을 청구하다.
취득원가 2,500,000 동감가상각누계액 1,900,000
보험금액 500,000

(2) 보험회사에서 소실건물을 실지 조사한 결과 손해보전액을 ₩400,000으로 결정하였다는 통지를 받다.

풀이

(1) (차) 건물감가상각누계액 1,900,000 (대) 건 물 2,500,000
미 결 산 600,000
(또는 화재미결산)
(2) (차) 미 수 금 400,000 (대) 미 결 산 600,000
화 재 손 실 200,000 (또는 화재미결산)

연습문제

01 안성상사의 다음 거래를 통제계정에 의하여 분개하여 전기하고 매입처원장에 기입하여 마감하라.

6월 1일 안성상사에 대한 외상매입금 전월이월액 ₩30,000이 있다.

3일 안성상사에 상품 ₩70,000을 매입하고, 대금 중 ₩30,000은 수표(#3)를 발행하여 지급하고 잔액은 외상으로 하다. 별도로 반입운임 ₩1,200은 현금으로 지급하다.

17일 안성상사에서 매입한 상품 중 견품과 다른 것이 있어 ₩10,000을 반송하고, 또 저질품이 있어 ₩7,000을 에누리를 받다.

20일 삼천사에 상품 ₩40,000을 외상으로 매출하고 대금 중 ₩10,000은 수표(#5)를 받아 곧 당좌예금하고 잔액은 외상으로 하다.

25일 안성상사에서 상품 ₩90,000을 외상으로 매입하고, 반입 운임 ₩3,000(영진용달사)은 월말에 갚기로 하다.

29일 안성상사에 대한 외상매입금 중 ₩50,000에 대하여 수표(#6)를 발행하여 지급하다.

02 다음의 거래를 분개하라.

(1) 여비개산액 ₩100,000을 가지고 출장중인 사원이 돌아와 여비를 청산한바, ₩5,000이 부족하였으므로 현금을 추가지급하다.

(2) 청수세탁사는 거래처 일신병원에 세탁물을 배달하고, 대금 ₩12,000은 월말에 받기로 하다.

(3) 매화상사에 ₩300,000의 차용증서를 제출하여 차입하고, 동액의 수표를 받다. 담보로는 소유하고 있던 주권(장부가액 ₩400,000)을 제공하다.

(4) 앞서 매화상사에 대해서 차입보증 ₩300,000을 한 바 있으나, 동사의 파산으로 반제불능이 되어 이자 ₩25,000과 함께 수표를 발행하여 지급하다.

(5) 상품 ₩30,000을 매출하고 대금 중 ₩10,000은 수표로 받고, 잔액은 상품권(#3)을 받아들이다.

03 다음 거래를 보고 거래를 추정하라.

	차변	금액	대변	금액
(1)	(차) 외상매출금	20,000	(대) 매출	20,000
(2)	(차) 비품	15,000	(대) 미지급금	10,000
			현금	5,000
(3)	(차) 선급금	30,000	(대) 당좌예금	30,000

(4) (차) 차 입 금 200,000 / 이 자 비 용 5,000 (대) 당 좌 예 금 205,000

(5) (차) 가 수 금 70,000 (대) 외 상 매 출 금 30,000 / 대 여 금 40,000

04 다음 거래를 분개하고 통제계정(외상매출금계정과 외상매입금계정) 및 보조원장(각 인명계정)에 각각 전기하고 마감하라.

6월 1일 전기이월

외상매출금	₩150,000	종 로 상 회	₩90,000
		신 림 상 회	₩60,000
외상매입금	₩ 80,000	대 림 상 회	₩50,000
		영 동 상 회	₩30,000

6일 대림상회로부터 상품 ₩70,000을 외상으로 매입하다.

9일 신림상회에 상품 ₩500,000을 매출하고, 대금 중 ₩400,000은 수표로 받고 잔액은 외상으로 하다.

13일 영동상회로부터 상품 ₩80,000을 외상으로 매입하다.

19일 대림상회로부터 상품 ₩55,000을 외상으로 매입하다.

23일 종로상회에 상품 ₩45,000을 외상으로 매출하다.

25일 종로상회로부터 외상매출금 ₩100,000을 회수하여 즉시 대림상회에 대한 외상매입금을 갚다.

26일 영동상회에 대한 외상매입금 ₩95,000을 수표 발행하여 지급하다.

30일 신림상회로부터 외상매출금 ₩130,000을 수표로 받다.

05 다음 외상매출금계정과 매출처원장의 제 계정에 나타나 있는 ( )에 적절한 금액을 기입하라.

총 계 정 원 장

외상매출금

9/ 1 전 기 이 월	125,000	9/ 15	(b)
10	38,000	25	30,000
20	(a)	**30 차 기 이 월**	**(c)**
	(d)		(d)

매 출 처 원 장

동국상점

9/ 1 전 기 이 월	80,000	9/ 15		50,000
10	(e)	30	**차 기 이 월**	**(f)**
	(g)			(g)

문산상점

9/ 1 전 기 이 월	(h)	9/ 25		(i)
20	57,000	30	**차 기 이 월**	**(j)**
	(k)			(k)

06 다음 거래에 대한 분개를 보고 틀린 것을 고쳐라.

(1) 동광상점에 상품을 주문하고 대금 중 ₩30,000을 현금으로 지급하다.

(차) 가 지 급 금 30,000 (대) 현 금 30,000

(2) 종업원이 출장하게 되어 여비로 ₩22,000을 현금으로 지급하다.

(차) 선 급 금 22,000 (대) 현 금 22,000

(3) 본월분 급료 ₩776,800을 지급할 때 소득세예수금 ₩36,800을 공제하고 잔액은 현금으로 지급하다.

(차) 급 료 740,000 (대) 현 금 740,000

07 다음의 연속된 거래를 분개하라.

(1) 사원이 출장하게 되어 여비로 ₩100,000을 현금으로 지급하다.

(2) 출장 중의 사원이 내용불명의 송금수표 ₩500,000을 보내오다.

(3) 위의 송금수표는 김해상사에 대한 외상매출금 ₩300,000과 마산물산에 대한 외상매출금 ₩200,000을 회수한 것으로 밝혀지다.

(4) 사원이 여비가 부족하여 사비로 보충한 ₩25,000을 현금으로 지급하다.

08 기말에 외상매출금잔액 ₩700,000에 대해 4%의 대손을 예상하다. 다음의 각 경우에 대해 분개하라.

(1) 대손충당금의 기말잔액이 없는 경우

(2) 대손충당금의 기말잔액이 ₩15,000 있는 경우

(3) 대손충당금의 기말잔액이 ₩32,000 있는 경우

09 다음의 연속적인 거래를 충당금설정법으로 분개하고 전기하라.

(1) 20X1년 12월 31일 외상매출금잔액 ₩300,000에 대하여 2%의 대손을 추정하다. 단 전기로부터 이월된 충당금잔액은 없다.

(2) 20X2년 5월 10일 전기에 명동상회에 상품 ₩4,000을 외상으로 매출했었던바, 명동상회가 파산하게 되어 이를 받지 못하게 되다.

(3) 20X2년 12월 31일 기말현재의 외상매출금 잔액은 ₩700,000이다. 이것은 모두 당 연도에 외상으로 매출한 금액이다. 이 중 광해상회에 대한 외상매출금 ₩150,000은 거의 회수하지 못할 것이 확실시된다. 이를 마감한 나머지 잔액에 대하여는 2%의 대손을 추정하다(단 대손충당금계정 잔액이 ₩2,000이 있음).

(4) 20X3년 4월 3일 거래처 동남상회가 파산하다. 동남상회에 대하여는 1개월 전에 상품 ₩2,000을 외상으로 매출한 바 있다.

(5) 20X3년 5월 15일 전기에 파산했던 명동상회가 다시 일어서서 전기에 대손으로 처리한 바 있던 외상매출금 ₩4,000을 현금으로 가져오다.

(6) 20X3년 12월 31일 기말현재의 외상매출금잔액은 ₩200,000이다. 이중 북서상회에 대한 외상매출금 ₩30,000(당기발생채권)은 회수하지 못 할 것이 거의 확실시 된다. 이를 차감한 나머지 잔액에 대하여는 2%의 대손을 추정하다(단 대손충당금계정 잔액이 ₩11,000이 있음).

10 다음 자료를 보고 빈칸에는 당기순이익에 미치는 금액을 계산하여 넣으시오(단 당기 중 대손발생은 ₩80,000이다).

		대손발생시 대손충당금 잔액				
		₩0	₩20,000	₩60,000	₩80,000	₩100,000
전기분 대손채권 중	₩0					
	₩10,000					
	₩40,000					
	₩70,000					
	₩80,000					

유형자산과 감가상각 제12장

§1 비유동자산의 의의와 종류

1. 비유동자산의 의의

비유동자산(fixed assets)은 기업이 영업목적을 달성하기 위하여 장기적 이용목적에 제공된 자산 또는 장기간 소유하게 되는 자산을 총칭하여 쓰이는 말이다. 그렇기 때문에 고정자산은 이를 가공하여 매각한다든가 또는 전매할 목적으로 소유하고 있는 것이 아니라, 영업활동 목적으로 소유하고 있는 것이므로 고정자산에 투하된 자금은 장기간에 걸쳐 기업 내에 고정화되어 정상적인 영업활동과정에서 환금화되지 아니한다.

여기에서 장기간 영업활동목적을 위해서 소유한다고 할 경우에 장기 또는 단기의 구별은 1년기준(one year rule)을 따르는 것이 보통이다. 1년 기준은 자산을 유동자산과 비유동자산으로 구분할 때 기준이 되는 것으로서, 결산일로부터 기산하여 1년 이내에 환금화되는 것은 유동자산이라 하며 1년 이상이 소요되는 것을 비유동자산이라 한다.

2. 비유동자산의 종류

비유동자산을 분류하는 방법에는 외형에 의한 형태별 분류와 용도 또는 목적에 따른 기능별 분류로 구분할 수 있다. 예를 들면 인쇄회사의 활자를 주조하는 기계는 형태별 분류에 의하면 기계장치에 속하나, 기능별 분류에 의하면 주조설비가 된다.

우리나라의 「기업회계기준서」에서는 기본적으로 비유동자산을 형태별 분류에 따라 유형자산, 무형자산, 투자자산, 기타 비유동 자산으로 구분하고 있다.

§2 유형자산

1. 유형자산의 유형

유형자산(tangible fixed assets)은 구체적인 형태를 가지고 있는(bodily substance) 자산으로서, 종종 설비자산(plant assets) 또는 공장 · 설비자산(plant and equipment assets)이란 말로 사용하기도 한다. 유형자산은 다음과 같은 세 가지로 분류한다.

① 감가(depreciation)되는 것(건물 · 기계 · 설비 · 기구 · 비품 · 선박 · 차량운반구 등)

② 감모(depletion)되는 것(광산 · 유전 · 삼림 등)

③ 감가 또는 감모(depreciation or depletion)되지 않는 것(토지 · 농장 · 목장 등)

위에서의 광산 · 유전 · 삼림 등과 같은 천연자원은 이를 채굴 · 채취 · 벌채하게 되면 다시 복원할 수 없는 경우가 많으며, 복원되는 것이라 하더라도 상당한 기간이 소요된다. 이와 같이 그의 존재량이 한정되어 있어 벌채나 채취함으로써 재료 또는 상품이 되며 점차로 감모하여 고갈되어 버리는 천연자원을 감모성자산(depletable assets) 또는 고갈성자산(wasting assets)이라고 한다.

보기 12-1

(1) 동문부동산회사로부터 영업용건물 ₩30,000,000을 매입하고 대금은 수표를 발행하여 지급하다. 또한 건물취득에 따르는 제 비용으로서 등기료 ₩500,000, 중개인수수료 ₩300,000, 그리고 건물개조에 따른 비용 ₩1,000,000은 현금으로 지급하다.

(차)			(대)		
	건 물	31,800,000		당 좌 예 금	30,000,000
				현 금	1,800,000

(2) 위의 건물이 영업용으로 적합지 않아 ₩30,000,000에 처분하고 대금은 수표로 받아 즉시 당좌예금하다.

(차)			(대)		
	당 좌 예 금	30,000,000		건 물	31,800,000
	유형자산처분손실	1,800,000			

(3) 영업용건물을 신축하기 위하여 아시아건설회사와 건설계약을 맺고 도급금액

₩25,0000,000 중 ₩5,000,000을 수표를 발행하여 지급하다.

(차) 건설중인자산 5,000,000 (대) 당 좌 예 금 5,000,000

(4) 위의 건물이 완성되어 인도받다. 따라서 도급금액 중 잔액 ₩20,000,000을 수표를 발행하여 지급하다.

(차) 건 물 25,000,000 (대) ┌ 건 설 중 인 자 산 5,000,000
└ 당 좌 예 금 20,000,000

보기 12-2

(1) 영업용토지 ₩30,000,000을 매입하고 대금은 수표를 발행하여 지급하다. 토지 취득에 따른 수수료 ₩200,000과 등기료 ₩500,000은 현금으로 지급하다.

(차) 토 지 30,700,000 (대) ┌ 당 좌 예 금 30,000,000
└ 현 금 700,000

(2) 위의 구입한 토지를 영업목적에 활용하기 위하여 정지비 ₩500,000, 축대 및 하수도시설비 ₩300,000을 현금으로 지급하다.

(차) 토 지 800,000 (대) 현 금 800,000

(3) 위의 토지 반(半)을 ₩16,0000,000에 처분하고 대금은 수표로 받아 즉시 당좌예금하다.

(차) 당 좌 예 금 16,000,000 (대) ┌ 토 지 15,750,000
└ 유형자산처분이익 250,000

2. 자본적 지출과 수익적 지출

특정 자산을 취득한 후에도 그 자산과 관련하여 지출(expenditure)이 나타나는 경우가 있다. 이때 나타나는 지출을 자본화시킬 것인가, 그렇지 않으면 당기의 비용으로 처리할 것인가에 따라 기간이익의 크기에 미치는 효과는 크게 달라진다.

본래 유형자산을 취득할 때는 그것으로부터 받을 수 있는 유익한 효과를 기대할 수 있기 때문에 지출을 하게 된다. 그러므로 유형자산을 취득한 후에 나타나는 지출을 비용화시킬 것인가, 아니면 자본화할 것인가 하는 문제는 그 지출로 말미암아 나타날 유익한 효과가 당기에 끝나느냐, 그렇지 않으면 장래의 일정기간에까지 미칠 것이냐에 따라 결정되어야 할 문제이다. 개념상으로 당기지출의 효익이 당기에 끝나

버리는 지출을 수익적 지출(revenue expenditure)이라고 하여 이를 비용으로 처리하고, 지출의 효익이 당기에 끝나지 않고 차기 이후에까지 미칠 경우의 지출을 자본적 지출(capital expenditure)이라고 하여 이는 자산으로 취급하게 된다. 이때 자산으로 기재된 지출은 자본화(capitalized)되었다고 한다.

그러나 실제문제로서 지출의 효익이 당기에 끝날 것이냐, 그렇지 않으면 차기 이후에까지 미칠 것이냐 하는 것을 정확히 판단한다는 것은 어려운 문제이다. 실무에서는 편의상 ① 지출액이 상대적으로 적고, ② 미래효익의 중요성이 없으며, ③ 특정자산에 대한 지출이 주기적으로 나타나는 경우에는 이를 수익적 지출로 처리하는 것이 보통이다. 회사에 따라서 기준으로 일정금액을 미리 정해두고, 그 금액을 중심으로 양자를 구분하기도 한다.

보기 12-3 건물을 취득한 지 5년이 경과하여 건물에 대한 수리 및 개조를 하고 공사비 ₩1,500,000을 수표를 발행하여 지급하였다. 이 중 ₩500,000은 수익적 지출로 처리하고 ₩1,000,000은 자본적 지출로 처리하다.

(차) 건 물	1,000,000	(대) 당 좌 예 금	1,500,000
수 리 비	500,000		

3. 유형자산대장

유형자산대장(plant ledger)은 유형자산을 관리할 목적으로 설정된 보조장부로서, 개개의 유형자산에 대하여 그 취득으로부터 처분에 이르기까지 필요한 사항을 상세히 기록하는 원시기록장부이다. 이 기록은 유형자산의 유지·보전 등 실체적인 관리에 필요할 뿐만 아니라 감가상각비·기타 회계계산의 기초로서 중요하다. 유형자산대장은 자산의 종류에 따라서 토지대장·건물대장·기계대장·비품대장 등 각각의 자산단위별로 계좌를 설정하여 기록한다. 대장의 형식은 일반적으로 합철장부(合綴帳簿)로 하는 수도 있으나 카드식의 약식을 채용하는 것이 많으며 그 기재내용은 자산의 종류에 따라 다양하다.

일반적으로 정형화된 대장의 규격은 없으나 실무상 사용되고 있는 건물대장의 양식을 표시하면 다음과 같다.

No.

건 물 대 장

공 급 자 명	
등기연월일	
등 기 가 격	
등 기 평 수	
임 대 가 격	

명 칭	
용 도	
구 조	
소 재 지	

번 호		
납입연월일		
평 수	건평	
	연평	
	1층	
	2층	
	3층	
	4층	
	계	

일 자	적 요	평 당 금 액	원 가	감가상각비		감가누계액		장부가액	비 고
				%	금액	%	금액		

§3 감가상각

1. 감가상각의 의의

토지와 같은 특수한 자산을 제외한 대부분의 유형자산은 여러 가지 원인에 의하여 가치가 감소되어 경영목적에 사용할 수 없게 된다. 유형자산의 취득원가는 장기적으로 관찰하면 결국에 가서는 비용이 되는 결과가 되기 때문에, 유형자산이 취득된 회계연도 또는 폐기한 연도만의 비용으로 처리하는 것은 적절한 방법으로 볼 수 없다. 즉 유형자산은 이를 사용하는 모든 회계기간에 공헌하기 때문에 유형자산이 활용되는 회계연도에 그의 취득원가를 적절한 방법으로 배분하여 부담시키는 것이 올바른 손익계산을 위해서 필요하다. 이와 같은 절차를 감가상각이라고 한다. 감가상각은 각 회계기간의 손익계산을 올바로 하기 위해서 비용배분의 방법에 따라 고정자산의 취득원가를 각 기간에 할당하는 절차에 불과한 것이다. 이와 같이 보면 유형자산의 취득원가는 일종의 선급비용(prepaid expense)으로서의 성격을 갖고 있는 것으로 볼 수 있다.

감가상각은 상각자산의 성질에 따라 사용하는 용어를 엄격하게 구분하여야 한다.

즉 영어의 depreciation은 유형자산에 대한 감가상각을 의미하며, 광산·유전·삼림 등과 같은 감모성자산(depletable assets) 또는 고갈성자산(wasting assets)에 대해서는 감모상각(depletion)이란 말을 쓴다.

무형자산 등에 대한 가치감소분을 영어로서는 amortization이란 말로 표현하는데, 우리나라에서는 아직 이에 대한 적절한 용어를 찾지 못하고 있다. 다만 영업권상각·특허권상각 등에서 볼 수 있는 바와 같이 그대로 상각이란 용어를 영어의 amortization에 해당되는 말로 쓰고 있다.

2. 감가의 원인

유형자산에 대한 가치의 감소는 시간의 경과에 따라 그의 발생원인별로 보면 다음과 같이 물리적감가와 기능적 감가로 대별하여 볼 수 있다.

(1) 물리적 감가(physical depreciation)

유형자산의 사용 또는 시간의 경과에 따라 물리적으로 소모·마손하여 가치가 감소하는 것을 말한다.

(2) 기능적 감가(functional depreciation)

진부화나 부적응화에 의해서 나타나는 감가이다. 진부화(obsolescence)란 고정자산이 사용가능한 상태에 있음에도 불구하고 새로운 발명이나 발견의 영향을 받아 지금까지의 자산을 사용하는 것이 경제적으로 불리하게 된 것을 뜻한다. 또한 부적응화(inadequacy)란 경영규모의 확장, 공장의 이전 등에 의하여 종래의 자산을 유리하게 사용 할 수 없게 되었음을 인정한 경우를 말한다.

3. 감가상각의 계산요소

감가상각을 계산하기 위해서는 ① 취득원가, ② 내용연수, ③ 잔존가액의 세 가지 요소를 확실히 알아야 한다.

(1) 취득원가(cost or basic value)

유형자산의 구입원가 또는 제작가액 외에 이를 사용하게 되기까지의 부대비용을 포함 한 금액이다.

(2) 내용연수(useful life for service)

유형자산의 취득으로부터 폐기 할 때까지의 추정사용가능연수이다. 내용연수는 물리적 감가를 고려하여야 함은 물론이고, 기능적 감가가 나타날 것도 예상하여 결정하여야 한다. 그러나 이를 추정하기가 곤란하기 때문에 실무상으로는 세법에서 정해놓은 유형자산의 내용연수를 그대로 따르는 경우가 많다.

(3) 잔존가액(scrap value or residual value)

유형자산이 내용연수를 경과하고 폐기되는 때의 추정처분가액이다. 세법은 유형자산에 대해서는 원칙적으로 취득원가의 10%, 무형자산에 대해서는 이를 영(0)으로 정해 놓고 있어 실무에서도 이를 따르고 있는 경우가 많다.

4. 감가상각비의 계산방법

유형자산의 취득가액에서 비용화되는 부분은 그 자산이 폐기 될 때까지의 감가총액이 된다. 감가총액은 취득원가에서 잔존가액을 공제한 전액이 된다.

감가상각액의 계산방법은 수없이 많이 있으나 일반적으로 많이 사용하고 있는 것을 중심으로 설명하면 다음과 같다.

(1) 정액법(fixed amount method)

유형자산의 감가총액은 각 연도에 균등하게 할당하는 방법이다. 즉, 감가총액을 내용연수로 나누어 얻은 금액을 각 연도의 감가상각액으로 한다. 따라서 정액법을 균등상각법이라고도 하며, 이의 계산방법은 다음의 공식에 의한다.

$$\text{감가상각액} = \frac{\text{취득원가} - \text{잔존가액}}{\text{내용연수}}$$

이 방법에 의하면 감가상각의 장부가액(book value)은 그림과 같이 직선이 되기 때문에 직선법(straight line method)이라고도 한다.

보기 12-4 취득원가 ₩200,000, 잔존가액 ₩20,000, 내용연수 5년의 유형자산의 감가상각액을 정액법으로 구하여라. 단 결산은 연 1회 하는 것으로 하여라.

$$\text{감가상각액} = \frac{200,000 - 20,000}{5} = ₩36,000$$

* 결산을 연 2회로 하는 경우에는 내용연수를 10년으로 하여 계산하면 된다.

정액법에 의한 감가상각액

연 도	기말장부가액	상 각 액	상 각 누 계
1	₩164,000	₩36,000	₩36,000
2	128,000	36,000	72,000
3	92,000	36,000	108,000
4	56,000	36,000	144,000
5	20,000	36,000	180,000

이 방법이 갖는 특징은 계산절차가 간단하며 각 연도의 상각액이 균등하게 계산된다는 것이다. 따라서 이 방법은 건물이나 구축물 등 기능적 감가가 비교적 적게 나타나는 고정자산의 감가상각계산에 적합하다.

(2) 정률법(fixed percentage method)

고정자산의 장부가액(미상각잔액)에 일정의 상각률을 곱하여 얻은 금액을 각 연도의 감가상각액으로 하는 방법이다. 이 방법에 의하면 연수가 경과 할수록 감가상각액이 점차로 감소되기 때문에 체감상각법(reducing balance method)이라고 한다. 이 경우의 상각률은 다음의 공식에 의하여 계산한다.

매기상각액 = 미상각잔액 × 정률

$$\text{정률} = 1 - \sqrt[n]{\frac{\text{잔존가액}}{\text{취득원가}}}$$

단 n은 내용연수

정률법이 갖는 특징은 유형자산의 능률이 높고, 수선을 거의 필요로 하지 않아 초기에 감가상각액이 많으며, 수선비가 증가하는 후년도에 가면서 감가상각액이 적게 되어 감가상각액과 수선비를 합한 부담액이 매기 공평하게 된다는 점을 들 수 있다. 이 방법은 기계장치와 같은 기능적 감가가 발생 할 가능성이 높은 유형자산의 상각액을 결정하는데 적합하다.

보기 12-5 앞의 <보기 12-4>를 기초로 하여 상각률을 계산하고 연도별 감가상각액을 계산하여라.

$$\text{상각률} = 1 - \sqrt[5]{\frac{20,000}{200,000}} = 36.9\%$$

* 결산을 연 2회로 하는 경우에는 내용연수를 10년으로 계산한다.

이상각률 36,9%를 기초장부가액에 곱하여 계산한 감가상각액으로 정률법에 의한 감가삭표를 작상하면 다음과 같다.

정률법에 의한 감가상각액

연 도	기초장부가액 (A)	상 각 액 (B)	감가상각비 (A)×(B)=(C)	기말장부가액 (A)–(C)
1	₩200,000	(×0.369=)	₩73,800	₩126,200
2	126,200	(×0.369=)	46,570	79,630
3	79,630	(×0.369=)	29,380	50,250
4	50,250	(×0.369=)	18,540	31,710
5	31,710	(×0.369=)	11,710	20,000
			₩180,000	

* 10단위 미만은 반올림하였으며 오차는 적절히 조정하였다.

(3) 연수합계법(sum of years digits method)

청률법의 대용으로 사용할 수 있는 것으로 정률법과 마찬가지로 감가상각비가 체감한다. 이를 급수법 또는 SYD법이라고 한다. 연수합계법에 의한 감가상각액은 다음의 산식에 의하여 구한다.

$$\text{매기감가상각액} = (\text{취득원가} - \text{잔존가액}) \times \frac{\text{잔여내용연수}}{\text{내용연수의 급수합계}}$$

$$\text{내용연수의 급수합계} = \frac{\text{내용연수} \times (1 + \text{내용연수})}{2}$$

연수합계법이 갖는 특징은 정률법과 다름이 없으나 정률법에 비하여 체감의 정도가 낮다. 미국에서는 이 방법이 일반적으로 많이 활용되고 있다.

보기 12-6 앞의 <보기 12-4>를 연수합계법에 따라 상각액을 구하고 감가상각표를 작성하여라.

$$\text{내용연수의 급수합계} = \frac{5X(1+5)}{2} = 15$$

$$\text{또는 } 1+2+3+4+5 = 15$$

$$\text{제1차 연도말 상각액} = (₩200{,}000 - ₩20{,}000) \times \frac{5}{15} = ₩60{,}000$$

$$\text{제2차 연도말 상각액} = (₩200{,}000 - ₩20{,}000) \times \frac{4}{15} = ₩48{,}000$$

$$\text{제3차 연도말 상각액} = (₩200{,}000 - ₩20{,}000) \times \frac{3}{15} = ₩36{,}000$$

$$\text{제4차 연도말 상각액} = (₩200{,}000 - ₩20{,}000) \times \frac{2}{15} = ₩24{,}000$$

$$\text{제1차 연도말 상각액} = (₩200{,}000 - ₩20{,}000) \times \frac{1}{15} = ₩12{,}000$$

연수합계법에 의한 감가상각액

연 도	기초장부가액 (A)	상 각 액 (B)	계 산 방 법	기말장부가액 (A)-(B)
1	₩200,000	₩60,000	₩180,000×5/15	₩140,000
2	140,000	48,000	180,000×4/15	92,000
3	92,000	36,000	180,000×3/15	56,000
4	56,000	24,000	180,000×2/15	32,000
5	52,000	12,000	180,000×1/15	20,000
		₩180,000		

(4) 비례법

자산에 따라서는 자산의 이용 정도에 비례하여 감가상각액을 계산하는 것이 합리적인 경우가 있다. 이를 비례법이라 하며, 대표적으로 생산량비례법과 작업시간비례법이 있다. 이는 다음의 공식에 따라 상각액을 계산한다.

$$\text{각 연도의 상각액} = (\text{취득원가} - \text{잔존가액}) \times \frac{\text{각 회계연도의 이용단위}}{\text{총이용단위}}$$

1) 생산량 비례법(production method)

광산·유전·삼림 등 채취량에 비례하여 가치가 감소하는 감모성자산과 또는 소모성자산의 상각액을 구하는데 일반적으로 사용된다. 감모성자산의 상각액은 잔존가액을 영(0)으로 하여 내용연수에 의하지 않고 실제의 채취량에 따라 계산한다.

보기 12-7 어느 광산을 ₩300,000,000에 구입하였다. 이곳에 매장된 광물은 25만 톤으로 추정된다. 일정연도에 채굴한 광물이 2만 톤이라도 하면 당해 연도의 상각액은 얼마인가?

$$₩300,000,000 \times \frac{20,000\text{톤}}{250,000\text{톤}} = ₩2,400,000 \text{ …… 당해 회계연도의 상각액}$$

2) 작업시간 비례법(working hours method)

작업시간 또는 운전시간에 비례하여 상각액을 결정하는 방법으로 자동차·항공기·정밀기계 등에 일반적으로 적용된다.

보기 12-8 취득원가 ₩800,000, 잔존가액 10%의 정밀기계에 대한 당기 이용시간수는 1,000시간이었다. 이 기계의 추정 총 이용시간수를 9,000시간으로 할 경우 상각액을 계산하여라.

$$(₩800,000-80,000) \times \frac{1,000\text{시간}}{9,000\text{시간}} = ₩80,000 \text{ …. 당해 회계연도의 상각액}$$

5. 감가상각의 회계처리방법

감가상각의 회계처리방법에는 직접법과 간접법의 두 가지 방법이 있다.

(1) 직접법

직접법은 상각액을 직접 당해 유형자산계정의 대변에 기입하여 차감하는 방법으로 직접차감법이라고도 한다. 그 결과 취득원가에서 상각액이 상계되어 차변잔액은 미상각액으로서 차기에 이월된다.

보기 12-9 3월 31일 기말결산에 있어서 건물(취득원가 ₩1,200,000, 내용연수 10년, 상각률 0.206)의 감가상각비를 계상하여라.

풀이

(차) 감가상각비 247,200 (대) 건 물 247,200

건 물

취득원가	1,200,000	3/31 감가상각비	247,200
		3/31 차 기 이 월	952,800
	1,200,000		1,200,000
4/1 전기이월	952,800		

(2) 간접법

간접법은 당해 유형자산계정의 가액은 상각이 끝날 때까지 원가 그대로 유지하고, 별도로 감가상각누계액계정(allowance for depreciation a/c)을 유형자산의 차감적 평가계정으로서 설정하여 매 연도의 상각액을 누계액 계정의 대변에 기입하여 기상각액을 누적 표시하는 방법이다. 따라서 유형자산의 미상각액은 동 계정의 차변금액에서 누계계정의 대변금액을 차감하여 산출하게 된다.

보기 12-10 앞의 <보기 12-9>에 의하여 간접법에 의하여 감가상각비를 계상하여라.

풀이

(차) 감가상각비 247,200 (대) 건물감가상각누계액 247,200

건 물

차변	금액	대변	금액
취득원가	1,200,000	3/31 차 기 이 월	1,200,000
4/1 전기이월	1,200,000		

건물감가상각누계액

차변	금액	대변	금액
3/31차기이월	247,200	3/31 감가상각비	247,200
		4/ 1 전기이월	247,200

간접법은 직접법에 비하여 다음과 같은 이점이 있다. 즉 직접법에서는 상각 후에 유형자산의 취득원가를 알 수가 없으나, 간접법은 상각이 끝날 때까지 취득원가를 명백히 알 수 있다. 또한 직접법에서는 과거의 상각총액이 불분명하지만 간접법에서는 이것을 누계로서 명시하고 있다.

연습문제

01 다음 물음에 답하여라.

(1) 유형자산의 의의와 종류에 대하여 설명하여라.

(2) 자본적 지출과 수익적 지출에 대하여 설명하여라.

(3) 감가상각의 계산요소와 계산방법에 대하여 설명하여라.

(4) 다음 사항을 약술하여라.

① 건설중인 자산 ② 개별상각과 종합상각 ③ 감가상각의 처리방법

02 다음의 사항들은 유형자산의 취득원가를 결정하는데 어떻게 취급하는가?

(1) 시운전비 (2) 구입대금의 현금할인액 (3) 제작손익

(4) 차입금 이자 (5) 시운전에 의해서 생산된 제품

03 유형자산이 다음과 같은 방법으로 취득 된 경우 그의 취득원가는 어떻게 결정되는가? 각각에 대하여 설명하라.

(1) 구입에 의한 경우 (2) 자가건설에 의한 경우

(3) 현물출자에 의한 경우 (4) 교환에 의한 경우

(5) 무상취득에 의한 경우

04 유형자산의 유형을 분류하고 설명하라.

05 감가상각에 대한 다음을 설명하라.

(1) 감가상각의 목적 (2) 감가상각의 효과

(3) 물리적 감가와 기능적 감가 (4) 경상적 감가와 우발적 감가

(5) 감가상각계산에 필요한 요소

06 다음에 열거한 감가산각비의 계산방법을 설명하고, 각각이 갖는 특징을 설명하라.

(1) 정액법 (2) 정률법 (3) 연수합계법(급수법) (3) 비례법

07 다음 거래내용이 자본적 지출인지 수익적 지출인지를 밝혀라.

(1) 3년 동안 사용하던 중장비기계장치를 위해 새 배터리를 ₩50,000에 구입하다.

(2) 계단식 복도를 뜯고 3층까지 ₩250,000,000을 들여 에스컬레이트를 설치하다.

(3) 기계벨트를 수리하기 위해 ₩30,000을 주고 새 벨트를 구입하다.

(4) 건물의 새로운 도장을 위해 ₩3,000,000을 들여 페인트 칠을 하다.

(5) 내용연구 3년의 트럭을 엔진보링하여 ₩5,000,000을 지급하고 내용연수를 7년으로 연장하다.

08 늘사랑(주)는 원가 ₩39,000의 기계를 보유하고 있다. 정액법에 의거 감가상각하고 있으며 내용연수는 7년, 잔존가치는 ₩4,000으로 추정된다. 5년째 말에 기계를 다음 경우와 같이 처분 했을 때 필요한 분개를 행하라.

(1) 현금 ₩30,000에 처분 한 경우

(2) 현금 ₩24,000에 처분 한 경우

(3) 현금 ₩20,000에 처분 한 경우

09 다음 거래를 분개하여라.

(1) 기계장치를 ₩1,200,000에 구입하고 그 대금은 6개월 후에 지급하기로 하고 운반비 ₩50,000, 설치비 ₩20,000, 시운전비 ₩30,000을 현금으로 지급하다.

(2) 토지와 건물을 일괄하여 ₩2,000,000에 구입하다. 구입당시 토지의 공정가치는 ₩1,500,000이고 건물의 공정가치는 ₩1,000,000이 이었다.

(3) 건물을 증축하고 증축건설에 소요 된 ₩500,000을 현금으로 지급하다. 이때 증축비는 자본적 지출에 해당한다.

(4) 토지를 ₩2,000,000에 매입하기로 하고 매입대금 중 ₩1,500,000은 6개월 후에 지급하기로 하였으며 ₩500,000은 현금으로 지급하다. 토지의 취득 부대비용으로 매입수수료 ₩100,000, 취득세 ₩120,000, 등기비 ₩30,000을 현금으로 지급하다.

(5) 강서상사는 20x1년 1월 1일 취득원가 ₩2,000,000이고 감가상각누계액이 ₩1,000,000인 기계장치를 현금 ₩1,500,000에 외상으로 판매하다.

(6) 결산일인 20x1년 12월 31일에 (주)강서상사는 특허권을 ₩550,000에 취득하고 수표를 발행하여 지급하고 특허권의 등록을 위해 현금 ₩50,000을 지급하다.

(7) 20x2년 12월 31일에 위의 특허권을 상각하다. 특허권의 상각기간은 10년으로 한다.

(8) (주)정서노강산은 1년간 채굴량은 1,000톤이고, 광산의 추정매장량은 30,000톤이다. 또 광산의 취득원가는 ₩9,000,000이고 잔존가액은 없다. 생산량비례법을 적용하여 상각하다.

10 다음 거래를 보고 거래를 추정하여라.

	차변	금액		대변	금액
(1) (차)	기계장치	300,000	(대)	당좌예금	270,000
				현금	30,000
(2) (차)	미결산	600,000	(대)	건물	1,000,000
	건물감가상각누계액	400,000			
(3) (차)	건물감가상각누계액	70,000	(대)	건물	100,000
	유형자산처분손실	30,000			

무형자산과 기타의 자산 제13장

§1 무형자산

1. 무형자산의 의의

무형자산이란 구체적인 존재형태를 가지고 있지 않는 비유동자산이며, 그 성질도 불확실한 점이 있으나 기업에 대하여 장기간에 걸쳐 계속하여 용역을 제공하는 재산권, 특권 및 사실상의 가치 등이 이에 속한다. 기업회계기준에 의하면 무형자산은 유상취득의 대가를 일정한 감가상각방법에 의하여 각 회계연도에 배분하도록 되어 있다.

2. 무형자산의 종류

무형자산은 법률상의 권리 또는 이에 준하는 것으로서 특허권, 실용신안권, 의장권, 상표권의 4대 산업재산권 이외에 광업권, 어업권, 저작권 등이 이에 속한다. 그리고 정용측선 이용권, 라이센스, 프랜차이즈 등의 재산 전용권은 소유권은 아니지만 법적 특권으로서 이것을 무형자산에 포함시킨다. 법률상의 권리는 아니나 장래의 수익을 예상할 수 있는 경영상의 유리한 관계 혹은 사회적 사실관계로서 실제로 어떠한 경제적 가치가 있다고 인정하는 것으로 영업권 등이 있다.

(1) 산업재산권

법률에 의하여 일정기간 독점적・배타적으로 이용 할 수 있는 권리로서 4대 산업재산권이 있다. 간단히 설명하면 다음과 같다.

1) 특허권(patents)

특허를 얻은 경우에 특허의 취득에 소요된 비용을 자본화 한 것이다. 특허권은 타인으로부터 매입할 경우 매입가액과 부대비용을 합한 것이 취득원가가 된다. 부대비용으로는 특허권출원비용 · 법률비용 등이 있다.

특허권의 존속기간은 특허권 제53조에 의하여 12년으로 되어 있으나, 세법상 상각연수는 10년으로 되어 있다. 따라서 특허권은 정액법으로 10년 내에 균등 상각하여야 한다.

보기 13-1 다음의 연속된 거래를 분개하여라.

(1) 천일회사는 연초에 A 제품의 제조방법에 대한 특허권을 발명자인 김동길로부터 ₩1,000,000에 양도받고 대금은 수표로 지급하다. 등록에 소요된 제비용 ₩80,000은 현금으로 지급하다.

(2) 결산 시 위의 특허권을 상각하다. 특허권의 상각연수는 10년으로 하다.

(3) 다음 해에 위의 특허권에 대한 특허침해의 소송이 있었으나 승소하다. 소송비용으로 ₩200,000이 소요되어 자기앞수표로 지급하다.

풀이

	차변	금액	대변	금액
(1)	(차) 특 허 권	1,080,000	(대) 당 좌 예 금	1,000,000
			현 금	80,000
(2)	(차) 특 허 권 상 각	108,000	(대) 특 허 권	108,000
(3)	(차) 특 허 권	200,000	(대) 현 금	200,000

2) 실용신안권(utility model rights)

실용적 고안을 하고 이 고안을 실용산안권에 의해 등록하여 일정기간 독점적 · 배타적으로 사용 할 수 있는 권리이다. 실용신안권의 회계처리는 특허권과 비슷한데, 세법상 상각연수는 5년으로 되어 있다.

3) 의장권(design rights)

디자인을 고안 · 설계하되 의장법에 의해 등록하여 이 디자인을 일정기간 독점적 · 배타적으로 이용할 수 있는 권리이다. 의장법 제4조에 의하면 디자인, 즉 의장이란 "물품의 형상 · 모양 · 색채 또는 이들의 결합한 것으로서 시각을 통하여 미감을 일으키는 것"으로 정의되어 있다.

의장권의 회계처리 역시 특허권과 비슷하다. 존속기간은 의장법 제21조에 의하여 8년으로 되어 있으나 세법상 7년으로 규정되어 있어 7년 내에 정액법으로 균등 상각하여야 한다.

4) 상표권(trade marks)

상표를 상표법에 의하여 등록하여 이를 일정기간 독점적 · 배타적으로 이용 할 수 있는 권리이다. 상표법 제2조에 의하면 상표란"상품을 업으로 생산 · 제조 · 가공 · 증명 또는 판매하는 자가 자기의 상품을 타업자의 상품과 식별시키기 위하여 사용하는 기호 · 문자 · 도형 또는 이들의 결합으로서 특별 · 현저 한 것"으로 규정되어 있다.

상표권의 존속기간은 상표법 제20조에 의하여 10년으로 되어 있고 10년 씩 갱신될 수 있는데, 세법상 10년으로 규정되어 있어 10년 내에 정액법으로 균등 상각하여야 한다.

(2) 저작권

저작권(copyrights)은 작가 · 화가 · 음악가 중 예술가들이 창작물에 대해 소유하는 권리이다. 저작권법 제7조에 의하면 저작권이란 "저작자가 그 저작을 위해 가지고 있는 일체의 인간적 · 재산적 원리"라고 규정하고 있다. 또 제30h에서는 저작권의 존속기간으로 저작자의 생존기간 및 사후 30년간 존속하는 것으로 되어 있다. 기업회계기준서나 세법에 상각연수가 명시되어 있지 않은데, 적어도 존속기간 내에 상각하여야 하고 저작권으로 인한 수익이 급속도로 감소 할 것이 예상되는 경우에는 가능한 한 빨리 상각 하도록 하여야 할 것이다.

(3) 광업권과 어업권

1) 광업권(mining rights)

광물을 채굴 할 수 있는 권리로 광업법에 의하여 등록하여 광물을 일정기간 독점적으로 채굴 · 취득할 수 있는 권리이다. 광업권은 유형자산 또는 무형자산에 표시될 수 있는데 기업회계기준서에서는 무형자산으로만 규정되어 있다. 무형자산으로 표시할 경우는 법률상의 권리만 표시 할 경우이다. 그러나 광업 · 광산시설이 광산자산(mineral properties)과 광업권을 분리하기 곤란한 경우에는 이들을 한데 묶어 유형자산의 자연자원계정에 표시할 수 있다.

광업권의 상각은 기업회계기준서에 의하여 정액법 또는 생산량비례법에 의하여 계산한다. 세법에서도 두 방법을 모두 사용 할 수 있도록 규정하고 있다. 광업법 제14조에 의하여 광업권은 존속기간을 25년을 초과 할 수 없도록 되어 있으나, 세법상 20년으로 되어 있어 20년내에 정액법 혹은 생산량비례법에 의하여 상각하도록 되어 있다.

2) 어업권(fishing rights)

수산업법에 의하여 일정한 수면에서 어업을 경영 할 수 있는 권리이다. 어업권의 면허 또는 허가의 유효기간은 대개 10년(패류채포어업과 잠수기어업의 경우는 5년)으로 되어 있는데, 세법산 상각연수는 10년으로 되어 있다. 따라서 유효기간이 5년인 경우에는 상각연수도 유효기간을 초과하지 않는 5년이 되어야 한다.

(4) 임차권리금

건물이나 기타자산의 임차권리금은 임차 시에 보증금 이외에 소위 권리금이란 것으로 지급하는 것을 말한다. 이는 임대한 건물, 기타자산이 다른 자산에 비해 상대적으로 입지조건, 고객관리 등이 좋아 그 대가로 지급하는 금액이다. 이 금액도 그 지급액과 그에 따른 부대비용(등록비 등)이 포함된다.

(5) 개발비

개발비는 종전의 연구개발비 중에서 개발비만 무형자산으로 계상하고 연구비는 당기비용으로 처리하도록 함에 따라 신설된 계정이다. 개발비는 특정 신제품 또는 신기술의 개발과 관련하여 발생한 비용(소프트웨어 개발과 관련된 비용을 포함한다.)으로서 미래의 경제적 효익을 확실하게 기대 할 수 있는 것으로 한다. 신제품 또는 신기술이란 당해 회사로서는 신규로 채택하는 제품이나 기술을 말하며 제품 또는 기술에는 용역, 원재료, 공정, 장비 들을 포함한다.

연구비는 제품의 제조원가와 직접적인 관계가 없기 때문에 판매비와관리비로 분류하고 개발비(개발비상각액 포함) 중 제조와 관련된 비용은 관련제품의 제조원가에 반영하며, 제조 이외의 판매, 관리 등에 관련 된 비용은 판매비와관리비로 처리하도록 할 예정이다.

보기| 13-2 다음 거래를 분개하여라.

(1) 신제품시험제작의 연구자금 ₩2,000,000을 수표 발생하여 지급하다.

(2) 개발비 중 ₩400,000을 상각하다.

(3) 신제품의 시작(試作)이 성공하여 특허권을 획득하다. 그리고 개발비미상각액은 ₩800,000이다.

풀이

		차변 과목	금액		대변 과목	금액
(1)	(차)	개 발 비	2,000,000	(대)	당좌예금	2,000,000
(2)	(차)	개발비상각	400,000	(대)	개 발 비	400,000
(3)	(차)	특 허 권	800,000	(대)	개 발 비	800,000

(6) 컴퓨터 소프트웨어

내부적으로 개발 될 때의 발생비용이 자산인식조건을 만족시키면 개발비라는 과목의 무형자산으로 기록하고 그렇지 않으면 경상개발비라는 당기비용으로 처리한다. 그러니 급여프르그램 등 내부사용 목적으로 자체 개발한 소프트웨어는 그 경제적 효익을 입증하기는 매우 어려울 것이므로 이를 자산화하는 것은 극히 제한적인 경우에 한한다. 외부에서 구입 한 것으로 자산인식조건을 충족하는 것으로서 구입하여 사용하는 소프트웨어는 동 구입비용(구입가격, 부대비용)을 컴퓨터소프트웨어라는 과목의 무형자산으로 인식한다.

(7) 프랜차이즈와 라이센스

프랜차이즈(franchises)란 프랜차이즈계약에 의하여 계약자(franchisor)가 피계약자(franchisee)에게 특정의 상호 · 상표를 사용하면서 특정의 상품 · 용역을 제조 · 판매할 수 있도록 부여한 권리이다. 예를 들면 햄버거체인 · 주유소체인 · 호텔체인 · 슈퍼마켓체인 등에 이러한 계약이 많이 나타나고 있다. 계약자가 직영하지 않고 소유권도 갖지 않으면서 피계약자는 프랜차이즈의 특권을 누리고 영업을 하여 혜택을 받는 특수한 상거래제도이다.

프랜차이즈의 존속기간은 일정기간이거나 무한정 일 수 있다. 일정기간 일 경우에는 그 기간에 걸쳐 상각하여야 한다. 무한정일 경우에는 규정에 없지만 다른 무형자산처럼 존속기간이 유한 한 것으로 가정하여 일정기간 내에 상각하도록 하여야 할 것이다.

한편 프랜차이즈는 민간기업끼리 상표 또는 노하우상호 등 이용하는 면허형 임대권을 라이센스라 한다.

(8) 영업권

영업권은 기업을 계속적으로 경영하는 중에 성장되어 일정한 거래관계, 금융관계, 종업원의 질, 지리적 조건, 자본력, 벌률적 · 정치권 특권이나 특전 등에 기인한 독점적 초과수익력을 말한다. 이와 같은 사실관계에 있는 기업은 다른 일반기업보다도 높은 수익력을 갖게 되며, 이 초과수익력을 영업권(good will)이라 한다. 그런데 독점적 영리의 기회는 법률적 조건에 기인하는 것과 경제적 조건에 기인하는 것의 두 종류가 있다. 특허권 · 의장권 · 저작권등이 전자이며, 기업연합 · 기업할동 · 지주회사 등의 수단에 의한 시장독점은 후자에 나타나지 않는 영업권을 가지고 있다.

예를 들면 다음과 같은 재무상태의 영업을 양도하려고 한다. 이 기업의 확실한 과거 수개년의 평균수익액은 ₩1,000,000이며, 이 수익률은 장래에도 더욱 확실하게 계속 할 가망이 있다고 한다. 그 당시의 일반시장이자율은 5%라 가정한다면 이 기업의 포괄적 양도 가격 및 영업권의 가격은 다음과 같이 산정된다.

재무상태표

차변		대변	
제자산	15,000,000	자본금	10,000,000
		적립금	5,000,000

기업의 포괄적 가격 1,000,000 ÷ 5/10 = 20,000,000

영업권 가격 20,000,000 － 15,000,000 = 5,000,000

이 기업을 양수한 후의 대차대조표는 다음과 같다.

재무상태표

차변		대변	
제 자 산	15,000,000	자 본 금	20,000,000
영 업 권	5,000,000		

기업의 초과수익력은 불확실한 것으로 장래에 감퇴 할 우려가 있으므로, 일반적으로 매입영업권은 기타의 무형고정자산과 같이 가능한 한 단기간에 상각해야 한다는 것이 통설이다. 우리나라 기업회계기준서와 세법은 5년을 한도로 정액상각을 인정하고 있다.

보기 13-3 다음 재무상태표를 가진 신광상회를 ₩1,200,000에 매수하고 수표를 지급하다. 필요한 분개를 하여라.

재무상태표

토 지	500,000	차 입 금	700,000
상 품	700,000	자 본 금	1,000,000
외상매출금	300,000		
받 을 어 음	200,000		
	1,700,000		1,700,000

(차)		(대)	
토 지	500,000	차 입 금	700,000
상 품	700,000	당 좌 예 금	1,200,000
외 상 매 출 금	300,000		
받 을 어 음	200,000		
영 업 권	200,000		

§2 투자자산

1. 투자자산의 의의

투자자산(investment assets)은 기업이 소유하는 자산으로서 사업본래의 목적을 위한 것이 아니라 타기업을 지배 · 통제하거나 유휴자금의 이식활용을 목적으로 하는 것이다. 투자는 그 목적에 따라서 단기투자와 장기투자로 분류된다.

장기투지는 다시 둘로 분류되는데 첫째, 기업에 장기여유자금이나 특정 적립금의 활용 방안으로 투자하는 경우이다. 즉 사원보증금, 퇴직적립금, 감채기금적립금 등은 일정한 시기에 지급할 것이 확실하므로 다른 자산과 분리하여 관리 할 필요가 있다. 이때 투자의 대상에는 여러 가지가 있으나 일반적으로 이를 이식 목적에 따라서 주식이나 사채에 투자한다. 둘째, 타기업을 지배・통제하기 위한 목적에 의한 투자로서 지배통제를 위한 기업의 주식・사채등을 소유하는 경우이다.

2. 투자자산의 종류

(1) 장기금융상품

장기금융상품(long-term financial instrument)은 정기예금・정기적금・특정현금과 예금등과 같은 유동자산에 속하지 않는 금융상품을 말한다. 즉 만기일이 1년 이후에 도래하는 예금 등을 일컬으며, 기업회계기준서는 사용이 제한되어 있는 예금에 대해서는 그 내용을 주석으로 기재하도록 하고 있다.

(2) 관계기업투자주식

관계기업투자주식은 투자회사가 피투자회사의 경영권을 지배・통제 하거나 중대한 영향력을 행사 할 목적으로 보유하고 있는 금융자산을 말한다. 여기서 중대한 영향력이라 함은 일반적으로 투자회사가 피투자회사의 의결권 있는 주식을 20% 이상 보유하여 영업 및 재무들의 의사결정에 영향력을 행사 할 수 있는 겨우를 의미한다.

이때 주식의 평가는 취득 후에 피투자기업의 순자산 가치변동에 연계하여 평가하는 지분법에 의한다. 지분법(equity method)은 투자자산을 취득시점에는 취득원가로 인식하고, 취득시점 이후에 발생한 피투자기업의 순자산 변동액 중 투자기업의 지분을 해당 투자자산의 장부가액에 직접 반영하는 방법이다. 이로써 재무상태표의 자산과목에 지분법투자주식이라고 한다.

보기 13-4 (주) 풍남은 20x9년 1월 1일 (주)완산의 발행주식 30%인 10,000주를 주당 ₩500에 매입하였다. 20x9년 12월 31일 (주) 완산의 당기순이익 ₩600,000을 보고하였다. 이때 (주)완산의 관계기업투자주식에 관련한 회계처리를 하여라.

풀이

취득시

(차) 관계기업투자주식 5,000,000 (대) 현 금 5,000,000

순이익보고시

(차) 관계기업투자주식 180,000 (대) 지분법평가이익 180,000

(3) 장기대여금

장기대여금(long-term loans)은 유동자산에 속하지 아니하는 장기의 대여금으로 대리점 등의 제3자에게 이자수익을 목적으로 하지 않는 기간이 1년 이상인 금전을 대여하여 주는 채권을 말한다. 이 대여금은 회수약정일이 재무상태표일로부터 1년 이후에 도래하는 대여금을 말한다. 따라서 재무상태표일로부터 1년 이내에 회수약정일이 도래하는 대여금은 당좌자산의 단기대여금에 계상하여야 한다.

(4) 장기성매출채권

장기성매출채권(long tern accounts receivable)은 유동자산에 속하지 아니하는 일반적인 상거래에서 발생한 장기의 외상매출금 및 받을 어음을 처리하는 계정이다. 이계정은 일반적인 상거래에서 발생한 매출채권 중 만기일이 재무상태표로부터 1년 후에 도래하는 매출채권을 말한다.

(5) 투자부동산

투자부동산(investment in real estates)은 비업무용 부동산 또는 수익이 없는 부동산으로 장래에 영업용으로 사용될 가능성이 없는 유휴부동산을 말한다. 여기에서 비업무용 부동산이라함은 당해 법인의 업무에 직접관련이 없는 부동산을 말한다. 투자부동산은 일반적으로 투자에 의한 차익 목적으로 소유하기 때문에 가격이 상승하면 매각처분한는 것이 일반적이다. 그리고 매입부대 비용과 보유기간 동안의 제비용은 당해 자산취득원가에 가산한다.

(6) 보증금

보증금(guarantee deposit)은 타인의 부동산 또는 동산을 월세 등의 조건을 사용하기 위한 것과 그 외의 사용조건으로 지급하는 보증금으로 전세권 · 전신전화가입권 · 임차보증금 · 영업보증금 등으로 한다.

(7) 이연법인세차

이연법인세차는 과세소득에 근거하여 세무당국에 납부하여야 할 법인세와 포괄손인계산서의 법인세비용 차감전 이익에 근거한 회계상 법인세 비용 사이에 차이가 나는데 이 차이를 이연법인세(deferred taxes)라 하는데 법인세가 법인세 비용보다 크면 그 차이를 이연법인세차라고 한다.

(8) 기타의 투자자산

기타의 투자자산은 위의 투자자산에 속하지 않는 것으로 콘도미니업의 회원권(오너회원권, 멤버회원권), 골프회원권 등을 들 수 있다.

§3 기타 비유동자산

1. 기타비유동자산의 의의

기업회계기준서 제21호는 기타 비유동자산의 내용으로 임차보증금, 이연법인세자산(유동자신으로 분류되지 않은 부분), 장기매출채권 및 장기미수금 등 투자자산, 유형자산, 무형자산에 속하지 않는 비유동자산을 포함한다.

2. 기타 비유동자산의 종류

(1) 임차보증금

임차보증금(guarantee deposit)은 월세 등의 조건으로 타인의 부동산 또는 동산을 사용한다는 점에서 전세금을 지급하고 타인의 부동산을 그 용도에 따라 사용 · 수익하는 전세권과 다르다. 그 예로서는 사무실용 빌딩의 임차 또는 컴퓨터, 복사기 등 동산의 임차를 들 수 있다.

(2) 이연법인세자산

이는 유동자산으로 분류되지 않는 부분으로 과세소득에 근거하여 납부하여야 할 법인세와 포괄손익계산서의 법인세비용차감전이익에 근거한 법인세 비용 사이의 차액을 이연법인세라 말하는데 법인세가 법인세비용보다 큰 부분을 지칭하는 것이다.

(3) 장기매출채권

장기매출채권(,long term accounts receivable)은 유동자산에 속하지 않는 일적인 상거래에서 발생한 장기의 외상매출금 및 받을어음을 처리하는 계이다. 이 계은 일반적 상거래에서 발생한 매출채권 중 만기일이 재무상태일로부터 1년에 도래하는 매출채권을 말한다.

(4) 장기미수금

장기미수금은 영업동에 있어서 주목적인 채화나 용역의 매매거래에서 발생하는 채권이 아닌 거래에 의한 일시적인 채권을 말한다. 영업할동에 있어서 주된 재화와 용역이 아닌 토지, 건물, 비품 등을 외상으로 매각했을 때 발생하는 채권이 1년 이상 장기에 걸쳐 미수된 채권을 말한다.

연습문제

01 다음 물음에 답하여라.

(1) 투자자산의 의의와 종류에 대하여 설명하여라.

(2) 무형자산의 취득가액 결정방법과 상각방법에 대해 설명하여라.

02 다음의 각 거래를 분개하여라.

(1) 덕흥물산은 사채상환자금을 위하여 매월 ₩2,000,000씩 장기의 예금에 예입하기로 하고 이번 달에 ₩2,000,000을 예입하다.

(2) 대선상사는 여유자금을 활용 할 목적으로 토지 ₩6,000,000에 대하여 수표를 발행하고 지급하고, 중개수수료 ₩300,000은 현금으로 지급하다.

(3) 갑회사에 사체 ₩1,000,000을 액면 @₩10,000에 대하여 @₩9,500으로 장기투자의 목적으로 매입하고, 대금은 수표를 발행하여 지급하다.

(4) 특수관계자의 주식 2,000주를 @₩9,000에 매각하고 대금은 수표로 받다. 이 주식의 액면가액은 @₩5,000이고 장부가액은 @₩7,000이었다.

(5) 국부상사는 투자 할 목적으로 비업무용토지를 ₩2,000,000에 취득하고, 제 비용 ₩500,000과 함께 수표를 발행하여 지급하였다. 그 이후 이 토지를 ₩4,000,000에 매각하고 대금은 현금으로 받았다. 매각 하였을 때의 분개를 하여라.

03 영업권의 발생원인과 평가방법을 설명하라.

04 다음 거래를 분개하라.

(1) 회사설립에 필요한 비용, 발기인의 보수 및 설립등기를 위한 등록세 등의 제비용 ₩1,500,000을 수표를 발행하여 지급하다.

(2) 창업비 중 ₩300,000을 상각하다.

(3) 영업용 건물 시가 ₩8,000,000짜리를 지리적 호조건 때문에 ₩10,000,000에 구입하고 그 대금은 수표를 발행하여 지급하다.

(4) 시험연구의 결과 신제품을 발명하여 특허권을 취득하다. 이 연구를 위하여 특별히 지급한 비용의 미상각액 ₩1,500,000을 특허권의 취득가액으로 계상하다.

(5) 다음 재무상태표를 가진 신용상사를 ₩1,200,000에 매수하고 수표를 발행하여 지급하다.

재무상태표

토 지	500,000	차 입 금	700,000
건 물	300,000	자 본 금	1,000,000
외상매출금	700,000		
받 을 어 음	200,000		
	1,700,000		1,700,000

(6) 사채발행에 대한 제 비용 ₩900,000을 수표를 발행하여 지급하다.

05 다음 일련의 거래를 분개하라.

(1) 1월 1일 장기보유 목적의 사채 ₩1,000,000을 @₩9,800에 매입하고 대금은 수표를 발행하여 지급하다(사채기한 5년, 이자율 10%, 이자지급일 6/30 및 12/31).

(2) 동년 6월 30일 상기 사채에 대해 반기분 이자를 받아 곧 당좌예금하다.

(3) 동년 12월 31일 결산기말에 반기분 사채이자를 받음과 동시에 취득원가와 액면가액의 차이를 조정하여 평가를 행하다.

06 다음 거래를 분개하라.

(1) 당사 만기 정기예금 중 신관 신축공사 예상액 ₩300,000,000을 유보하기로 결정하였다.

(2) 사무용 전화 1대를 통신공사로부터 구입하고 그 대금 ₩500,000을 수표를 발행하여 지급하고, 가설료 ₩12,000을 현금으로 지급하다.

(3) 영업용 점포 20평을 임차하고 보증금 ₩10,000,000과 월세 선급액 ₩200,000을 수표를 발행하여 지급하다.

07 다음 거래를 분개하라.

(1) 당사 설립의 발기인 정해진으로부터 인수받은 회사부담의 설립비용 ₩5,200,000을 인수하고, 그 대금은 수표를 발행하여 지급하다.

(2) 결산일에 상기 창업비 ₩1,040,000(5분의 1)을 상각하다.

(3) 주식회사 설립을 마친 갑을상사는 개업 준비를 위한 제 지출금 ₩450,000을 수표(No. 1235)를 발행하여 지급하다.

(4) 상기 개업비 중 ₩150,000을 상각하다.

08 명성(주)는 20x1년 1월 1일 다음과 같은 재무상태를 가진 우성(주)를 ₩20,000,000에 인수하고 대금은 수표를 발행하여 지급하다.

재무상태표

차변	금액	대변	금액
현금 · 예금	2,000,000	지 급 어음	5,000,000
외상매출금	3,000,000	외상매입금	8,000,000
상 품	5,000,000	자 본 금	17,000,000
건 물	17,000,000		
비 품	3,000,000		
	30,000,000		30,000,000

(1) 우성(주)의 매입과 관련하여 명성(주)이 지급한 영업권 가액을 계산하고 이를 분개하라.

(2) 20x1년 12월 31일 결산기말에 위와 관련한 영업권에 대해 제1차 연도분을 상각하고 이를 분개하라.

09 다음의 분개에서 거래를 추정하여라.

	차변	금액		대변	금액
(1)	(차) 개 발 비	1,000,000	(대)	현 금	1,000,000
(2)	(차) 산업재산권	500,000	(대)	현 금	500,000
(3)	(차) 영업권상각	200,000	(대)	영 업 권	200,000
(4)	(차) 특 허 권	1,060,000	(대)	개 발 비	1,000,000
				당 좌 예 금	60,000

10 다음 일련의 거래를 분개하라.

(1) 신제품의 개발을 위하여 연구용 기계를 ₩200,000에 구입하였는데, 대금은 수표로 지급하다. 이 기계는 신제품이 개발된 이후에는 다른 용도에 사용 될 수 없어 폐기처분할 것으로 예상된다.

(2) 신제품 개발에 필요한 원재료비 ₩100,000을 현금으로 지급하다. 이 원재료 중 당기에 ₩60,000 상당액을 소비하였다.

(3) 신제품 개발에 소요된 연구원 급료 ₩220,000, 제조간접비 ₩45,000을 현금으로 지급하다.

(4) 결산 시 위에서 집계된 개발비의 1/5을 상각하다.

(5) 다음 해에 신제품의 개발이 성공하여 특허권을 취득하다. 특허권 출원 비용 ₩70,000을 현금으로 지급하다.

(6) 위(5)의 가정 대신 신제품의 개발이 실패하다.

부채 제 14 장

§1 부채의 개관

1. 부채의 의의

무엇이 부채인가? 이에 대한 답을 내리기 위해서는 부채에 대한 명확한 정의가 필요하다. 재무제표의 작성과 표시를 위한 개념체계는 부채(liabilities)를 "과거사건에 의하여 발생하였으며, 경제적 효익이 내재된 자원이 기업으로부터 유출됨으로써 이행될 것으로 기대되는 현재의무"로 정의하고 있다. 여기에서 부채는 다음의 세 가지 특징을 지닌 것으로 볼 수 있다.

첫째, 과거의 거래로부터 이미 발생되었다. 부채는 과거의 거래나 사건으로부터 발생한다. 신용으로 재화를 구입하였거나 용역을 제공받은 경우 매입채무가 발생하며 은행대출을 받은 경우에는 상환의무가 발생한다. 그러나 미래에 발생이 예상되는 대규모 수선비의 경우와 같이, 장래에 자원의 유출 또는 사용이 기대된다 하더라도 과거의 거래나 사건으로부터 기인하지 않은 의무는 부채의 정의를 충족하지 못한다.

둘째, 현재시점에서 회피가 불가능한 의무이다. 부채는 기업실체가 현재시점에서 부담하는 경제적 의무이다. 의무란 일정한 방법으로 실행하거나 수행할 채무 또는 책임을 말하는 것으로서 이에는 계약이나 법령에 의해 법적 강제력이 있는 의무와 상관습이나 관행 또는 거래상대방과의 원활한 관계를 유지하기 위한 정책 등으로 인해 발생하는 의무가 있다. 전자의 예로는 이미 제공된 재화와 용역에 대한 지급의무를 들 수 있으며, 후자의 예로는 제품보증기간 후에 발생하는 하자에 대해서도 보수해주기로 경영정책을 정한 경우 품질보증기간이 경과한 후에 지출될 것으로 예상되는 금액을 들 수 있다. 일반적으로 현재의 의무는 기업실체가 자산을 이미 인수하였거나 자산을 취득하겠다는 취소불능약정을 체결할 때에 발생한다. 여기서 취소불능

약정이라 함은 의무불이행의 경우 상당한 위약금을 지급해야 하는 등 자원의 유출을 피할 수 없는 약정을 말한다. 반면에, 미래의 일정시점에서 자산을 취득한다는 경영자의 의사결정이나 미래에 대한 약속은 현재의 의무가 아니다.

셋째, 미래에 경제적 효익의 희생이 뒤따른다. 기업실체가 현재의 의무를 이행하기 위해서는 일반적으로 미래에 경제적 효익의 희생이 수반된다. 현재의 의무는 주로 현금지급, 다른 자산의 이전, 용역의 제공, 다른 의무로 대체, 부채의 자본전환 등의 방법으로 이행된다.

이러한 부채의 정의는 부채의 본질적 특성을 나타내는 것으로서, 이러한 정의가 특정 항목이 재무제표에 부채로 인식되기 위한 충분조건은 아니다. 부채의 정의를 만족하는 경우에도 부채의 인식기준을 충족하지 못하는 경우에는 재무제표에 부채로 계상하지 않는다.

어떠한 경우에 부채를 장부상에 계상하여야 하는가? 재무제표의 작성과 표시를 위한 개념체계에서 "부채는 현재 의무의 이행에 따라 경제적 효익이 내재된 자원의 유출 가능성이 높고 결제될 금액에 대해 신뢰성 있게 측정할 수 있을 때 재무상태표에 인식"하도록 하였다. 따라서 부채의 인식기준 세 가지를 제시한 것으로 볼 수 있다. 부채로 재무제표에 계상하기 위해서 원칙적으로 다음과 같은 세 가지 조건을 모두 충족하여야 한다.

첫째, 당해 항목이 부채의 정의를 충족시킨다.

둘째, 당해 항목과 관련된 미래 경제적 효익이 기업실체로부터 유출될 가능성이 높다.

셋째, 당해 항목에 대한 측정속성이 있으며, 이 측정속성을 신뢰성 있게 측정할 수 있다.

다시 말해서 기업실체가 현재 부담하는 의무를 미래에 이행할 때 당해 실체로부터 경제적 효익이 유출될 가능성이 높고 또한 그 금액을 신뢰성 있게 측정할 수 있으면 그러한 의무를 재무상태표에 부채로 인식한다. 그러나 일반적으로 미이행계약에 따른 의무는 부채로 인식되지 않는다. 다만, 계약이행에 대한 법적 강제력이 보장되어 있고 위약금과 같은 불이익의 조건이 있을 때에는, 그러한 의무가 부채의 인식기준을 충족하면 부채로 인식하여야 한다.

2. 부채의 종류

과거에는 부채가 자산과 비용의 인식결과 부수적으로 발생되는 부산물로 취급된 적이 있다. 하지만 요즈음과 같이 복잡한 경제나 거래상황하에서는 부채가 다음과 같은 이유로 중요성을 가진다. 먼저, 부채는 기업의 정상적인 영업주기에서 사용되는 순운전자금(=유동자산-유동부채)의 원천으로서 중요성을 지니고 있다. 그 이유는 기업의 순운전자금은 부채에 의해 대부분 조달되기 때문이다. 또한 부채는 기업의 장기 및 단기 지급능력을 파악하기 위해서도 중요하다. 단기와 장기의 지급능력의 측정을 위해서 사용되는 유동비율(=유동자산/유동부채)과 부채비율(부채/자본)의 구성요소이기 때문이다. 이와 같은 부채의 중요성에 비추어 볼 때 부채의 인식과 측정에 관련된 문제는 간과할 수 없는 분야인 것이다.

부채는 다음의 조건 중 하나를 충족하면 유동부채로 분류하고, 하나도 충족하지 않으면 비유동부채로 분류한다.

① 기업의 정상영업주기 이내에 결제될 것으로 예상되는 경우
② 단기매매목적으로 보유하는 경우
③ 보고기간 후 12개월 이내에 만기 결제되는 경우
④ 보고기간 후 최소한 12개월 동안 부채의 결제(즉, 상환)를 연기할 수 있는 무조건적 권리를 가지고 있지 않은 경우

부채는 원칙적으로 1년을 기준으로 유동부채와 비유동부채로 분류한다. 다만, 정상적인 영업주기 이내에서 발생한 매입채무와 미지급비용 등은 보고기간말로부터 1년 이내에 결제되지 않더라도 유동부채로 분류한다. 이 경우 유동부채로 분류한 금액 중 1년 이내에 결제되지 않을 금액을 주석으로 기재한다. 유동부채를 구분하는 이유 중의 하나는 기업의 정상적인 영업주기에서 사용되는 순운전자금의 규모를 파악하는 것이다. 따라서 영업주기가 1년을 초과할 경우에는 단순히 1년을 기준으로 유동부채를 구분하는 것은 적절하지 않다. 따라서 「기업회계기준서」는 유동항목과 비유동항목의 구분을 위하여 1년기준 뿐만 아니라 정상영업순환주기기준도 사용하는 것이다.

유동부채로는 기업의 정상적인 영업주기 내에 상환 등을 통하여 소멸이 예상되는 매입채무, 미지급비용, 선수금, 선수수익 등의 부채와 보고기간말로부터 1년 이내에

상환되어야 하는 단기차입금 등의 부채를 대표적인 예로 들 수 있다. 영업활동과 관계없이 발생한 부채는 영업주기와 관계가 없기 때문에 이들 부채 중 1년 이내에 상환되어야 하는 것은 영업주기에 관계없이 유동부채로 분류하여야 한다. 당좌차월, 단기차입금, 유동성장기차입금, 미지급법인세, 예수금 등은 보고기간말로부터 1년 이내에 결제되어야 하므로 영업주기와 관계없이 유동부채로 분류한다.

비유동부채란 보고기간말로부터 1년 후 혹은 정상영업주기가 1년 이상인 경우는 정상영업주기 후에 만기가 도래하는 부채를 말한다. 비유동부채에는 사채, 신주인수권부사채, 전환사채, 장기차입금, 장기제품보증충당부채, 이연법인세부채 등이 포함된다. 한편, 비유동부채는 그 성격상 장기차입부채, 장기충당부채 및 기타비유동부채로 구분할 수 있다.

장기차입부채는 재무활동의 결과로 나타나는 이자를 부담하는 차입채무(이자부채)로서 보고기간 후 1년을 초과한 기간에 상환이 예상되는 사채(신주인수권부사채 및 전환사채 포함), 장기차입금 등을 포함한다. 장기충당부채는 과거사건이나 거래의 결과에 의하여 보고기간말 현재 현재의무가 존재하며, 당해 의무를 이행하기 위하여 자원이 유출될 가능성이 높고, 그 의무이행에 소요되는 금액을 신뢰성 있게 추정할 수 있는 부채로 퇴직급여충당부채, 장기제품보증충당부채 등을 포함한다. 이러한 충당부채는 이자가 발생하지 않으며, 수익과 비용을 대응한 결과 포괄손익계산서에 계상된 추정손실의 누적금액을 반영하기 때문에 다른 부채와 성격이 상이하여 별도로 표시한다. 기타비유동부채는 장기차입부채와 장기충당부채에 속하지 않는 비유동부채를 포함한다. 기타비유동부채의 예로는 임대보증금, 이연법인세부채, 장기성매입채무, 장기선수금 등이 있다.

비유동부채에서는 사채에 대한 회계처리가 가장 중요하다. 사채는 발행자의 입장에서는 비유동부채이지만, 투자자의 입장에서는 보유목적에 따라 단기손익인식금융자산(유동자산), 매도가능금융자산(유동자산 혹은 비유동자산), 만기보유금융자산(잔여기간에 따라 유동자산 혹은 비유동자산)으로 분류할 수 있다. 그렇기 때문에 사채는 발행자와 투자자의 입장에서 동시에 회계처리를 할 수 있어야 한다.

다음 모두에 해당하는 경우라 하더라도 금융부채가 보고기간 후 12개월 이내에 결제일이 도래하면(즉, 상환하여야 하면) 이를 유동부채로 분류한다.

① 원래의 결제기간이 12개월을 초과하는 경우

② 보고기간 후 재무제표 발행승인일 전에 장기로 차환하는 계약 또는 지급기일을

장기로 재조정하는 계약이 체결된 경우

하지만 기업이 기존의 대출계약조건에 따라 보고기간 후 적어도 12개월 이상 부채를 차환하거나 연장할 것으로 기대하고 있고, 그런 재량권이 있다면, 보고기간 후 12개월 이내에 만기에 도래한다 하더라도 비유동부채로 분류한다. 기업에게 부채의 차환이나 연장의 재량권이 없다면(예를 들어, 차환약정이 없는 경우), 차환가능성을 고려하지 않고 유동부채로 분류한다.

보고기간말 이전에 장기차입약정을 위반했을 때 채권자가 즉시 상환을 요구할 수 있는 채무는 보고기간 후 재무제표 발생승인일 전에 채권자가 약정위반을 이유로 상환을 요구하지 않기로 합의하더라도 유동부채로 분류한다. 그 이유는 기업이 보고기간말 현재 그 시점으로부터(즉, 재무상태표일로부터) 적어도 12개월 이상 결제를 연기할 수 있는 무조건적 권리를 가지고 있지 않기 때문이다. 그러나 다음 ①과 ②의 조건을 모두 충족하면, 해당부채는 비유동부채로 분류한다.

① 보고기간말 이전까지 채권자가 다음의 사항에 동의한다.
   - 보고기간말로부터 최소 12개월 이상의 유예기간 제공
   - 유예기간 동안 부채의 즉시 상환을 요구하지 않는다.

② 채무자는 유예기간 동안 장기차입약정 위반사항을 해소할 수 있다.

종합하면 유동부채로 분류된 차입금의 경우 다음과 같은 사건이 보고기간말과 재무제표 발행승인일 사이에 발생하면 비유동부채로 재분류하지 않고 주석에만 공시한다.

① 장기채무로의 차환(또는 만기연장)
② 장기차입계약 위반사항의 해소
③ 보고기간 후 적어도 12개월 이상 장기차입계약 위반사항을 해소할 수 있는 유예기간을 채권자로부터 부여받는다.

왜냐하면 위의 세 사건의 경우는 보고기간 후 발생한 사건으로 장기채무로의 차환(또는 만기연장) 등은 「기업회계기준서」 제1010호 "보고기간후사건"에서 '수정을 요하지 않는 보고기간후사건'에 해당하고 재무상태표 표시에 영향을 미치지 않기 때문이다.

「기업회계기준서」는 부채를 크게 1년을 기준으로 유동부채와 비유동부채로 구분

하고, [표 14-1]에 예시한 것과 같이 유동부채를 매입채무, 단기차입금, 유동성장기차입금, 단기충당부채, 미지급법인세, 미지급비용 등을 표시할 수 있다, 그리고 비유동부채를 사채, 신주인수권부사채, 전환사채, 장기차입금, 장기충당부채, 이연법인세부채 등의 항목으로 표시할 수 있다.

[표 14-1] 부채의 분류

「기업회계기준서」 제1010호에 따른 예시		
부 채		
유동부채		×××
매입채무	×××	
단기차입금	×××	
유동성장기차입금	×××	
단기충당부채	×××	
미지급법인세	×××	
미지급비용	×××	
. . .		
비유동부채		×××
사 채	×××	
신주인수권부사채	×××	
전환사채	×××	
장기차입금	×××	
장기충당부채	×××	
이연법인세부채	×××	
. . .		
부채총계		×××

「기업회계기준서」에 의한 부채의 분류방법은 아니지만 부채를 확정부채(determinable liabilities)와 우발부채(contingent liabilities)로 분류할 수 있다. 확정부채는 보고기간말 현재 부채의 존재가 확실하며, 지급할 금액과 시기도 확정되어 있는 부채이다. 그러나 우발부채는 보고기간 말 현재 부채의 존재가 불확실하며, 지급할 금액과 시기가 불확실한 부채이다.

마찬가지로 현행 「기업회계기준서」에 의한 공식적인 부채의 분류방법은 아니지만 부채를 금융부채와 비금융부채로 분류할 수 있다. 이렇게 분류하는 실익은 신뢰성이 높은 금융부채를 신뢰성이 낮은 비금융부채와 구분할 수 있다는 점이다. 금융부채는 현금 등 금융자산이나 자기지분상품으로 상환되어야 하는 회피할 수 없는 계약상 의무이다. 따라서 금융부채에는 매입채무, 단기차입금, 유동성장기차입금, 미지급비용, 사채, 신주인수권부사채, 전환사채, 장기차입금 등이 포함된다. 반면에 비금융부채에는 충당부채(확정부채가 아니라 미확정부채, 이 중 일부는 계약상의무가 아니라 법률상 의무 혹은 의제의무), 미지급법인세(계약상 의무가 이날 법률상 의무), 이연법인세부채(법률에서 파생된 법인세관련 의무), 선수금(금융자산이 아닌 재화나 용역의 인도의무), 선수수익(금융자산이 아닌 재화나 용역의 인도의무) 등이 있다. 동 분류에 관한 자세한 내용은 다음 절을 참조하기 바란다.

「기업회계기준서」에 의한 부채의 분류방법은 아니지만 부채를 또 다른 방법으로 분류할 수 있다. 화폐성부채와 비화폐성부채가 그것이다. 화폐성부채(monetary liabilities)는 의무가 화폐의 지급에 의해 소멸하나, 비화폐성부채(non-monetary liabilities)는 의무가 재화나 용역의 제공에 의해 소멸한다. 다시 말해서 화폐성부채는 물가변동에 상관없이 지급하여야 할 화폐적 금액이 고정되어 있는 부채인 반면에, 비화폐성부채는 물가변동에 따라 제공되는 재화나 용역의 가치가 달라지기 때문에 그 화폐적 금액이 변한다. 구체적으로 화폐성부채에는 매입채무, 미지급비용, 예수금, 사채 등이 있다. 한편, 비화폐성부채로는 선수수익, 퇴직급여충당부채, 장기제품보증충당부채 등이 대표적인 예가 된다.

3. 부채의 측정

측정이란 재무제표의 기본요소에 대해 그 화폐금액을 결정하는 것을 말한다. 이러한 측정을 위해서는 그 측정대상이 되는 일정한 속성을 선택하여야 한다. 부채의 최초측정에는 거래발생 당시의 공정가치인 역사적 현금수취액을 사용하겠지만 후속측정을 위하여 여러 가지 측정기준(즉, 측정속성) 중 하나를 선택할 수 있을 것이다. 부채의 측정에 사용할 수 있는 측정속성에는 역사적 원가(즉, 역사적 현금수취액), 현행원가, 이행가치, 현재가치, 상각후원가 등과 같이 여러 종류가 있다.

① 역사적 원가(역사적 현금수취액; historical cost) : 부담하는 의무의 대가로 수취한 금액으로 기록한다.

② 현행원가(current cost) : 현재시점에서 동일하거나 동등한 자산을 취득할 경우에 발생하는 의무를 이행하는데 필요한 현금이나 현금성자산의 할인하지 아니한 금액으로 평가한다.

③ 이행가치(settlement value) : 정상적인 영업과정에서 부채를 상환하기 위해 지급될 것으로 예상되는 현금이나 현금성자산의 할인하지 아니한 금액으로 평가한다.

④ 현재가치(present value) : 정상적인 영업과정에서 그 부채를 상환할 때 필요할 것으로 예상되는 미래 순현금유출액의 현재할인가치로 평가한다.

⑤ 상각후원가(amortised cost) : 금융부채의 최초인식시점의 측정금액에서 상환된 원금을 차감하고, 최초인식금액과 만기금액의 차액에 유효이자율법을 적용하여 계산된 상각누계액을 가감한 금액이며, 이때 손상차손이나 대손상각을 인시한 경우에는 그 금액을 차감한 금액을 말한다.

다시 말해서 금융부채의 기대기간이나 적절하다면 더 짧은 기간에 예상되는 미래 현금유출의 현재가치를 금융부채의 순장부금액과 일치시키는 이자율인 유효이자율을 측정하고, 이 유효이자율을 이용하여 해당 부채에 대한 현재의 가치를 측정할 때 이를 상각후원가라 한다.

회상각후원가
= 금융자산이나 금융부채의 최초인식시점의 측정금액
− 상환된 원금
+(−) 유효이자율법을 사용하여 계산한 할인차금(할증차금)의 상각누계액
− 손상차손 또는 대손상각

부채를 측정함에 있어 어떠한 측정속성을 선택하는가는 재무보고의 목적달성을 위한 회계정보의 유용성, 즉 목적적합성(관련성)과 신뢰성의 관점에서 판단되어야 한다. 만일 측정 오차의 문제가 없다면, 현재가치에 의한 측정이 여타의 측정속성보다 더 유용한 정보를 제공할 수 있다.

당기손익인식금융부채는 후속측정시 공정가치를 사용하며, 그 밖의 금융부채는 상각후원가를 사용한다. 유동부채 중 비금융부채인 선수수익은 화폐의 시간가치효과가 중요하지 않다면 역사적 현금수취액에 의해 측정할 수 있다. 매입채무나 미지급비용 등은 금융부채이므로 상각후원가에 의해 측정한다. 이러한 측정방법은 현재가치에

의한 측정과 비교하여 그 차이가 중요하지 않을 것으로 가정할 수 있다. 그리고 충당부채로 인식하는 금액은 현재의무의 이행에 소요되는 지출에 대한 보고기간말 현재 최선의 추정치이어야 하기 때문에 충당부채는 이행가치를 할인한 현재가치로 평가하여야 한다.

§2 금융부채

1. 매입채무

(1) 외상매입금(trade creditors, account payable-trade)

외상매입금은 거래처와 상거래상의 채무로서 상품 또는 원재료 매입 대금의 미지금액 및 미지급가공비 등을 의미한다. 영업목적 이외의 기계구입대급의 미지급액이나 건설자재 또는 도급대금의 미지급액은 미지급금계정으로 처리한다.

(2) 지급어음(notes or bills payable)

지급어음은 상거래에 의하여 발생한 매입처에 대한 어음상의 채무이다. 따라서 차입금의 성징을 가지고 있는 금융어음채무는 어음차입금으로 처리한다.

보기 14-1 다음 일련의 거래를 분개하여라.

(1) 전주상회에서 갑상품 10개를 ₩100,000에 매입하고, 대금은 동 상회 앞 약속어음을 교부하다.

(2) 세종상회로부터 풍전상회 발행 당점앞으로 된 ₩500,000의 환어음 제시가 있어서 즉시 인수하다. 풍전상회에는 동액의 외상매입금이 있었다.

(3) 전주상회앞 약속어음(예 1)이 만기일이 되어 지급청구가 있었으므로 현금으로 지급하다.

풀이

	차변	금액	대변	금액
(1)	(차) 매입	100,000	(대) 지급어음	100,000
(2)	(차) 외상매입금	500,000	(대) 지급어음	500,000
(3)	(차) 지급어음	100,000	(대) 현금	100,000

2. 단기차입금(short-term loans payable)

단기차입금은 반제기한이 1년 이내의 차입금을 말한다. 주로 운영자금으로 단기자금의 조달을 위하여 차입하는 것이다. 어음에 의한 차입금이라 할지라도 단기반제의 경우에는 단기차입금에 포함시키는 것이 좋다. 주주 · 임원 · 관계회사 등으로부터의 차입금은 중요성이 잇는 것은 별도로 구분 · 표시한다.

3. 유동성장기차입금(current portion of long-term loans payable)

유동성장기차입금은 상환기한이 1년 이내에 도래하는 장기차입금을 말한다.

4. 미지급비용(accrued expenses payable)

미지급비용은 이미 발생한 비용우로서 당기에 귀속 될 미지급된 비용항목이다. 즉, 미지급임금 · 미지급급료 · 미지급이자비용 · 미지급임차료 · 미지급외주가공비 등이다. 미지급비용은 발생주의원칙에 따라서 기말결산 시 비용액을 그 기의 손익계산에 계상함과 동시에 미지급비용으로 차기에 이월하여 처리한다. 이런 종류의 부채를 예상부채라고 한다.

5. 신주인수권부사채

유가증권의 소유자가 일정한 조건 하에 보통주의 발행을 청구 할 수 있는 권리가 부여된 사채를 말한다.

6. 전환사채(convertible bond)

전환사채는 일정한 조건하에 사채를 주식으로 전환하는 권리가 부여 된 특수한 사채이다. 기업의 업적이 좇지 못할 때는 주식보다도 안정된 이자를 받게 되는 사채를 가지는 것이 유리하다. 그러나 기업의 업적이 좋을 때는 주식은 높은 배당을 받을

뿐만 아니라 이것을 적당한 시기에 높은 주가로 팔 수가 있으므로 주식이 유리하다. 그러므로 사채권자는 일정기간 내의 유리한 시기에 회사에 대해 사채를 주식으로 전환하는 것을 청구 할 수 있다.

보기 14-2 다음 일련의 거래를 분개하여라.

(1) 발행가액 액면 ₩10,000에 대해 ₩10,000, 기한 5년, 이율의 8%의 전환사채 ₩5,000,000을 발행하다. 전환조건은 전환사채의 발행가액 ₩10,000에 대해 액면 ₩5,000의 보통주 2주로 하다.

(2) 전환사채 ₩5,000,000 중 ₩1,000,000에 대해 전환청구를 받다.

(3) 상기의 전환사채의 전환조건은 전환사채의 발행가액 ₩10,000에 대해 액면 ₩5,000의 보통주 1.8주 였다.

풀이

	차변	금액	대변	금액
(1)	(차) 당 좌 예 금	5,000,000	(대) 전 화 사 채	5,000,000
(2)	(차) 전 환 사 채	1,000,000	(대) 자 본 금	1,000,000
(3)	(차) 전 환 사 채	1,000,000	(대) 자 본 금	900,000
			주식발행차금	100,000

7. 장기차입금(long-term debts)

장기차입금은 금융기관으로 부터의 차입금을 말하고 반제기한이 1년 이상의 것을 말한다. 이것은 장기운영자금・설비자금 등에 충당하기 위해서 토지・건물 등 부동산이나 유가증권을 담보로 하는 것이 장기차입금은 계약 기일에 원리금을 반제하는 방법과 연부상환에 의해 반제하는 방법이 있다.

§3 비금융부채

1. 충당부채(reserve allowance)

확정부채가 아니라 미확정부채로 이 중 일부는 계약상의무가 아니라 법률상 의무 혹은 의제의무를 가지고 있는 것을 충당부채라고 한다. 충당부채는 어떠한 불특정

자산의 형태로 기업 내에 유보되어 있다는 것을 표시하는 계정이며 충당부채를 설정하는 목적은 정확한 손익계산을 하여 기간비용의 합리적 계상을 하는데 있다.

(1) 퇴직급여충당부채(reserve for retirement allowance)

퇴직급여충당금은 장래의 퇴직에 대비하여 종업원・임원에 지급할 퇴직금의 준비로서 설정되는 충당금이다. 이 계정은 종업원의 근무연한에 따라서 발생하는 것이기 때문에 퇴직 이전에는 이를 지급 할 필요가 없을 뿐만 아니라 개인별로 금액이 확정된 것도 아니다.

보기 14-3 다음의 경우를 분개하여라.

(1) 결산 기말에 퇴직금 명목으로 ₩3,000,000을 계상하다.

(2) 퇴직금 ₩1,000,000을 현금으로 지급하다.

풀이

(1)	(차) 퇴 직 급 여	3,000,000	(대) 퇴직급여충당부채	3,000,000
(2)	(차) 퇴직급여충당부채	1,000,000	(대) 현 금	1,000,000

(2) 판매(공사)보증충당부채(liability for quality and service)

판매보증충당금은 판매한 상품・제품・도급공사가 약정한 기간 내에 고장 또는 파손 등으로 그 기능에 이상이 있을 경우는 무상으로 부분적인 대체를 하거나 수선을 하여주어야 하는데 사용되는 품질보증의무를 나타내는 충당금이다.

(3) 매출조정충당부채

매출조정충담금은 기말에 판매한 상품・제품의 일부가 차기에 반품 될 경우를 예상하여 준비한 금액이다. 출판업・의약업・화장품업・농약・기성복 등은 판매한 상품・제품에 대하여 반품을 이전하는 계약을 하는 경우가 있다. 이와 같은 경우 매출수익의감소액을 추산하여 매출조정충당금계정으로 처리한다.

(4) 수선충당부채(reserve for repairs)

수선충당금은 정기적으로 대수선의 필요가 있는 건물, 선박, 기계, 용광로 등의 수선비를 평균화하기 위하여 설정한 금액이다. 즉 추정에 의한 대수선비를 각 연도에 할당, 이것을 비용 계상함과 동시에 수선충당부채을 설정하여 장래 대수선에 대비한다. 여기에는 건물수선충당부채 · 선박수선충당부채 · 기계수선충당부채 등이 있다.

보기 14-4 다음 경우를 분개하여라.

(1) 결산 기말에 기계수선비 ₩3,000,000을 추정하다.

(2) 기계의 수선을 완료하고 ₩3,000,000을 현금으로 지급하다.

풀이

	차변	금액	대변	금액
(1)	(차) 수 선 비	3,000,000	(대) 기계수선충당부채	3,000,000
(2)	(차) 기계수선충당부채	3,000,000	(대) 현 금	3,000,000

2. 미지급법인세(accrued tax payable)

미지급법인세는 당기 부담에 속하는 법인세 등을 납부되지 아니한 금액이다. 즉 결산시에 당해 사업연도의 법인세추산액에서 법인세중간예납액과 원천납부법인세액을 차감한 잔액을 말한다. 기업회계기준서에서는 포괄손익계산서에 법인세차감후순손익을 표시하고 동시에 재무상태표에는 미지급법인세를 계상하고 있다.

보기 14-5 다음 거래를 분개하여라.

(1) 결산 기말에 납부 할 법인세 ₩1,000,000을 추정하다.

(2) 차기에 가서 미지급법인세실제납부세액 ₩1,000,000을 현금납부하다.

풀이

	차변	금액	대변	금액
(1)	(차) 법 인 세	1,000,000	(대) 미 지 급 법 인 세	1,000,000
(2)	(차) 미지급법인세	1,000,000	(대) 현 금	1,000,000

3. 이연법인세부채

일시적 차이로 인하여 법인세비용이 법인세 등의 법령에 의하여 납부 할 금액을 초과하는 경우 그 초과액을 말한다.

4. 선수금(advances received)

선수금이란 수주품 또는 수주공사 등에 대한 착수금으로 받은 것을 말한다. 회계처리는 거래처에서 주문을 받은 상품 또는 제품 등과 특정공사에 대한 착수금이아 선수금을 받았을 때에는 이 계정의 대변에 기입한다. 상품의 인도나 공사완료의 경우에는 매출계정 또는 당해 수익계정에 대체된다. 선수금은 대개 현금으로 반제하는 것이 아니라 물품이나 용역의 인도에 의하여 채무가 소멸된다.

5. 선수수익(deferred income)

이 계정은 받은 수익 중 차기 이후에 속하는 금액을 의미한다. 선수수익은 미경과 수익이라고도 하며 일정한 계약에 따라 계속하여 용역을 제공하는 경우 아직도 제공하지 아니한 용역에 대해 지급을 받는 대가를 말한다. 예를 들면 이자・임대료・수수료 등의 수익에 대해 발생한다.

§4 사채

1. 사채(bond)의 개념

사채란 주식회사가 불특정 다수의 사람들(일반대중)로부터 자금을 조달하기 위하여 발행하는 채권으로서 장기부채에 속하며, 사채의 발행은 주식과 함께 기업에 있어서 중요한 자본 조달원천이 된다. 사채는 정확하게 회사채(corporate bond)를 의미한다. 사채채무를 표방하는 증권이란 이른바 사채권을 의미하며 법적절차에 따라 자유로이 유통 할 수 가 있고, 소지인은 누구라도 사채권자가 되는데, 사채에 관한 권리를 행사하는 데는 반드시 이 사채권을 소유하지 않으면 안된다.

2. 사채의 발행

주식에 대하여는 액면 이하의 발행이 금지되지만, 사채는 할인발행도 인정되고 있다. 사채의 발행에는 세 가지 경우가 있다.

(1) 평가발행

사채를 액면가액으로 발행하는 경우를 평가발행(at par issue)이라 한다.

보기 14-6 다음 거래를 분개하여라.

(1) 액면 ₩10,000, 이율 연 7%, 10년 후 상환, 총액 ₩10,000,000의 사채를 액면으로 발행하고 증거금 ₩500,000을 당좌예금하다.

(2) 사채금액의 납입을 받아 당좌예금하고, 증거금을 납입 일부에 충당하다.

(3) 제1년도 말에 반년분의 사채이자 ₩700,000을 현금으로 지급하다.

풀이

	(차)		(대)	
(1)	미 납 입 사 채	10,000,000	사 채	10,000,000
	당 좌 예 금	500,000	사채청약증거금	500,000
(2)	당 좌 예 금	9,500,000	미 납 입 입 사 채	10,000,000
	사채청약증거금	500,000		
(3)	사 채 이 자	700,000	현 금	700,000

(2) 할인발행

사채를 액면 미만의 금액으로 발행하는 경우를 할인발행(discount issue)이라고 한다. 할인발행의 경우는 이자가 평가발행의 경우보다 저율이므로, 액면 미만으로 발행하여 액면금액과의 차이를 사채발행차금(discount on bond payable)이라 한다.

보기 14-7 다음 거래를 분개하여라.

(1) 사채액면 ₩10,000, 총액 ₩10,000,000을 ₩9,500씩 발행하다. 10년 후 상환, 이율 연 7.5% 전부를 인수하고 현금납입하다.

(2) 제1년도 말에 반년분의 사채이자 ₩375,000을 현금으로 지급하다.

풀이

	(차)		(대)	
(1)	현 금	9,500,000	사 채	10,000,000
	사 채 발 행 차 금	500,000		
(2)	사 채 이 자	375,000	현 금	375,000
	사채발행차금상각	25,000	사 채 발 행 차 금	25,000

* ₩500,000÷20(10년×2) = ₩25,000

(3) 할증발행

사채를 액면 이상으로 발행한 경우를 할증발행(premium issue)이라 하고 그 차액을 사채프리미엄이라 하는데, 우리나라에서는 할증발행은 실제로 이루어지지 않고 있다. 할증발행은 평가발행보다 고율의 이자를 지급하는 불이익에 대한 선수이자이다.

보기 14-8 사채총액 ₩10,000,000, 액면 ₩1,000에 대해 ₩10,500으로 발행하고 현금납입받다.

풀이

(차) 현 금	10,500,000	(대) 사 채	10,000,000
		사채발행차금	500,000

사채발행의 경우의 광고비 · 금융기관의 취급수수료 · 사채권 등의 인쇄비 · 기타 사채의 발행에 직접 지출한 사채발행비(bond issue cost)는 사채발행비계정으로 처리한다. 사채발행비는 사채발행 후 3년 내에 매결산기에 균등액 이상의 상각을 한다.

3. 사채의 상환

사채권자에 사채를 반제하는 것을 상환(redemption of bond)이라 한다. 상환에는 매입상환과 추첨상환이 있다.

매입상환은 사채를 매입하여 상환하는 방법이며 사채액면과 매입가액의 차액을 상환손익이며, 사채발행차금의 잔액이 있으면 이것을 상각한다.

추첨상환은 추첨에 의하여 사채를 상환하는 방법이다. 추첨에 의해 상환사채의 번호가 결정된 때는 그 금액만큼 사채계정을 당첨미상환사채계정에 대체한다.

예컨대 추첨에 의해 사채 ₩4,000,000의 상환이 결정 된 경우에는 다음과 같이 분개하고 사채지급시 당첨미상환사채계정의 차변에 기입한다.

(차) 사 채	4,000,000	(대) 당첨미상환사채	4,000,000
(차) 당첨미상환사채	4,000,000	(대) 현 금	4,000,000

매입상환의 경우는 장부가격과 매입가격이 다른 경우 것이 보통이다. 예컨대 ₩4,000,000의 사채를 ₩3,600,000에 매입상환하였다고 하면 사채계정은 액면금액만

큼 차감되므로 ₩400,000의 이익을 얻게 된다. 그러나 이것은 영업이익이 아니므로 사채발행차금을 상각한다.

(차) 사　　　채	4,000,000	(대) 현　　　금	3,600,000
		사채상환이익	400,000
(차) 사채상환이익	400,000	(대) 사채발행차금	400,000

4. 감채기금과 감채적립금

사채를 상환할 때는 일시로 거액의 자금을 필요로 하기 때문에 기업에 따라서는 미리 매기 일정 금액을 특정자산(유가증권 · 금전신탁 · 정기예금 등)으로서 보유하는 수가 있고, 특히 사채발행조건으로서 이것을 약관에 규정하는 경우도 있다. 이것을 감채기금(sinking fund)이라 한다. 그리고 매기의 순이익의 일부를 유보하여 감채적립금을 설정하는 방법이 있다.

보기 14-9 다음 거래를 분개하여라.

(1) 미처분이익 중 ₩1,000,000을 감채적립금으로 하고, 동액의 수표를 발행하여 감채용정기예금으로 하다.

(2) 감채용정기예금의 이자 ₩80,000을 감채기금으로 하다.

(3) 사채 ₩1,000,000을 감채용정기예금으로 상환하다.

(4) 감채적립금이 ₩1,000,000에 달하여 사채 ₩1,000,000을 수표를 발행하여 상환하다.

풀이

(1)	(차) 미처분이익	1,000,000	(대) 감채적립금	1,000,000
	감채용정기예금	1,000,000	당좌예금	1,000,000
(2)	(차) 감채용정기예금	80,000	(대) 이자수익	80,000
(3)	(차) 사　　　채	1,000,000	(대) 감채용정기예금	1,000,000
(4)	(차) 사　　　채	1,000,000	(대) 당좌예금	1,000,000
	감채적립금	1,000,000	별도적립금	1,000,000

§5 우발부채

1. 우발부채의 종류

우발부채(contingent liabilities)란 현재의 확정된 부채는 아니지만 장래에 어떠한 우발사고가 발생하게 되면 현실의 부채가 되며, 만약 순조롭게 되면 부채가 되지 않는 특수한 항목이다. 즉 채무보증 · 어음배서 · 상품보증 · 작업보증 등과 같이 채무성립의 여부가 장래에 결정되는 것들이다. 기업 재정의 건전성을 유지하기 위하여 또는 외부의 채권자가 재무상태를 파악하기 위한 자료로서, 우발부채가 명시 할 수 있는 회계처리를 할 필요가 있다.

우발부채는 두 종류가 있는데, 하나는 반드시 구상권이 있는 것으로서 우발부채는 우발채권에 의하여 충당된다. 즉 어음배서의무대충 · 채무보증의무대충 등이다. 또 하나는 우발부채만으로 우발채권을 수반하지 않는, 즉 구상권이 없는 것이 있는데, 상품보증, 도급공사의 보증이 이에 해당한다.

2. 우발부채의 기장법

우발부채의 기장에는 세 가지가 있다. 첫째, 우발부채는 부채가 아니므로 회계처리의 대상으로 하지 않는다. 둘째, 우발부채의 현재액은 기업의 재무상태의 판단자료로서 재무상태표에 주석으로 표시한다. 셋째, 우발부채는 대조계정 또는 평가계정을 설정해서 처리한다.

주요한 사례를 예시하면 다음과 같다.

(1) 할인어음의 경우

받을어음을 할인했을 경우의 예를 대조계정법과 평가계정법에 의해서 설명을 보면 다음과 같다.

보기 14-10 받을어음 ₩1,000,000을 은행에서 할인하고 할인료 ₩80,000을 차감하고 실수금은 당좌예금하다.

풀이

<대조계정법>

(차) 당좌예금	920,000	(대) 받을어음	1,000,000
지급이자·할인료	80,000		
(차) 할인어음의무대충	1,000,000	(대) 할인어음의무	1,000,000

<평가계정법>

(차) 당좌예금	920,000	(대) 할인어음	1,000,000
지급이자·할인료	80,000		
(차) 할인어음	1,000,000	(대) 받을어음	1,000,000

(2) 배서어음의 경우

어음을 타인에게 배서했을 경우에 배서양도에 의한 우발채무는 어음배서의무계정으로 처리하고 소구권은 어음배서의무대충계정으로 처리한다.

보기| 14-11 아주상사에서 상품 ₩3,000,000을 매입하고 그 대금은 풍년상사 발행의 받을어음을 배서양도하다. 그리고 기일에 상기어음이 지급되다.

풀이

<대조계정법>

(차) 상품	3,000,000	(대) 받을어음	3,000,000
어음배서의무대충	3,000,000	이음배시의무	3,000,000
(차) 어음배서의무	3,000,000	(대) 어음배서의무대충	3,000,000

<평가계정법>

(차) 상품	3,000,000	(대) 배서어음	3,000,000
배서어음	3,000,000	받을어음	3,000,000

연습문제

01 부채의 종류를 열거하고 설명하라.

02 충당부채의 종류를 열거하고 설명하라.

03 우발부채를 설명하라.

04 부채성부채의 내용을 요약 설명하라.

05 평가성부채의 내용을 요약 설명하라.

06 다음을 분개하라.

(1) 제4기 11월 1일 6개월분 집세 ₩360,000을 현금으로 지급하다.

(2) 제5기 12월 31일 임대료 ₩1,200,000을 선수금으로 계상하다.

(3) 제3기 3월 1일에 상품을 3년간 6회 반년 할부로 ₩3,000,000으로 매출하다. 제1기 할부금 ₩500,000을 입금하여 당좌예금하다.

(4) 제3기 9월 1일 제2회 할부금 ₩500,000을 입금하여 당좌예금하다.

07 덕신기업(주)는 액면 ₩10,000,000, 이율 연 8%, 기간 5년의 사채를 @₩9,600에 발행, 대금을 현금으로 받아 당좌예금하다. 이자는 연 2회 지급, 반년마다 결산하다. 또한 사채발행비 ₩400,000을 수표로 지급하다.

08 액면총액 ₩5,000,000, 이율 연8%, 기한 5년의 사채를 @₩9,500으로 발행하다. 사채발행비는 ₩300,000, 2년 거치 후 매년 5분의 1씩 상환하고, 만기일에 반액을 상환하기로 하다. 사채발행차금을 계산하여라.

09 다음 거래를 분개하여라.

(1) 사채 ₩1,000,000을 기한 5년, 이율 연6%, 액면 @₩10,000에 대해 @₩9,500으로 발행하고, 현금으로 납입받다. 이자지급일은 매 결산일(연2회)로 하다.

(2) 사채이자 반년분 ₩30,000을 현금으로 지급하다.

(3) 금년도에 상환 할 사채 ₩500,000을 추첨을 하여 당첨번호를 공고하다.

(4) 은행에서 상기 사채 ₩500,000에 대한 지급필의 통지가 있었다.

(5) 사채액면 ₩1,000,000을 @₩9,500에 매입상환하고, 수표로 지급하다. 그 사채발행차금은 ₩20,000이다.

(6) 감채기금으로서 현금 ₩800,000을 정기예금하다.

(7) 정기예금이자 ₩44,000을 감채기금에 전입하다.

(8) 사채 ₩1,000,000을 감채기금으로 상환하다.

(9) 미처분이익잉여금 중 ₩800,000을 감채적립금으로 하고, 동시에 동액을 감채기금으로 하기 위해 현금을 금전신탁으로 하다.

(10) 사채 ₩2,000,000을 감채기금으로 상환하다. 또한 감채적립금은 ₩2,000,000있다.

(11) 결산에 있어 퇴직급여충당부채 ₩5,000,000을 설정하고 이 금액을 신탁예금하다.

(12) 박일태가 퇴직하였기에 상기의 신탁예금에서 ₩3,000,000을 지급하다.

(13) 결산에 있어 선박특별수선충당부채 ₩1,400,000을 설정하다.

(14) 선박의 대수선을 하고, 수선비 ₩3,000,000을 지급하다. 또 선박특별수선충당부채 ₩2,400,000이 있다.

10 다음의 분개에서 거래내용을 추정하여라.

(1)	(차) 당좌차월	100,000	(대) 외상매출금	400,000
	당좌예금	300,000		
(2)	(차) 선수금	10,000	(대) 매출	35,000
	당좌예금	25,000		
(3)	(차) 미지급금	20,000	(대) 현금	20,000
(4)	(차) 단기차입금	10,000,000	(대) 당좌예금	10,000,000
(5)	(차) 미지급법인세	10,000,000	(대) 당좌예금	10,000,000

자본 제15장

§1 자본의 의의

자본은 광의로 볼 때 채권자지분인 타인자본과 소유주지분인 자기자본으로 구성된다. 협의의 자본은 소유주지분만을 의미하고, 일반적으로 자본이라 하면 협의로 해석된다. 소유주지분(owner's equity)을 주식회사에서는 주주지분이라 한다. 주주지분(stockholder's equity)은 자산에서 채권자지분인 부채를 차감한 금액인 순자산을 말한다. 그렇기에 자본을 잔여지분(residual interest)이라고도 부른다.

한편, 「상법」상 (법정)자본이라 함은 발행주식수에 액면가액을 곱한 회계상 자본금을 의미한다. 「재무제표의 작성과 표시를 위한 개념체계」에서는 자본을 기업의 자산에서 모든 부채를 차감한 후의 잔여지분으로 정의하고 있다. 한편, 「기업회계기준서」 제1001호에서는 자본을 납입자본, 이익잉여금 및 기타자본요소로 구분한다. 납입자본에서는 자본금과 자본잉여금, 그리고 기타자본요소에는 자본조정과 기타포괄손익누계액이 포함된다.

자본은 주주의 개별 자산에 대한 청구권을 의미하는 것이 아니라 순자산 전체에 대한 청구권을 의미한다. 자본은 납입자본과 자본조정을 발생시키는 자본거래와 이익잉여금과 기타포괄손익누계액을 발생시키는 손익거래에 따라 변하기 때문에 그 금액이 확정되어 있지 않다. 예를 들면, 자본은 기업에 이익이 발생하면 증가하고, 손실이 발생하면 감소하는 것이다.

이러한 자본에 대한 회계는 경제적인 측면보다는 법률적으로 많은 규제를 받고 있다. 그 이유는 자본이 기업의 이해관계자에 대한 담보로서의 역할을 하고 있기 때문에 기업의 제반 이해관계자를 보호하기 위해서는 자본에 대한 법적 규제가 필요한 것이다.

본 교재에서 설명되고 있는 주식회사는 합명회사나 합자회사 등과 같은 다른 형태의 회사에 비하여 다음과 같은 장점을 지니고 있기 때문에 오늘날 가장 대표적인 회사의 형태로 자리 잡고 있다.

첫째, 주식회사는 자본조달이 용이하다. 우리나라의 경우 대부분의 주식은 주당 액면가액이 ₩5,000 혹은 ₩ 500이며, 거래소시장(코스닥시장)에 상장된 주식의 경우 최소한 10주(혹은 1주) 이상의 단위로 다른 주주의 승인없이 본인의 의사에 따라서 자본시장에서 거래를 하면 된다. 그렇기 때문에 투자자의 입장에서 큰 부담없이 투자를 할 수 있고, 주식회사의 입장에서는 쉽게 자본조달을 할 수 있다. 또한 주식회사의 입장에서는 사채를 발행하는 경우와는 달리 이자를 지급할 필요가 없기 때문에 추가적인 자금부담의 압박이 없다.

둘째, 주주는 유한책임을 가지므로 투자한 회사가 파산이 되어도 본인이 투자한 금액 이상의 손실로 인한 피해는 입지 않는다. 반면에, 합명회사의 사원은 무한책임을 지며, 합자회사는 무한책임사원과 유한책임사원으로 구성되지만, 주식회사와는 달리 유한책임의 범위가 넓다.

셋째, 주주의 변경에 관계없이 회사는 계속기업으로 존속한다. 하지만 합명회사나 합자회사는 소유권의 변경 등이 발생하면 회사가 계속기업으로 존속하지 못할 가능성이 높다.

§2 자본의 분류

자본은 법률적 관점, 경제적 관점 및 회계적 관점에서 그 구성요소를 다르게 분류할 수 있다.

첫째, 법률적 관점에서 보면 자본은 법정자본과 잉여금으로 구분된다. 법정자본(legal capital)은 발행주식수에 액면가액을 곱한 것으로서 법정절차를 거치지 않고는 임의로 변경시킬 수 없다. 즉, 법정자본은 채권자보호를 위하여 자본의 3원칙에 따라 회사가 유지하여야 할 최소한의 재산을 의미한다. 잉여금은 자본 중 법정자본을 초과하는 부분을 의미한다.

둘째, 경제적 관점에서 보면 자본은 주주가 불입한 납입자본과 기업의 영업활동에 의하여 발생한 이익 중에서 사내에 유보된 유보이익으로 나눌 수 있다. 납입자본이란 법정자본금과 법정자본금 이외의 주주가 불입한 자본인 자본잉여금의 합계액을 말한다. 납입자본은 자본거래에서 발생한 것이며, 유보이익은 손익거래에서 발생한 것이다.

셋째, 회계적 관점, 즉 「기업회계기준서」에서는 자본을 크게 납입자본, 이익잉여금 및 기타자본요소로 분류하고 있다. 따라서 [표 15-1]과 같이 재무상태표에 표시할 수 있다.

[표 15-1] 재무상태표의 자본부분

재무상태표 자본부분	20×9년 12월 31일	20×8년 12월 31일
자본과 부채		
지배기업의 소유주지분		
납입자본	×××	×××
이익잉여금	×××	×××
기타자본요소	×××	×××
	×××	×××
비지배지분	×××	×××
자 본 총 계	×××	×××

납입자본은 자본금과 자본잉여금을 포함하며, 기타자본요소는 기타포괄손익과 자본조정을 포함한다. 그렇기 때문에 다음 [표 15-2]와 같이 자본을 그 변동원천과 법률적 요구를 기준으로 분류할 수 있다. 이러한 기준에 의할 경우 자본은 자본금, 자본잉여금, 자본조정, 기타포괄손익누계액 및 이익잉여금으로 분류한다. [표 15-2]와 같은 분류기준이 자본변동표를 다소 복잡하게 만드는 단점이 있지만, [표 15-1]의 분류기준보다는 손익거래와 자본거래를 구분하고 있어서 논리적으로 타당하고, 기말에 보다 세분류된 항목이나 계정을 단순히 통합만 하면 되기 때문에 학습목적으로 우월한 면이 있다.

[표 15-2]에서 자본의 분류를 보다 구체적으로 제시하고 있다. 이 표를 보면 자본금, 자본잉여금, 자본조정, 기타포괄손익누계액 및 이익잉여금의 각각을 아래와 같이 구분하고 있는 것을 알 수 있다.

① 자본금은 보통주자본금과 우선주자본금으로 구분

② 자본잉여금은 주식발행초과금과 기타자본잉여금으로 구분

③ 자본조정 중 자기주식은 별도항목으로 구분하고, 주식할인발행차금, 주식선택

권, 출자 전환채무, 감자차손 및 자기주식처분손실 등은 기타자본조정으로 통합하여 구분

④ 기타포괄손익누계액은 매도가능금융자산평가손익누계액, 현금흐름위험회피파생상품평가손익, 해외사업장환산손익, 재평가잉여금, 지분법자본변동 등으로 구분

⑤ 이익잉여금은 법정적립금, 임의적립금 및 미처분이익잉여금으로 구분

[표 15-2] 자본의 분류

자 본	참 고 사 항
Ⅰ. 자 본 금	
1. 보통주자본금	발행주식수×액면가액
2. 우선주자본금	발행주식수×액면가액
Ⅱ. 자본잉여금	
1. 주식발행초과금	발행금액〉액면가액
2. 기타자본잉여금	감자차익(자본금 감소액〉감자 대가), 자기주식처분이익 전환권대가 또는 신주인수권대가
Ⅲ. 자본조정	
1. 자기주식	자본차감계정
2. 기타자본조정	주식할인발행차금(자본차감계정), 배당건설이자(자본차감계정), 미교부주식배당금(자본가산계정), 주식선택권(자본가산계정), 출자전환채무(자본가산계정), 신주청약증거금(자본가산계정, 청약기일이 경과된 신주청약증거금 중 신주납입금으로 충당될 금액), 감자차손(자본차감계정), 자기주식처분손실(자본차감계정),
Ⅳ. 기타포괄손익누계액	
1. 매도가능금융자산평가손익	자본차감(가산)계정
2. 현금흐름위험회피 파생상품평가손익	자본차감(가산)계정
3. 해외사업장환산손익	자본차감(가산)계정
4. 재평가잉여금	자본차감(가산)계정
5. 지분법자본변동	자본차감(가산)계정
Ⅴ. 이익잉여금(또는 결손금)	
1. 법정적립금	이익준비금(상법),
2. 임의적립금	정관 또는 주주총회의 결의에 의거 임의적립금
3. 미처분이익잉여금 (또는 미처리결손금)	

한편, [표 15-3]에서는 자본의 구성요소별 특성을 설명하고 있다. 자본금은 주주들이 납입한 법정자본금으로서 주당 액면가액에 발행주식수를 곱한 금액이다. 자본잉여금은 증자나 감자, 주주와의 기타 거래에서 발생한 잉여금이다. 자본조정은 당해 항목의 성격상 주주와의 거래에 해당하나 최종 납입된 자본으로 볼 수 없거나 자본의 차감 성격으로 자본금이나 자본잉여금으로 분류할 수 없는 항목이다. 자본금과 자본잉여금은 종결거래에서 발생하는 항목인 반면에, 자본조정은 일시적인 성격을 가지고 있어서 일종의 미종결적 성격의 거래에서 발생하는 항목으로 볼 수 있다.

[표 15-3] 자본의 구성요소별 특성

자본의 구성요소	재무제표에 표시가능한 방법	발생원천이 되는 거래의 유형	자본에 인식 방법	성 격
자본금	납입자본	자본거래(자산 또는 부채의 증감으로 인하여 소유주지분의 변동을 발생시키는 거래 중에서 기업과 소유주간 거래에서 발생한 자본거래)	자본항목으로 직접 인식	종결적 성격
자본잉여금	납입자본	상동	상동	종결적 성격
자본조정	기타자본요소	상동	상동	일시적 성격
기타포괄손익누계액	기타자본요소	손익거래(자산 또는 부채의 증감으로 인하여 소유주지분의 변동을 발생시키는 거래 중에서 기업과 소유주간 자본거래를 제외한 거래)	포괄손익계산서의 기타포괄손익이 누적되어 자본항목으로 인식	미실현손익
이익잉여금	이익잉여금	상동	손익계산서의 당기순손익이 이익잉여금으로 대체되어 자본항목으로 인식	실현손익

기타포괄손익누계액은 손익거래에 해당하지만 손익계산서에 포함되지 않아 자본 전체에 대해 차감하거나 가산할 성질을 갖는 항목이다. 예를 들면, 보고기간말 현재의 매도가능금융자산평가손익, 해외사업장환산손익, 현금흐름위험회피파생상품평가손익 등을 누계한 잔액이다. 이익잉여금은 손익거래로부터 발생한 이익이 기업내부에 유보된 것이다. 이익잉여금은 ①미처분이익잉여금(별개의 손익계산서에 보고된

당기순손익, 기타포괄손익(누계액)에서 이익잉여금으로 대체한 금액, 기처분이익잉여금을 처분전 상태로 이입한 금액 등의 합계액에서 주주에 대한 배당, 자본금으로의 전입, 자본조정항목의 상각 등으로 처분된 금액을 차감한 금액)과 ② 기처분이익잉여금으로 구성된다.

자본의 구성요소 중 자본거래와 관련된 항목은 자본금, 자본잉여금 및 자본조정이며, 손익거래와 관련된 항목은 이익잉여금과 기타포괄손익누계액이다.

§3 기업형태의 자본금

1. 개인기업의 자본금

(1) 개인기업의 출자

개입기업에 있어서 기업주가 출자한 자본은 자본금계정(capital a/c)에서 처리한다. 자본을 원시출자하거나, 추가하여 증자 한 때에는 자본금 계정의 대변에 기입한다. 반대로 기업주가 자본금을 私用으로 인출하거나 감자를 한 때에는 자본금 계정의 차변에 기입한다. 또 기말에 가서 결산을 한 결과 당기순이익이 발생하면 자본금 계정 대변에 대체하여 자본금을 증가시키고, 단기순손실이 발생 할 때면 자본금 계정의 차변에 대체하여 자본금은 그만큼 줄어든다.

자본금

차변	대변
자 본 인 출 액	자 본 원 입 액
자 본 감 소 액	자 본 증 자 액
(당기) 순손실액	(당기) 순이익액

보기 15-1 다음 거래를 분개하고 자본금계정에 기입하여라.

(1) 현금 ₩1,000,000, 건물 ₩3,000,000, 상품 ₩500,000을 원입하여 사업을 개시하다.

(2) 기업주가 사용으로 현금 ₩50,000을 인출하다.

(3) 기말 결산에서 당기순이익 ₩300,000이 발생하여 자본금에 대체하다.

풀이

(1) (차) ┌현 금 1,000,000 (대) 자 본 금 4,500,000
│건 물 3,000,000
└상 품 500,000

(2) (차) 자 본 금 50,000 (대) 현 금 50,000

(3) (차) 손 익 300,000 (대) 자 본 금 300,000

자 본 금

② 현 금	50,000	① 제 좌	4,500,000
잔 액	4,750,000	손 익	300,000
	4,800,000		4,800,000

(2) 인출금의 처리

개입기업에 있어서 영업기간 중 기업주 개입의 인출액 또는 증자액을 자본금계정에서 처리해도 좋으나, 기업주와 기업 간 일시적 자금이나 상품의 융통 또는 대차를 그 때마다 자본금 계정에서 처리하면 번잡할 뿐만 아니라 계산이 분명치 않게 된다. 이와 같은 불편을 덜기 위해서 자본금과는 달리 인출금(drawing a/c)[4]을 설정하여 처리하면 편리하다.

이 방법은 기중의 자본금 증감을 인출금계정에 기입하였다가 기말결산 때에 그 대차잔액을 자본금계정에 대체하는 것이다. 물론 손익계정에서 산출된 순손익도 자본금계정에 대체한다.

보기 15-2 다음 거래를 분개하여라.

(1) 기업주의 사용으로 상점 내의 현금 ₩10,000을 환급하다.

(2) 기업주 사용으로 상품 5,000(원가)을 인도하다.

(3) 기업주로부터 환급 된 현금 중 ₩8,000을 환입받다.

(4) 기업 결산 때에 인출금 잔액 ₩7,000을 자본금 계정에 대체하다.

풀이

(1) (차) 인 출 금 10,000 (대) 현 금 10,000

---

4) 인출금계정을 점주계정이라고도 한다.

(2) (차) 자 본 금 5,000 (대) 매 입 5,000
(3) (차) 현 금 8,000 (대) 인 출 금 8,000
(4) (차) 자 본 금 7,000 (대) 인 출 금 7,000

2. 조합기업의 자본금

(1) 조합원의 출자

2인 이상이 조합계약을 맺고 금전 기타 재산 또는 노무를 출자하여 공동사업을 경영하는 것을 조합기업이라 한다(민법 제703호 제12항). 조합기업에서는 출자자마다 조합원의 성명을 붙인 자본금계정을 마련한다. 조합원이 다수일 경우 보조부를 마련하여 조합원별 계좌를 마련하고, 총계정원장에는 1개의 자본금 계정을 마련하여 이것을 총괄처리한다.

보기 15-3 다음 거래를 분개하여라.

갑 · 을 · 병 3인이 갑은 현금 ₩10,000,000, 상품 ₩5,000,000, 을은 현금 ₩5,000,000, 건물 ₩20,000,000, 병은 현금 ₩10,000,000을 출자하여 조합을 설립하다.

풀이

(차)		(대)	
현 금	25,000,000	갑 출 자 금	15,000,000
상 품	5,000,000	을 출 자 금	25,000,000
건 물	20,000,000	병 출 자 금	10,000,000

(2) 조합기업의 손익처분

결산 결과 순손익이 산출되면 계약조건에 따라 이를 각 조합원에 분배 또는 분담시켜 각자의 자본금에 대체하여 증감시킨다. 일반적으로 조합원 각자의 출자금에 비례해서 분배 또는 부담하는 것이 보통이다. 만일 출자가 수회에 걸쳐 행하였졌을 때에는 각 출자금과 출자기간을 적수합계를 기준으로 안분하는 방법을 쓴다.

보기 15-4 위의 <보기 15-3>의 출자상태의 조합에 있어서 당기의 결산 결과 ₩11,000,000의 순이익을 얻었다.

(1) 출자금에 비례해서 순이익을 분배하는 경우

(2) 출자액에 연리 10%의 이자를 지급하고 잔액을 균분하는 경우의 분개를 표시하라. 다만 분배액은 각자의 계정에 대체한다.

풀이

(1) 출자액에 비례해서 분배하는 경우

(차) 손 익	11,000,000	(대) 갑출자금	3,300,000*
		을출자금	5,500,000
		병출자금	2,200,000

* 갑조합원의 분배 : $₩11,000,000 \times \frac{15,000,000}{50,000,000} = ₩3,300,000$

(2) 출자금에 연리 10%의 이자를 주고 잔액을 균분하는 경우

(차) 손 익	11,000,000	(대) 갑출자금	3,500,000
		을출자금	4,500,000
		병출자금	3,200,000

* 갑출자금의 이익분배 계산과정

지급할 이자 ₩50,000,000×0.1=₩5,000,000

균등분배금액 ₩11,000,000－₩5,000,000=₩6,000,000

갑조합원 : $₩5,000,000 \times \frac{15,000,000}{50,000,000} + \frac{6,000,000}{3} = ₩3,500,000$

을조합원 : $₩5,000,000 \times \frac{25,000,000}{50,000,000} + \frac{6,000,000}{3} = ₩4,500,000$

병조합원 : $₩5,000,000 \times \frac{10,000,000}{50,000,000} + \frac{6,000,000}{3} = ₩3,000,000$

3. 합명 · 합자회사의 자본금

(1) 합명·합자회사의 출자

합명회사(ordinary partnership)는 2인 이상의 무함책임사원만으로 조직된 회사를 말하고, 합자회사(limited partnership)는 1인 이상의 무한책임사원과 1인 이상의 유한책임사원으로 조직된 회사를 말한다.

합명회사나 합자회사를 설립하는 경우에는 그 사원의 수가 적을 경우에는 사원별로 자본금계정을 설정하여 처리하나, 사원의 수가 많으면 통제계정인 자본금계정으

로 처리하고 그 명세는 보조원장인 사원출자금원장에 기록한다. 단 합자회사의 출자의 경우에는 유한책임사원과 무한책임사원별로 구별하여 처리한다.

합명회사・합자회사의 사원은 반드시 재산출자[5]만 할 필요는 없으며, 노무 또는 신용출자[6]도 할 수 있다. 노무 및 신용 출자는 이익 또는 잔여재산 분배의 기준을 결정 할 때에만 문제가 되므로 사원출자금으로 기록 할 필요는 없다. 그러나 노무출자・신용출자의 사실을 기록하기 위하여 이것을 적장하게 평가하여 대조계정을 사용하여 비망기록을 해 둘 필요가 있다.

보기 15-5 갑・을・병 3명은 제민합명회사를 설립하고, 각 사원은 다음과 같이 납입하다.

갑 :	현 금	₩100,000	상 품	₩400,000
을 :	현 금	₩200,000		
병 :	현 금	₩100,000		

풀이

(차)		(대)	
현 금	400,000	갑출자금	500,000
상 품	400,000	을출자금	200,000
건 물	200,000	병출자금	300,000

보기 15-6 갑・을・병 3명은 다음과 같이 출자하여 강호합자회사를 설립하였다.

갑 유한책임사원 :	현 금	₩200,000	건 물	₩300,000
을 유한책임사원 :	현 금	₩300,000		
병 무한책임사원 :	현 금	₩200,000		

풀이

(차)		(대)	
현 금	700,000	유한책임갑출자금	500,000
건 물	300,000	유한책임을출자금	300,000
		무한책임병출자금	200,000

5) 재산출자는 동산·부동산·채권·무체재산권·유가증권 등의 출자를 말한다. 서돈각, 개정상법요론, 법문사, 1984, p.321.

6) 노무출자는 경험이 풍부하고 기술이 뛰어난 전문가를 사원으로 입사시켜 그를 정신적·육체[적 노무에 종사시키는 것을 말하며, 신용출자는 명망이 높은 자를 입사시켜 그의 신용을 이용하는 것이다.

(2) 합명·합자회사의 손익처분

합명회사·합자회사와 같은 상법상 회사는 자본금이 정관에 의하여 확정되므로 법률상 변경절차를 밟지 않고서는 자본금을 변경 할 수 없다. 따라서 합명회사와 합자회사는 결산시의 집합손익계정의 잔액을 자본금 계정에 직접대체하지 않고 사원총회에서 순손익이 처분 될 때까지 따로 미처분잉여금이나 미처리결손금계정을 설정하여 대체 해 둔다. 이들 회사는 주식회사와는 달이 강제적립금이 없으므로 순손익의 전부를 각 사원에게 분배하여도 무방하지만 일반적으로 장래의 사업확장이나 손실에 대비하여 순손익의 일부를 적립금 또는 이월금으로 사내에 유보하고 나머지를 분배한다. 순손실이 발생한 경우 그 처리도 정관에 특별한 규정이 없는 한 각 사원이 자본금에 비례하여 부담하는 것이 보통이다.

보기 15-7 다음 거래를 분개하여라.

(1) 제민합명회사의 당기 결과 순손익은 ₩200,000이었다.

(2) 사원총회에서 이익을 다음과 같이 처분하다.

신축적립금	₩25,000	감채적립금	₩15,000
퇴직급여충당금	₩50,000	사원배당금	₩110,000

(3) 위의 퇴직급여충당금과 감채적립금은 금전신탁에 예치하고, 사원배당금은 현금으로 지급하다.

풀이

	차변	금액	대변	금액
(1)	(차) 손익	200,000	(대) 미처분이익잉여금	200,000
(2)	(차) 미처분이익잉여금	200,0000	(대) 신축적립금	25,000
			감채적립금	15,000
			퇴직급여충당금	50,000
			사원배당금	110,000
(3)	(차) 금전신탁	65,000	(대) 현금	175,000
	사원배당금	110,000		

보기 15-8 다음 거래를 분개하여라.

(1) 웅진합명회사의 당기결산 결과 순손익이 ₩80,000발생하다.

(2) 사원총회에서 위 결손금을 전기이월 임의 적립금에서 ₩50,000을 보전하고 나

머지는 차기로 이월시키기로 결의하다.

풀이

(1) (차)	미처리결손금	80,000	(대) 손　　익	80,000
(2) (차)	임의적립금	50,000	(대) 미처리결손금	80,000
	이월결손금	30,000		

4. 유한회사의 자본금

유한회사는 각 사원의 균등액 이상의 출자로 이루어지는 회사로서 사원은 회사에 대하여 출자의무를 부담하는 이외에 회사의 채권자에 대하여 아무런 책임을 지지 않는다.

유한회사 사원수는 특별한 경우를 제외하고는 원칙적으로 50명으로 제한되고(상법 제545조 1항), 또 최소한 2명이 필요하다(상법 제609조 1항 3호).그러므로 유한회사에서 1인회사란 있을 수 없다. 자본은 유한회사 정관의 절대적 필수사항이며(상법 제 543조 3항, 자본확정의 원칙), 그 증감은 정관 변경의 절차에 의한다(자본변동의 원칙). 최저자본금은 ₩10,000,000으로 제한되어 있다(상법 제546조 1항). 또한 자본의 형성과 계산을 합리화하기 위하여 출자를 단일균일화 하고, 그 1좌의 금액을 ₩5,000이상으로 하고 있다(상법 제546조 2항). 이밖에 일정의 자본금을 유지하도록 하기 위하여 법정준비금제도도 채용하고 있다(상법 제583조 1항 · 제548조 · 제549조 · 제460조, 자본유지의 원칙).

유한회사를 설립하였을 때에는 주식회사의 경우와 마찬가지로 자본금계정으로 총괄처리하고, 각 사원의 출자내용에 관한 명세는 보조원장인 사원원장을 만들어 기록한다.

유한회사의 회계는 기본적으로 주식회사와 비슷하다.

5. 주식회사의 자본금

주식회사(joint stock company, stock corporation)는 대중위 투자에 의한 기업형태이며 물적회사의 전형이다. 자본의 증권화, 출자자의 유한책임제도, 중역제도(출자와 경영의 분리제도) 등의 특색을 갖고 자본금은 법정화 되어 있다. 주식회사의 주주는 주식의 불입금액을 한도로 유한책임을 질 뿐이며, 다른 회사채권자에 대해서도 아무런 책임을 지지 않는다. 주주의 지위는 균등한 분할적 단위를 갖는 주식으로 세분화되고, 주식은 자유로이 양도 할 수 있으므로 대중투자를 흡수하게 할 수 있어 주식회사를 성장 시킨 큰 이유가 된다.

주식회사는 회사가 발행 할 수 있는 주식의 총수를 미리 정관에 정해 두고 설립시에 4분의 1 이상을 발행하고(상법 제289조 제2항), 주식금액이 납입 된 후 설립등기를 마치면 주식회사는 설립된다. 나머지 주식은 회사가 설립 된 후 이사회의 결의에 따라 필요할 때 분할하여 발행 할 수 있다. 이같이 장래에 발행 할 수 있는 주식의 총수를 미리 정관에 기재하고 설립시에는 그 일부를 납입하는 것으로 주식회사는 설립되며, 나머지 주식은 필요에 따라 주식 총수의 범위 내에서 발행 할 수 있도록 한 제도를 수권자본제도(authorized capital system)라고 한다. 그리고 정관에 기재된 발행주식 총수를 수권주식(authorized capital stock)이라 한다.

회계상으로는 발행주식(issued capital stock)만을 자본금계정에 기입하면 된다. 따라서 수권자본주식과 미발행주식(unissued capital stock)은 기록의 대상이 되지 않는다.

§4 자본의 구성 내용

우리나라 기업회계기준서에서는 자본을 자본금, 자본잉여금, 이익잉여금, 자본조정, 기타포괄순익누계액으로 5구분하고 있다.

1. 자본금

주식회사의 자본금은 발행주식을 인수함에 따라 형성되는데 수권자본제도하에 있어서 법률상 회사의 자본금(법정자본금)은 액면주식에 대한 발행총주식의 액면금액이다. 액면주식의 액면금액은 균일하여야 하며, 1주의 액면은 ₩5,000 이상으로 할 것을 규정하고 있다. 액면주식의 발행가액이 액면을 초과하는 경우에는 액면까지가 자본금이며, 액면초과부분은 주식발행차금이다.

주식회사의 설립방법은 발기설립과 모십설립이 있다. 이에 대한 회계처리 방법을 설명하면 다음과 같다.

(1) 발기설립

발기설립의 경우에는 발기인이 정관을 작성하고 공증인의 인증을 받아 설립에 있어서의 주식발행사항을 결정하여 발기인들에게 주식의 인수를 받아야 한다. 따라서 주식의 납입을 완료하고 일정한 시기에 설립등기를 행함으로써 회사가 설립된다.

보기 15-9 매산석유회사의 설립에 있어서 수권주주 20만주 중 10만주를 액면금액 ₩5,000으로 발행하고 전체주식을 발기인이 인수하여 전액을 현금으로 납입을 받아 즉시 당좌예금하다.

풀이

(차)	당 좌 예 금	500,000,000	(대) 자 본 금	500,000,000

(2) 모집설립

모집설립에 있어서는 발기인이 정관을 작성하고 공증인의 인증을 받아 설립하는데 발기인이 인수하는 주식 이외의 공모주에 대하여 주주를 모집하고, 응모자의 주식청약을 받아 발기인이 주식을 할당하여 주식인수를 확정한다. 따라서 주식의 납입을 완료하고 창립총회를 개최한 다음 일정한 시기에 설립등기를 행함으로써 회사가 설립된다.

보기 15-10 다음 거래를 분개하여라.

(1) 서남상사주식회사의 설립에 있어서 액면주식 10만주를 액면금액 ₩5,000으로 발행하고, 그 중 2만주를 발기인이 인수하여 전액을 현금으로 납입을 받아 즉시 당좌예금하다.

(2) 상기주식 8만주를 일반으로부터 공모한바, 10만주의 청약이 있어 청약증거금(1주에 대한 ₩5,000) ₩500,000,000을 현금으로 받아 즉시 당좌예금하다.

(3) 주식8만주의 할당을 결정하고 할당되지 않은 2만주의 청약증거금 ₩100,000,000을 수표를 발행하여 반환하다.

(4) 할당주 8만주에 대한 청약증거금을 납입기일에 대체충당하다.

풀이

(1) (차)	당좌예금	100,000,000	(대) 자 본 금	100,000,000

(2) (차) 당좌예금 500,000,000 (대) 주식증거금 500,000,000
(3) (차) 주식증거금 100,000,000 (대) 당 좌 예 금 100,000,000
(1) (차) 주식증거금 400,000,000 (대) 자 본 금 400,000,000

2. 자본잉여금

자본잉여금은 자본거래에 의하여 발생하는 잉여금이다. 주식의 발행・증자・감자 등과 같이 기업 내부에 출자된 자본가치의 증감거래, 즉 자본거래에서 발생하는 잉여금이다. 자본잉여금은 처분하면 자본침식이 되므로 배당이나 과세 등에 의한 사외유출이 허용되지 않는 잉여금이다. 자본잉여금은 결손전보나 자본전입 외에는 사용이 금지되고 있다.

(1) 주식발행초과금(premium on stock)

주식발행초과금은 주식을 액면가액이상으로 발행 했을 경우 초과하는 금액을 말한다. 이를 주식프리미엄이라고 하는데, 이것은 유망한 장래성을 가진 회사의 신설 또는 경영성적이 우수한 회사가 기업확장을 위해서 신주를 발행하였을 때 발생한다. 주식발행초과금은 주식의 납입으로 인하여 생긴 잉여금이므로 자본잉여금로 적립하여야 한다.

보기Ⅱ 15-11 다음 거래를 분개하여라.

액면 ₩10,000의 주식 10,000주를 @₩12,000으로 추가 발행하다. 다만 주식발행비 ₩4,000,000은 수표를 발행하여 지급하다.

풀이

(차)		(대)	
현 금	120,000,000	자 본 금	100,000,000
주식발행비	4,000,000	주식발행초과금	20,000,000
		당 좌 예 금	4,000,000

(2) 감자차익(surplus arising from reduction of legal capital)

실질적인 자본 감소의 경우에 주식소각 또는 주금반환에 필요한 금액 이상의 자본을 감소 한 때 발생한 차액, 명의상 자본감소의 경우에 자본의 결손을 제거하는데 필요한 금액이산으로 자본을 감소 한 때의 차액이다. 회사의 결손차액 중 자본금(액면)을 초과하는 부분이나 성질상 이익으로 처분 할 것이 아니므로 자본준비금으로 적립시킨다.

보기 15-12 다음 거래를 분개하여라.

자본금 ₩300,000,000인 갑회사는 이월결손금이 ₩130,000,000인 바 이를 전액 보전하기 위하여 자본금을 ₩150,000,000만큼 감자하다.

풀이

(차)		(대)	
자 본 금	150,000,000	이 월 결 손 금	130,000,000
		감 자 차 익	20,000,000

(3) 기타자본잉여금

기타의 자본거래로 인한 잉여금을 말한다. 다음에서 열거하는 항목들은 기타자본잉여금계정으로 하되 그 금액이 부채와 자본총액의 2%를 초과하는 것은 이를 구분하여 내용을 표시하는 과목으로 기재한다.

1) 보험차익(gains on insurance claims)

보험에 가입되어 있어 건물·설비 등이 화재·수해로 소멸되었을 때 보험회사로부터 받은 보험금이 피해자산의 장부가액을 초과 한 경우의 차액이다. 보험차익이 발생하는 이유는 화폐가치의 변동, 과거연도의 초과상각, 보험가입으로 얻은 이득 등이 있다.

보기 15-13 다음 거래를 분개하여라.

건물 ₩30,000,000(동 감가상각누계액 ₩10,000,000)이 화재로 소실되어 보험금 ₩35,000,000을 받아 예금하다.

풀이

(차)		(대)	
현 금 예 금	35,000,000	건 물	30,000,000
건물감가상각누계액	10,000,000	보 험 차 익	15,000,000

2) 자산수증이익(donated surplus)

주주 · 임원 또는 제3자로부터 자본보전을 목적으로 현금 또는 기타 私財를 무상으로 제공 받은 경우에 발생하는 잉여금을 말한다. 만일 자본보전 목적 이외의 원인에 의하여 발생하면 이를 특별이익으로 처리한다.

보기 15-14 다음 거래를 분개하여라.

이월결손금 ₩5,000,000을 보전하기 위해서 대주주 김설봉으로부터 ₩6,000,000의 토지를 증여받다.

풀이

(차) 토 지	6,000,000	(대) 자 산 수 증 이 익	1,000,000
		이 월 결 손 금	5,000,000

3) 채무면제이익(remissions of debts)

회사의 재무구조가 극도로 악화되어 지급능력이 현저하게 약화되고 추가자금조달 능력도 없을 때 특정이익관계에 있는 채권자가 자신에 대한 회사의 부채 상환을 면제해 주든가 일부만을 지급받고 잔액을 포기하는 경우가 있다. 이 경우 해당 채무의 면제가 기업자본의 보전을 위한 것이면 이를 자본잉여금으로 처리하여 기업의 영구자본으로 계속 유지해 가야 한다. 그러나 채무면제이익 중 채무자의 행방불명이나 소멸시효 만료 등의 사유로 지급의의무가 없어짐으로 인하여 발생한 것은 자본잉여금이 아니고 영업외수익으로 처리함이 타당하다.

4) 자기주식처분이익

회사에서 발행한 주식(발행주식, issued stock)중 구입 · 증여 또는 그 밖의 이유에서 다시 발행회사 자체가 취득 · 보관 · 관리하고 있는 부분, 즉 재취득주식을 자기주식 또는 금고주(treasury stock)라고 한다.

우리나라 상법은 채권자 보호의 입장에서 자기주식의 취득을 원칙적으로 금지하고 특별한 경우에 한하여 이를 일시적으로 취득할 수 있도록 규정하고 있다(상법 제341조). 따라서 이를 취득한 때에는 지체없이 소각 또는 처분하도록 규정하고 있다. 자기주식을 취득하고 후에 이것을 처분하였을 경우 그 처분가격이 취득가격을 초과하면 그 초과액을 자기주식처분이익이라고 한다. 액면가 이하로 자기주식을 취득하여 소작한 경우에는 감자차익이 나타난다.

보기 15-15 다음 거래를 분개하여라.

(1) 1주 액면 ₩5,000의 자기회사의 주식 1,000주를 1주당 ₩7,000에 매입하고 구 대금은 수표를 발행하여 지급하다.

(2) 위의 자기주식을 모두 1주당 ₩8,000에 처분하고 수표로 받다.

풀이

(1) (차) 자 기 주 식	7,000,000	(대) 당 좌 예 금	7,000,000
(2) (차) 현 금	8,000,000	(대) 자 기 주 식	7,000,000
		자기주식처분이익	1,000,000

5) 그 밖의 기타자본잉여금

그 밖의 기타자본잉여금으로는 고정자산평가이익과 실권주의 몰수된 납입액 등이 있다. 전자는 회사를 갱생 또는 정리하는 경우에 발생하는 고정자산의 평가차익이며, 후자는 주식을 인수하여 일부 납입 또는 청약증거금의 제공은 하였으나 계약불이행으로 실권주가 되고 그 주식을 몰수 당 했을 때에는 그 납입액은 주주가 갹출한 부분이므로 자본잉여금이 된다.

3. 이익잉여금

(1) 법정적립금

1) 이익준비금(retained earning-legal reserve)

이익준비금은 상법 제458조의 규정에 의하여 “회사는 자본의 2분의 1에 달할 때까지 매결산기의 금전에 의한 이익배당금의 10분의 1 이상의 금액을 이익준비금으로 적립하여야 한다.”는 규정에 의하여 적립하는 준비금을 말한다. 이것은 규정에 의하여 강제적으로 유보 된 법정준비금이며 상법이 잉여금의 일부를 사내에 유보하도록 규정함은 자본의 충실을 기하고 후일에 결손이 발생하더라도 기업을 유지할 수 있도록 하기 위해 특별히 규정한 것이다.

보기| 15-16 다음 거래를 분개하여라.

(1) 주주총회에서 ₩20,000,000을 이익준비금으로 적립하기로 의결하다.

(2) 이월결손금을 보전하기 위하여 이익준비금 ₩1,000,000을 충당하다.

풀이

(1) (차) 이처분이익잉여금 20,000,000 (대) 이익준비금 20,000,000

(2) (차) 이 익 준 비 금 10,000,000 (대) 이월결손금 10,000,000

2) 기타법정적립금

상법 이외의 법령 규정에 의하여 적립되는 금액으로 강제적 성격을 띠는 것과 일정한 조건하에 반드시 적립해야 하는 준강제적 성격을 띠는 것이 있다.

① 기업합리화적립금(reserve for business improvement)

기업합리화적립금은 중요산업(석유화학공업 · 조선업 · 기계공업 · 철강업 · 비금속업 · 사료업 · 방위사업 등)이 투자하거나 공장을 이전하는 경우 법인세나 사업소득세의 감면 또는 공제 받는 금액을 적립하는 적립금을 말한다.

② 재무구조개선적립금(reserve for financial position improvement)

재무구조개선적립금은 증권거래법에 의하여 상장법인은 고정자산처분이익이 고정자산처분손실과 당해 법인세 및 주민세의 합계액을 초과하는 경우에 초과액의 30% 이상을 적립하도록 되어 있는 적립금을 말한다.

(2) 임의적립금

법적 강제력에 의하여 적립하는 것이 아니라 정관의 규정 또는 주주총회의 결의로 적립하는 것으로, 기업 자체의 필요에 따라 임의로 적립하는 것이다. 상법에서는 이를 임의적립금이라고 한다.

대부분의 임의적립금은 특적목적을 위하여 적립된다. 특정 목적의 예로는 사업확장, 사채 상환, 평균적 배당 실시 등이 있다. 특정 목적 없이 임시적으로 적립한 것은 별도적립금이라고 한다. 임의적립금은 특정 목적을 달성하거나, 기업의 정책이 병경되면 미사용잔액이 있을 수 있는데, 이것은 다시 미처분이익잉여금으로 환원시켜(임의적립금의 이입이라고 한다) 처분할 수 있는 이익잉여금이 된다.

임의 적립금은 성격상 적극적 적립금과 소극적 적립금으로 구분된다.

1) 적극적 적립금

자본의 영구적 증가를 가져 오는 적립금으로 사업확장 목적을 위한 적립금이 이에 속한다.

① 사업확장적립금

사업확장적립금은 사업을 확장 할 목적으로 건물이나 공장을 신축 할 자금을 축적하기 위하여 이익의 일부를 유보하는 적립금이다.

보기 15-17 다음 거래를 분개하여라.

삼해산업주식회사는 해산물 가공공장의 신축을 목적으로 사업확장적립금의 목표액인 ₩100,000,000이 되었으므로 공장을 신축하고 공사비 ₩90,000,000은 수표를 발행하여 지급하다.

풀이

(차)	건 물	90,000,000	(대) 당 좌 예 금	90,000,000
	사업확장적립금	100,000,000	(대) 별 도 적 립 금	100,000,000

② 감채적립금

사채를 발행하였을 때 고액의 고정부채 상환에 대비하여 계획적으로 이익의 일부를 적립시키는 적극적적립금이다. 고정부채는 일반적으로 금액이 거액이며, 이것을 상환기에 일시에 상환하 게 되면 영업자금의 부족이 생기고 영업에 지장이 초래 될 때가 있다. 그러므로 이것에 대비하여 부채를 반환 할 때까지 배당을 제한하여 이익의 사외유출을 방지하기도 한다. 감채적립금은 사채를 전액 상환하고 그 목적이 달성되면 별도적립금에 대체하는 것이 일반적이다.

보기 15-18 다음 거래를 분개하여라.

사채 ₩50,000,000을 당좌예금으로 상환하다. 단 사채상환을 위하여 적립한 감채적립금 ₩50,000,000이 있다.

풀이

(차)	사 채	50,000,000	(대) 당 좌 예 금	50,000,000
	감채적립금	50,000,000	(대) 별 도 적 립 금	50,000,000

2) 소극적 적립금

자본 감소를 감소 할 목적 하에 적립하는 적립금이다.

① 배당평균적립금

배당평균적립금이란 순이익이 많은 연도에 이익의 일부를 유보하여 장래 사업 불황에 대비하여 배당부족을 보충 할 목적으로 적립하는 적립금이다. 이것은 호황기의 이익을 유보하여 불황기의 이익부족을 보충하고 일정한 배당을 유지함으로써 주가의 안정을 유지하려는 방안이라 생각 할 수 있다.

보기 15-19 다음 거래를 분개하여라.

(1) 사업불황으로 인하여 당기의 이익이 적게 계상되어 배당평균적립금 중 ₩25,000,000을 전입하여 배당에 충당하기로 주주총회에서 결의하다.

(2) 사업불황으로 인하여 당기순손실 ₩5,000,000을 계상하다. 따라서 주주총회의 결의에 의하여 이 손실은 별도적립금으로서 전보하고 별도로 배당평균적립비금 ₩15,000,000을 배당에 충당하기로 하다.

풀이

(1)	(차)	배당평균적립금	25,000,000	(대) 미처분이익잉여금	25,000,000
(2)	(차)	별도적비금	5,000,000	(대) 미처리결손금	5,000,000
		배당평균적립금	15,000,000	미처분이익잉여금	15,000,000
		미처분이익잉여금	15,000,000	미지급배당금	15,000,000

② 퇴직급여적립금

장기간 근속한 임원 및 종업원 퇴직에 대하여 그 공로에 보답하기 위하여 이익의 일부를 유보하여 장래의 지급에 대비하여 설정한 적립금이다.

보기 15-20 다음 거래를 분개하여라.

퇴직급여적립금 중 ₩10,000,000을 퇴임 이사에 대한 퇴직금으로 수표를 발행하여 지급하다.

풀이

(차) 퇴직급여적립금 10,000,000 (대) 당좌예금 10,000,000

③ 재해손실적립금

이는 광산업과 같이 매몰・폭발・지진・화재 등 장래에 발생할지도 모르는 우발적 거액의 자산손실에 대비하여 이익에 유보한 적립금인데, 화재보전적립금・우발손실적립금 등으로 세분할 수 있다.

④ 자가보험적립금

다수의 고정자산을 소유하는 회사가 보험회사와 보험계약을 체결하는 대신에 지급 할 보험료를 사내에 유보하는 적립금이다. 즉, 보험회사에 보험료를 지급하는 대신 순이익의 일부를 적립하여 장래에 발생 할지도 모를 손해에 대비하는 적립금이다.

보기 15-21 다음 거래를 분개하여라.

건물이 소실되어 자가보험적립금 ₩1,000,000,000으로 화재손실을 보전하다. 소실된 건물의 장부각격은 ₩1,000,000이다.

풀이

(차) 자가보험적립금	1,000,000	(대) 건　　물	1,000,000

3) 미처분이익잉여금(또는 미처리 결손금)

미처분이익잉여금(unappropriated retained earnings)은 주주총회에서 아직 특정한 사용목적이 확정되지 아니한 이익잉여금으로서, 앞으로 주주총회에서 적법하게 배당에 충당 할 수 도 있고, 상여로서 분배 할 수도 있으며, 또한 특정한 적립금으로 대체할 수 도 있으므로 자유잉여금(free surplus)이라고 한다.

미처분이익잉여금은 원천에 따라, 전기이월이익잉여금과 당기순이익으로 구별된다. 전기이원이익잉여금이란 전기의 미처분이익잉여금을 처분한 다음 잔액으로서 당기에 이월된 것으로 당기에 또다시 주주총회에서 처분대상이 되는 것이다. 미처분이익잉여금의 처분항목은 ① 이익준비금, ② 기타법정적립금, ③ 배당금, ④ 임원상여금, ⑤ 임의적립금 등으로 구성되어 있다. 그리고 미처분이익이영금보다 주주총회에서 처분액이 적을 때에는 그 나머지 부분이 차기이월이익잉여금이 된다.

4. 자본조정

(1) 주식발행차금(discounts on stocks issued)

주식회사가 주식을 발행하여 자본금을 확보하려고 주식을 액면 이하로 발행할 때 액면가와 발행가의 차액을 주식할인발행자금이라 한다. 상법은 주식의 시가가 액면가를 하회하는 경우에도 신주의 발행을 가능하게 하기 위하여 회사 설립 후 2년이 경과하면 주주총회의 특별결의를 거쳐 법원의 인가를 얻으면 일정기간 내에 액면 이하의 발행을 가능하게 하고 있다(상법 제417조). 상법은 액면미달금액(주식할인발행차금)을 이연자산으로 재무상태표의 자산에 기재할 수 있도록 하고 이것을 3년 내의 매 결산기에 균등액 이산을 상각하도록 규정하고 있다(상법 제455조). 그러나 기업회계기준서에서는 주식할인발행차금의 성질이 배당건설이자와 마찬가지로 자본거래라는 점을 중시하여 자본에서 차감하는 형식으로 표시케 하고 동 상각액도 3년 내에 균등 상각하여 이익잉여금처분항목으로 처리하도록 규정하고 있다.

보기 15-22 다음 거래를 분개하여라.

(1) 설립 후 4년이 경과한 도림상사는 주주총회의 특별결의와 법원의 인가를 얻어 신주(액면 ₩5,000) 1,000주를 1주당 ₩4,000으로 발행하고 납입금은 당좌예금에 대체 예입하다.

(2) 결산일에 위의 주식할인발행차금 ₩250,000을 상각하다.

풀이

		차변	금액		대변	금액
(1)	(차)	당좌예금	4,000,000	(대)	자본금	5,000,000
		주식할인발행차금	1,000,000			
(2)	(차)	주식할인발행차금상각	250,000	(대)	주식할인발행차금	250,000

(2) 배당건설이자(pre-operating dividens)

배당건설이자란 회사를 설립하였으나 건설기간이 장가간 이어서 당분간 이익배당을 할 수 없지만 사업이 유망하여 앞으로 이익을 창출 할 수 있는 기업에 대해 법정절차에 따라 일정한 이자를 주주에게 배당 할 수 있도록 하는 것이다. 이 제도를 인정하는 이유는 회사 설립 후 초기에 이익배당이 없으면 투자자들이 투자를 기피하므로 투자촉진을 위한 것이다. 그러나 상법 제463조의 규정에 의하여 사업의 성질상회사가 설립 후 2년 이상 그 영업의 일부 또는 전부를 개업 할 수 없는 경우에는 장관의 규정과 법원의 허가를 얻어 개업전 일정한 기간에 한하여 연 5% 이내의 범위에서 주주에게 배당을 할 수 있다.

상법은 이것을 이연자산으로 규정하고 있으나 기업회계기준서에서는 배당건설이자를 자본의 처분항목으로 규정하여 그 상각액을 이익잉여금처분항목으로 처리하도록 하였다. 또한 개업 후 연 6% 이상의 이익배당을 하는 경우에는 6%를 초과한 금액과 동액 이상을 상각해야 한다.

보기 15-23 다음 거래를 분개하여라.

(1) 우성건설은 정관의 규정과 법원이 허가를 받아 ₩5,000,000의 배당건설이자를 현금으로 지급하였다.

(2) 개업 후 이상의 배당건설이자 중에서 ₩1,000,000을 상각하였다.

풀이

(1)	(차) 배 당 건 설 이 자	5,000,000	(대) 현　　　금	5,000,000
(2)	(차) 미처분이익잉여금	1,000,000	(대) 배 당 건 설 이 자	1,000,000

(3) 자기주식

자기주식은 자기회사가 이미 발행된 주식을 추후 발행할 목적으로 주주로부터 매입 또는 증여에 의하여 재취득한 주식이다. 자기주식을 취득한 경우에 취득원가를 자기주식계정과목으로 하여 계상한다.

(4) 미교부주식 배당금

이익잉여금처분계산서(안)의 주식배당금은 미교부주식배당금으로 자본조정에 계상한다. 이러한 주식배당금은 논리적으로 자본금의 증가로 처리하여야 하나 상법에서 자본금 변동을 엄격히 규제하는 점을 고려하여 미교부주식배당금을 미확정사항으로 보아 자본조정계정으로 처리하도록 한것이다. 미교부주식배당금은 주주총회에서 결의에 따라 주식배당시 관련 자본계정에 대체한다.

5. 기타포괄손익누계액

새로 제정된 기업회계기준서 제21호에서는 자본항목에서 기타포괄손익누계액 항목을 별도 표시하도록 하고 있다. 그 내용으로는 매도가능금융자산평가손익, 해외사업환산손익, 현금흐름위험회피 파생상품평가손익 등의 잔액을 표시하도록 하고 있다.

(1) 매도가능금융자산평가손익

매도가능금융자산평가손익은 매도금융자산으로 분류한 주식이나 채권을 시가법으로 평가한 경우에 발생하는 평가손익이다. 매도가능금융자산평가손익은 기말에 포괄손익계산서의 기타포괄손익에서 재무상태의 기타포괄손익누계액으로 대체한다. 그 대체한 금액을 추후 당해 주식이나 채권의 처분시 매도가능금융자산처분(당기손익)에 재분류조정(차감 또는 부가)하여야 한다. 이렇게 재분류조정이 이루어져야 당기손익계산을 정확하게 할 수 있다.

(2) 해외사업환산대(또는 해외사업환산차)

해외지점이나 해외사업소 또는 해외소재 지분법적용대상회사의 외화표시 자산과 부채를 원화로 환산하는 경우에는 원칙적으로 제68조의 규정을 준용하여 평가한다. 다만, 영업과 재무활동이 본점과 독립적으로 운영되는 해외지점, 해외사업소 또는 해외소재 지분법적용 대상회사의 경우에는 당해 자산과 부채는 대차대조표일 현재의 환율을, 자본은 발생 당시의 환율을 적용하며, 손익항목은 거래발생 당시의 환율이나 당해 회계연도의 평균환율을 일괄 환산할 수 있다.

단서의 규정에 의하여 발생하는 환산손익은 이를 상계하여 그 차액을 해외사업환산차 또는 해외사업환산대의 과목으로 하여 자본조정으로 처리하며, 그내용을 주석으로 기재한다.

(3) 현금흐름위험파생상품평가손익

현금흐름위험파생상품은 특정위험으로 인한 예상거래의 미래현금흐름변동 위험을 감소시키기 위하여 지정된 파생상품으로 위험회피에 효과적인 부분은 자본조정으로 계상한 후 향후 예상거래가 당기손익에 영향을 미치는 회계연도에 당기손익으로 인식하거나, 발생시 관련 자산과 부채의 장부가액에서 가감하는 것을 말한다.

연습문제

01 기업의 형태에 따른 자본금의 표시방법을 설명하라.

02 자본을 분류하고 설명하라.

03 주식회사의 자본금을 약술하라.

04 수권자본제도의 특징을 설명하라.

05 잉여금을 분류하고 설명하라.

06 다음의 연속된 거래를 분개하고 자본금계정과 인출금계정에 전기하고 마감하라. 단 상품에 관한 계정은 3분법에 의한다.

(1) 현금 ₩500,000을 원시출자하여 개업하다.
(2) 기업주는 私用으로 현금 ₩5,000과 원가 ₩2,000의 상품을 인출하다.
(3) 전기료 ₩5,000을 현금으로 지급하다. 이 중 ₩1,500은 기업주 개인의 가정용 분이다.
(4) 결산에 임하여 인출금계정잔액을 자본금계정에 대체하다.
(5) 결산 결과 당기순이익 ₩90,000을 계상하다.

07 다음 거래를 분개하라.

(1) 갑사는 을사를 흡수합병하고 그 주주에게 100만원을 교부하다. 을사의 제 자산은 300만원, 제 부채는 200만원이다.
(2) 미발행주식 중 액면 5,000원의 주식 1천주를 주주할당에 의해 1주 6,000원에 발행 납입증거금은 당좌예금하다. 납입증거금은 자본금에 대체하다.
(3) 결손금 500만원 전보하기 위하여 2주를 1로 병합하였다.
(4) 미처분이익잉여금 500만원으로 액면 5,000원의 주식 1천주를 매입하여 이것을 소각하다.
(5) 상환주식(액면 5,000원) 1천주를 상환조건에 따라 1주 6,000원에 미처분이익으로 상환하다.

08 다음의 합병차익에 관한 회계처리를 분개하고 설명하라.

A사가 B사를 흡수합병하여 그 주주에게 액면 5,000원이 주식 1,000주를 교부하다.

재무상태표

B사 (단위 : 천원)

제 자 산	15,000	제 부 채	7,000
		자 본 금	5,000
		자본잉여금	1,500
		이익준비금	700
		임의적립금	800
	15,000		15,000

09 자본금 ₩50,000,000의 주식회사 대신상사의 금년 전반기의 순이익은 ₩15,000,000이며, 이월이익잉여금의 기말진액은 ₩3,000,000이었다. 이에 대해서 다음의 물음에 대하여라.

(1) 결산일의 분개

(2) 이익잉여금처분이 주주총회에서 결정 된 경우의 분개

다만 이익잉여금의 처분안의 다음과 같다.

이 익 준 비 금	₩2,000,000	배 당 금	연 20%
감 채 적 립 금	₩1,000,000	배 당 적 립 금	₩6,500,000
별 도 적 립 금	15%	이월이익잉여금	잔액

10 다음의 거래를 분개하여라.

(1) 결산의 결과 당기순이익 ₩2,340,000이 발생하다.

(2) 주주총회의 결의에 의하여 이익금 ₩2,500,000(이월이익잉여금 ₩160,000 이익금 ₩2,340,000)의 처분을 다음과 같이 결정하다.

이 익 준 비 금	₩234,000	주 주 배 당 금	₩600,000
신 축 적 립 금	₩82,800	감 채 적 립 금	₩1,217,200
별 도 적 립 금	₩232,000	이월이익잉여금	₩134,000

11 발행주식 수 500주, 액면 @₩5,000, 주당발행가액 @₩7,000의 을회사에서 결손금을 보전 할 목적으로 자사주식 200주를 시가 1주당 @₩4,000으로 매입소각하다. 당시의 을회사의 재무상태표는 다음과 같다. 필요한 분개를 행하라. 다만 발행가액주의에 의하여 처리 할 것.

재무상태표

제 자 산	7,000,000	제 부 채	4,000,000
이월결손금	500,000	자 본 금	2,500,000
		자본잉여금	1,000,000
	7,500,000		7,500,000

12 주식회사 태산의 주주총회에서 감자하기로 특별결의하다.

(1) 3:2의 비율로서 주식을 병합하여 ₩5,000,000으로 감자하다.

(2) 주식의 병합에 의하여 발행하는 감자차익으로 결손금을 보전하고, 잔액은 자본잉여금으로 적립하다. 감자 직전의 재무상태표는 다음과 같다.

재무상태표

제자산	10,800,000	제 부 채	5,000,000
이월결손금	1,200,000	자 본 금	7,000,000
	12,000,000		12,000,000

(1) 감자에 따른 분개를 표시하라.

(2) 감자 후의 재무상태표를 작성하라.

13 주식회사설립 후 2년 이내에 영업개시가 불가능하다고 판단한 새만금(주)은 자본조달을 위해 배당건설이자를 지급하기로 하였다. 최초 회사설립연도(20x7년 5월)에는 자본금의 3%를, 다음 회계연도에는 4%를 지급하기로 하였다. 당기(20x9년 5월)에는 최초로 순이익 400,000원이 발생하여 자본금의 8%의 배당금을 지급했다. 또한 자본금은 800,000원으로서 설립시의 자본금과 동일하다.

(1) 배당건설이자 지급시의 회계처리를 하라(단, 배당선언과 동시에 지급한다고 가정한다).

(2) 당기의 배당지급과 관련된 회계처리를 하라.

결산정리와 결산제표 제16장

§1 결산정리의 필요성

결산일에 총계정원장의 각 계정잔액이 실제액을 나타내지 않는 경우가 있다. 예를 들면 자산에 속하는 상품에는 모르는 사이에 도난·오손 등에 의한 수량적 부족이 있으며 시가의 하락으로 인한 가치적 손실이 있다. 비품이나 건물의 고정자산에도 시간의 경과나 사용에 의해서 가치가 감소한 것이 있다. 이와 같은 가액의 감소는 영업연도 중 계속해서 일어나고 있으나 평소에는 기장할 기회가 없다. 또 유가증권의 가격은 거의 매일 등락하고 있으므로 결산일에는 시장가격과 장부가액 사이에는 차액이 생긴다. 또 받을어음이나 외상매출금의 채권에도 회수불능으로 될 우려가 있는 것도 있고, 채권으로서 불충실한 것이 있다. 결산은 모든 자산과 채권을 새로 평가하여 장부가액과 실제액을 비교하여 그 금액을 수정하는 것이다.

자산이나 손익에 속하는 제 계정의 잔액을 결산예비절차로서 실제액과 장부가액을 일치시켜 적정한 재무상태화 경영성과를 표시하고 계산하기 위하여 취해지는 절차를 결산정리라 하며, 이를 위해서 각 계정계좌의 기록을 수정하는 것을 수정기입(adjustment journalizing) 또는 정리분개라 한다. 결산정리의 종류에는 자산의 결산정리와 수익·비용의 결산정리(법인세추산 포함)가 있다.

§2 결산정리의 내용과 수정기입

결산정리는 크게 자산에 속하는 계장의 결산정리와 수익·비용에 속하는 계정의 결산정리로 구분된다.

1. 자산의 결산정리

건물이나 비품과 같은 자산은 사용 또는 시간의 경과에 따라 가치가 감소되기 때문에 기초의 자산가액과 기말의 자산가액은 일치하는 것으로 볼 수 없다. 특히 유형자산은 가치가 감소된 부분만큼을 감가상각비 등의 방법으로 비용화하여 정확한 재무상태를 유지하도록 하여야 한다.

이와 같이 결산일 현재 자산의 정확한 가치를 파악하기 위하여 행해지는 계산을 '자산의 비용배분계상'이라 한다.

2. 수익 · 비용의 결산정리

수익・비용결산정리는 발생주의를 채택하기 때문에 필요한 절차이다. 즉 결산정리를 하기 이전에 현금주의(cash basis)에 의해 회계처리하여 왔던 것을 발생주의(accrual basis)로 수정하는 절차라고 할 수 있다.

발생주의란 현금의 수입・지출과는 달리 수익・비용이 실제로 발생한 시점을 중심으로 거래를 파악하는 것이다. 따라서 이미 현금으로 받은 수익이라고 하더라도 당기의 수익에 속하지 않는 것은 수익에서 제외하고, 아직 현금을 받지 않은 것이지만 당기의 수익에 속하는 것은 수익에 가산하여야 한다. 또 이미 현금으로 지급한 비용이라고 하더라도 당기의 비용에 속하지 않는 것은 비용에서 제외하고, 아직 현금으로 지급되지 않은 것이지만 당기의 비용에 속하는 것은 비용에 가산하여야 한다. 이들 금액을 가감조정하여 기간손익을 정확히 계산하는 것이 결산시 중요한 작업이다.

3. 결산수정기입

이상과 같이 자산의 비용배분계상이나 수익・비용의 기간귀속계상은 결산예비절차로서 행해지는데, 이를 위해 각 계정계좌의 기록을 수정하는 것을 수정기입(adjustment entries) 또는 정리기입이라 한다. 그리고 계정기록의 수정은 반드시 분개를 통해서 행해지는데, 이를 수정분개(adjustment journalizing) 또는 정리분개라 한다.

결산정리사항은 일괄하여 재고조사표에 기재되는 것이 일반적이다. 결산정리사항을 정리하면 다음과 같다.

(1) 재무상태표항목의 수정기입

① 재고자산에 관한 정리기입
② 유형자산의 감가상각
③ 제 충당금의 설정
④ 기타 자산·부채에 관한 정리기입

(2) 포괄손익계산서항목의 수정기입

① 선급비용의 이연기입
② 선수수익의 이연기입
③ 미지급비용의 예상계상
④ 미수수익의 예상계상

§3 재무상태표항목의 수정

1. 자산항목수정의 중요성

재무상태표항목의 수정은 주로 자산·부채·자본항목의 수정을 의미하는데 그 중에서 자산항목의 수정이 결산정리에 중요한 결과를 가져온다. 이는 곧 '자산의 평가'라는 문제와 직결된다.

자본의 크기가 자산과 부채의 차액에 의해 결정되고 또 부채가 그 자체 일정한 금액을 갖는다면, 자산의 평가에 따라, 당해 연도의 순이익이 직접 영향을 받게 된다.

비용배분을 정확히 하기 위해서는 자산의 정당한 재무상태표가액의 결정이 중요하다. 그 이유는 자산평가, 즉 비용배분은 그것을 행하는 자의 주관과 판단에 의해 지배되기 때문에 인위적인 이익조작의 위험이 있고, 그 결과 기업재정에 악영향을 미칠 뿐만 아니라 투자자·채권자 기타의 수익관계자에게 큰 해를 미치게 할 우려가 있기 때문이다. 정당한 비용배분이 되도록 자산의 재무상태표가액을 결정하는 것은 정확한 손익계산을 하는 데 매우 중요하다.

(차) 잔액시산표 (대)

차변	대변
자 산	부 채
	자 본
비 용	수 익

2. 재무상태표항목의 수정사항

결산에 있어서 재무상태표항목의 수정사항, 즉 기말결산예비절차로서 정리분개를 필요로 하는 사항을 일괄표시하면 다음 [표 16-1]과 같다(다만 부분적으로 포괄손익계산서항목과 관련되는 것도 포함되고 있다).

대부분은 앞에서 설명되었으나, ⑨와 ⑪이 누락되었으므로 이에 대해서만 추가 설명키로 한다.

[표 16-1] 재무상태표항목의 수정사항

재무상태표항목의 수정사항
- ① 상품재고장에 의한 상품가액의 수정(매출원가산출)
- ② 채권의 대손충당금의 설정
- ③ 유가증권 · 재고자산 · 투자자산 등의 저가평가
- ④ 외화표시자산과 외화표시부채의 평가
- ⑤ 유형자산의 비용화계상(감가상각계산)
- ⑥ 무형자산의 상각수정(감가상각계산)
- ⑦ 가지급금 · 가수금의 정리
- ⑧ 현금과부족의 발견수정
- ⑨ 저장품 · 소모품의 정리
- ⑩ 인출금의 정리(개인기업인 경우)
- ⑪ 기타 회계상의 오류의 발견과 수정

(1) 저장품 · 소모품의 정리

회계상 '저장품'이란 포장용 재료 • 선전용품 • 담보처분품 등을 말하며, 이들을 구입한 때에는 저장품비계정(store supplies expenses a/c)이나 소모품비계정(office supplies expenses a/c)의 차변에 기입하였다가 결산 때에 미사용 잔액이 있는 경우에는 그 잔액을 조사하여 당기의 비용에서 차감하는 동시에, 각각 저장품계정과 소모품계정에 대체하였다가 차기에 이월시킨다. 차기의 첫날짜로 다시 저장품비계정 또

는 소모품비계정에 되돌리는 대체분개를 행한다. 이와 같이 차기 최초의 날짜로 되돌리는 분개를 재수정분개라 한다.

보기 16-1 다음 거래를 분개하라.

(1) 11월 20일 필기도구 ₩40,000, 포장재료 ₩60,000을 현금으로 구입하다.

(2) 12월 31일 결산에 있어 기말 사무용품 미사용 잔액은 ₩10,000, 포장재료는 ₩20,000이 있다.

풀이

(1) 11/20 (차)	소 모 품 비	40,000	(대) 현 금	100,000
	저 장 품 비	60,000		
(2) 12/31 (차)	소 모 품	10,000	(대) 소 모 품 비	10,000
	저 장 품	20,000	저 장 품 비	20,000

<재수정분개>

1/1 (차)	소 모 품 비	10,000	(대) 소 모 품	10,000
	저 장 품 비	20,000	저 장 품	20,000

보기 16-2 다음 거래를 분개하라.

외상매출금 잔액 ₩100,000의 대물반제로서 자전거와 세탁기를 인수하다. 그 시가는 ₩60,000이며, 잔액은 회수 가망이 없는 것으로 판명되다. 다만 대손충당금잔액은 없다.

풀이

(차)	저 장 품	60,000	(대) 외 상 매 출 금	100,000
	대 손 상 각 비	40,000		

(2) 기타 회계상의 오류의 발견과 수정

기타 회계기장상의 오류, 처리상의 오류를 발견, 수정한다.

§4 포괄손익계산서항목의 수정

결산에 있어서 포괄손익계산서항목의 수정사항으로서 정리분개가 필요한 사항을 일괄표시하면 다음 [표 16-2]와 같다(다만 재무상태표항목과 관련되는 것도 포함된다).

[표 16-2] 포괄손익계산서항목의 수정사항

- 포괄손익계산서항목의 수정사항
  - 이연항목
    - ① 선급비용의 이연
    - ② 선수수익의 이연
  - 예상항목
    - ③ 미지급비용의 예상(인식계상)
    - ④ 미수수익의 예상(인식계상)
  - ⑤ 전기손익수정손익의 계상
  - ⑥ 법인세의 추정계상

(1) 선급비용계정

이미 지급한 비용 중에는 차기 이후의 비용으로 되는 부분이 있는데, 이를 '선급비용'이라 한다. 선급비용은 해당 비용계정의 대변에 기입하여 차감하는 동시에, 자산계정인 선급비용계정(prepaid expenses a/c)을 설정하여 그 차변에 기입한다. 따라서 비용계정의 잔액은 손익계정에 대체하고, 선급비용의 자산계정으로서 차기에 이월한다. 그리하여 결산을 끝내고 다음 회계연도의 첫날짜로 선급비용계정에서 손익계정에 재수정분개를 해야 한다. 우리나라 기업회계기준상 선급비용은 '당좌자산'의 일종이며(동 기준 제13조 9호) 선급보험료 · 선급할인료 · 선급집세 · 선급광고료 등 여러 가지 계정이 있다.

보기 16-3 다음 일련의 거래를 분개하라.

(1) 5월 1일 1년분 보험료 ₩36,000을 현금으로 지급하다.

(2) 12월 31일 결산에 있어 보험료 중 미경과분(4개월분) ₩12,000을 차기에 이월하다.

(3) (다음 해) 1월 1일 선급보험료 ₩12,000을 보험료계정에 대체하다.

풀이

(1)	5/1	(차) 보 험 료	36,000	(대) 현 금	36,000
(2)	12/31	(차) 선 급 보 험 료	12,000	(대) 보 험 료	12,000
	12/31	(차) 손 익	24,000	(대) 보 험 료	24,000
(3)	1/1	(차) 보 험 료	12,000	(대) 선 급 보 험 료	12,000

(2) 선수수익계정

선급비용과는 반대로 이미 수입된 수익 중에서 차기 이후의 수익으로 되는 부분을 차감 정리하는 계정이다. 즉 선수분을 해당 계정의 차변에 기입하는 동시에, 선수수익이라는 부채계정을 설정하여 그 대변에 기입하고 그 잔액을 차기에 이월시키는 것이다. 그리하여 차기 첫날짜로 재수정분개를 하는 것은 선급비용계정의 경우와 같다. 기업회계기준에서는 선수수익을 유동부채에 소속시키고 있으며(동 기준 제23조 10호) 선수집세 · 선수지대 · 선수이자 등 여러 가지가 있다.

보기 16-4 다음 일련의 거래를 분개하라.

(1) 8월 1일 대여금이자 1년분 ₩36,000을 현금으로 받다.

(2) 12월 31일 결산에 있어 이자수익 중 미경과분(7개월분) ₩21,000을 차기에 이월하다.

(3) (다음 해) 1월 1일 선수이자 ₩21,000을 이자수익계정에 대체하다.

풀이

(1)	8/1	(차) 현 금	36,000	(대) 이 자 수 익	36,000
(2)	12/31	(차) 이 자 수 익	21,000	(대) 선 수 이 자	21,000
	12/31	(차) 이 자 수 익	15,000	(대) 손 익	15,000
(3)	1/1	(차) 선 수 이 자	21,000	(대) 이 자 수 익	21,000

(3) 미지급비용계정

당기에 속하는 비용 중에 지급하지 않은 비용을 미지급비용이라 한다. 미지급분은 비용계정의 차변에 기입하는 동시에 미지급비용계정(accrued expenses a/c)이라는 부채계정을 설정하여 그 대변에 기입한다. 따라서 미지급분은 당기손익에 가산되고, 미지급비용계정은 차기에 이월된다. 그리하여 결산을 끝내고 다음 회계연도의 첫날짜로 미지급계정에서 비용계정에 재수정분개를 해야 함은 이연항목의 경우와 같다. 기업회계기준에는 미지급비용을 유동부채에 소속시키고 있으며(동 기준 제23조 6호) 미지급이자 · 미지급집세 · 미지급세금 · 미지급광고료 등 여러 가지가 있다.

보기 16-5 다음의 일련의 거래를 분개하라.

(1) 4월 1일 6개월분 집세 ₩12,000을 현금으로 지급하다.

(2) 12월 31일 결산에 있어서 당기분의 미지급집세 ₩6,000을 계상하다.

(3) (다음 해) 1월 1일 미지급집세 ₩6,000을 지급집세계정에 대체하다.

풀이

(1)	4/1	(차) 지 급 집 세	12,000	(대) 현 금	12,000
(2)	12/31	(차) 지 급 집 세	6,000	(대) 미 지 급 집 세	6,000
	12/31	(차) 손 익	18,000	(대) 지 급 집 세	18,000
(3)	1/1	(차) 미 지 급 집 세	6,000	(대) 지 급 집 세	6,000

(4) 미수수익계정

당기의 수익에 속하는 수익 중에는 아직 수입되지 않은 수익을 미수수익이라 한다. 미수분을 당해 수익계정의 대변에 기입하는 동시에 미수수익계정(accrued income a/c)이라는 자산계정의 차변에 기입해서 차기에 이월시킨다. 그리하여 다음 회계연도의 첫날짜에 재수정분개를 해야 함은 미지급계정의 경우와 같다. 기업회계기준에서는 미수수익을 유동자산(당좌자산)에 소속시키고 있으며(동 기준 제13조 7호) 미수이자 · 미수집세 · 미수수수료 등 여러 가지가 있다.

보기 16-6 다음 거래를 분개하라.

(1) 12월 31일 결산 때에 수수료에 대한 미수분 ₩6,000을 계상하다.
다만 기수입분 ₩10,000이 있음

(2) (다음 해) 1월 1일 미수수수료 ₩6,000을 수입수수료계정에 대체하다.

(3) 2월 10일 수수료 중 ₩4,000을 현금으로 받다.

풀이

(1)	12/31	(차) 미 수 수 수 료	6,000	(대) 수 입 수 수 료	6,000
	12/31	(차) 수 입 수 수 료	16,000	(대) 손 익	16,000

(2) 1/1	(차)	수 입 수 수 료	6,000	(대) 미 수 수 수 료	6,000
(3) 2/10	(차)	현 금	4,000	(대) 수 입 수 수 료	4,000

(5) 법인세의 추산

종전의 법인세는 일반관리비인 조세공과금계정에서 처리하였으나, 현행 기업회계기준에서는 법인세비용계정을 독립적으로 설정하여 차변에 기입한다. 법인세를 비용으로 계상하려면 결산정리사항의 하나로 금액을 추산하여야 한다. 그 방법은 손익계산상의 '법인세비용차감전순이익'에다 추정세율을 곱하여 기업이 납부할 법인세액이 산출되나, 실제에 있어서는 '법인세과세표준액'(과표)에다 법인세율을 곱하여 계산한다. 만일 법인세액을 추산한 결과 과대납이 되었으면 그 초과분은 '선급법인세계정' 차변에 기장 처리한다.

연습문제

01 다음 자료에 의하여 (1) 정리분개를 표시하고, (2) 정산표를 작성하고, (3) 포괄손익계산서와 재무상태표를 작성하라. 다만 결산일은 12월 31일로 한다.

A. 원장의 기말잔액

(1)	현금·예금	₩ 50,200	(2)	받을어음	₩ 83,000
(3)	이월상품	150,000	(4)	단기매매증권	100,000
(5)	외상매출금	105,000	(6)	건물	140,000
(7)	외상매입금	71,000	(8)	차입금	53,500
(9)	대손충당금	2,000	(10)	자본금	400,000
(11)	영업비	23,000	(12)	보험료	8,500
(13)	매입	340,000	(14)	매출	470,000
(15)	수입수수료	3,200			

B. 기말정리사항

(1) 기말상품재고액 ₩128,000
(2) 대손충당금, 외상매출금 잔액의 5%로 정정
(3) 단기매매증권 신평가액 ₩ 90,000
(4) 보험료 선급액 ₩ 1,200
(5) 차입금이자 미지급액 ₩ 800
(6) 수수료 미수액 ₩ 1,000
(7) 건물의 감가상각액 ₩ 14,000
(8) 현금초과액 ₩ 700은 잡이익으로 처리

02 다음의 시산표는 회계기록상의 오류가 없었음에도 불구하고 차변합계와 대변합계가 일치하지 않았다. 올바른 시산표를 작성하라.

<u>시 산 표</u>

차변	계정과목	대변
437,000	현금	
	당좌예금	450,000
638,000	외상매출금	
	선급비용	24,000
800,000	건물	
	외상매입금	750,000
380,000	미지급비용	

	장기차입금	773,000
	자본금	138,000
	용역수입	958,000
40,000	잡수익	
230,000	급료	
120,000	보험료	
	지급이자	340,000
2,645,000	합계	3,433,000

03 다음 총계정원장잔액과 정리사항으로써 8위식정산표를 작성하라.

A. 총계정원장잔액

현금	₩ 35,000	당좌예금	₩114,000
외상매출금	35,000	대손충당금	500
단기매매증권	30,000	이월상품	28,000
건물	180,000	건물감가누계액	18,000
비품	30,000	비품감가누계액	6,000
매출	205,000	매입	140,500
외상매입금	44,000	차입금	25,000
자본금	320,000	인출금(차변)	8,000
수입수수료	2,500	급료	12,000
영업비	8,500		

B. 기말정리사항

(1) 상품기말재고액 ₩ 25,000
(2) 감가상각, 건물 원가의 5%, 비품 원가의 10%
(3) 대손충당금, 외상매출금 잔액에 비해 2%로 정정
(4) 단기매매증권 평가액 ₩ 27,000
(5) 현금 실제소유액 ₩ 36,800
(6) 인출금은 정리할 것

04 다음의 정산표를 완성하고 분개를 행하라.

정 산 표

계 정 과 목	수정전시산표		수정분개		수정후시산표	
	차 변	대 변	차 변	대 변	차 변	대 변
현 금	1,000				1,000	
외 상 매 출 금	3,500				3,500	
선 급 임 차 료	2,400				1,600	
소 모 품	1,900				1,520	
건 물	4,000				4,000	
건물감가상각누계액		360				720
외 상 매 입 금		700				700
자 본 금		6,000				6,000
용 역 수 입		12,040				12,040
급 료	3,800				4,500	
영 업 비	2,500				2,500	
	19,100	19,100				
소 모 품 비					380	
건물감가상각비					360	
미 지 급 급 료						700
지 급 이 자					250	
미 지 급 이 자						250
지 급 임 차 료					800	
			2,490	2,490	20,410	20,410

05 다음 잔액시산표와 기말정리사항으로 재무상태표와 포괄손익계산서를 작성하여라.

〈기말정리사항〉

(1) 기말상품재고액 ₩ 16,500

(2) 단기매매증권미수이자 ₩ 1,000

(3) 대손충당금은 외상매출금잔액의 5%로 한다.

(4) 비품에 대하여 20%의 감가상각을 한다.

(5) 지대집세 미지급액 ₩ 3,000

(6) 보험료 중 미경과액 ₩ 600

잔 액 시 산 표

차변 과목	금액	대변 과목	금액
현 금 · 예 금	16,000	지 급 어 음	14,000
받 을 어 음	20,000	외 상 매 입 금	24,000
외 상 매 출 금	25,000	자 본 금	56,000
단기매매증권	28,000	대 손 충 당 금	600
이 월 상 품	17,000	감가상각누계액	1,500
비 품	8,000	매 출	100,000
매 입	85,000	수 입 수 수 료	7,000
이자비용 · 할인료	2,700	잡 이 익	5,200
보 험 료	3,600		
잡 비	3,000		
	208,300		208,300

(1960 KICPA)

06 다음 시산표 · 재무상태표 및 포괄손익계산서의 ( ) 속에 적당한 금액을 기입하라.

시 산 표

차변 과목	금액	대변 과목	금액
현 금	60,000	지 급 어 음	72,000
당 좌 예 금	72,000	외 상 매 입 금	48,000
받 을 어 음	54,000	매 출	126,000
외 상 매 출 금	96,000	감가상각누계액	48,000
가 지 급 금	18,000	대 손 충 당 금	(d)
소 모 품	9,000	자 본 금	(e)
이 월 상 품	(a)	이 자 수 익	(f)
매 입	(b)		
건 물	120,000		
급 료	12,000		
보 험 료	1,800		
영 업 비	7,200		
	(c)		(g)

재 무 상 태 표

현 금	60,000	지 급 어 음	72,000
당 좌 예 금	72,000	외 상 매 입 금	48,000
받 을 어 음	54,000	미 지 급 영 업 비	(j)
외 상 매 출 금	96,000	감가상각누계액	50,400
가 지 급 금	18,000	대 손 충 당 금	4,800
소 모 품	(h)	자 본 금	300,000
이 월 상 품	60,000	당 기 순 이 익	(k)
건 물	120,000		
선 급 보 험 료	600		
미 수 이 자	1,800		
	(i)		(l)

포 괄 손 익 계 산 서

기 초 재 고 액	42,000	당 기 매 출 액	(s)
당 기 매 입 액	108,000	기 말 재 고 액	(t)
매 출 총 이 익	(m)		
	(n)		(u)
대 손 상 각 비	3,000	매 출 총 이 익	(v)
감 가 상 각 액	(o)	이 자 수 익	(w)
소 모 품 비	4,200		
보 험 료	(p)		
급 료	12,000		
영 업 비	10,200		
당 기 순 이 익	(q)		
	(r)		(x)

07 강남상사는 기말결산의 결과 다음과 같은 포괄손익계산서와 재무상태표를 작성하였다. 이에 의하여 결산정리사항과 결산 전의 잔액시산표를 표시하라.

포 괄 손 익 계 산 서

기초상품재고액	450,000	매 출	1,900,000
매 입	1,650,000	기말상품재고액	600,000
매 출 총 이 익	400,000		
	2,500,000		2,500,000
판 매 비	112,000	매 출 총 이 익	400,000
소 모 품 비	52,000	잡 익	20,000
급 료	30,000		
지 급 집 세	24,000		
이 자 비 용	17,000		
지 급 보 험 료	18,000		
감 가 상 각 비	10,000		
대 손 상 각 비	4,000		
잡 비	19,000		
당 기 순 이 익	134,000		
	420,000		420,000

재 무 상 태 표

현 금	10,000	외 상 매 입 금	464,000
당 좌 예 금	65,000	단 기 차 입 금	240,000
외 상 매 출 금	372,000	미 지 급 이 자	1,000
상 품	600,000	대 손 충 당 금	10,000
소 모 품	12,000	감가상각누계액	66,000
비 품	250,000	자 본 금	400,000
선 급 보 험 료	6,000	당 기 순 이 익	134,000
	1,315,000		1,315,000

08 다음 정산표를 완성하라.

<u>정　　산　　표</u>

20△△年 12月 31日

계정과목	시산표		정리기입		포괄손익계산서		재무상태표	
	차변	대변	차변	대변	차변	대변	차변	대변
현　　금								
당좌예금	277,000						277,000	
외상매출금	245,000						245,000	
대손충당금		2,800						
이월상품							152,000	
비　　품	200,000						200,000	
비품감가상각누계액		60,000						90,000
외상매입금		176,000						176,000
자 본 금		500,000						500,000
매　　입	675,000		125,000		648,000			
매　　출		878,200				878,200		
급　　료	50,000				50,000			
보 험 료	9,000				6,000			
영 업 비	21,000				26,000			
대손상각비					4,550			
감가상각비					30,000			
선급보험료							3,000	
미지급영업비								5,000
당기순이익								
합　　계	1,617,000	1,617,000	319,550	319,550	878,200	878,200		892,000

09 다음의 결산수정사항을 참고로 하여 아래의 정산표를 완성하시오(단위 : 천 원).

(1) 기말상품재고액 : ₩ 1,500
(2) 건물감가상각비 : ₩ 450
(3) 비품감가상각비 : ₩ 300
(4) 이 자 미 수 분 : ₩ 50
(5) 대 손 추 정 액 : ₩ 매출채권 잔액의 4%
(6) 잡비미지급분 : ₩ 100
(7) 보험료미경과분 : ₩ 30

정 산 표

계 정 과 목	시 산 표		정 리 기 입		포괄손익계산서		재무상태표	
	차 변	대 변	차 변	대 변	차 변	대 변	차 변	대 변
현 금	200							
당 좌 예 금	2,000							
단기매매증권	5,100							
매 출 채 권	6,000							
이 월 상 품	1,000							
비 품	3,000							
건 물	9,000							
매 입 채 무		5,000						
미 지 급 금		2,000						
자 본 금		15,000						
매 입	27,000							
급 여	1,450							
이 자 비 용	200							
보 험 료	100							
잡 비	250							
매 출		33,200						
이 자 수 익		100						
합 계	55,300	55,300						

10 공명상사는 기말결산의 결과 다음과 같은 재무상태표와 포괄손익계산서를 작성하였다. 이에 의하여 결산정리사항과 결산 전의 잔액시산표를 표시하라.

재 무 상 태 표

현 금 · 예 금	30,000	지 급 어 음	55,000
받 을 어 음	400,000	외 상 매 입 금	460,000
외 상 매 출 금	1,000,000	퇴직급여충당금	130,000
할부매출미수금	500,000	건물감가상각누계액	240,000
이 월 상 품	200,000	비품감가상각누계액	130,000
단기매매증권	300,000	차 입 금	700,000
건 물	1,000,000	대 손 충 당 금	57,000
비 품	300,000	할부매출미실현이익	100,000
영 업 권	40,000	미지급통신비	5,200
특 허 권	70,000	자 본 금	1,000,000
선 급 할 인 료	25,000	당 기 순 이 익	537,800
선 급 보 험 료	15,000		
미 수 수 수 료	30,000		
	3,910,000		3,910,000

포 괄 손 익 계 산 서

기초상품재고액	300,000	매 출 액	3,530,000
매 입	2,500,000	할 부 판 매	1,500,000
영 업 비	845,000	수 입 수 수 료	65,000
급 료	400,000	단기매매증권평가익	20,000
통 신 비	155,200	기말상품재고액	250,000
보 험 료	45,000		
이자비용 · 할인료	295,000		
퇴 직 급 여	30,000		
비품감가상각비	30,000		
건물감가상각비	40,000		
이월할부매출이익	100,000		
영 업 권 상 각	10,000		
특 허 권 상 각	15,000		
재고감모손실	50,200		
대 손 상 각 비	12,000		
당 기 순 이 익	**537,800**		
	5,365,000		5,365,000

재무제표 제 17 장

§1 재무제표의 의의 및 체계

1. 재무제표의 의의

재무제표(financial statement)는 기업의 이해관계자에 대하여 재무상태와 경영성적에 관한 회계정보를 제공하는 수단이며, 그 정보는 기업에 관련된 모든 의사결정과 기업회계의 발전에 중요한 자료가 된다. 따라서 재무제표는 기업회계의 결론이라고 한다.

원래 재무제표는 주식회사에 있어서 소유와 경영의 분리를 배경으로 재산의 관리 보전과 운용에 대해 소유자가 수탁자인 경영자에 대하여 보고하도록 한 것이었다. 그런데 최근에는 기업이 사회적 · 공공적 성격을 띰에 따라 기업 외부이해관계자도 여러 방면에 분표되어 있다. 즉 주주 · 채권자 · 거래처 · 종업원 · 소비자 · 지역주민 · 감독관청 · 세무당국 등 각종 이해관계자에게 필요한 정보를 제공하지 않을 수 없게 되었다. 또한 과거의 정보에서 미래의 정보로, 경제적 정보에서 후생적 정보로, 개별적 정보에서 집단적 정보로 이행되어 가고 있다. 이렇게 하여 경제적 정보, 재무정보의 제공은 물론 후생적 정보로서의 기업의 사회적 책임에 관한 정보가 강하게 요청되어 ① 종업원의 생활향상 및 복리증진, ② 공해방지 · 자연환경의 보전, ③ 종업원의 안전 · 위생, ④ 소비자보호대책과 서비스의 향상, ⑤ 지역사회에의 봉사 등에 관한 정보가 공개되기에 이르렀다.

또한 기업활동이 국내뿐만 아니라 해외에서도 전개됨에 따라 기업활동의 범위는 확대되었다. 따라서 전출입무역, 기술도입, 자금의 대여 · 차입금 등의 거래가 활발하게 이루어지고 있다. 여기에 새로운 질과 양의 회계정보가 요구되게 되었으며, 기타 해외와의 거래가 활발하게 이루어짐에 따라 외국자본과의 제휴라든가 해외지점의 설치, 공장의 진출, 자회사 등의 설치되고 여기에 기업집단으로서의 포괄적 회계정보가 요청되기에 이르렀다.

2. 재무제표의 체계

재무제표는 그것을 이용하는 사람이나 목적 또는 기업환경, 관계법규에 따라 종류와 체계를 달리하고 있다.

(1) 상법상의 재무재표

상법상의 재무제표는 상법 제447조에 의하여 주식회사의 재무제표로서 ① 재무상태표, ② 포괄손익계산서, ③ 이익잉여금처분계산서 또는 결손금처리계산서를 작성할 것을 명문으로 규정하고 있다.

상법 제29조 제1항은 "상인은 상업상의 재산 및 손익의 상황을 명백히 하기 위하여 회계장부와 재무상태표를 작성하여야 한다."고 규정하고 있다. 회계장부에는 거래와 기타 영업상의 재산에 영향이 있는 사항을 기재하여야 한다.

또한 상인은 영업을 개시한 때와 매년 1회 이상 일정한 시기에, 회사는 성립한 때와 매결산기에 회계장부에 의하여 재무상태표를 작성하여야 한다(상법 제30조).

개정상법으로 이익잉여금계산서 또는 결손금처리계산서를 기본재무제표로 하는 한편 종래의 영업보고서는 기본재무제표에서 이사가 별도로 작성토록 하고(상법 제447조 제2항), 정기총회에서 그 내용을 보고하는 데 그치며(상법 제449조 제2항) 승인대상에서 제외시켰다.

(2) 기업회계기준상의 재무제표

우리나라의 「기업회계기준」은 1958년 「기업회계원칙」과 「재무제표규칙」을 제정하여 재무제표의 체계를 처음으로 정립하였다. 그 후 1974년 「상장법인 등의 회계처리에 관한 규정」에서 같은 체계로 재정립하였다가 1980년 11월에 전면개정된 것을 다시 1981년 12월에 「기업회계원칙」과 「재무제표규칙」을 통합・조정하여 「기업회계기준」이라고 개칭하게 되었다. 이에 재무제표는 ① 재무상태표, ② 포괄손익계산서, ③ 현금흐름표, ④ 자본변동표 등으로 체계화되었다.

(3) 세법상의 재무제표

세법은 기업회계에 관하여 어떤 특별한 원칙이 있는 것이 아니고 상법과 기업회계기준에 따라 작성된 확정결산에 기초를 두고 과세소득을 계산하는 데 목적이 있다. 그러므로 세법은 상법과 기업회계기준의 재무제표에 의존하며, 재무제표의 체계 역시 존재하지 않는 것으로 보아도 무방하다.

다만 세법은 과세표준의 신고서로서 기업회계기준을 준용하여 작성한 당해 사업연도의 ① 재무상태표, ② 포괄손익계산서, ③ 이익잉여금처분(결손금처리)계산서, ④ 세무조정계산서, ⑤ 기타 기획재정부령이 정하는 서류 등을 첨부하도록 규정하고 있다(법인세법 제26조 제2항 및 제5항).

이 중 ①, ②, ③은 「기업회계기준」에 의한 재무제표와 동일하나 ④의 세무조정계산서는 기업회계의 정확한 조정 또는 성실한 납세를 확보하기 위하여 필요한 것으로 국세청장이 정하는 일정한 기준에 해당하는 법인에 대하여 요구하는 것으로서 세무조정계산서는 공인회계사 또는 세무사가 작성하여야 한다. 그리고 ⑤ 기타 기획재정부령이 정하는 서류로서는 법인세법 시행규칙 제43조 제3항에서 계기하는 각종 부속명세서를 첨부하도록 되어 있다.

§2 재무상태표

1. 재무상태표의 의의와 종류

(1) 재무상태표의 의의

「재무상태표」(balance sheet; B/S, position statement)는 일정시점에 있어서 기업의 재무상태를 표시하는 표로서 포괄손익계산서와 더불어 중요한 기본재무제표이다. 재무상태표는 일정시점에서 작성되므로 반드시 확정된 일자를 나타내어야 하며, 기업의 재무상태를 나타내는 것이므로 그 내용에는 자산・부채・자본을 빠짐없이 기록하여야 한다. 자산과 부채의 가액은 재산목록의 금액에 따라 기재되며, 자본은 원시출자인 자본금과 사내유보액인 잉여금과 그 기간에 발생한 순손익을 구별해서 계상해야 한다. 이렇게 작성된 재무상태표는 기업의 지급능력이나 안정성을 판단하는 자료가 된다.

(2) 재무상태표의 종류

재무상태표는 작성 시기에 따라서 다음과 같이 분류한다.

1) 개업재무상태표　개업재무상태표는 기업의 창립 또는 사업의 개시에 있어서 개업재산목록에 의하여 작성되는 재무상태표이다. 따라서 이 재무상태표는 기업의 창립 또는 개시시에 기업재산의 현상 또는 재무상태의 표시를 목적으로 하며, 상법의 규정에 의하여 강제되고 있다. 그러나 개업재무상태표는 매 회계연도 말에 작성되는 결산재무상태표와 같이 계속기업으로 전제로 한다.

2) 중간재무상태표　중간재무상태표는 회계연도 중에 기업이 내부이용의 목적으로 지정되는 반기재무상태표・월차재무상태표 등을 말한다.

3) 결산재무상태표　결산재무상태표는 계속기업에 있어서 기간손익계산 및 연도손익계산의 필요성에서 일정한 결산연도마다 작성되는 일반적인 재무상태표이다. 이것을 연도재무상태표라고 한다.

4) 청산재무상태표　청산재무상태표는 회사의 청산절차에 관련하여 작성되는 재무상태표이며, 상법의 규정(상법 제247조, 제256조, 제533조)에 의한 특수재무상태표이다. 청산재무상태표에는 청산개시재무상태표와 청산연도재무상태표가 있는데, 일반적으로 청산개시재무상태표를 말한다.

5) 합병재무상태표　합병재무상태표는 회사의 합병에 있어서 존속하는 또는 신설회사가 합병 후 최초로 작성하는 재무상태표를 말한다. 또한 동일기업 내부에 있어서 독립의 회계단위에 관한 재무상태표를 합병하여 작성되는 기업 전체에 대한 재무상태표를 지칭하기도 한다, 본・지점합병재무상태표가 대표적인 예이다.

2. 재무상태표의 작성방법

(1) 재고조사법과 유도법

재무상태표의 작성방법에는 재고조사법과 유도법이 있다. 「재고조사법」(inventory method)은 재무상태표작성시에 계속된 장부기록에 의존하지 아니하고 자산・부채를 실지조사하고 이에 따라 작성하는 방법으로, 단식부기에서는 이 방법에 의하여 작성된다. 「유도법」(derivation method)은 복식부기를 전제로 장부기록의 계산절차상 결산잔액계정 또는 각 계정의 이월액으로써 작성하는 방법이다. 후자에 의한 재무상태표가 정규부기의 원칙에 의해서 작성된 재무상태표이다. 그러나 실제에 있어서는 양자를 절충한 방법을 사용하고 있다.

(2) 재무상태표 형식

재무상태표의 형식에는 계정식과 보고식이 있다. 「계정식재무상태표」(account form B/S)는 총계정원장의 계정계좌처럼 차변에 자산항목을, 대변에 부채와 자본항목을 기입하여 병행시키는 것이며, 「보고식재무상태표」(report form B/S)는 대・차 구분 없이 자산합계, 부채・자본합계의 순으로 설명조로 작성하는 것인데, 「기업회계기준」(제10조 2호)에서는 두 형식을 모두 허용하고 있다.

(3) 과목의 분류

과목은 기업의 종류・성질・규모의 대소에 따라 적당히 분류해야 한다. 과목의 분류방법에는 대과목・소과목으로 2단분류하는 방법과 대과목・중과목・소과목의 3단분류로 하는 방법이 있다. 예컨대 유동자산이라는 대분류를 하여 그 밑에 현금・받을어음 등과 같이 소과목을 표시하는 방법이 2단분류이며, 유형자산이라는 대분류 밑에 투자자산・유형자산・무형자산 등과 같이 중분류를 하고, 그 밑에 각각 소과목을 표시하는 방법이 3단분류이다. 「기업회계기준」에서는 자산은 유동자산・비유동자산으로, 부채는 유동부채・비유동부채로, 자본금은 자본금・자본잉여금・이익잉여금, 자본조정, 기타포괄손익누계액으로 구분토록 규정하고 있다.

계정과목은 적당히 종합 내지 통합해야 한다. 예를 들면 현금・당좌예금・보통예금 등을 합하여 현금・예금계정으로 총괄하는 경우가 그것이다. 다만 과목내용이 혼동되지 않으며 그 단순성이 저해되지 않도록 유의해야 한다.

(4) 과목배열

과목배열에는 고정성배열법(capital arrangement method)과 유동성배열법(current arrangement method)의 두 가지가 있다.

고정성배열법은 차변의 자산을 유형자산으로부터 시작하여 순차적으로 유동적인 것으로 나열하며, 대변도 가장 장기적인 자본원천인 자본금으로부터 시작하며, 부채도 비유동부채 · 유동부채의 순으로 배열하는 방법이다. 이 방법은 고정자산이 많은 광산업 · 교통업 · 제조공업 등에 적합하다.

유동성배열법은 전자와 정반대로 차변의 자산은 가장 유동성이 빠른 것부터, 대변의 부채는 유동부채로부터 시작하며 자본금에서 끝나는 식으로 배열하는 방법이다. 상품매매업 · 금융업 등에서 유동자산이 다액인 경우에 적합하다. 「기업회계기준」(제11조 4호)에서는 어떤 업종의 기업이든 구분 없이 유동성배열법만 한정하여 사용하도록 규정하고 있다.

(5) 평가계정의 표시법

평가계정은 그에 대응하는 자산계정에서 직접 차감하는 형식으로 기재하는 것이 재무상태표를 보는데 편리하다. 그 이유는 유형자산의 감가상각, 외상매출금의 대손상각 등을 간접법으로 처리할 때 감가상각누계액 · 대손충당금 등과 같은 평가성충당부채를 대변과목으로 기재하면 적립금과 혼동할 염려가 있기 때문이다. 그 보기를 들면 다음과 같다.

(차변)		재무상태표	(대변)
외 상 매 출 금	200,000		
대손충당금	40,000	160,000	
건 물	800,000		
감가상각누계액	250,000	550,000	

(6) 주기 · 주석

「주기」란 함은 재무제표상의 해당 과목 다음에 회계사실의 내용을 간단한 문구 또는 숫자로 괄호 안에 표기하는 방법으로 표시한 것이고, 「주석」이라 함은 재무제표상의 해당 항목 또는 금액에 기호를 붙이고 난외 또는 별지에 동일한 기호를 표시하여 내용을 간명하게 기재하는 것으로, 이 양자를 합해서 일반적으로 각주(foot note)라 한다.

(7) 금액의 표시

재무상태표(기타의 재무제표 포함)는 당해 연도분과 직전연도분을 비교하는 형식으로 작성하여야 하며, 작성회사의 규모가 크고 투자자에게 오해를 줄 염려가 없다고 인정하는 경우에는 천원 또는 백만원 미만의 금액은 그 기재를 생략할 수 있다.

3. 재무상태표의 양식

재무제표의 양식은 보고식으로 한다. 다만 재무상태표는 계정식으로 할 수 있다. 계정식은 자산=부채+자본의 산식에 따라 자산의 항목과 금액, 부채・자본의 항목과 금액을 좌우양란에 대조적으로 표시하는 방식이다.

계정식은 자산・부채・자본을 좌우 대조적으로 표시하기 때문에 경영분석 등에는 편리하다. 보고식은 이해하기 쉽다는 장점이 있다. 재무상태표의 표준서식을 요약하면 다음과 같다.

재무상태표(계정식)

제△기(당기)△△년△월△일 현재
제△기(전기)△△년△월△일 현재

자 산	제△ (당)기	제△ (전)기	부 채 · 자 본	제△ (당)기	제△ (전)기
	금 액	금 액		금 액	금 액
Ⅰ. 유 동 자 산	(×××)	(×××)	Ⅰ. 유 동 부 채	(×××)	(×××)
(1) 당 좌 자 산	×××	×××	Ⅱ. 비 유 동 부 채	(×××)	(×××)
(2) 재 고 자 산	×××	×××	부 채 합 계	×××	×××
Ⅱ. 비 유 동 자 산	(×××)	(×××)			
(1) 투 자 자 산	×××	×××	Ⅲ. 자 본 금	(×××)	(×××)
(2) 유 형 자 산	×××	×××	(1) 수권주식수		
(3) 무 형 자 산	×××	×××	(2) 발행주식수		
(4) 기타비유동자산	×××	×××	Ⅳ. 자 본 잉 여 금	(×××)	(×××)
			(1) 주식발행초과금	×××	×××
			(2) 감 자 차 익	×××	×××
			(3) 기타자본잉여금	×××	×××
			Ⅴ. 이 익 잉 여 금 (또는 결손금)	(×××)	(×××)

			Ⅵ. 자 본 조 정		
			(1) 주식할인발행차금	(−)(××)	(−)(××)
			(2) 배당건설이자	(−)(××)	(−)(××)
			Ⅶ. 기타포괄손익 누계액	(×××)	(×××)
			자 본 합 계	×××	×××
자 산 총 계	×××	×××	부 채 와 자 본 총 계	×××	×××

재무상태표(보고식)

×××회사 2009년 12월 31일

자 산	
유 동 자 산	
당 좌 자 산	×××
재 고 자 산	×××
비 유 동 자 산	
투 자 자 산	×××
유 형 자 산	×××
무 형 자 산	×××
기타유동자산	×××
자 산 총 계	×××
부 채	
유 동 부 채	×××
비 유 동 부 채	×××
부 채 총 계	×××
자 본	
자 본 금	×××
자 본 잉 여 금	×××
자 본 조 정	×××
기타포괄손익누계액	×××
이 익 잉 여 금	×××
자 본 총 계	×××
부채와 자본총계	×××

다음에 기업회계기준에 의한 간단한 보고식의 재무상태표를 예시하기로 한다.

재 무 상 태 표

×××주식회사　　　자20××년 1월 1일　지20××년 12월 31일　　　(보고식)

과목	금액	금액
Ⅰ. 유동자산		
1. 현금 · 예금		4,600,000
2. 받을어음	600,000	
대손충당금	40,000	560,000
3. 외상매출금	2,700,000	
대손충당금	100,000	2,600,000
4. 단기매매증권		5,200,000
5. 상　　품		11,000,000
Ⅱ. 비유동자산		
1. 건　　물	6,000,000	
감가상각누계액	1,000,000	5,000,000
2. 상　　품	3,400,000	
감가상각누계액	360,000	3,040,000
3. 토　　지		9,200,000
4. 투자부동산	1,400,000	
5. 산업재산권	1,000,000	2,400,000
자산총계		43,600,000
Ⅰ. 유동부채		
1. 매입채무	1,600,000	
2. 미지급이자비용	80,000	1,680,000
Ⅱ. 비유동부채		
1. 사　　채	3,000,000	
2. 장기차입금	1,600,000	4,600,000
부채총계		6,280,000
Ⅰ. 자 본 금		10,000,000
Ⅱ. 자본잉여금		
1. 자본잉여금	2,200,000	2,220,000
Ⅲ. 이익잉여금		
1. 이익준비금	800,000	
2. 임의적립금	3,200,000	
3. 전기이월이익잉여금	600,000	
4. 당기순이익	20,520,000	25,120,000
자본총계		37,320,000
부채 및 자본총계		43,600,000

§3 포괄손익계산서

1. 포괄손익계산서의 의의

「포괄손익계산서」(profit and loss statement; P/L, statement of income; I/S)란 일정기간에 있어서 기업의 경영성과를 나타낸 표이다. 1 회계기간에 속하는 모든 수익과 이에 대응하는 모든 비용은 적정하게 표시하여야 한다(기업회계기준 제64조). 여기서 경영성과라 함은 ① 일정기간의 수익 산정, ② 일정기간의 비용 산정, ③ 순손익 결정 등의 과정을 포함한다.

포괄손익계산서는 재무상태표와 함께 기본적 재무제표 중의 하나이다. 포괄손익계산서와 재무상태표의 관계는 대단히 밀접하다. 즉 재무상태표는 일정시점에 있어서의 재무상태의 단면을 표시하는 점에서 「정태표」(static statement)라 부르며, 포괄손익계산서는 일정기간의 경영활동의 성과를 표시하는 점에서 「동태표」(dynamic statement)라 부른다.

기업은 항상 이익을 추구하며 경영활동을 계속하고 있는바, 그 활동을 하나의 흐름(stream)이라 가정하고 어떠한 일정시점에 있어서 이를 절단하였을 때 단면에 나타난 현상의 계수적 파악이 재무상태표이며, 그 단면과 단면사이의 경영활동의 계수적 파악이 포괄손익계산서이다.

2. 포괄손익계산서의 작성방법

(1) 포괄손익계산서의 형태

손익계산의 방법에는 포괄주의와 당기업적주의가 있다.

1) 포괄손익계산서 포괄손익계산서는 손익항목이 경상항목이든 비경상항목이든 불문하고 그 연도의 손익은 모두 포괄해서 작성하는 것이다. 현행 우리나라의 「기업회계기준」은 이 형식에 의해서 작성해야 한다.

2) 당기업적손익계산서 당기업적손익계산서는 손익항목 중 경상항목만을 포괄손익계산서에 표시하고, 비경상항목은 잉여금계산서에서 표시하는 것이다. 그 결과 포

괄손익계산서에는 정상적인 경영활동의 기간손익만이 당기순손익으로 표시된다.

(2) 포괄손익계산서의 구분표시

포괄손익계산서는 일정기간의 영업활동 성과를 표시하는 것이며, 수익과 비용을 빠짐없이 수록하여 손익관계를 명백하게 나타내어야 한다. 그러기 위해서는 5단계로 구분해서 보고식으로 표시할 필요가 있다.

제1단계 : 매출총손익 = 순매출액 − 매출원가

제2단계 : 영업손익 = 매출총손익 − 판매비와 관리비

제3단계 : 법인세비용차감전계속사업손익 = 영업손익 + 영업외수익 − 영업외비용

제4단계 : 계속사업손익 = 법인세비용차감전계속사업손익
− 계속사업손익법인세비용

제5단계 : 당기순손익 = 계속사업손익 − 중단사업손익(법인세효과후)

이와 같이 단계적으로 구분하여 작성한 포괄손익계산서를 「구분포괄손익계산서」(multiple step P/L)라 한다. 「기업회계기준」에서는 포괄손익계산서를 매출총손익 · 영업 손익 · 경상손익 · 법인세비용차감전 순손익 및 당기순손익으로 구분 · 표시할 것을 규정하고 있다(기업회계기준 제35조).

(3) 포괄손익계산서의 주석과 주기

포괄손익계산서의 주석과 주기는 재무상태표에 비해 많지 않다.

1) 주석사항

① 매출원가와 기말재고액을 산출하기 위해 채택된 재고자산의 평가기준과 재고조사방법,

② 특별상각의 종류 근거, 금액의 내용,

③ 1주당 당기순이익 산출근거,

④ 특수관계자와의 거래에서 발생한 수익 또는 비용을 구분기재 이외의 거래금액과 내용

2) 주기사항

① 재공품 및 원재료재고액의 평가기준,

② 재공품 및 원재료재고액의 재고조사방법,

③ 1중당 당기순이익

3. 포괄손익계산서의 양식

포괄손익계산서의 1회계기간의 영업성적을 표시하는 표이므로 회계기간(自年月日 至年月日)을 기재하지 않으면 안 된다. 포괄손익계산서의 내용을 나타내는 양식에는 재무상태표와 같이 계정식과 보고식이 있다. 전자는 차변에 비용, 대변에 수익을 구분하여 표시하고, 후자는 수익과 비용을 한 열로 설명식으로 표시한다. 포괄손익계산서양식을 요약해서 표시하면 다음과 같다.

다만, 제조업, 판매업 및 건설업 이외의 기업에 있어서는 매출총이익의 구분표시를 생략하고, 영업수익에서 영업비용을 차감하여 바로 영업이익을 표시하는 형식으로 보고하도록 하고 있다.

기업회계기준에 의한 포괄손익계산서를 업종별로 구분하여 양식으로 작성하면 다음과 같다.

[포괄손익계산서 양식]

손익계산서

(제조업, 판매업, 건설업)

××회사	20×1.1.~20×1.12.31
매출액	×××
매출원가	(×××)
매출총이익	×××
판매비와관리비	(×××)
영업손익	×××
영업외수익	×××
영업외비용	(×××)
법인세비용차감전계속사업손익	×××
계속사업손익법인세비용	(×××)
계속사업손익	×××
중단사업손익(법인세효과차감후)	×××
당기순손익	×××

손익계산서

(금융업, 보험업, 부동산임대업 등)

××회사	20×1. 1.~20×1.12.31
영업수익	×××
영업비용	(×××)
영업손익	×××
영업외수익	(×××)
영업외비용	×××
법인세비용차감전계속사업손익	×××
계속사업손익법인세비용	(×××)
계속사업손익	×××
중단사업손익(법인세효과차감후)	(×××)
당기순손익	×××

한편, 중단사업손익이 없을 경우에는 '법인세비용차감전계속사업손익'을 '법인세비용차감전순이익'으로 표시하고, '계속사업손익법인세비용'은 '법인세비용'으로 표시하며, '계속사업손익'은 별도로 표시하지 않는다.

§4 자본변동표

1. 자본변동표의 의의

자본변동표(statement of change in stockholders' equity)는 자본의 크기와 그 변동에 관한 정보를 제공하는 재무보고서이며 자본금, 이익잉여금 및 기타자본요소의 변동에 관한 포괄적인 정보를 제공한다. 즉, 자본변동표는 재무상태표에 표시된 모든 자본항목의 변동내용에 대한 정보를 제공해준다. 자본변동표는 재무제표간의 연계성을 제고시키며 재무제표의 이해가능성을 높인다. 즉, 재무상태표에 표시되어 있는 자본의 기초잔액과 기말잔액을 모두 제시함으로써 재무상태표와 연결할 수 있고, 자본의 변동내용을 포괄손익계산서와 현금흐름표에 나타난 정보와 연결할 수 있어 정보이용자들이 보다 명확하게 재무제표간의 관계를 파악할 수 있게 된다. 또한 자본변동표는 포괄손익계산서에 반영되지 않고 재무상태표의 자본에 직접 가감되는 항목에 대한 정보를 제공하게 된다. 이러한 항목에는 매도가능증권평가손익 또는 재평가잉여금 등과 같은 미실현손익이 포함되는데, 이러한 미실현손익의 변동내용을 나타냄으로써 포괄적인 경영성과에 대한 정보를 제공해 준다.

2. 자본변동표의 구조

자 본 변 동 표

제×기 20××년 ×월 ×일부터 20××년 ×월 ×일까지

회사명 : ______________________________ (단위 : 원)

구분	납입자본	이익잉여금	자본유지조정	기타포괄손익누계액	일반적립금	합계
20×1.12.31 잔액	×××	×××	×××	×××	×××	×××
회계정책변경누적효과		×××				×××
전기오류수정		×××				×××
수정 후 기초잔액		×××				×××
전기 이익처분						
임의적립금의 이입		×××			(×××)	
연차배당		(×××)				(×××)
기타 이익잉여금처분		(×××)			×××	(×××)
기타변동사항						
중간배당		(×××)				(×××)
유상증자	×××					×××
자기주식취득	(×××)					(×××)
기타포괄손익의 대체		×××		(×××)		
총포괄손익		×××		×××		×××
20×2.12.31 잔액	×××	×××	×××	×××	×××	×××

보기 17-1 (주)새만금은 2010년도 자본의 구성은 다음과 같다. 주어진 자료에 의해 자본변동표를 작성하여라.

(1) 기초자본상황 : 자본금 ₩ 5,000, 자본잉여금 ₩ 1,000, 자본조정 ₩ (100), 기타포괄손익누계액 ₩ 1,500, 이익잉여금 ₩ 4,600

(2) 증감변화자료

① 유상증자를 통해 자본금이 ₩ 1,000 증가하였고, 그 과정에서 자본잉여금 ₩ 500 증가되었다.

② 이익잉여금은 전기이월액 ₩ 4,600이였고, 연차배당 ₩ 500을 차감되었다.

③ 차기이익잉여금 ₩ 6,100원 중 처분후 잉여금 ₩ 4,100과 당기순이익 ₩ 2,000으로 구성되다.

풀이

자본변동표

(주)새만금 2010년 1월 1일부터 2010년 12월 31일까지 (단위 : 원)

구분	자본금	자본잉여금	자본조정	기타포괄손익누계액	이익잉여금	총계
2010.1.1 (보고금액)	₩ 7,000	₩ 1,000	₩ (100)	₩ 1,500	₩ 4,600	₩14,000
연차배당					(500)	(500)
처분후 이익잉여금					₩ 4,100	
유상증자	1,000	500				1,500
당기순이익					2,000	2,000
2010.12.31	₩8,000	₩1,500	₩ (100)	₩ 1,500	₩ 6,100	₩17,000

연습문제

01 재무제표의 의의와 체계를 설명하라.

02 상법상의 재무제표 종류를 열거 · 약술하라.

03 서울물산주식회사의 20×2년 3월 31일에 있어서의 다음의 결산정리 후의 계정잔액(이월시산표)에 의거하여 유동성배열법에 의한 보고식의 재무상태표를 작성하여라(단위 : ₩).

〈결산정리 후의 계정잔액〉

계정	금액	계정	금액
현금예금	9,235,000	받을어음	6,000,000
외상매출금	12,500,000	대손충당금 (받을어음분)	240,000
대손충당금 (외상매출금)	500,000	이월상품	4,815,000
비품	1,500,000	비품감가상각누계액	750,000
영업비	1,125,000	사채발행차금	300,000
사채발행비	150,000	출자금	350,000
지급어음	2,200,000	외상매입금	5,125,000
사채	3,000,000	자본금	16,000,000
자본잉여금	1,900,000	이익준비금	600,000
배당평균적립금	1,400,000	선급보험료	30,000
미지급광고선전비	70,000	미지급법인세등	1,545,000

미처분이익(전기이월순이익 ₩850,000과 당기순이익 ₩1,825,000) ₩2,650,000

04 목포산업주식회사의 20×2년 4월 1일부터 20×3년 3월 31일에 있어서의 다음의 손익계정에 의거하여 보고식 포괄손익계산서를 작성하여라.

손 익

차변	금액	대변	금액
기초상품	4,025,000	매출	23,210,000
매입	16,465,000	기말상품	4,815,000
급료	2,525,000	수입수수료	1,115,000
광고선전비	1,300,000	매입할인	350,000
비품감가상각비	150,000	대손충당금환입	300,000
지급보험료	90,000		

대손상각비	740,000		
사채발행차금상각	100,000		
사채발행비상각	150,000		
영업권상각	125,000		
단기매매증권처분손실	250,000		
유형자산처분손실	500,000		
법인세비용등	1,545,000		
미처분이익	1,825,000		
	29,790,000		29,790,000

05 (주)아리울회사의 20×1년 1월 1일부터 20×1년 12월 31일까지의 사업연도의수정전 시산표와 결산정리사항은 다음과 같다. 결산수정분개와 당기업적주의와 포괄주의에 의한 포괄손익계산서를 보고식에 의하여 작성하라.

(1) 수정전잔액시산표 :

잔액시산표

아리울회사 : (20×1.12.31)

차변	금액	대변	금액
현금	50,000	매입채무	350,000
매출채권	1,000,000	비품감가상각누계액	100,000
상품	150,000	건물감가상각누계액	50,000
비품	400,000	자본금	1,000,000
건물	500,000	매출	3,000,000
영업권	50,000	수수료수익	100,000
매입	2,500,000	유형자산처분이익	150,000
판매비	80,000	사채상환이익	50,000
보험료	150,000	이월이익잉여금	200,000
유형자산처분손실	50,000		
재해손실	70,000		
	5,000,000		5,000,000

(2) 결산정리사항 :

① 상품 기말재고액 200,000원
② 대손충당금은 매출채권(외상매출금과 받을어음)의 2% 설정한다.
③ 감가상각은 정률법에 의하여 건물 20%, 비품 7%의 감가상각
④ 보험료미경과액 10,000액

현금흐름표 제 18 장

§1 현금흐름표의 의의와 기능

1. 현금흐름표의 의의

기업회계기준에 의하면 1981년 12월 31일 결산기부터 모든 기업은 재무제표로써 재무상태표, 포괄손익계산서, 이익잉여금처분계산서, 재무상태변동표(자본금 1억원 이상 개인기업도 포함)를 작성하게 되었다. 그러나 기업회계기준 개정시마다 실무에의 적용상 애로점이 노정되다가 1994년 4월 30일 개정시 순운전자본 기준 재무상태변동표를 현금흐름표로 대체하고 1994년 결산기부터 적용토록 하였다.

이는 최근 상장법인의 부도가 속출하면서 기업의 현금흐름에 관한 정보의 중요성이 대두되고 투자자들도 현금흐름에 관한 정보의 중요성이 인식되어 현금흐름에 관한 정보의 욕구가 높아지고 있으나, 개정 전의 순운전자본기준 재무상태변동표는 순운전자본의 개념이 모호하여 그 유용성에 문제점이 제기되어 왔다. 이에 국제증권위원회기구(IOSCO)회의 (1993.10)에서 국제회계기준에서 정하고 있는 현금흐름의 도입을 결정함에 따라 순운전자본기준 재무상태변동표를 현금흐름표로 대체하게 되었다.

재무상태표는 일정시점에서 기업의 재무상태에 대한 채권자 및 소유자의 청구권을 대용표시하는 보고서이며, 포괄손익계산서는 일정기간 동안의 자본에 변동을 주는 활동, 즉 수익과 비용을 나타내는 보고서이다. 이에 대해 현금흐름표는 기업의 현금흐름을 나타내는 표로서 현금의 변동내용을 명확하게 보고하기 위하여 당해 회계기준에 준하는 현금의 유입과 유출 내용을 적정하게 표시한다.

종래의 미국에 있어서는 1963년 APB의견서 제3호에 의하여 재무상태변동표를 재무제표 부속명세서로 작성하다가 APB의견서 제19호에 의하여 작성해 오던 것을 우리나라에서는 1975년 현금운용표라는 재무제표 부속명세서를 요구하다가 1981년 기업회계기준에서의 자금운용표를 재무상태변동표로 명칭을 변경하여 기본적 재무제표의 하나로 규정하였다. 1990년 3월 개정된 기업회계기준에서는 재무상태변동표의 자금변동을 순운전자금으로 바뀌었고, 여기에 현금예금기준 재무상태변동표의 작성을 병행토록 하다가 1994년 9월 이를 고쳐 현금흐름표를 개칭 기본적 재무제표로 조정하기에 이르렀다.

2. 현금흐름표의 기능

미국의 재무회계기준심의회(FASB)는 SFAS 제95호에 의하면 현금흐름표의 기능을 다음과 같이 요약하고 있다.

① 기업의 미래현금창출능력을 평가할 수 있다.
② 기업의 배당금 지급 능력을 평가할 수 있다.
③ 기업의 채무의 규모
④ 기업의 당기순이익과 영업활동으로 인한 순현금흐름에 성과분석을 가능케 한다.
⑤ 일정기간 중의 기업의 현금, 비현금의 투자활동, 재무활동을 평가할 수 있다.

3. 현금흐름표의 목적

현금흐름표의 목적으로는 주요 목적과 부수 목적으로 나눌 수 있는데 주요 목적은 기업의 일정기간 중의 현금유입액과 현금유출액에 관한 정보를 제공하는 것이다.

부수목적으로는 기업의 영업활동, 투자활동, 재무활동에 관한 정보를 현금주의에 의해 보고하는 것이다.

이는 기업의 이해관계자집단을 위하여 필요한 재무정보를 제공하여 투자, 현금조달, 재무위험, 미래의 현금흐름, 배당예측 등을 합리적으로 판단할 수 있게 하는 것이다.

4. 현금흐름표에서의 현금의 개념

현금흐름표에서 제시하는 현금의 의의와 개념은 구체적으로 정의되어야만 현금의 유입과 유출을 표시할 수 있게 된다. 개정된 기업회계기준 제80조 제2항에서 "현금이라 함은 제13조 제1호에서 규정하는 현금 및 현금등가물(이하 이 장에서 현금으로 칭함)을 말한다"고 정의하고 있다.

제13조 제1호의 현금에는 당좌예금과 보통예금뿐만 아니라 기한이 1년 내에 도래하는 정기예금과 정기적금이 포함되어 있으므로, 이들도 현금흐름표 작성기준인 현금에 해당하며 현금등가물이 기업회계기준에 관한 예규115-610에서 구체적으로 정의하고 있는데, 현금등가물이란 현금의 단기적 운용을 목적으로 한 유동성 높은 유가증권을 포함하는 것으로 되어 있다. 구체적으로 ① 취득 당시의 만기 3개월 이내에 도래할 증권, ② 취득 당시 상환일까지 기간이 3개월 이내의 상환우선주, ③ 환매체(3개월 이내의 환매조건) 등을 포함한다.

현금흐름표는 영업활동으로 인한 현금흐름, 투자활동으로 인한 현금흐름, 재무활동으로 인한 현금흐름을 구분하여 표시하고, 이에 기초, 기말의 현금을 산출하는 형식으로 표시하도록 하고 있다.

§2 현금흐름표의 구분표시

1. 현금흐름표의 개요

기업회계기준 제81조에서는 다음과 같이 규정하고 있다.

① 현금흐름표는 3구분하되, 제1구분에는 영업활동으로 인한 현금흐름, 제2구분에는 투자활동으로 인한 현금흐름, 3구분에는 재무활동으로 인한 현금흐름으로 구분표시하고, ② 이에 초기의 현금을 가산하여 기말의 현금을 산출하는 형식으로 표시하도록 하고 있다.

현금흐름표의 구분표시에 대한 개요를 표시하면 다음과 같다.

현금흐름표(개요)

제 × 기 19××년×월×일부터 19××년×월×일까지

제 × 기 19××년×월×일부터 19××년×월×월까지

회사명 ______________________ 단위 : 원(또는 천원, 백만원)

과 목	제×(당)기		제×(전)기	
	금 액		금 액	
Ⅰ. 영업활동으로 인한 현금손실		×××		×××
1. 당 기 순 이 익(손 실)	×××		×××	
2. 현금의 유출이 없는 비용 등의 가산	×××		×××	
3. 현금의 유입이 없는 수익의 차감	(×××)		(×××)	
4. 영업활동으로 인한 자산·부채의 변동				
Ⅱ. 투자활동으로 인한 현금흐름				
1. 투자활동으로 인한 현금유입액	×××		×××	
가. 유동자산의 감소				
나. 투자와 기타자산의 감소				
다. 유형자산의 감소				
2. 투자활동으로 인한 현금유출액	(×××)		(×××)	
가. 유동자산의 증가				
나. 투자와 기타자산의 증가				
다. 유형자산의 증가				
Ⅲ. 재무활동으로 인한 현금흐름		×××		×××
1. 재무활동으로 인한 현금유입액	×××		×××	
가. 유동부채의 증가				
나. 비유동부채의 증가				
다. 자본의 증가				
2. 재무활동으로 인한 현금유출액	(×××)		(×××)	
가. 유동부채의 감소				
나. 비유동부채의 감소				
다. 자본의 감소				
라. 배당금의 감소				
Ⅳ. 현금의 증가(감소)(Ⅰ+Ⅱ+Ⅲ)		×××		×××
Ⅴ. 기 초 의 현 금		×××		×××
Ⅵ. 기 말 의 현 금		×××		×××

2. 현금흐름표의 구분표시

(1) 영업활동으로 인한 현금흐름

1) 영업활동으로 인한 현금흐름의 내용 기업회계기준 "제82조 제1항에 의하면 영업활동은 일반적으로 제품의 생산과 상품 및 용역의 구매, 판매활동을 말하며"라고 정의하고 영업활동으로 인한 현금유입에는 제품 등의 판매에 따른 현금유입, 외상매출금과 받을어음회수(매출채권회수), 이자수익과 배당금수익 등을 예시 포함하며, 현금의 유출에는 원재료, 상품 등의 구입에 따른 현금유출, 외상매입금과 지급어음의 결제(매입채무의 결제), 기타 상품과 용역의 공급자와 종업원에 대한 현금지출, 미지급법인세(유형자산의 처분에 따른 특별부가세 제외)의 지급, 이자비용 등을 예시하고 있다. 이자수익, 배당금수익, 이자비용은 발생원인별로 영업활동, 투자활동, 재무활동으로 각각 분류하여야 하나, 복잡하고 실익이 없으므로 현금흐름표에서는 이들을 영업활동으로 분류하고 있으며, 배당금의 지급은 재무활동으로 분류하고 있다. 법인세 등의 지급은 투자와 재무활동으로 인한 경우도 있으나 유형자산의 처분에 따른 특별부가세만 투자활동으로 분류하고 그 외에는 영업활동으로 분류하고 있다.

2) 영업활동으로 인한 현금흐름의 표시방법 영업활동으로 인한 현금흐름을 보고하는 형태는 직접법과 간접법으로 구분하고 있다.

직접법이란 현금을 수반하여 발생한 수익 또는 비용항목을 총액개으로 표시하는 방법을 말한다(기준 제83조 제2항). 중요한 항목으로는 매출 등 수익활동으로부터의 유입액, 매입 및 종업원에 대한 유출액, 수입이자 유입액, 수입배당금의 유입액, 지급이자 유출액, 법인세 등 유출액 및 기타 영업활동으로 인한 현금유출입 등으로 구분하여 표시한다.

간접법은 손익계산서상의 당기순이익에서 현금의 유출과 유입을 수반하지 않는 항목, 미래 또는 과거의 영업활동에서의 수입, 지출의 이연 또는 초기계상, 투자활동과 재무활동으로 인한 수익, 비용 및 영업활동과 관련된 자산, 부채의 증감을 조정하여 영업활동으로 인한 현금흐름을 산출하는 방법이다. 이는 당기순이익에 현금의 유출이 없는 비용 등을 가산하고 현금의 유입이 없는 수익 등을 차감하는 형식으로 표시한다.

① 직접법

손익계산서법이라고 하며 이는 영업활동으로 인한 현금흐름을 영업활동으로부터 현금유입액과 현금유출액을 비교하여 그 차액으로 하는 방법이다.

기업회계기준 제83조 제2항(영업활동으로 인한 현금흐름의 표시방법)의 ②에서는 직접법을 "현금을 수반하여 발생한 수익 또는 비용 항목을 총액으로 표시하되, 현금유입액은 원천별로 현금유출액은 용도별로 분류하여 표시하는 방법을 말한다"라고 정의하고 있다.

직접법에 의거 현금흐름표를 작성하는 경우에도 영업활동으로 인한 현금흐름액을 구하는 방법에는 두 가지가 있다.

첫째, 그 기업의 회계장부로부터 직접 중요한 수입, 비용항목 등의 현금유입액과 현금유출액을 구하는 방법과, 둘째 손익계산서상의 매출액, 매출원가 및 기타의 손익항목에 현금의 유출과 유입이 없는 항목과 재고자산, 매출채권, 매입채무의 증감 등을 가감하여 계산하는 방법이 있다.

영업활동으로 인한 현금흐름 구분기재의 내용을 표시하면 다음과 같다.

(직접법)

과 목	제×(당)기	
	금 액	
Ⅰ. 영업활동으로 인한 현금흐름		×××
가. 매출 등 수익활동으로부터의 유입액	×××	
나. 매입 및 종업원에 대한 유출액	(×××)	
다. 이자수익 유입액	×××	
라. 수입배당금 유입액	×××	
마. 이자비용 유출액	(×××)	
바. 미지급법인세 등 유출액	(×××)	
사. • • • •	×××	

② 간접법

간접에 의한 영업활동으로 인한 현금흐름은 손익계산서상의 당기순이익(손실)에 현금의 유출이 없는 비용을 가산하고, 현금의 유입이 없는 수익 등을 차감하여 계산하는 것으로 이는 당기순이익에서 현금에 영향을 미치지 않는 수익과 비용, 투자와 재무활동으로 인한 손익, 영업활동과 관련된 채권, 채무의 증감을 차감하거나 가산하여 계산한다.

간접법에 의한 영업활동으로 인한 현금흐름의 구분기재의 내용은 다음과 같다.

(간접법)

과 목	제×(당)기	
	금 액	
Ⅰ. 영업활동으로 인한 현금흐름		×××
1. 당기순이익(손실)	×××	
2. 현금의 유출이 없는 비용 등의 가산	×××	
① 현금의 유출이 없는 비용		
② 현금의 유출이 있으나 투자, 재무 활동으로 인한 비용		
3. 현금의 유입이 없는 수익 등의 차감		
① 현금의 유입이 없는 수익		
② 현금의 유입이 있으나 투자, 재무 활동으로 인한 수익	(×××)	
4. 영업활동으로 인한 자산·부채의 변동		

(2) 투자활동으로 인한 현금흐름

1) 투자활동으로 인한 현금흐름의 내용 기업회계기준 제84조에는 투자활동으로 인한 현금흐름을 규정하고 있는데 먼저 투자활동이라 함은 현금의 대여와 회수활동, 유가증권(현금등가물 제외) 투자자산·유형자산 및 무형자산의 취득과 처분활동을 말한다라고 규정하고 있으며, 투자활동으로 인한 현금의 유입에는 대여금의 회수, 단기금융상품·유가증권의 처분, 투자자산·유형자산 및 무형자산의 처분 등을, 투자활동으로 인한 현금유출에는 현금의 대여, 단기금융상품·유가증권의 취득, 투자자산·유형자산 및 무형자산의 취득에 따른 현금유출로서 직전 또는 직후의 지급액(자본화되는 이자비용 포함) 등을 예시하고 있다. 이 경우 투자활동과 고정자산의 취득에 따른 현금유출 중 취득 직전 또는 직후의 지급액은 투자활동으로 분류되고 미지급금의 지급은 재무활동으로 분류하고 있다.

2) 투자활동으로 인한 현금흐름의 표시방법 투자활동으로 인한 현금흐름이 작성방법은 개정 전 재무상태표에 의한 투자와 재무활동에서 조달되거나 사용된 순운전자본의 작성방법과 동일하나 유가증권(현금등가물 제외)과 단기대여금 등 같은 유동자산의 정보가 추가된다. 세부 계정과목은 그 중요성에 따라 구분하여 기재하여야 한다.

투자활동에 의한 현금흐름 구분기재의 내용을 표시하면 다음과 같다.

과 목	제×(당)기		제×(전)기	
	금 액		금 액	
II. 투자활동으로 인한 현금흐름		×××		×××
1. 투자활동으로 인한 현금유입액	×××		×××	
가. 유동자산의 감소				
나. 투자와 기타자산의 감소				
다. 유형자산의 감소				
2. 투자활동으로 인한 현금유출액	(×××)		(×××)	
가. 유동자산의 증가				
나. 투자와 기타자산의 증가				
다. 유형자산의 증가				

(3) 재무활동으로 인한 현금흐름

1) 재무활동으로 인한 현금흐름의 내용　기업회계기준 제85조에는 재무활동에 의한 현금흐름을 규정하고 잇는데 여기서 재무활동이란 현금의 차입 및 상환활동, 신주발행이나 배당금의 지급 등과 같이 부채와 자본계정에 영향을 미치는 거래를 말한다. 재무활동으로 인한 현금유입에는 단기차입금, 장기차입금의 차입, 어음·사채의 발행, 주식발행 등이 포함되며, 재무활동으로 인한 현금유출에는 배당금의 지급, 유상감자, 자기주식의 취득, 차입금의 상환, 자산의 취득에 따른 부채의 지급 등이 포함된다.

2) 재무활동으로 인한 현금흐름의 표시방법　재무활동으로 인한 현금흐름의 표시방법은 종래의 재무상태변동표의 투자와 재무활동에서 조달되거나, 사용된 순운전자본 작성방법과 동일한 당좌차월의 증가와 감소에 따른 현금변화, 또는 단기차입금 차입과 상환과 같은 유동부채에 관한 정보가 추가되는 점이다.

재무활동에 의한 현금흐름의 구분기재의 내용을 표시하면 다음과 같다.

과 목	제×(당)기		제×(전)기	
	금 액		금 액	
Ⅲ. 재무활동으로 인한 현금흐름		×××		×××
1. 재무활동으로 인한 현금유입액	×××		×××	
가. 유동부채의 증가				
나. 비유동부채의 증가				
다. 자본의 증가				
2. 투자활동으로 인한 현금유출액	(×××)		(×××)	
가. 유동부채의 감소				
나. 비유동부채의 감소				
다. 자본의 감소				
라. 배당금의 지급				

§3 현금흐름표의 작성절차와 방법

1. 현금흐름표의 작성절차

현금흐름표를 작성하기 위해서는 다음 네 단계를 거쳐야 한다.

(1) 제1단계 : 비교재무제표를 준비한다.

① 비교재무상태표 : 기초와 기말에 자산・부채・자본의 증감변화를 알 수 있다.

② 포괄손익계산서 : 경영활동을 통한 손익발생으로 조달되고 운용된 현금의 흐름을 추적하는 데 도움을 준다.

③ 추가자료 : 기타 선택된 거래자료나 이익잉여금계산서의 배당금 등에 관한 자료를 얻을 수 있다.

(2) 제2단계 : 현금변동액(증감액)을 결정한다.

비교재무제표로부터 기초와 기말의 현금차이를 계산하여 얻는다.

여기서 주의할 것은 현금에는 예금 이외에 현금등가물이 포함된다.

기업회계기준상 현금과 예금을 묶어서 한 계정으로 표시한다.

(3) **제3단계** : 영업활동으로 인한 현금흐름을 결정한다.

주어진 비교재무제표와 자료를 통한 매입・매출 등 영업활동과 관련된 현금의 흐름을 측정한다.

(4) **제4단계**

투자활동과 재무활동으로 인한 현금흐름을 결정한다. 투자활동으로 인한 현금의 유입・유출과 재무활동으로 인한 현금의 유입과 유출을 나누어 현금흐름을 결정한다.

2. 현금흐름표의 작성방법

현금흐름표의 작성방법에는 다음의 두 가지 방법이 있다.

(1) 거래분석법(transaction analysis approach)

총계정원장 또는 시산표와 기타 관련자료로부터 계정을 분석하여 직접 현금흐름표를 작성하는 방법이다. 현금거래가 많지 않고 현금흐름의 파악이 쉬울 때 T계정이나 정산표를 이용하지 않고 작성하는 방법으로 숙련된 회계인은 쉽게 작성할 수 있다.

(2) T계정법(T-account method)

W.J.Vatter 교수가 개발한 방법으로 T계정에 의해 현금흐름표를 작성하는 방법이다. 모든 거래를 현금거래와 비현금거래로 분할하여 현금에 영향을 미치는 비현금거래를 T계정에 의해 분석하고 이를 이용하여 현금흐름표를 작성하는 방법이다.

3. 현금흐름표의 작성예시

(1) 거래분석법

주어진 거래자료를 거래분석법에 의해 예시하면 현금거래와 비현금거래를 분석하여 현금흐름표를 작성하면 된다.

보기 18-1 다음 비교재무상태표와 포괄손익계산서 추가자료를 기초로 하여 현금흐름표를 작성하라.

<자료 1>

태인상사(주) 비교재무상태표

단위 : 천원

〈자 산〉	2012.12.31	2011.12.31	〈부채와 자본〉	2012.12.31	2011.12.31
현금 · 예금	51,000	59,000	외상매입금	41,000	6,000
외상매출금	31,000	41,000	사 채	150,000	
상 품	70,000		자 본 금	60,000	60,000
선급보험료	6,000		이익잉여금	154,000	34,000
건물 · 비품	268,000				
감가누계액	(21,000)				
	405,000	100,000		405,000	100,000

손익계산서

매출이익		500,000
영 업 비(감가상각비 제외)	277,000	
감가상각비	21,000	298,000
영업이익		202,000
법 인 세		68,000
당기순이익		134,000

<추가자료>

① 기간 중 사채 150,000,000 발행하다.

② 건물 · 비품, 상품은 현금으로 취득하다.

③ 2011년도 결산시 배당금 14,000,000은 2012년 2월에 주주총회의 결의에 의해 3월 지급하다.

풀이

<거래분석> 간접법에 의해 작성

1) 영업활동에 의한 현금흐름

① 손익계산서상 당기순이익은 134,000,000이며 발생주의 회계처리 결과임

② 당기순이익 자산항목으로 감가상각비 21,000,000이었다.

③ 외상매출금감소는 현금주의 수익이 발생주의 수익보다 컸으므로 차액 10,000,000은 당기순이익 가산한다.

④ 외상매입금의 증가는 현금지불이 당기에 있었으나 비용의 일부는 다음 회기연도에 이연됨을 뜻한다.

⑤ 상품재고액은 현금지출의 수익이 다음 해에 나타나므로 순이익에서 차감하다.

2) 투자활동 또는 재무활동으로 인한 현금흐름

① 투자활동으로 인한 현금흐름으로 유형자산취득은 현금유출이다.

② 재무활동으로 인한 현금흐름에서 사채발행으로 150,000,000의 현금이 유입되고,

③ 2011년 배당금지급에 따른 14,000,000의 현금이 유출된다.

현 금 흐 름 표

(주)태인상사 2012.1.1~2012.12.31 (단위 : 원)

Ⅰ. 영업활동으로 인한 현금흐름		124,000,000
1. 당기순이익	134,000,000	
2. 현금의 유출이 없는 비용의 가산		
감가상각비	21,000,000	
3. 영업활동으로 인한 자산부채의 변동		
외상매출금 감소	10,000,000	
외상매입금 증가	35,000,000	
선급비용의 증가	(6,000,000)	
상품의 증가	(70,000,000)	
Ⅱ. 투자활동으로 인한 현금흐름		(268,000,000)
1. 투자활동으로 인한 현금유출액		
건물 · 비품의 취득	(268,000,000)	
Ⅲ. 재무활동으로 인한 현금흐름		136,000,000
1. 재무활동으로 인한 현금유입액		
사채활동	150,000,000	
2. 재무활동으로 인한 현금유출액		
배당금의 지급	(14,000,000)	(8,000,000)
Ⅳ. 현금의 감소		59,000,000
Ⅴ. 기초의 현금		51,000,000
Ⅵ. 기말의 현금		

(2) T계정법

T계정법은 W.J.Vatter 교수에 의해 개발된 것으로 앞서의 현금기준 재무상태변동표와 작성방법이 유사하다. 이는 현금계정(현금 · 예금계정)을 총괄계정으로 하고 현

금과 예금의 변동에 영향이 있는 비현금계정에 대하여 각각 계정을 설정하여 비현금거래를 분석하여 현금흐름표를 작성한다.

다음에 한 예를 통해 T계정법에 의한 현금흐름표를 작성하기 위한 분석·계정의 기입방법 등을 예시해 본다.

보기 18-2 다음 비교재무상태표 및 추가자료를 이용하여 T계정법에 의한 현금흐름표를 작성하라.

<자료 1>

풍남상사(주)의 비교재무상태표

	2008.12.31	2009.12.31		2008.12.31	2009.12.31
유 동 자 산:			**유 동 부 채:**		
현 금	60,000	6,000	외상매입금	60,000	100,000
외상매출금	40,000	110,000	지 급 어 음	20,000	24,000
상 품	80,000	100,000	미지급급료	10,000	12,000
계	180,000	216,000	계	90,000	136,000
유 형 자 산:			**비유동부채:**		
건물·기계	200,000	450,000	사 채	–	200,000
감가상각누계액	(60,000)	(80,000)	**자 본:**		
계	140,000	370,000	자 본 금	200,000	
			이익잉여금	30,000	50,000
			계	230,000	250,000
자 산 총 계	320,000	586,000	**부채와자본총계**	320,000	586,000

<추가자료>

풍남상사의 2009년의 추가자료가 아래에 있다.

① 당기순이익 40,000

② 감가상각비 20,000

③ 기간 중 주주총회에서 결의되어 지급된 배당금 20,000

(이 배당금은 2008년의 영업실적에 대한 것이다.)

풀이

<분석> 풍남상사의 현금흐름표의 작성을 위한 분개

① (차) 현 금(영업활동-당기순이익) 40,000

(대) 이익잉여금 40,000

② (차) 현 금(영업화동-감가상각비의 가산) 20,000

(대) 감가상각누계액 20,000

③ (차) 이익잉여금 20,000

(대) 현 금(기타운용-배당금) 20,000

④ (차) 외상매출금 70,000

(대) 현 금(영업활동-차감액) 70,000

⑤ (차) 상 품 20,000

(대) 현 금(영업활동-차감액) 20,000

⑥ (차) 건물 · 기계 250,000

(대) 현 금(기타운용-건물 · 기계의 취득) 250,000

⑦ (차) 현 금(영업활동-순이익과 가산액) 40,000

(대) 외상매입금 40,000

⑧ (차) 현 금(영업활동-순이익과 가산액) 40,000

(대) 지급어음 40,000

⑨ (차) 현 금(영업활동-순이익과 가산액) 20,000

(대) 미지급급료 20,000

⑩ (차) 현 금(기타원천-사채의 발행) 200,000

(대) 사 채 200,000

현 금(예금포함)

기 초	60,000		

영업활동

순이익과 가산액		순손실과 차감액	
① 당기순이익	40,000	④ 외상매출금	70,000
② 감가상각비	20,000	⑤ 상 품	20,000
⑦ 외상매입금의 증가	40,000		
⑧ 지급어음의 증가	4,000		
⑨ 미지급급료	2,000		

기타활동(비영업활동)

원 천(유입)		운 용(유출)	
⑩ 사채의 발행	200,000	③ 배당금의 지급	20,000
		④ 건물 · 기계의 획득	250,000
기 말	6,000		

외상매출금

기초	40,000		
④	70,000		
기말	110,000		

상 품

		기초	80,000
		⑤	20,000
		기말	100,000

건물 · 기계

기초	200,000		
⑥	250,000		
기말	450,000		

감가상각누계액

		기초	60,000
		②	20,000
		기말	80,000

외상매입금

		기초	60,000
		⑦	40,000
		기말	100,000

지급어음

		기초	20,000
		⑧	4,000
		기말	24,000

미지급급료

		기초	10,000
		⑨	2,000
		기말	12,000

사 채

		기초	0
		⑩	200,000
		기말	200,000

이익잉여금

		기초	30,000
③	20,000	①	40,000
		기말	50,000

현 금 흐 름 표

(주)풍남상사 2009.1.1~2009.12.31 (단위 : 원)

Ⅰ. 영업활동으로 인한 현금흐름			16,000
1. 당기순이익		40,000	
2. 현금의 유출이 없는 비용의 가산		20,000	
감가상각비	20,000		
3. 영업활동으로 인한 자산 · 부채의			

증가			
외상매입금의 증가	40,000	46,000	
지급어음의 증가	4,000		
미지급급료의 증가	2,000		
외상매출금의 증가	70,000	(90,000)	
상품의 증가	20,000		
Ⅱ. 투자활동으로 인한 현금흐름			(250,000)
1. 투자활동으로 인한 현금유입액			
2. 투자활동으로 인한 현금유출액		(250,000)	
건물 · 기계의 취득	250,000		
Ⅲ. 재무활동으로 인한 현금흐름			180,000
1. 재무활동으로 인한 현금유입액		200,000	
사채의 발행	200,000		
2. 재무활동으로 인한 현금유출액		(20,000)	
배당금의 지급	20,000		
Ⅳ. 현금의 감소(Ⅰ+Ⅱ+Ⅲ)			54,000
Ⅴ. 기초의 현금			60,000
Ⅵ. 기말의 현금			6,000

§4 현금흐름표의 양식

우리나라 기업회계기준에서 규정하고 있는 현금흐름표의 표준양식은 다음과 같다.

[별지 제9호 서식] (직접법)

현 금 흐 름 표

제×기 20××년 ×월 ×일부터 20××년 ×월 ×일까지

제×기 20××년 ×월 ×일부터 20××년 ×월 ×일까지

회사명 단위 : 원(또는 천원, 백만원)

과 목	제×(당)기		제×(전)기	
	금	액	금	액
Ⅰ. 영업활동으로 인한 현금흐름		×××		×××
가. 매출 등 수익활동으로부터의 유입액	×××		×××	
나. 매입 및 종업원에 대한 유출액	(×××)		(×××)	
다. 이자수익 유입액	×××		×××	
라. 배당금수익 유입액	×××		×××	

마. 이자비용 유출액	(×××)		(×××)	
바. 미지급법인세등 유출액	(×××)		(×××)	
사. ●●●●●●●●●●●	×××		×××	
II. 투자활동으로 인한 현금흐름		×××		×××
1. 투자활동으로 인한 현금유입액		×××		×××
가. 유동자산의 감소	×××		×××	
단기대여금의 회수	×××		×××	
단기금융상품의 처분	×××		×××	
유가증권의 처분	×××		×××	
●●●●●●●●●●●	×××		×××	
나. 투자자산의 감소	×××		×××	
장기성예금의 감소	×××		×××	
투자유가증권의 처분	×××		×××	
장기대여금의 회수	×××		×××	
●●●●●●●●●●●	×××		×××	
다. 유형자산의 감소	×××		×××	
토지의 처분	×××		×××	
건물의 처분	×××		×××	
기계장치의 처분	×××		×××	
●●●●●●●●●●●	×××		×××	
2. 투자활동으로 인한 현금유출액		(×××)		(×××)
가. 유동자산의 증가	(×××)		(×××)	
현금의 단기대여	×××		×××	
단기금융상품의 취득	×××		×××	
유가증권의 취득	×××		×××	
●●●●●●●●●●●				
나. 투자자산의 증가	(×××)		(×××)	
장기성예금의 증가	×××		×××	
투자유가증권의 취득	×××		×××	
현금의 장기대여	×××		×××	
●●●●●●●●●●●	×××			
다. 유형자산의 증가	(×××)		(×××)	
토지의 취득	×××		×××	
건물의 취득	×××		×××	
기계장치의 취득	×××		×××	
●●●●●●●●●●●	×××		×××	
III. 재무활동으로 인한 현금흐름		×××		×××

과목				
1. 재무활동으로 인한 현금유입액		×××		×××
가. 유동부채의 증가	×××		×××	
당좌차월의 증가	×××		×××	
단기차입금의 차입	×××		×××	
• • • • • • • • • • •	×××		×××	
나. 비유동부채의 증가	×××		×××	
사채의 발행	×××		×××	
전환사채의 발행	×××		×××	
장기차입금의 차입	×××		×××	
다. 자본의 증가	×××		×××	
보통주의 발행	×××		×××	
우선주의 발행	×××		×××	
자기주식의 처분	×××		×××	
• • • • • • • • • • •	×××		×××	
2. 재무활동으로 인한 현금유출액		×××		×××
가. 유동부채의 감소	(×××)		(×××)	
당좌차월의 감소	×××		×××	
단기차입금의 상환	×××		×××	
• • • • • • • • • • •	×××		×××	
나. 비유동부채의 감소	×××		×××	
사채의 상환	(×××)		(×××)	
전환사채의 상환	×××		×××	
장기차입금의 상환	×××		×××	
• • • • • • • • • • •	×××		×××	
다. 자본의 감소	(×××)		(×××)	
유상감자	×××		×××	
자기주식의 취득	×××		×××	
• • • • • • • • • • •	×××		×××	
라. 배당금의 지급	(×××)		(×××)	
Ⅳ. 현금의 증가(감소)(Ⅰ+Ⅱ+Ⅲ)		×××		×××
Ⅴ. 기초의 현금		×××		×××
Ⅵ. 기말의 현금		×××		×××

※ 현금흐름표상의 "현금"은 현금과 예금 및 현금등가물을 말함.

[별지 제10호 서식] (간접법)

현 금 흐 름 표

제×기 20××년 ×월 ×일부터 20××년 ×월 ×일까지

제×기 20××년 ×월 ×일부터 20××년 ×월 ×일까지

회사명 　　　　　　　　　　　　　　　　　단위 : 원(또는 천원, 백만원)

과 목	제×(당)기		제×(전)기	
	금	액	금	액
Ⅰ. 영업활동으로 인한 현금흐름		×××		×××
1. 당기순이익(손실)	×××		×××	
2. 현금의 유출이 없는 비용 등의 가산	×××		×××	
3. 현금의 유입이 없는 수익 등의 차감	(×××)		(×××)	
4. 영업활동으로 인한 자산 · 부채의 변동	×××		×××	
Ⅱ. 투자활동으로 인한 현금흐름		×××		×××
1. 투자활동으로 인한 현금유입액		×××		×××
가. 유동자산의 감소	×××		×××	
단기대여금의 회수	×××		×××	
단기금융상품의 처분	×××		×××	
유가증권의 처분	×××		×××	
● ● ● ● ● ● ● ● ● ● ●	×××		×××	
나. 투자자산의 감소	×××		×××	
장기성예금의 감소금	×××		×××	
투자유가증권의 처분	×××		×××	
장기대여금의 회수	×××		×××	
● ● ● ● ● ● ● ● ● ● ●	×××		×××	
다. 유형자산의 감소	×××		×××	
토지의 처분	×××		×××	
건물의 처분	×××		×××	
기계장치의 처분	×××		×××	
● ● ● ● ● ● ● ● ● ● ●	×××		×××	
2. 투자활동으로 인한 현금유출액		(×××)		(×××)
가. 유동자산의 증가	(×××)		(×××)	
현금의 단기대여	×××		×××	
단기금융상품의 취득	×××		×××	
유가증권의 취득	×××		×××	
● ● ● ● ● ● ● ● ● ● ●	×××		×××	
나. 투자자산의 증가	(×××)		(×××)	
장기성예금의 증가	×××		×××	
투자유가증권의 취득	×××		×××	
현금의 장기대여	×××		×××	
● ● ● ● ● ● ● ● ● ● ●	×××		×××	

다. 유형자산의 증가	(×××)		(×××)	
토지의 취득	×××		×××	
건물의 취득	×××		×××	
기계장치의 취득	×××		×××	
●●●●●●●●●●●	×××		×××	
Ⅲ. 재무활동으로 인한 현금흐름		×××		×××
1. 재무활동으로 인한 현금유입액		×××		×××
가. 유동부채의 증가	×××		×××	
당좌차월의 증가	×××		×××	
단기차입금의 차입	×××		×××	
●●●●●●●●●●●	×××		×××	
나. 비유동부채의 증가	×××		×××	
사채의 발행	×××		×××	
전환사채의 발행	×××		×××	
장기차입금의 차입	×××		×××	
다. 자본의 증가	×××		×××	
보통주의 발행	×××		×××	
우선주의 발행	×××		×××	
자기주식의 처분	×××		×××	
●●●●●●●●●●●	×××		×××	
2. 재무활동으로 인한 현금유출액		(×××)		(×××)
가. 유동부채의 감소	(×××)		(×××)	
당좌차월의 감소	×××		×××	
단기차입금의 상환	×××		×××	
●●●●●●●●●●●	×××		×××	
나. 비유동부채의 감소	(×××)		(×××)	
사채의 상환	×××		×××	
전환사채의 상환	×××		×××	
장기차입금의 상환	×××		×××	
●●●●●●●●●●●	×××		×××	
다. 자본의 감소	(×××)		(×××)	
유상감자	×××		×××	
자기주식의 취득	×××		×××	
●●●●●●●●●●●	×××		×××	
라. 배당금의 지급	(×××)		(×××)	
Ⅳ. 현금의 증가(감소)(Ⅰ+Ⅱ+Ⅲ)		×××		×××
Ⅴ. 기 초 의 현 금		×××		×××
Ⅵ. 기 말 의 현 금		×××		×××

※ 현금흐름표상의 "현금"은 현금과 예금 및 현금등가물을 말함.

연습문제

01 현금흐름표의 의의와 중요성을 설명하라.

02 현금흐름표의 유용성을 약술하라.

03 현금흐름표의 자금개념으로서 현금을 설명하라.

04 다음 자료는 (주)세공의 결산서이다. 이를 기초로 직접법에 의해 현금흐름표를 작성하라.

비교재무상태표

	20×3.12.31	20×2.12.31
현금과예금	16,000	17,000
외상매출금	56,000	49,000
단기매매증권	35,000	20,000
재고자산	40,000	60,000
선급임차료	5,000	4,000
기계장치	160,000	130,000
감가상각누계액	(35,000)	(25,000)
영업권	46,000	50,000
	323,000	305,000
외상매입금	54,000	40,000
미지급법인세	4,000	5,000
미지급급료	8,000	4,000
단기차입금	8,000	10,000
장기차입금	70,000	80,000
자본금	100,000	100,000
자본잉여금	30,000	30,000
이익잉여금	49,000	36,000
총부채와자본	323,000	305,000

포괄손익계산서

20×3.1.1~20×3.12.31

매 출 액	338,150
매출원가	175,000
매출총이익	163,150
판매비와 관리비(감가상각비 제외)	120,000
영업이익	43,150
이자비용	9,400
법인세차감전 순이익	33,750
법 인 세	10,750
당기순이익	23,000

〈추가자료〉

(1) 감가상각비와 영업권상각비는 판매비와 일반관리비에 포함되어 있다.

(2) 20×2년도 결산실적에 대한 배당금 10,000이 20×3년 2월 결의되고, 3월 지급되었다.

05 다음은 (주)성호의 결산서를 자료로 하여 현금흐름표를 작성하여라.

비교재무상태표

	20×1.12.31	20×2.12.31
〈자 산〉		
현금	4,900,000	4,680,000
외상매출금	1,300,000	1,630,000
재고자산	1,000,000	1,200,000
선급비용	1,050,000	2,040,000
건물	2,000,000	2,100,000
감가상각누계액 - 건물	(1,000,000)	1,200,000
자산총계	9,250,000	10,450,000
〈부채와 자본〉		
외상매입금	800,000	1,100,000
미지급비용	300,000	500,000
미지급배당금	–	400,000
사채	2,000,000	1,000,000
자본금	6,000,000	7,000,000
이익잉여금	150,000	450,000
부채와자본총계	9,250,000	10,450,000

포괄손익계산서

20×1년 1월 1일부터 20×1년 12월 31까지

성화 주식회사 (단위 : 원)

매 출	5,000,000
매출원가	3,040,000
매출총이익	1,960,000
판매비와 일반관리비(감가상각비 제외)	780,000
감가상각비	500,000
유형자산처분이익	20,000
	700,000

〈추가자료〉

(1) 장부가액 400,000(700,000(취득원가)–300,000(감가상각누계액))의 건물을 420,000에 처분하다.

(2) 새로운 건물을 800,000에 구입하다.

(3) 1,000,000의 사채를 주식으로 전환하고, 이를 위하여 액면가액 5,000의 주식 200주를 발행하다.

(4) 현금배당 400,000을 선언하다.

부록

§1 기업회계기준서 제1001호 재무제표 표시

목적

1 이 기준서는 과거기간의 재무제표나 다른 기업의 재무제표와 비교가능하도록 일반목적 재무제표의 표시에 관한 기준을 정한다. 이 기준서는 재무제표의 표시에 관한 전반적인 요구사항, 재무제표의 구조에 대한 지침과 재무제표의 내용에 대한 최소한의 요구사항을 규정한다.

적용

한2.1 이 기준서는 '주식회사의 외부감사에 관한 법률'의 적용대상기업 중 '자본시장과 금융투자업에 관한 법률'에 따른 주권상장법인의 회계처리에 적용한다. 또한 이 기준서는 재무제표의 작성과 표시를 위해 한국채택국제회계기준의 적용을 선택한 기업('한국채택국제회계기준 적용선택기업')의 회계처리에도 적용한다.

적용범위

2 이 기준서는 한국채택국제회계기준에 따라 작성하고 표시하는 일반목적 재무제표에 적용한다.

3 구체적인 거래나 그 밖의 사건에 대한 인식, 측정 및 공시에 대한 요구사항은 다른 한국채택국제회계기준서에서 정한다.

4 이 기준서는 기업회계기준서 제1034호 '중간재무보고'에 따라 작성되는 요약

중간재무제표의 구조와 내용에는 적용하지 아니한다. 다만, 문단 15~35는 요약중간재무제표에도 적용한다. 이 기준서는 기업회계기준서 제1027호 '연결재무제표와 별도재무제표'에서 정의하는 연결재무제표나 별도재무제표를 보고하는 기업을 포함하여 모든 기업에 동일하게 적용한다.

5 이 기준서는 공기업을 포함한 영리기업에 적합한 용어를 사용한다. 민간부문 또는 공공부문의 비영리활동을 영위하는 조직이 이 기준서를 적용하고자 하는 경우에는 재무제표의 특정 항목의 명칭과 재무제표 명칭의 수정이 필요할 수 있다.

6 아울러 기업회계기준서 제1032호 '금융상품: 표시'에서 정의하는 자본이 없는 기업(예: 일부 뮤추얼펀드)과 납입자본이 자본의 정의를 충족하지 못하는 기업(예: 일부 조합)은 조합원이나 지분보유자의 지분을 재무제표에 적절히 수정하여 표시하는 것이 필요할 수 있다.

용어의 정의

7 이 기준서에서 사용하는 용어의 정의는 다음과 같다.

일반목적 재무제표(이하 '재무제표'라 한다): 특정 필요에 따른 특수보고서의 작성을 기업에 요구할 수 있는 위치에 있지 아니한 재무제표이용자의 정보요구를 충족시키기 위해 작성되는 재무제표

실무적으로 적용할 수 없는: 기업이 모든 합리적인 노력을 했어도 요구사항을 적용할 수 없는 경우에 그 요구사항은 실무적으로 적용할 수 없다.

한국채택국제회계기준: 한국회계기준원 회계기준위원회가 국제회계기준을 근거로 제정한 회계기준으로 다음과 같이 구성된다.

⑴ 기업회계기준서

⑵ 기업회계기준해석서

중요한: 어떠한 항목의 누락이나 왜곡표시가 개별적으로 또는 집합적으로 재무제표에 기초한 재무제표이용자의 경제적 의사결정에 영향을 미치는 경우 그 항목의 누락이나 왜곡표시는 중요하다. 중요성은 관련 상황을 고려하여 누락이나 왜곡표시의 크기와 성격에 따라 결정된다. 그 항목의 크기나 성격 또는 두 요소의 결합이 결정요소가 될 수 있다.

누락이나 왜곡표시가 재무제표이용자의 경제적 의사결정에 미치는 영향이 중요한지 여부를 평가할 때에는 재무제표이용자의 특성을 고려해야 한다. 재무제표의 작성과 표시를 위한 개념체계(이하 '개념체계'라 한다)의 문단 25에서는 '이용자는 경영 및 경제활동과 회계에 대한 합리적인 지식을 가지고 있으며 관련 정보를 분석하기 위하여 합리적인 노력을 기울일 의지가 있는 것으로 가정한다'라고 규정하고 있다. 따라서 위와 같은 재무제표이용자가 경제적 의사결정을 할 때 받을 영향을 합리적으로 예상하여 중요성 평가에 고려하여야 한다.

주석: 재무상태표, 포괄손익계산서, 별개의 손익계산서(표시하는 경우), 자본변동표 및 현금흐름표에 표시하는 정보에 추가하여 제공된 정보. 주석은 상기 재무제표에 표시된 항목을 구체적으로 설명하거나 세분화하며, 상기 재무제표 인식요건을 충족하지 못하는 항목에 대한 정보를 제공한다.

기타포괄손익: 다른 한국채택국제회계기준서에서 요구하거나 허용하여 당기손익으로 인식하지 않은 수익과 비용항목(재분류조정 포함)을 포함한다.

기타포괄손익은 다음의 항목을 포함한다.

(1) 재평가잉여금의 변동(기업회계기준서 제1016호 '유형자산'과 기업회계기준서 제1038호 '무형자산' 참조)
(2) 기업회계기준서 제1019호 '종업원급여'의 문단 93A에 따라 인식된 확정급여제도의 보험수리적손익
(3) 해외사업장의 재무제표 환산으로 인한 손익(기업회계기준서 제1021호 '환율변동효과' 참조)

⑷ 매도가능금융자산의 재측정 손익(기업회계기준서 제1039호 '금융상품: 인식과 측정' 참조)

⑸ 현금흐름위험회피의 위험회피수단의 평가손익 중 효과적인 부분(기업회계기준서 제1039호 참조)

소유주: 자본으로 분류되는 금융상품의 보유자

당기순손익: 수익에서 비용을 차감한 금액(기타포괄손익의 구성요소 제외)

재분류조정: 당기나 과거 기간에 기타포괄손익으로 인식되었으나 당기손익으로 재분류된 금액

총포괄손익: 거래나 그 밖의 사건으로 인한 기간 중 자본의 변동(소유주로서의 자격을 행사하는 소유주와의 거래로 인한 자본의 변동 제외)

총포괄손익은 '당기순손익'과 '기타포괄손익'의 모든 구성요소를 포함한다.

8 이 기준서에서는 '기타포괄손익', '당기순손익', '총포괄손익'이라는 용어를 사용하고 있지만 의미가 명확하다면 그러한 합계를 표현하기 위하여 다른 용어를 사용할 수 있다. 예를 들어, 당기순손익을 표현하기 위하여 '순이익'이라는 용어를 사용할 수 있다.

8A 다음의 용어는 기업회계기준서 제1032호 '금융상품: 표시'에 기술하고 있으며 이 기준서에서는 기업회계기준서 제1032호에서 정하고 있는 의미로 사용된다.

⑴ 지분상품으로 분류되는 풋가능 금융상품(기업회계기준서 제1032호 문단 16A와 16B에 기술됨)

⑵ 발행자가 청산되는 경우에만 거래상대방에게 지분비율에 따라 발행자 순자산을 인도해야 하는 의무를 발행자에게 부과한 금융상품으로서 지분상품으로 분류되는 금융상품(기업회계기준서 제1032호 문단 16C와 16D에 기술됨)

재무제표

재무제표의 목적

9 재무제표는 기업의 재무상태와 재무성과를 체계적으로 표현한 것이다. 재무제표의 목적은 광범위한 정보이용자의 경제적 의사결정에 유용한 기업의 재무상태, 재무성과와 재무상태변동에 관한 정보를 제공하는 것이다. 또한 재무제표는 위탁받은 자원에 대한 경영진의 수탁책임 결과도 보여준다. 이러한 목적을 충족하기 위하여 재무제표는 다음과 같은 기업 정보를 제공한다.

(1) 자산
(2) 부채
(3) 자본
(4) 차익과 차손을 포함한 광의의 수익과 비용
(5) 소유주로서의 자격을 행사하는 소유주에 의한 출자와 소유주에 대한 배분
(6) 현금흐름

이러한 정보는 주석에서 제공되는 정보와 함께 재무제표이용자가 기업의 미래현금흐름, 특히 그 시기와 확실성을 예측하는 데 도움을 준다.

전체 재무제표

10 전체 재무제표는 다음을 모두 포함하여야 한다.

(1) 기말 재무상태표
(2) 기간 포괄손익계산서
(3) 기간 자본변동표
(4) 기간 현금흐름표
(5) 주석(유의적인 회계정책의 요약 및 그 밖의 설명으로 구성)
(6) 회계정책을 소급하여 적용하거나, 재무제표의 항목을 소급하여 재작성 또는 재분류하는 경우 가장 이른 비교기간의 기초 재무상태표

이 기준서에서 사용하는 재무제표의 명칭이 아닌 다른 명칭을 사용할 수 있다.

11 각각의 재무제표는 전체 재무제표에서 동등한 비중으로 표시한다.

12 문단 81에서 허용하듯이 당기순손익의 구성요소를 단일 포괄손익계산서의 일부로 표시하거나 별개의 손익계산서에 표시할 수 있다. 손익계산서를 표시하는 경우 그 손익계산서는 전체 재무제표의 일부이며 포괄손익계산서의 바로 앞에 표시한다.

13 많은 기업은 재무제표 이외에도 그 기업의 경영성과와 재무성과의 주요특성 및 기업이 직면한 주요 불확실성을 설명하는 경영진의 재무검토보고서를 제공한다. 이러한 보고서는 다음 항목에 대한 검토를 포함할 수 있다.

(1) 재무성과의 주요 결정 요인과 영향. 이에는 기업이 처한 영업환경의 변화, 그 변화와 영향에 대한 기업의 대응계획 및 재무성과를 유지하고 향상시키기 위한 기업의 투자정책 및 배당정책을 포함한다.

(2) 기업의 자금 조달원천과 자본 대 부채의 목표비율

(3) 한국채택국제회계기준에 따라 재무상태표에 인식되지 아니한 기업의 자원

14 또한 많은 기업은 특히 환경 요인이 유의적인 산업에 속해 있는 경우나 종업원이 주요 재무제표이용자인 경우에 재무제표 이외에도 환경보고서나 부가가치보고서와 같은 보고서를 제공한다. 재무제표 이외의 보고서는 한국채택국제회계기준의 적용범위에 해당하지 않는다.

일반사항

공정한 표시와 한국채택국제회계기준의 준수

15 재무제표는 기업의 재무상태, 재무성과 및 현금흐름을 공정하게 표시해야 한다. 공정한 표시를 위해서는 '개념체계'에서 정한 자산, 부채, 수익 및 비용에 대한 정의와 인식요건에 따라 거래, 그 밖의 사건과 상황의 효과를 충실하게 표현해야 한다. 한국채택국제회계기준에 따라 작성된 재무제표(필요에 따라 추가공시한 경우 포함)는 공정하게 표시된 재무제표로 본다.

16 한국채택국제회계기준을 준수하여 재무제표를 작성하는 기업은 그러한 준수 사실을 주석에 명시적이고 제한없이 기재한다. 재무제표가 한국채택국제회계기준의

요구사항을 모두 충족한 경우가 아니라면 한국채택국제회계기준을 준수하여 작성되었다고 기재하여서는 아니 된다.

한16.1 한국채택국제회계기준을 준수하여 작성된 재무제표는 국제회계기준을 준수하여 작성된 재무제표임을 주석으로 공시할 수 있다.

17 거의 모든 상황에서 공정한 표시는 관련 한국채택국제회계기준을 준수함으로써 달성된다. 또한 공정한 표시를 위해 다음과 같은 사항이 준수되어야 한다.

(1) 기업회계기준서 제1008호 '회계정책, 회계추정의 변경 및 오류'를 준수하여 회계정책을 선택하고 적용한다. 기업회계기준서 제1008호는 구체적으로 적용할 한국채택국제회계기준이 없는 경우 경영진이 고려할 관련 기준의 우선순위를 규정하고 있다.

(2) 회계정책을 포함하여 목적적합하고, 신뢰할 수 있고, 비교가능하며 이해가능한 정보를 표시한다.

(3) 한국채택국제회계기준의 구체적인 요구사항을 준수하더라도 특정거래, 그 밖의 사건 및 상황이 기업의 재무상태와 재무성과에 미치는 영향을 재무제표이용자가 이해하기에 충분하지 않은 경우 추가공시를 제공한다.

18 부적절한 회계정책은 이에 대하여 공시나 주석 또는 보충 자료를 통해 설명하더라도 정당화될 수 없다.

19 극히 드문 상황으로서 한국채택국제회계기준의 요구사항을 준수하는 것이 오히려 '개념체계'에서 정하고 있는 재무제표의 목적과 상충되어 재무제표이용자의 오해를 유발할 수 있다고 경영진이 결론을 내리는 경우에는, 관련 감독체계가 이러한 요구사항으로부터의 일탈을 의무화하거나 금지하지 않는다면, 문단 20에서 정하는 방법으로 요구사항을 달리 적용한다.

20 기업이 문단 19에 따라 한국채택국제회계기준의 요구사항을 달리 적용하는 경우, 다음 모든 항목을 공시한다.

(1) 재무제표가 기업의 재무상태, 재무성과 및 현금흐름을 공정하게 표시하

고 있다고 경영진이 결론을 내렸다는 사실

⑵ 공정한 표시를 위해 특정 요구사항을 달리 적용하는 것을 제외하고는 한국채택국제회계기준을 준수했다는 사실

⑶ 기업이 달리 적용하는 해당 한국채택국제회계기준의 제목, 그 한국채택국제회계기준에서 요구하는 회계처리의 방법과 이에 대한 일탈의 내용, 그러한 회계처리가 해당 상황에서 재무제표이용자의 오해를 유발할 수 있어 '개념체계'에서 정한 재무제표의 목적과 상충되는 이유, 그리고 실제로 적용한 회계처리방법

⑷ 표시된 각 회계기간에 대해, 한국채택국제회계기준 요구사항으로부터의 일탈이 이를 준수하였다면 보고되었을 재무제표의 각 항목에 미치는 재무적 영향

21 과거기간에 한국채택국제회계기준의 요구사항을 달리 적용한 결과 그러한 일탈이 당기 재무제표의 인식 금액에 영향을 미친 경우, 문단 20⑶과 ⑷의 항목을 공시한다.

22 예를 들어, 과거기간에 자산이나 부채의 측정에 대해 한국채택국제회계기준의 요구사항을 달리 적용하여 그러한 일탈이 당기 재무제표에 인식된 자산과 부채의 변동금액 측정에 영향을 미치는 경우에는 문단 21을 적용한다.

23 극히 드문 상황으로서 한국채택국제회계기준의 요구사항을 준수하는 것이 '개념체계'에서 정한 재무제표의 목적과 상충되어 재무제표이용자의 오해를 유발할 수 있다고 경영진이 결론을 내렸지만, 관련 감독체계가 요구사항으로부터의 일탈을 금지하는 경우에는, 기업은 다음 사항을 공시하여 오해를 유발할 수 있는 가능성을 최대한으로 줄여야 한다.

⑴ 의문의 여지가 있는 한국채택국제회계기준의 제목, 요구사항의 성격, 요구사항을 준수하는 것이 해당 상황에서 재무제표이용자의 오해를 유발하여 '개념체계'에서 정한 재무제표의 목적과 상충된다고 경영진이 결론을 내린 이유

⑵ 표시된 각 회계기간에 대해, 공정한 표시를 위해 필요하다고 경영진이

결론을 내린 재무제표의 각 항목에 대한 조정내용

24 문단 19~23과 관련하여, 제공된 정보가 표시하려고 의도하거나 표시할 것이라고 합리적으로 기대되는 거래, 그 밖의 사건 및 상황을 충실히 표현하지 못하여, 결과적으로 재무제표이용자의 경제적 의사결정에 영향을 미칠 가능성이 높은 경우, 그러한 정보는 재무제표의 목적과 상충될 것이다. 한국채택국제회계기준의 특정 요구사항을 준수하면, '개념체계'에서 정한 재무제표의 목적과 상충될 정도로 재무제표이용자의 오해를 유발할 수 있는지를 평가할 때에는 경영진은 다음 사항을 모두 고려한다.

(1) 특정상황에서 재무제표의 목적이 달성되지 못하는 이유
(2) 당해 기업의 상황이 요구사항을 준수하고 있는 다른 기업의 상황과 다를 경우 그 내용. 비슷한 상황에 있는 다른 기업이 요구사항을 준수하고 있다면, 당해 기업이 요구사항을 준수하는 것이 '개념체계'에서 정하고 있는 재무제표의 목적과 상충될 정도로 재무제표이용자의 오해를 유발하는 것이 아닐 수도 있다는 반증가능한 가정이 된다.

계속기업

25 경영진은 재무제표를 작성할 때 계속기업으로서의 존속가능성을 평가해야 한다. 경영진이 기업을 청산하거나 경영활동을 중단할 의도를 가지고 있지 않거나, 청산 또는 경영활동의 중단 외에 다른 현실적 대안이 없는 경우가 아니면 계속기업을 전제로 재무제표를 작성한다. 계속기업으로서의 존속능력에 유의적인 의문이 제기될 수 있는 사건이나 상황과 관련된 중요한 불확실성을 알게 된 경우, 경영진은 그러한 불확실성을 공시하여야 한다. 재무제표가 계속기업의 기준하에 작성되지 않는 경우에는 그 사실과 함께 재무제표가 작성된 기준 및 그 기업을 계속기업으로 보지 않는 이유를 공시하여야 한다.

26 계속기업의 가정이 적절한지의 여부를 평가할 때 경영진은 적어도 보고기간 말로부터 향후 12개월 기간에 대하여 이용가능한 모든 정보를 고려한다. 각 상황의 사실내용에 따라 고려의 정도를 결정한다. 기업이 상당 기간 계속 사업이익을 보고하였고, 보고기간말 현재 경영에 필요한 재무자원을 확보하고 있는 경우에는 자세한

분석이 없이도 계속기업을 전제로 한 회계처리가 적절하다는 결론을 내릴 수 있다. 그렇지 않은 경우 경영진은 계속기업의 전제가 적절하다고 판단하기 전에, 현재와 미래의 기대 수익성, 부채상환계획 및 대체적 자본조달의 잠재적 원천과 관련된 다양한 요소를 고려할 필요가 있다.

발생기준 회계

27 기업은 현금흐름 정보를 제외하고는 발생기준 회계를 사용하여 재무제표를 작성한다.

28 발생기준 회계를 사용하는 경우, 각 항목이 '개념체계'의 정의와 인식요건을 충족할 때 자산, 부채, 자본, 광의의 수익 및 비용(재무제표의 요소)으로 인식한다.

중요성과 통합표시

29 유사한 항목은 중요성 분류에 따라 재무제표에 구분하여 표시한다. 상이한 성격이나 기능을 가진 항목은 구분하여 표시한다. 다만 중요하지 않은 항목은 성격이나 기능이 유사한 항목과 통합하여 표시할 수 있다.

30 수많은 거래와 그 밖의 사건은 성격이나 기능에 따라 범주별로 통합되어 재무제표에 표시된다. 통합 및 분류의 마지막 단계는 재무제표에 각 개별 항목으로 나타내기 위하여 관련 자료를 요약하고 분류하여 표시하는 것이다. 개별적으로 중요하지 않은 항목은 상기 재무제표나 주석의 다른 항목과 통합한다. 상기 재무제표에는 중요하지 않아 구분하여 표시하지 않은 항목이라도 주석에서는 구분 표시해야 할 만큼 충분히 중요할 수 있다.

31 중요하지 않은 정보일 경우 한국채택국제회계기준에서 요구하는 특정 공시를 제공할 필요는 없다.

상계

32 한국채택국제회계기준에서 요구하거나 허용하지 않는 한 자산과 부채 그리고 수익과 비용은 상계하지 아니한다.

33 자산과 부채, 그리고 수익과 비용은 구분하여 표시한다. 상계표시로 거래나 그 밖의 사건의 실질이 반영되는 경우를 제외하고는, 포괄손익계산서, 재무상태표, 별개의 손익계산서(표시하는 경우)에서의 상계표시는 발생한 거래, 그 밖의 사건과 상황을 이해하고 기업의 미래현금흐름을 분석할 수 있는 재무제표이용자의 능력을 저해한다. 재고자산에 대한 재고자산평가충당금과 매출채권에 대한 대손충당금과 같은 평가충당금을 차감하여 관련 자산을 순액으로 측정하는 것은 상계표시에 해당하지 아니한다.

34 기업회계기준서 제1018호 '수익'에서는 수익을 정의하고 있으며, 기업이 제공하는 매매할인이나 수량할증을 고려하여 받거나 받을 대가의 공정가치로 수익을 측정한다고 규정하고 있다. 기업은 정상적인 영업활동 과정에서 수익을 창출하지는 않지만 주요 수익 창출 활동에 부수적인 그 밖의 거래를 할 수 있다. 동일 거래에서 발생하는 수익과 관련비용의 상계표시가 거래나 그 밖의 사건의 실질을 반영한다면 그러한 거래의 결과는 상계하여 표시한다. 예를 들면 다음과 같다.

(1) 투자자산 및 영업용자산을 포함한 비유동자산의 처분손익은 처분대금에서 그 자산의 장부금액과 관련처분비용을 차감하여 표시한다.

(2) 기업회계기준서 제1037호 '충당부채, 우발부채 및 우발자산'에 따라 인식한 충당부채와 관련된 지출을 제3자와의 계약관계(예: 공급자의 보증약정)에 따라 보전 받는 경우, 당해 지출과 보전받는 금액은 상계하여 표시할 수 있다.

35 또한 예를 들어, 외환손익 또는 단기매매 금융상품에서 발생하는 손익과 같이 유사한 거래의 집합에서 발생하는 차익과 차손은 순액으로 표시한다. 그러나 그러한 차익과 차손이 중요한 경우에는 구분하여 표시한다.

보고빈도

36 전체 재무제표(비교정보를 포함)는 적어도 1년마다 작성한다. 보고기간종료일을 변경하여 재무제표의 보고기간이 1년을 초과하거나 미달하는 경우 재무제표 해당 기간뿐만 아니라 다음 사항을 추가로 공시한다.

(1) 보고기간이 1년을 초과하거나 미달하게 된 이유

⑵ 재무제표에 표시된 금액이 완전하게 비교가능하지는 않다는 사실

37 일반적으로 재무제표는 일관성 있게 1년 단위로 작성한다. 그러나 실무적인 이유로 어떤 기업은 예를 들어 52주의 보고기간을 선호한다. 이 기준서는 이러한 보고관행을 금지하지 않는다.

비교정보

38 한국채택국제회계기준이 달리 허용하거나 요구하는 경우를 제외하고는 당기 재무제표에 보고되는 모든 금액에 대해 전기 비교정보를 공시한다. 당기 재무제표를 이해하는 데 목적적합하다면 서술형 정보의 경우에도 비교정보를 포함한다.

39 비교정보를 공시하는 기업은 적어도 두 개의 재무상태표와 두 개씩의 그 밖의 재무제표 및 관련 주석을 표시해야 한다. 회계정책을 소급하여 적용하거나 재무제표의 항목을 소급하여 재작성 또는 재분류하는 경우에는 적어도 세 개의 재무상태표, 두 개씩의 그 밖의 재무제표 및 관련 주석을 표시해야 한다. 재무상태표는 다음 시점을 기준으로 표시한다.

⑴ 당기말

⑵ 전기말(당기초와 동일)

⑶ 가장 이른 비교기간의 기초

40 어떤 경우에는 전기 재무제표에 공시된 서술형 정보가 당기에도 계속 관련될 수 있다. 예를 들어, 법률 분쟁의 결과가 직전기 보고기간말 현재 불확실하였고 당기에도 아직 해결되지 않은 경우에는 그 상세한 내용을 당기에 공시한다. 재무제표이용자에게 직전기 보고기간말 현재 불확실성이 존재하였다는 사실과 당기에 그러한 불확실성을 해소하기 위하여 취한 절차에 대한 정보는 유용하다.

41 재무제표 항목의 표시나 분류를 변경하는 경우 실무적으로 적용할 수 없는 것이 아니라면 비교금액도 재분류해야 한다. 비교금액을 재분류할 때 다음 사항을 공시한다.

⑴ 재분류의 성격

(2) 재분류된 개별 항목이나 항목군의 금액

(3) 재분류의 이유

42 비교금액을 실무적으로 재분류할 수 없는 경우 다음 사항을 공시한다.

(1) 해당 금액을 재분류하지 아니한 이유

(2) 해당 금액을 재분류한다면 이루어 질 수정의 성격

43 정보의 기간별 비교가능성이 제고되면 특히 예측을 위한 재무정보 추세분석이 가능하여 재무제표이용자의 경제적 의사결정에 도움을 준다. 그러나 당기와의 비교가능성을 제고하기 위해 특정 과거기간 비교정보를 실무적으로 재분류 할 수 없는 경우가 있다. 예를 들어, 재분류가 가능한 방법으로 과거기간의 정보를 수집하지 못했거나, 실무적으로 정보를 재생시킬 수 없는 경우이다.

44 기업회계기준서 제1008호는 회계정책 변경이나 오류의 수정에 필요한 비교정보의 수정을 규정하고 있다.

표시의 계속성

45 재무제표 항목의 표시와 분류는 다음의 경우를 제외하고는 매기 동일하여야 한다.

(1) 사업내용의 유의적인 변화나 재무제표를 검토한 결과 다른 표시나 분류방법이 더 적절한 것이 명백한 경우. 이 경우 기업회계기준서 제1008호에서 정하는 회계정책의 선택 및 적용요건을 고려한다.

(2) 한국채택국제회계기준에서 표시방법의 변경을 요구하는 경우

46 예를 들어, 유의적인 인수나 매각, 또는 재무제표의 표시에 대해 검토한 결과 재무제표를 다른 방법으로 표시할 필요가 있을 수 있다. 기업은 변경된 표시방법이 재무제표이용자에게 신뢰성 있고 더욱 목적적합한 정보를 제공하며, 변경된 구조가 지속적으로 유지될 가능성이 높아 비교가능성을 저해하지 않을 것으로 판단할 때에만 재무제표의 표시방법을 변경한다. 표시방법을 변경할 때에는 문단 41과 42에 따라 비교정보(문단 38~41 참조)를 재분류한다.

구조와 내용

개요

47 이 기준서는 재무상태표, 포괄손익계산서, 별개의 손익계산서(표시하는 경우) 또는 자본변동표에 표시되는 특정한 공시사항을 규정하고 있고, 그리고 상기 재무제표나 또는 주석에 그 밖의 개별 항목의 공시사항을 규정하고 있다. 기업회계기준서 제1007호 '현금흐름표'는 현금흐름 정보의 표시에 대한 요구사항을 규정하고 있다.

48 이 기준서에서는 '공시'라는 용어를 넓은 의미에서 종종 사용하고 있는데, 이러한 공시는 재무제표에 표시되는 항목을 포괄한다. 또한 다른 한국채택국제회계기준서에서도 공시사항을 규정하고 있다. 이 기준서나 다른 한국채택국제회계기준서에서 달리 규정하지 않는다면, 그러한 공시사항은 각 재무제표에 표시할 수 있다.

재무제표의 식별

49 재무제표는 동일한 문서에 포함되어 함께 공표되는 그 밖의 정보와 명확하게 구분되고 식별되어야 한다.

50 한국채택국제회계기준은 오직 재무제표에만 적용하며 연차보고서, 감독기구 제출서류 또는 다른 문서에 표시되는 그 밖의 정보에 반드시 적용하여야 하는 것은 아니다. 따라서 한국채택국제회계기준을 준수하여 작성된 정보와 한국채택국제회계기준에서 요구하지 않지만 유용한 그 밖의 정보를 재무제표이용자가 구분할 수 있는 것이 중요하다.

51 각 재무제표와 주석은 명확하게 식별되어야 한다. 또한 다음 정보가 분명하게 드러나야 하며, 정보의 이해를 위해서 필요할 때에는 반복 표시하여야 한다.

(1) 보고기업의 명칭 또는 그 밖의 식별 수단과 전기 보고기간말 이후 그러한 정보의 변경내용
(2) 재무제표가 개별 기업에 대한 것인지 연결실체에 대한 것인지의 여부
(3) 재무제표나 주석의 작성대상이 되는 보고기간종료일 또는 보고기간
(4) 기업회계기준서 제1021호에 정의된 표시통화

(5) 재무제표의 금액 표시를 위하여 사용한 금액 단위

52 문단 51의 요구사항에 따라 페이지, 재무제표, 주석, 항목 등의 적절한 제목을 표시한다. 어떤 방법이 그러한 정보를 표시하는 가장 좋은 방법인지를 결정하는 데는 판단이 요구된다. 예를 들어, 재무제표가 전자문서로 제공될 때, 페이지가 분리되는 것이 항상 유용하지는 않다. 이러한 경우 재무제표에 포함되는 정보를 이해할 수 있도록 위 항목을 표시한다.

53 흔히 재무제표의 표시통화를 천 단위나 백만 단위로 표시할 때 더욱 이해가능성이 제고될 수 있다. 이러한 표시는 금액 단위를 공시하고 중요한 정보가 누락되지 않는 경우에 허용될 수 있다.

재무상태표

재무상태표에 표시되는 정보

54 재무상태표에는 적어도 다음에 해당하는 금액을 나타내는 항목을 표시한다.

(1) 유형자산
(2) 투자부동산
(3) 무형자산
(4) 금융자산(단, (5), (8) 및 (9)는 제외)
(5) 지분법에 따라 회계처리하는 투자자산
(6) 생물자산
(7) 재고자산
(8) 매출채권 및 기타 채권
(9) 현금및현금성자산
(10) 기업회계기준서 제1105호 '매각예정비유동자산과 중단영업'에 따라 매각예정으로 분류된 자산과 매각예정으로 분류된 처분자산집단에 포함된 자산의 총계
(11) 매입채무 및 기타 채무
(12) 충당부채

⒀ 금융부채(단, ⑾과 ⑿는 제외)
⒁ 기업회계기준서 제1012호 '법인세'에서 정의된 당기 법인세와 관련한 부채와 자산
⒂ 기업회계기준서 제1012호에서 정의된 이연법인세부채 및 이연법인세자산
⒃ 기업회계기준서 제1105호에 따라 매각예정으로 분류된 처분자산집단에 포함된 부채
⒄ 자본에 표시된 비지배지분
⒅ 지배기업의 소유주에게 귀속되는 납입자본과 적립금

55 기업의 재무상태를 이해하는 데 목적적합한 경우 재무상태표에 항목, 제목 및 중간합계를 추가하여 표시한다.

56 기업이 재무상태표에 유동자산과 비유동자산, 그리고 유동부채와 비유동부채로 구분하여 표시하는 경우, 이연법인세자산(부채)은 유동자산(부채)으로 분류하지 아니한다.

57 이 기준서는 표시되어야 할 항목의 순서나 형식을 규정하지 아니한다. 문단 54는 단순히 재무상태표에 구분 표시하기 위해 성격이나 기능면에서 명확하게 상이한 항목명을 제시하고 있다. 또한,

(1) 한 항목 또는 통합된 유사 항목의 크기, 성격 또는 기능상 기업의 재무상태를 이해하기 위해 구분표시가 필요한 경우 그러한 항목을 추가로 재무상태표에 포함한다.
(2) 기업의 재무상태를 이해하는 데 목적적합한 정보를 제공하기 위해 기업과 거래의 성격에 따라 사용된 용어와 항목의 순서, 또는 유사 항목의 통합방법을 변경할 수 있다. 예를 들어, 금융회사는 금융회사의 영업목적에 적합한 정보를 제공하기 위해 상기 용어를 변경할 수 있다.

58 추가 항목으로 구분하여 표시할지 여부는 다음 요소를 고려하여 판단한다.

(1) 자산의 성격 및 유동성
(2) 기업 내에서의 자산 기능

(3) 부채의 금액, 성격 및 시기

59 상이하게 분류된 자산에 대해 상이한 측정기준을 사용하는 것은 그 자산의 성격이나 기능이 상이하여 별도 항목으로 구분하여 표시해야 함을 의미한다. 예를 들어, 상이하게 분류된 유형자산에 대해서는 기업회계기준서 제1016호에 따라 원가 또는 재평가금액을 장부금액으로 할 수 있다.

유동과 비유동의 구분

60 유동성 순서에 따른 표시방법이 신뢰성 있고 더욱 목적적합한 정보를 제공하는 경우를 제외하고는 문단 66~76에 따라 유동자산과 비유동자산, 유동부채와 비유동부채로 재무상태표에 구분하여 표시한다. 유동성 순서에 따른 표시방법을 적용할 경우 모든 자산과 부채는 유동성의 순서에 따라 표시한다.

61 어느 표시방법을 채택하더라도 자산과 부채의 각 개별 항목이 다음의 기간에 회수되거나 결제될 것으로 기대되는 금액이 합산하여 표시되는 경우, 12개월 후에 회수되거나 결제될 것으로 기대되는 금액을 공시한다.

(1) 보고기간 후 12개월 이내와

(2) 보고기간 후 12개월 후

62 기업이 명확히 식별 가능한 영업주기 내에서 재화나 용역을 제공하는 경우, 재무상태표에 유동자산과 비유동자산 및 유동부채와 비유동부채를 구분하여 표시한다. 이는 운전자본으로서 계속 순환되는 순자산과 장기 영업활동에서 사용하는 순자산을 구분함으로써 유용한 정보를 제공하기 때문이다. 이는 또한 정상영업주기 내에 실현될 것으로 예상되는 자산과 동 기간 내에 결제 기일이 도래하는 부채를 구분하여 보여준다.

63 금융회사와 같은 일부 기업의 경우에는 오름차순이나 내림차순의 유동성 순서에 따른 표시방법으로 자산과 부채를 표시하는 것이 유동성/비유동성 구분법보다 신뢰성 있고 더욱 목적적합한 정보를 제공한다. 이러한 기업은 재화나 서비스를 명확히 식별 가능한 영업주기 내에 제공하지 않기 때문이다.

64 문단 60을 적용할 때, 신뢰성 있고 더욱 목적적합한 정보를 제공한다면 자산과 부채의 일부는 유동성/비유동성 구분법으로, 나머지는 유동성 순서에 따른 표시방법으로 표시하는 것이 허용된다. 이러한 혼합표시방법은 기업이 다양한 사업을 영위하는 경우에 필요할 수 있다.

65 자산과 부채의 실현 예정일에 대한 정보는 기업의 유동성과 부채상환능력을 평가하는 데 유용하다. 기업회계기준서 제1107호 '금융상품: 공시'는 금융자산과 금융부채의 만기에 대한 공시를 요구하고 있다. 금융자산은 매출채권 및 기타 채권을 포함하고, 금융부채는 매입채무 및 기타 채무를 포함한다. 자산과 부채가 유동 또는 비유동으로 구분되는지의 여부와 관계없이, 재고자산과 같은 비화폐성 자산의 회수 예정일과 충당부채와 같은 부채의 결제 예정일에 대한 정보도 역시 유용하다. 예를 들어, 기업은 보고기간 후 12개월 후에 회수될 것으로 기대되는 재고자산 금액을 공시한다.

유동자산

66 자산은 다음의 경우에 유동자산으로 분류한다.

(1) 기업의 정상영업주기 내에 실현될 것으로 예상하거나, 정상영업주기 내에 판매하거나 소비할 의도가 있다.

(2) 주로 단기매매 목적으로 보유하고 있다.

(3) 보고기간 후 12개월 이내에 실현될 것으로 예상한다.

(4) 현금이나 현금성자산(기업회계기준서 제1007호의 정의 참조)으로서, 교환이나 부채 상환 목적으로의 사용에 대한 제한 기간이 보고기간 후 12개월 이상이 아니다.

그 밖의 모든 자산은 비유동자산으로 분류한다.

67 이 기준서에서는 유형자산, 무형자산 및 장기의 성격을 가진 금융자산을 포함하여 '비유동'이라는 용어를 사용하고 있다. 만약 의미가 명확하다면 대체적인 용어를 사용하는 것을 금지하지는 않는다.

68 영업주기는 영업활동을 위한 자산의 취득시점부터 그 자산이 현금이나 현금

성자산으로 실현되는 시점까지 소요되는 기간이다. 정상영업주기를 명확히 식별할 수 없는 경우에는 그 기간이 12개월인 것으로 가정한다. 유동자산은 보고기간 후 12개월 이내에 실현될 것으로 예상되지 않는 경우에도 재고자산 및 매출채권과 같이 정상영업주기의 일부로서 판매, 소비 또는 실현되는 자산을 포함한다. 또한 유동자산은 주로 단기매매목적으로 보유하고 있는 자산(예: 기업회계기준서 제1039호에 따라 단기매매항목으로 분류되는 일부 금융자산 포함)과 비유동금융자산의 유동성 대체 부분을 포함한다.

유동부채

69 부채는 다음의 경우에 유동부채로 분류한다.

(1) 정상영업주기 내에 결제될 것으로 예상하고 있다.

(2) 주로 단기매매 목적으로 보유하고 있다.

(3) 보고기간 후 12개월 이내에 결제하기로 되어 있다.

(4) 보고기간 후 12개월 이상 부채의 결제를 연기할 수 있는 무조건의 권리를 가지고 있지 않다.

그 밖의 모든 부채는 비유동부채로 분류한다.

70 매입채무 그리고 종업원 및 그 밖의 영업원가에 대한 미지급비용과 같은 유동부채는 기업의 정상영업주기 내에 사용되는 운전자본의 일부이다. 이러한 항목은 보고기간 후 12개월 후에 결제일이 도래한다 하더라도 유동부채로 분류한다. 동일한 정상영업주기가 기업의 자산과 부채의 분류에 적용된다. 기업의 정상영업주기가 명확하게 식별되지 않는 경우 그 주기는 12개월인 것으로 가정한다.

71 기타 유동부채는 정상영업주기 이내에 결제되지는 않지만 보고기간 후 12개월 이내에 결제일이 도래하거나 주로 단기매매목적으로 보유한다. 이에 대한 예로는 기업회계기준서 제1039호에 따라 단기매매항목으로 분류된 일부 금융부채, 당좌차월, 비유동금융부채의 유동성 대체 부분, 미지급배당금, 법인세 및 기타 지급채무 등이 있다. 장기적으로 자금을 조달하며(즉, 기업의 정상영업주기내에 사용되는 운전자본의 일부가 아닌 경우) 보고기간 후 12개월 이내에 만기가 도래하지 아니하는 금융부채는 비유동부채이다. 이 경우 문단 74와 75의 규정을 충족하여야 한다.

72 다음 모두에 해당하는 경우라 하더라도 금융부채가 보고기간 후 12개월 이내에 결제일이 도래하면 이를 유동부채로 분류한다.

(1) 원래의 결제기간이 12개월을 초과하는 경우

(2) 보고기간 후 재무제표 발행승인일 전에 장기로 차환하는 약정 또는 지급기일을 장기로 재조정하는 약정이 체결된 경우

73 기업이 기존의 대출계약조건에 따라 보고기간 후 적어도 12개월 이상 부채를 차환하거나 연장할 것으로 기대하고 있고, 그런 재량권이 있다면, 보고기간 후 12개월 이내에 만기가 도래한다 하더라도 비유동부채로 분류한다. 그러나 기업에게 부채의 차환이나 연장에 대한 재량권이 없다면(예를 들어, 차환약정이 없는 경우), 차환가능성을 고려하지 않고 유동부채로 분류한다.

74 보고기간말 이전에 장기차입약정을 위반했을 때 대여자가 즉시 상환을 요구할 수 있는 채무는 보고기간 후 재무제표 발행승인일 전에 채권자가 약정위반을 이유로 상환을 요구하지 않기로 합의하더라도 유동부채로 분류한다. 그 이유는 기업이 보고기간말 현재 그 시점으로부터 적어도 12개월 이상 결제를 연기할 수 있는 무조건적 권리를 가지고 있지 않기 때문이다.

75 그러나 대여자가 보고기간말 이전에 보고기간 후 적어도 12개월 이상의 유예기간을 주는 데 합의하여 그 유예기간 내에 기업이 위반사항을 해소할 수 있고, 또 그 유예기간 동안에는 대여자가 즉시 상환을 요구할 수 없다면 그 부채는 비유동부채로 분류한다.

76 유동부채로 분류된 차입금의 경우 다음과 같은 사건이 보고기간말과 재무제표 발행승인일 사이에 발생하면 그러한 사건은 기업회계기준서 제1010호 '보고기간후사건'에 따라 수정을 요하지 않는 사건으로 주석에 공시한다.

(1) 장기로 차환

(2) 장기차입약정 위반사항의 해소

(3) 보고기간 후 적어도 12개월 이상 장기차입약정 위반사항을 해소할 수 있는 유예기간을 대여자로부터 부여받음

재무상태표 또는 주석에 표시되는 정보

77 기업은 재무제표에 표시된 개별항목을 기업의 영업활동을 나타내기에 적절한 방법으로 세분류하고, 그 추가적인 분류 내용을 재무상태표 또는 주석에 공시한다.

78 세분류상의 세부내용은 한국채택국제회계기준의 요구사항, 당해 금액의 크기, 성격 및 기능에 따라 달라진다. 문단 58에서 정하는 요소도 세분류 기준을 결정할 때 이용한다. 공시의 범위는 각 항목별로 다르며, 예를 들면 다음과 같다.

(1) 유형자산 항목은 기업회계기준서 제1016호에 따른 분류로 세분화한다.
(2) 채권은 일반상거래 채권, 특수관계자 채권, 선급금과 기타 금액으로 세분화한다.
(3) 재고자산은 기업회계기준서 제1002호 '재고자산'에 따라 상품, 소모품, 원재료, 재공품 및 제품 등으로 세분화한다.
(4) 충당부채는 종업원급여 충당부채와 기타 항목 충당부채로 세분화한다.
(5) 납입자본과 적립금은 자본금, 주식발행초과금, 적립금 등과 같이 다양한 분류로 세분화한다.

79 재무상태표, 자본변동표 또는 주석에 다음 항목을 공시한다.

(1) 주식의 종류별로 다음의 사항
  (가) 수권주식수
  (나) 발행되어 납입 완료된 주식수와 발행되었으나 부분 납입된 주식수
  (다) 주당 액면가액 또는 무액면주식이라는 사실
  (라) 유통주식수의 기초 수량으로부터 기말 수량으로의 조정내역
  (마) 배당의 지급 및 자본의 환급에 대한 제한을 포함하여 각 종류별 주식에 부여된 권리, 우선권 및 제한사항
  (바) 발행주식 중 당해 기업, 종속기업 또는 관계기업이 소유하고 있는 주식
  (사) 옵션과 주식 매도 계약에 따라 발행 예정된 주식(조건과 금액 포함)
(2) 자본을 구성하는 각 적립금의 성격과 목적에 대한 설명

80 파트너십이나 신탁과 같이 자본금이 없는 경우는 문단 79(1)의 규정에 상응하

는 정보를 공시한다. 따라서 지분의 각 범주별로 해당 기간 중 변동내용과 그 지분에 부여된 권리, 우선권과 제한사항을 공시한다.

80A 기업이 다음의 금융상품을 금융부채와 자본 간에 재분류하는 경우에는, 각 범주(금융부채나 자본)간에 재분류된 금액, 재분류의 시기와 이유를 공시한다.

(1) 지분상품으로 분류되는 풋가능 금융상품

(2) 발행자가 청산되는 경우에만 거래상대방에게 지분비율에 따라 발행자 순자산을 인도해야 하는 의무를 발행자에게 부과한 금융상품으로서 지분상품으로 분류되는 금융상품

포괄손익계산서

81 해당 기간에 인식한 모든 수익과 비용 항목은 다음 중 한 가지 방법으로 표시한다.

(1) 단일 포괄손익계산서

(2) 두 개의 보고서: 당기순손익의 구성요소를 표시하는 보고서(별개의 손익계산서)와 당기순손익에서 시작하여 기타포괄손익의 구성요소를 표시하는 보고서(포괄손익계산서)

포괄손익계산서에 표시되는 정보

82 포괄손익계산서에는 적어도 당해 기간의 다음 금액을 표시하는 항목을 포함한다.

(1) 수익

(2) 금융원가

(3) 지분법 적용대상인 관계기업과 조인트벤처의 당기순손익에 대한 지분

(4) 법인세비용

(5) 다음의 ㈎와 ㈏를 합한 금액

㈎ 세후 중단영업손익

㈏ 중단영업에 포함된 자산이나 처분자산집단을 순공정가치로 측정하거나 처분함에 따른 세후 손익

⑹ 당기순손익
⑺ 성격별로 분류되는 기타포괄손익의 각 구성요소(⑻의 금액은 제외)
⑻ 지분법 적용대상인 관계기업과 조인트벤처의 기타포괄손익에 대한 지분
⑼ 총포괄손익

83 다음 항목은 당해 기간의 배분항목으로서 포괄손익계산서에 공시한다.
⑴ 다음에 귀속되는 당기순손익
㈎ 비지배지분
㈏ 지배기업의 소유주
⑵ 다음에 귀속되는 당기의 총포괄손익
㈎ 비지배지분
㈏ 지배기업의 소유주

84 별개의 손익계산서(문단 81참조)에 문단 82⑴~⑹의 항목과 문단 83⑴의 공시를 표시할 수 있다.

85 기업의 재무성과를 이해하는 데 목적적합한 경우에는 포괄손익계산서와 별개의 손익계산서(표시하는 경우)에 항목, 제목 및 중간합계를 추가하여 표시한다.

86 기업의 다양한 활동, 거래 및 그 밖의 사건의 영향은 빈도, 손익의 가능성 및 예측가능성의 측면에서 상이하기 때문에, 재무성과의 구성요소에 대한 공시는 재무제표이용자가 달성된 재무성과를 이해하고 미래 재무성과를 예측하는데 도움을 준다. 재무성과의 구성요소를 설명하는데 필요하다면 추가 항목을 포괄손익계산서와 별개의 손익계산서(표시하는 경우)에 포함하고 사용된 용어와 항목의 배열을 수정한다. 이 때 중요성, 수익과 비용 항목의 성격 및 기능 등의 요소를 고려한다. 예를 들어, 금융회사는 금융회사의 사업목적에 적합한 정보를 제공하기 위해 용어를 수정할 수 있다. 문단 32의 요건을 충족하지 않는다면 수익과 비용은 상계하지 아니한다.

87 수익과 비용의 어느 항목도 포괄손익계산서, 별개의 손익계산서(표시하는 경우) 또는 주석에 특별손익 항목으로 표시할 수 없다.

당기순손익

88 한 기간에 인식되는 모든 수익과 비용 항목은 한국채택국제회계기준이 달리 정하지 않는 한 당기손익으로 인식한다.

89 일부 한국채택국제회계기준서는 특정항목을 당기손익 이외의 항목으로 인식하는 상황을 규정하고 있다. 기업회계기준서 제1008호는 그러한 두 가지 상황으로서 오류의 수정과 회계정책의 변경 효과를 규정하고 있다. 다른 한국채택국제회계기준서에서는 '개념체계'의 수익 또는 비용에 대한 정의를 충족하는 기타포괄손익의 구성요소를 당기손익에서 제외할 것을 요구하거나 허용한다(문단 7 참조).

기타포괄손익

90 기타포괄손익의 구성요소(재분류조정 포함)와 관련한 법인세비용 금액은 포괄손익계산서나 주석에 공시한다.

91 기타포괄손익의 구성요소는 다음 중 한 가지 방법으로 표시할 수 있다.

(1) 관련 법인세 효과를 차감한 순액으로 표시

(2) 기타포괄손익의 구성요소와 관련된 법인세 효과 반영 전 금액으로 표시하고, 각 항목들에 관련된 법인세 효과는 단일 금액으로 합산하여 표시

92 기타포괄손익의 구성요소와 관련된 재분류조정을 공시한다.

93 다른 한국채택국제회계기준서는 과거기간에 기타포괄손익으로 인식한 금액을 당기손익으로 재분류할지 여부와 그 시기에 대하여 규정하고 있다. 그러한 재분류를 이 기준서에서는 재분류조정으로 규정하고 있다. 재분류조정은 그 조정액이 당기손익으로 재분류되는 기간의 기타포괄손익의 관련 구성요소에 포함된다. 예를 들어, 매도가능금융자산의 처분으로 실현된 이익은 당기손익에 포함된다. 이러한 금액은 당기나 과거기간에 미실현이익으로 기타포괄손익에 인식되었을 수도 있다. 이러한 미실현이익은 총포괄손익에 이중으로 포함되지 않도록 미실현이익이 실현되어 당기손익으로 재분류되는 기간의 기타포괄손익에서 차감되어야 한다.

94 재분류조정은 포괄손익계산서나 주석에 표시할 수 있다. 재분류조정을 주석에 표시하는 경우에는 관련 재분류조정을 반영한 후에 기타포괄손익의 구성요소를 표시한다.

95 예를 들어, 재분류조정은 해외사업장을 매각할 때(기업회계기준서 제1021호 참조), 매도가능금융자산을 제거할 때(기업회계기준서 제1039호 참조), 위험회피예상거래가 당기손익에 영향을 미칠 때(현금흐름위험회피와 관련하여 기업회계기준서 제1039호 문단 100 참조) 발생한다.

96 재분류조정은 기업회계기준서 제1016호나 제1038호에 따라 인식한 재평가잉여금의 변동이나 기업회계기준서 제1019호 문단 93A에 따라 인식한 확정급여제도의 보험수리적손익에 의해서는 발생하지 않는다. 이러한 구성요소는 기타포괄손익으로 인식하고 후속 기간에 당기손익으로 재분류하지 않는다. 재평가잉여금의 변동은 자산이 사용되는 후속 기간 또는 자산이 제거될 때 이익잉여금으로 대체될 수 있다(기업회계기준서 제1016호와 제1038호 참조). 보험수리적손익은 기타포괄손익으로 인식된 기간에 이익잉여금으로 보고된다(기업회계기준서 제1019호 참조).

포괄손익계산서 또는 주석에 표시되는 정보

97 수익과 비용 항목이 중요한 경우, 그 성격과 금액을 별도로 공시한다.

98 수익과 비용 항목의 별도 공시가 필요할 수 있는 상황은 다음을 포함한다.

(1) 재고자산을 순실현가능가치로 감액하거나 유형자산을 회수가능액으로 감액하는 경우의 그 금액과 그러한 감액의 환입
(2) 기업 활동에 대한 구조조정과 구조조정 충당부채의 환입
(3) 유형자산의 처분
(4) 투자자산의 처분
(5) 중단영업
(6) 소송사건의 해결
(7) 기타 충당부채의 환입

99 기업은 비용의 성격별 또는 기능별 분류방법 중에서 신뢰성 있고 더욱 목적적합한 정보를 제공할 수 있는 방법을 적용하여 당기손익으로 인식한 비용의 분석내용을 표시한다.

100 문단 99의 분석내용은 포괄손익계산서나 별개의 손익계산서(표시하는 경우)에 표시할 것을 권장한다.

101 비용은 빈도, 손익의 발생가능성 및 예측가능성의 측면에서 서로 다를 수 있는 재무성과의 구성요소를 강조하기 위해 세분류로 표시한다. 분석내용은 두 가지 형태 중 하나로 제공된다.

102 분석의 첫 번째 형태는 성격별 분류이다. 당기손익에 포함된 비용은 그 성격(예: 감가상각비, 원재료의 구입, 운송비, 종업원급여와 광고비)별로 통합하며, 기능별로 재배분하지 않는다. 비용을 기능별 분류로 배분할 필요가 없기 때문에 적용이 간단할 수 있다. 비용의 성격별 분류의 예는 다음과 같다.

수익	X
기타 수익	X
제품과 재공품의 변동	X
원재료와 소모품의 사용액	X
종업원급여비용	X
감가상각비와 기타 상각비	X
기타 비용	X
총 비용	(X)
법인세비용차감전순이익	X

103 분석의 두 번째 형태는 기능별 분류법 또는 '매출원가'법으로서, 비용을 매출원가, 그리고 물류원가와 관리활동원가 등과 같이 기능별로 분류한다. 이 방법에서는 적어도 매출원가를 다른 비용과 분리하여 공시한다. 이 방법은 성격별 분류보다 재무제표이용자에게 더욱 목적적합한 정보를 제공할 수 있지만 비용을 기능별로 배분하는데 자의적인 배분과 상당한 정도의 판단이 개입될 수 있다. 비용의 기능별 분

류의 예는 다음과 같다.

수익	X
매출원가	(X)
매출총이익	X
기타 수익	X
물류원가	(X)
관리비	(X)
기타 비용	(X)
법인세비용차감전순이익	X

104 비용을 기능별로 분류하는 기업은 감가상각비, 기타 상각비와 종업원급여비용을 포함하여 비용의 성격에 대한 추가 정보를 공시한다.

105 비용의 기능별 분류 또는 성격별 분류에 대한 선택은 역사적, 산업적 요인과 기업의 성격에 따라 다르다. 두 방법 모두 기업의 매출 또는 생산 수준에 따라 직접으로 또는 간접으로 연계하여 변동함을 시사한다. 각 방법이 상이한 유형의 기업별로 장점이 있기 때문에 이 기준서는 신뢰성 있고 보다 목적적합한 표시방법을 경영진이 선택하도록 하고 있다. 그러나 비용의 성격에 대한 정보가 미래현금흐름을 예측하는 데 유용하기 때문에, 비용을 기능별로 분류하는 경우에는 추가 공시가 필요하다. 문단 104에서의 '종업원급여'는 기업회계기준서 제1019호에서의 의미와 동일하다.

자본변동표

106 자본변동표에 다음 항목을 표시한다.

(1) 지배기업의 소유주와 비지배지분에게 각각 귀속되는 금액으로 구분하여 표시한 해당 기간의 총포괄손익

(2) 자본의 각 구성요소별로, 기업회계기준서 제1008호에 따라 인식된 소급적용이나 소급재작성의 영향

(3) [국제회계기준위원회에 의하여 삭제됨]

⑷ 자본의 각 구성요소별로 다음의 각 항목에 따른 변동액을 구분하여 표시한, 기초시점과 기말시점의 장부금액 조정내역

㈎ 당기순손익

㈏ 기타포괄손익의 각 항목

㈐ 소유주로서의 자격을 행사하는 소유주와의 거래(소유주에 의한 출자와 소유주에 대한 배분, 그리고 지배력을 상실하지 않는 종속기업에 대한 소유지분의 변동을 구분하여 표시)

107 자본변동표나 주석에 당해 기간 동안에 소유주에 대한 배분으로 인식된 배당금액과 주당배당금을 표시한다.

108 문단 106에서 자본의 구성요소는 각 분류별 납입자본, 각 분류별 기타포괄손익의 누계액과 이익잉여금의 누계액 등을 포함한다.

109 보고기간시작일과 종료일 사이의 자본의 변동은 당해 기간의 순자산 증가 또는 감소를 반영한다. 소유주로서의 자격을 행사하는 소유주와의 거래(예: 출자, 기업자신의 지분상품의 재취득 및 배당) 및 그러한 거래와 직접 관련이 있는 거래원가에서 발생하는 변동을 제외하고는, 한 기간 동안의 자본의 총 변동은 그 기간 동안 기업 활동에 의해 발생된 차익과 차손을 포함한 수익과 비용의 총 금액을 나타낸다.

110 기업회계기준서 제1008호는 다른 한국채택국제회계기준서의 경과규정에서 달리 규정하는 경우를 제외하고, 실무적으로 적용할 수 있는 범위까지 회계정책의 변경효과에 대해 소급법의 적용을 요구하고 있다. 기업회계기준서 제1008호는 또한 오류수정에 대해서도 실무적으로 적용할 수 있는 범위까지 소급법을 적용하여 재작성할 것을 요구하고 있다. 한국채택국제회계기준이 자본의 다른 구성요소의 소급 수정을 요구하는 경우를 제외하고는 소급법을 적용한 수정과 재작성은 자본의 변동은 아니지만 이익잉여금 기초잔액의 수정을 초래한다. 문단 106⑵는 회계정책변경에 따른 각 자본항목의 수정사항 총액과 오류수정으로 인한 수정사항 총액을 각각 구분하여 자본변동표에 공시하도록 요구하고 있다. 이러한 수정사항은 과거의 각 기간과 당해 기간의 기초에 대하여 공시한다.

현금흐름표

111 현금흐름정보는 기업의 현금및현금성자산 창출능력과 기업의 현금흐름 사용 필요성에 대한 평가의 기초를 재무제표이용자에게 제공한다. 기업회계기준서 제1007호는 현금흐름 정보의 표시와 공시에 대한 요구사항을 규정하고 있다.

주석

구조

112 주석은 다음의 정보를 제공한다.

⑴ 재무제표 작성 근거와 문단 117~124에 따라 사용한 구체적인 회계정책에 대한 정보

⑵ 한국채택국제회계기준에서 요구하는 정보이지만 재무제표 어느 곳에도 표시되지 않는 정보

⑶ 재무제표 어느 곳에도 표시되지 않지만 재무제표를 이해하는 데 목적적합한 정보

113 주석은 실무적으로 적용 가능한 한 체계적인 방법으로 표시한다. 재무상태표, 포괄손익계산서, 별개의 손익계산서(표시하는 경우), 자본변동표 및 현금흐름표에 표시된 개별 항목은 주석의 관련 정보와 상호 연결시켜 표시한다.

114 주석은 재무제표이용자가 재무제표를 이해하고 다른 기업의 재무제표와 비교하는 데 도움을 줄 수 있도록 일반적으로 다음 순서로 표시한다.

⑴ 한국채택국제회계기준을 준수하였다는 사실(문단 16 참조)

⑵ 적용한 유의적인 회계정책의 요약(문단 117 참조)

⑶ 재무상태표, 포괄손익계산서, 별개의 손익계산서(표시하는 경우), 자본변동표 및 현금흐름표에 표시된 항목에 대한 보충정보. 재무제표의 배열 및 각 재무제표에 표시된 개별 항목의 순서에 따라 표시한다.

⑷ 다음을 포함한 기타 공시

㈎ 우발부채(기업회계기준서 제1037호 참조)와 재무제표에서 인식하지 아니한 계약상 약정사항

(나) 비재무적 공시항목, 예를 들어 기업의 재무위험관리목적과 정책(기업회계기준서 제1107호 참조)

115 경우에 따라 주석 내 개별 항목 배열순서의 변경이 필요하거나 바람직할 수 있다. 예를 들어, 금융상품의 공정가치 변동에 대한 정보는 포괄손익계산서나 별개의 손익계산서(표시하는 경우)와 관련되어 있고, 금융상품의 만기에 대한 정보는 재무상태표와 관련되어 있다 하더라도, 이 두 정보를 금융상품의 만기정보에 통합하여 표시할 수 있다. 그럼에도 불구하고 주석의 체계적인 구조는 실무적으로 적용가능한 한 유지하여야 한다.

116 재무제표의 작성 기준과 구체적 회계정책에 대한 정보를 제공하는 주석은 재무제표의 별도 부분으로 표시할 수 있다.

회계정책의 공시

117 유의적인 회계정책의 요약으로 다음 항목을 공시한다.

(1) 재무제표를 작성하는 데 사용한 측정기준

(2) 재무제표를 이해하는 데 목적적합한 기타의 회계정책

118 재무제표이용자에게 재무제표 작성의 기초가 된 측정기준(예: 역사적 원가, 현행원가, 순실현가능가치, 공정가치 또는 회수가능액)에 관한 정보를 제공하는 것은 중요하다. 왜냐하면 재무제표의 작성기준은 재무제표이용자의 분석에 유의적인 영향을 미치기 때문이다. 재무제표에 하나 이상의 측정기준을 사용한 경우, 예를 들어 특정 자산 집단을 재평가하는 경우, 각 측정기준이 적용된 자산과 부채의 범주를 표시한다.

119 경영진은 특정 회계정책의 공시 여부를 결정할 때 공시가 거래, 그 밖의 사건 및 상황이 보고된 재무성과와 재무상태에 어떻게 반영되었는지를 재무제표이용자가 이해하는 데 도움이 되는지를 고려한다. 특정 회계정책이 한국채택국제회계기준에서 허용되는 여러 대안 중에서 선택된 경우에 그러한 회계정책의 공시는 특히 재무제표이용자에게 유용하다. 참여자가 공동지배기업 투자지분의 인식방법으로 비

례연결을 사용하는지 또는 지분법을 사용하는지에 대한 공시를 한 예로 들 수 있다(기업회계기준서 제1031호 '조인트벤처 투자지분' 참조). 일부 한국채택국제회계기준서는 동 기준서가 허용하는 상이한 회계정책에 대한 경영진의 선택을 포함하여, 구체적으로 특정 회계정책의 공시를 요구한다. 예를 들어, 기업회계기준서 제1016호는 유형자산의 분류별로 사용된 측정기준의 공시를 요구한다.

120 재무제표이용자가 당해 기업의 유형에서 공시할 것이라고 기대하는 사업내용과 정책을 고려하여 공시한다. 예를 들어, 재무제표이용자는 법인세 납부대상 기업이 이연법인세 부채 및 자산을 포함한 법인세에 대한 회계정책을 공시할 것으로 기대한다. 기업이 유의적인 해외사업을 수행하거나 외화거래를 하는 경우에는 외환손익의 인식에 대한 회계정책의 공시를 기대할 것이다.

121 회계정책은 당기 및 과거기간의 금액이 중요하지 않은 경우에도 사업의 성격 때문에 유의적일 수 있다. 또 한국채택국제회계기준에서는 구체적으로 요구하지 않더라도 기업회계기준서 제1008호에 따라 선택하여 적용하는 유의적인 회계정책은 공시하는 것이 적절하다.

122 회계정책을 적용하는 과정에서 추정에 관련된 공시와는 별도로(문단 125 참조), 재무제표에 인식되는 금액에 유의적인 영향을 미친 경영진이 내린 판단은 유의적인 회계정책의 요약 또는 기타 주석 사항으로 공시한다.

123 경영진은 추정과는 별도로 기업의 회계정책을 적용하는 과정에서 재무제표에 인식되는 금액에 유의적인 영향을 미칠 수 있는 다양한 판단을 한다. 예를 들어, 경영진은 다음 사항의 결정을 위해 판단과정을 거친다.

⑴ 금융자산이 만기보유 투자자산인지의 여부

⑵ 금융자산과 리스자산의 소유권에 대한 대부분의 유의적인 위험과 효익이 실질적으로 다른 기업에 이전되었는지의 여부

⑶ 특정 매출이 실질적으로 차입거래이며 수익을 창출하지 않는 거래인지의 여부

⑷ 기업과 특수목적기업 간의 실질 관계를 고려했을 때 해당 기업이 특수

목적기업을 지배하고 있는지의 여부

124 문단 122에 따라 작성되는 공시사항의 일부는 다른 한국채택국제회계기준서에서도 요구한다. 예를 들어, 기업회계기준서 제1027호는 의결권 또는 잠재적인 의결권의 과반수를 직접으로 또는 종속기업을 통하여 간접으로 소유하고 있음에도 불구하고 종속기업이 아닌 피투자자로 보는 경우 기업의 소유지분이 지배관계를 형성하지 않는 이유를 공시하도록 요구하고 있다. 기업회계기준서 제1040호 '투자부동산'은 부동산의 분류가 어려운 경우, 자가사용부동산이나 정상영업활동에서 판매하기 위한 부동산과 구별하기 위하여 사용한 분류기준을 공시하도록 요구하고 있다.

추정 불확실성의 원천

125 미래에 대한 가정과 보고기간말의 추정 불확실성에 대한 기타 주요 원천에 대한 정보를 공시한다. 이러한 가정과 추정 불확실성에 대한 기타 주요 원천은 다음 회계연도에 자산과 부채의 장부금액에 대한 중요한 조정을 유발할 수 있는 유의적인 위험을 내포하고 있다. 따라서 이로부터 영향을 받을 자산과 부채에 대하여 다음 사항 등을 주석으로 기재한다.

(1) 자산과 부채의 성격

(2) 보고기간말의 장부금액

126 일부 자산과 부채의 장부금액은 불확실한 미래 사건이 보고기간말의 자산과 부채에 미치는 영향을 추정하여 결정해야 한다. 예를 들어, 유형자산의 분류별 회수가능액, 재고자산에 대한 기술적 진부화의 영향, 진행 중인 소송사건의 미래 결과에 따라 변동되는 충당부채, 그리고 퇴직연금채무와 같은 장기 종업원급여부채를 측정할 때 최근에 관측된 시장가격이 존재하지 않는 경우에는 미래지향적인 추정에 의존하게 된다. 이러한 추정을 할 때 현금흐름 또는 할인율에 대한 위험조정, 급여의 미래변동 및 그 밖의 원가에 영향을 미치는 가격의 미래변동과 같은 항목에 대한 가정이 필요하다.

127 문단 125에 따라 공시한 가정과 추정 불확실성에 대한 기타 원천은 경영진에게 가장 어렵고 주관적이고 복잡한 판단을 요구하는 추정과 관련이 있다. 불확실

성에 대한 미래 해소가능성에 영향을 주는 변수와 가정이 증가할수록 그러한 판단은 더욱 주관적이고 복잡해진다. 그에 따라 결과적으로 자산과 부채 장부금액의 중요한 조정 가능성은 일반적으로 증가하게 된다.

128 다음 회계연도에 장부금액이 중요하게 변동될 수 있는 유의적인 위험이 있는 자산과 부채라 할지라도 최근에 관측된 시장가격에 기초하여 보고기간말의 공정가치를 측정한 경우에는 문단 125에서 요구하는 공시를 하지 아니한다. 그러한 공정가치가 다음 회계연도에 중요하게 변동될 수도 있지만 그러한 변동은 보고기간말의 가정 또는 추정 불확실성에 대한 기타 원천에서 발생한 것은 아니다.

129 문단 125의 공시사항은 미래와 추정 불확실성에 대한 기타 원천에 대해 경영진이 내린 판단을 재무제표이용자가 이해하는 데 도움을 줄 수 있도록 표시한다. 제공하는 정보의 성격과 범위는 가정 및 그 밖의 상황의 성격에 따라 다르다. 그러한 공시사항의 예는 다음과 같다.

(1) 가정 또는 기타 추정 불확실성의 성격
(2) 계산에 사용된 방법, 가정 및 추정에 따른 장부금액의 민감도와 그 이유
(3) 불확실성의 영향을 받는 자산 및 부채의 장부금액과 관련하여 다음 회계연도 내에 예상되는 불확실성의 해소방안과 합리적으로 발생가능한 결과의 범위
(4) 불확실성이 계속 미해소 상태인 경우, 해당 자산 및 부채에 대하여 과거에 사용한 가정과의 차이에 대한 설명

130 이 기준서는 문단 125의 공시사항으로 예산정보 또는 미래예측을 공시하도록 요구하지 않는다.

131 보고기간말의 가정 또는 추정 불확실성의 기타 원천에 대한 잠재적 영향의 정도를 실무적으로 공시할 수 없는 경우가 있다. 이 경우 현재 알려진 정보에 의하면 다음 회계연도 중에 가정과 다른 결과가 발생하여 그 영향을 받는 자산과 부채의 장부금액이 중요하게 수정될 수도 있다는 사실을 공시해야 한다. 어떠한 경우라도 기업은 가정에 의해 영향을 받는 개별 자산이나 부채(또는 자산이나 부채의 집단)의

성격과 장부금액을 공시해야 한다.

132 회계정책을 적용하는 과정에서 경영진이 내린 특정 판단에 대한 문단 122의 공시는 문단 125의 추정 불확실성의 원천에 대한 공시와는 관련이 없다.

133 문단 125에서 요구하였을 가정 중 일부에 대한 공시를 다른 한국채택국제회계기준서에서 다루고 있다. 예를 들어, 기업회계기준서 제1037호는 특정 상황에서 유형별 충당부채에 영향을 미치는 미래 사건에 대한 주요 가정의 공시를 요구하고 있다. 기업회계기준서 제1107호는 공정가치를 장부금액으로 하는 금융자산 및 금융부채의 공정가치 추정에 사용한 유의적인 가정에 대해 공시를 요구하고 있다. 기업회계기준서 제1016호는 유형자산 중 재평가된 항목의 공정가치 추정에 사용한 유의적인 가정에 대해 공시를 요구하고 있다.

자본

134 재무제표이용자가 자본관리를 위한 기업의 목적, 정책 및 절차를 평가할 수 있도록 관련 정보를 공시한다.

135 문단 134를 준수하기 위해 다음 항목을 공시한다.

⑴ 자본관리를 위한 기업의 목적, 정책 및 절차에 대한 비계량적 정보(다음 사항을 포함한다)
- ㈎ 자본으로 관리하고 있는 항목에 대한 설명
- ㈏ 외부적으로 부과된 자본유지요건이 있는 경우, 그러한 요건의 내용과 그 요건이 자본관리에 어떻게 반영되고 있는지에 대한 내용
- ㈐ 자본관리의 목적을 어떻게 달성하고 있는지에 대한 내용

⑵ 자본으로 관리하고 있는 항목에 대한 계량적 자료의 요약. 일부 기업은 특정 금융부채(예: 일부의 후순위채무)를 자본의 일부로 간주한다. 또 다른 기업은 어떤 지분의 구성요소(예: 현금흐름위험회피에서 발생하는 구성요소)를 자본의 개념에서 제외하기도 한다.

⑶ 전기 이후 ⑴과 ⑵의 변경사항

⑷ 외부적으로 부과된 자본유지요건을 회계기간동안 준수하였는지의 여부

(5) 외부적으로 부과된 자본유지요건을 준수하지 아니한 경우, 그 미준수의 결과

이러한 공시는 기업의 주요 경영진에게 내부적으로 제공된 정보에 기초한다.

136 기업은 다양한 방법으로 자본을 관리할 수 있으며 여러 가지 상이한 자본유지요건이 있을 수 있다. 예를 들어, 어떤 대기업 집단은 보험업과 은행업을 영위하는 기업을 포함할 수 있으며, 그러한 기업은 여러 국가에서 운영될 수도 있다. 자본유지요건과 자본이 어떻게 관리되는지에 대한 통합 공시가 유용한 정보를 제공하지 못하거나 기업의 자본 원천에 대한 재무제표이용자의 이해를 왜곡시키는 경우, 기업은 각각의 자본유지요건별로 분리하여 정보를 공시한다.

자본으로 분류되는 풋가능 금융상품

136A 지분상품으로 분류되는 풋가능 금융상품에 대하여 다음 사항을 공시한다(단, 다른 곳에서 공시되지 않은 사항).

(1) 자본으로 분류되는 금액에 대한 양적요약자료

(2) 금융상품 보유자가 재매입 또는 상환을 요구할 때, 그 의무를 관리하기 위한 목적, 정책 및 절차(전기 이후의 변경사항 포함)

(3) 이러한 종류의 금융상품의 상환이나 재매입시 기대되는 현금유출액

(4) 상환이나 재매입시 기대되는 현금유출액의 결정 방법에 관한 정보

기타 공시

137 주석에는 다음 사항을 공시한다.

(1) 재무제표 발행승인일 전에 제안 또는 선언되었으나 당해 기간 동안에 소유주에 대한 분배금으로 인식되지 아니한 배당금액과 주당배당금

(2) 미인식 누적우선주배당금

138 다음 항목이 재무제표와 함께 공표된 기타 정보에 공시되지 않았다면 주석으로 공시한다.

(1) 기업의 소재지와 법적 형태, 설립지 국가 및 등록된 본점사무소(또는 등록된 본점사무소와 상이하다면, 주요 사업 소재지)의 주소

⑵ 기업의 영업과 주요 활동의 내용에 대한 설명

⑶ 지배기업과 연결실체 최상위 지배기업의 명칭

⑷ 존속기간이 정해진 기업의 경우 그 존속기간에 관한 정보

시행일과 경과규정

139 [한국회계기준원 회계기준위원회가 삭제함]

한139.1 이 기준서는 2011년 1월 1일 이후 최초로 개시하는 회계연도부터 적용한다. 다만, 한국채택국제회계기준 적용선택기업은 2009년 1월 1일 이후 개시하는 회계연도부터 적용할 수 있다.

한139.2 한국채택국제회계기준 적용선택기업이 이 기준서를 2009년 1월 1일 이후 개시하는 회계연도부터 적용하는 경우에는 문단 106의 개정 내용을 적용한다.

139A 기업회계기준서 제1027호(2008년 개정)는 이 기준서의 문단 106을 개정하였다. 이 개정 내용은 2009년 7월 1일 이후에 개시하는 회계연도부터 적용한다. 기업회계기준서 제1027호(2008년 개정)를 조기에 적용하는 경우에는 이 개정 내용도 동시에 적용한다. 이 개정 내용은 소급하여 적용한다.

139B [한국회계기준원 회계기준위원회가 삭제함]

139C [한국회계기준원 회계기준위원회가 삭제함]

§2 재무제표 양식

다음은 이 기준서의 내용에 따라 작성된 재무제표 및 주석으로 기재하는 포괄손익계산서 양식의 예시이다.

1. 재무상태표 양식

재 무 상 태 표

제×기 20××년×월×일 현재

제×기 20××년×월×일 현재

회사명 (단위 : 원)

과 목	당 기	전 기
자 산		
유동자산		
현금및현금성 자산	×××	×××
매출채권 및 기타채권	×××	×××
기타금융자산	×××	×××
재고자산	×××	×××
기타자산	×××	×××
유동자산 계	×××	×××
비유동자산		
대여금 및 수취채권	×××	×××
기타금융자산	×××	×××
관계기업투자	×××	×××
투자부동산	×××	×××
유형자산	×××	×××
무형자산	×××	×××
영업권	×××	×××
기타자산	×××	×××
비유동자산 계	×××	×××
매각예정자산	×××	×××
자산총계	×××	×××

과 목	당 기	전 기
부 채		
유동부채		
매입채무	×××	×××
기타금융부채	×××	×××
충당부채	×××	×××
미지급법인세	×××	×××
기타부채	×××	×××
유동부채 계	×××	×××
비유동부채		
금융부채	×××	×××
퇴직급여부채	×××	×××
이연법인세부채	×××	×××
기타부채	×××	×××
비유동부채 계	×××	×××
매각예정자산과 관련된 부채	×××	×××
부채총계	×××	×××
자 본		
지배기업소유주지분	×××	×××
납입자본	×××	×××
이익잉여금	×××	×××
기타자본요소	×××	×××
매각예정자산과 관련된 자본항목	×××	×××
비지배지분	×××	×××
자본총계	×××	×××
부채와 자본총계	×××	×××

2-1. 손익계산서 양식(중단사업손익이 있을 경우)

손 익 계 산 서

제×기 20××년×월×일부터 20××년×월×일까지

제×기 20××년×월×일부터 20××년×월×일까지

회사명 (단위 : 원)

과 목	당 기	전 기
수 익(매출액)	×××	×××
기타수익	×××	×××
제품과 재공품의 변동	(×××)	(×××)
원재료와 소모품사용액	(×××)	(×××)
종업원급여	(×××)	(×××)
감가상각비와 기타상각비	(×××)	(×××)
이자비용	(×××)	(×××)
기타비용	(×××)	(×××)
법인세비용차감전손익	×××	×××
법인세비용	(×××)	(×××)
계속영업손익	×××	×××
중단영업손익	×××	×××
당기순손익	×××	×××
기타포괄손익:		
매도가능금융자산평가손익	×××	×××
해외사업환산손익	×××	×××
파생상품평가손익	×××	×××
재평가잉여금	×××	×××
보험수리적손익	×××	×××
기타포괄손익과 관련된 법인세	(×××)	(×××)
세후기타포괄손익	×××	×××
총포괄손익	×××	×××
당기순손익의 귀속		
지배기업소유주	×××	×××
비지배지분	×××	×××
총포괄손익의 귀속		
지배기업소유주	×××	×××
비지배지분	×××	×××
주 당 손 익		
기본주당계속사업손익	×××	×××
기본주당순손익	×××	×××
희석주당계속사업손익	×××	×××
희석주당순손익	×××	×××

손 익 계 산 서

제×기 20××년×월×일부터　20××년×월×일까지
제×기 20××년×월×일부터　20××년×월×일까지

회사명 (단위 : 원)

과　　　목	당　기	전　기
수　　익	×××	×××
매출원가	(×××)	(×××)
매출총이익	×××	×××
기타수익	×××	×××
물류비	(×××)	(×××)
일반관리비	(×××)	(×××)
마케팅비용	(×××)	(×××)
이자비용	(×××)	(×××)
기타비용	(×××)	(×××)
법인세비용차감전손익	×××	×××
법인세비용	(×××)	(×××)
계속영업손익	×××	×××
중단영업손익	×××	×××
당기순손익	×××	×××
기타포괄손익:		
매도가능금융자산평가손익	×××	×××
해외사업환산손익	×××	×××
파생상품평가손익	×××	×××
재평가잉여금	×××	×××
보험수리적손익	×××	×××
기타포괄손익과 관련된 법인세	(×××)	(×××)
세후기타포괄손익	×××	×××
총포괄손익	×××	×××
당기순손익의 귀속		
지배기업소유주	×××	×××
비지배지분	×××	×××
총포괄손익의 귀속		
지배기업소유주	×××	×××
비지배지분	×××	×××
주 당 손 익		
기본주당계속사업손익	×××	×××
기본주당순손익	×××	×××
희석주당계속사업손익	×××	×××
희석주당순손익	×××	×××

2-2. 손익계산서 양식 (중단사업손익이 없을 경우)

손 익 계 산 서

제×기 20××년×월×일부터 20××년×월×일까지

제×기 20××년×월×일부터 20××년×월×일까지

회사명 (단위 : 원)

과 목	당 기	전 기
수 익(매출액)	×××	×××
기타수익	×××	×××
제품과 재공품의 변동	(×××)	(×××)
원재료와 소모품사용액	(×××)	(×××)
종업원급여	(×××)	(×××)
감가상각비와 기타상각비	(×××)	(×××)
이자비용	(×××)	(×××)
기타비용	(×××)	(×××)
법인세비용차감전손익	×××	×××
법인세비용	(×××)	(×××)
당기순손익	×××	×××
기타포괄손익:		
매도가능금융자산평가손익	×××	×××
해외사업환산손익	×××	×××
파생상품평가손익	×××	×××
재평가잉여금	×××	×××
보험수리적손익	×××	×××
기타포괄손익과 관련된 법인세	(×××)	(×××)
세후기타포괄손익	×××	×××
총포괄손익	×××	×××
당기순손익의 귀속		
지배기업소유주	×××	×××
비지배지분	×××	×××
총포괄손익의 귀속		
지배기업소유주	×××	×××
비지배지분	×××	×××
주 당 손 익		
기본주당계속사업손익	×××	×××
기본주당순손익	×××	×××
희석주당계속사업손익	×××	×××
희석주당순손익	×××	×××

손 익 계 산 서

제×기 20××년×월×일부터 20××년×월×일까지

제×기 20××년×월×일부터 20××년×월×일까지

회사명 (단위 : 원)

과 목	당 기)	전 기
수 익	×××	×××
매출원가	(×××)	(×××)
매출총이익	×××	×××
기타수익	×××	×××
물류비	(×××)	(×××)
일반관리비	(×××)	(×××)
마케팅비용	(×××)	(×××)
이자비용	(×××)	(×××)
기타비용	(×××)	(×××)
법인세비용차감전손익	×××	×××
법인세비용	(×××)	(×××)
당기순손익	×××	×××
기타포괄손익:		
매도가능금융자산평가손익	×××	×××
해외사업환산손익	×××	×××
파생상품평가손익	×××	×××
재평가잉여금	×××	×××
보험수리적손익	×××	×××
기타포괄손익과 관련된 법인세	(×××)	(×××)
세후기타포괄손익	×××	×××
총포괄손익	×××	×××
당기순손익의 귀속		
지배기업소유주	×××	×××
비지배지분	×××	×××
총포괄손익의 귀속		
지배기업소유주	×××	×××
비지배지분	×××	×××
주 당 손 익		
기본주당계속사업손익	×××	×××
기본주당순손익	×××	×××
희석주당계속사업손익	×××	×××
희석주당순손익	×××	×××

3. 자본변동표 양식

자 본 변 동 표

제×기 20××년×월×일부터 20××년×월×일까지

제×기 20××년×월×일부터 20××년×월×일까지

회사명________________________ (단위 : 원)

구 분	납입자본	이익잉여금	자본유지조정	기타포괄손익누계액	일반적립금	합계	비지배지분	자본총계
20××.×.×(보고금액)	×××	×××	×××	×××	×××	×××	×××	×××
회계정책변경누적효과		×××				×××	×××	×××
전기오류수정		×××				×××	×××	×××
수정후 기초잔액		×××				×××	×××	×××
전기 이익처분								
임의적립금의 이입		×××			(×××)			×××
연차배당		(×××)				(×××)	(×××)	(×××)
기타 이익잉여금처분		(×××)	×××		×××		(×××)	(×××)
기타 변동사항								
중간배당		(×××)				(×××)		(×××)
유상증자	×××					×××	×××	×××
자기주식취득	(×××)					(×××)		(×××)
기타포괄손익의 대체		×××		(×××)				
총포괄손익		×××		×××		×××		×××
20××.×.×(보고금액)	×××	×××	×××	×××	×××	×××	×××	×××
회계정책변경누적효과		×××				×××	×××	×××
전기오류수정		×××				×××	×××	×××
수정후 기초잔액		×××				×××	×××	×××
전기 이익처분								
임의적립금의 이입		×××			(×××)			×××
연차배당		(×××)				(×××)	(×××)	(×××)
기타 이익잉여금처분		(×××)	×××		×××		(×××)	(×××)
기타 변동사항								
중간배당		(×××)				(×××)		(×××)
유상증자	×××					×××	×××	×××
자기주식취득	(×××)					(×××)		(×××)
기타포괄손익의 대체		×××		(×××)				
총포괄손익		×××		×××		×××		×××
20××.×.×	×××	×××	×××	×××	×××	×××	×××	×××

4. 현금흐름표

현금흐름표(직접법)

제×기 20××년×월×일부터 20××년×월×일까지
제×기 20××년×월×일부터 20××년×월×일까지

회사명 (단위 : 원)

과 목	당 기	전 기
영업활동현금흐름		
고객으로부터 수취한 현금	×××	×××
공급자에게 지급한 현금	(×××)	(×××)
기타영업활동으로 수취한 현금	×××	×××
기타영업활동으로 지급한 현금	(×××)	(×××)
영업에서 창출된 현금	×××	×××
이자수입	×××	×××
이자지급	(×××)	(×××)
법인세지급	(×××)	(×××)
영업활동순현금흐름	×××	×××
투자활동현금흐름		
금융자산취득	(×××)	(×××)
금융자산처분	×××	×××
유형자산취득	(×××)	(×××)
유형자산처분	×××	×××
무형자산취득	(×××)	(×××)
투자활동순현금흐름	×××	×××
재무활동현금흐름		
차입금차입	×××	×××
차입금상환	(×××)	(×××)
주식발행	×××	×××
배당금지급	(×××)	(×××)
재무활동순현금흐름	×××	×××
현금및현금성자산의 환율변동효과	×××	×××
현금및현금성자산의 증가(감소)	×××	×××
기초의 현금및현금성자산	×××	×××
기말의 현금및현금성자산	×××	×××

현금흐름표(간접법)

제×기 20××년×월×일부터 20××년×월×일까지

제×기 20××년×월×일부터 20××년×월×일까지

회사명 (단위 : 원)

과 목	당 기	전 기
영업활동현금흐름		
법인세비용차감전이익	×××	×××
가감:		
영업현금흐름과 관련없는 손익제거	×××	×××
영업활동과 관련된 자산 · 부채의 증감	×××	×××
영업에서 창출된 현금	×××	×××
이자수입	×××	×××
이자지급	(×××)	(×××)
법인세지급	(×××)	(×××)
영업활동순현금흐름	×××	×××
투자활동현금흐름		
금융자산취득	(×××)	(×××)
금융자산처분	×××	×××
유형자산취득	(×××)	(×××)
유형자산처분	×××	×××
무형자산취득	(×××)	(×××)
투자활동순현금흐름	×××	×××
재무활동현금흐름		
차입금차입	×××	×××
차입금상환	(×××)	(×××)
주식발행	×××	×××
배당금지급	(×××)	(×××)
재무활동순현금흐름	×××	×××
현금및현금성자산의 환율변동효과	×××	×××
현금및현금성자산의 증가(감소)	×××	×××
기초의 현금및현금성자산	×××	×××
기말의 현금및현금성자산	×××	×××

§3 한국채택국제회계기준(K-IFRS) 목록

번호	제목	K-IFRS번호
IFRS1	한국채텍국제회계기준의 최초채택 (First-time Adoption of International Financial Reporting Standards)	1101
2	주식기준보상(Share-based Payment)	1102
3	사업결합(Business Combinations)	1103
4	보험계약(Insurance Contracts)	1104
5	매각예정비유동자산과 중단영업 (Non-current Assets Held for Sale and Discontinued Operations)	1105
6	광물자원의 탐사와 평가 (Exploration for and Evaluation of Mineral Resources)	1106
7	금융상품: 공시(Financial Instruments: Disclosures)	1107
8	영업부문(Operation Segments)	1108
IAS 1	재무제표의 표시(Presentation of Financial Statements)	1001
2	재고자산(Inventories)	1002
7	현금흐름표(Cash Flow Statements)	1007
8	회계정책, 회계추정의 변경 및 오류 (Accounting Policies, Changes in Accounting Estimates and Errors)	1008
10	보고기간후사건(Events After the Balance Sheet Date)	1010
11	건설계약(Construction Contracts)	1011
12	법인세(Income Taxes)	1012
16	유형자산(Property, Plant and Equipment)	1016
17	리스(Leases)	1017
18	수익(Revenue)	1018
19	종업원급여(Employee Benefits)	1019
20	정부보조금의 회계처리와 정부지원의 공시 (Accounting for Government Grants and Disclosure of Government Assistance)	1020
21	환율변동효과(The Effects of Changes in Foreign Exchange Rates)	1021
23	차입원가(Borrowing Costs)	1023
24	특수관계자 공시(Related Party Disclosures)	1024
26	퇴직급여제도에 대한 회계처리와 보고 (Accounting and Reporting by Retirement Benefit Plans)	1026
27	연결재무제표와 별도재무제표 (Consolidated and Separate Financial Statement)	1027
28	관계기업 투자(Investments in Associates)	1028
29	초인플레이션 경제에서의 재무보고	1029

	(Financial Reporting in Hyperinflationary Economies)	
31	조인트벤처 투자지분(Interests in Joint Ventures)	1031
32	금융상품: 표시 (Financial Instruments: Disclosure and Presentation)	1032
33	주당이익(Earnings Per Share)	1033
34	중간재무보고(interim Financial Reporting)	1034
36	자산손상(Impairment of Assets)	1036
37	충당부채, 우발부채 및 우발자산 (Provisions, Contingent Liabilities and Contingent Assets)	1037
38	무형자산(Intangible Assets)	1038
39	금융상품: 인식과 측정 (Financial Instruments: Recognition and Measurement)	1039
40	투자부동산(Investment Property)	1040
41	농림어업(Agriculture)	1041

연습문제 정답

3장

06 자본액은 자산 – 부채

자산(80,000 + 50,000 + 20,000 + 500,000) – 부채(40,000 + 110,000)
= 500,000

07 자산 = 자본 – 부채

500,000 – (30,000 + 50,000 + 20,000) = 400,000

08

<u>재무상태표</u>

강서상사 200x년 12월 31일 (단위 :)

자 산	금 액	부채 및 자본	금 액
현 금	200,000	매입채무	173,000
당좌예금	126,000	차 입 금	450,000
매출채권	96,000	미지급금	37,000
상 품	258,000	자 본 금	80,000
비 품	60,000		
합 계	740,000	합 계	740,000

09 **재무상태표**

사랑상사 200x년 4월 30일 (단위 :)

자 산	금 액	부채 및 자본	금 액
현 금	140,000	매입채무	210,000
당좌예금	430,000	차 입 금	100,000
매출채권	450,000	자 본 금	1,000,000
상 품	350,000	당기순이익	180,000
비 품	120,000		
합 계	1,490,000	합 계	1,490,000

10 자산 : 외상매출금, 비품, 현금, 건물, 대여금, 받을어음, 당좌예금

부채 : 차입금, 외상매입금, 지급어음

재무상태표

xx상사 200x년 xx월 xx일 (단위 :)

자 산	금 액	부채 및 자본	금 액
현 금	600,000	차 입 금	750,000
당 좌 예 금	600,000	외 상 매 입 금	360,000
대 여 금	300,000	지 급 어 음	150,000
받 을 어 음	240,000	자 본 금	1,650,000
외 상 매 출 금	150,000		
비 품	450,000		
건 물	570,000		
합 계	2,910,000	합 계	2,910,000

자본액 = 2,910,000 − 1,260,000 = 1,650,000

4장

02 **포괄손익계산서**

급 료	146,000	상품매매이익	264,000
잡 비	120,000	수 입 수 수 료	116,000
이 자 비 용	6,000		
순 이 익	108,000		
	380,000		380,000

03 순이익이 63,000이므로 기말자본금 A = 495,000 + 63,000 = 558,000

비용총액 B = 294,000 − 63,000 = 231,000

순이익이 −102,000이므로 기초자본금 C = 1,904,000 + 102,000 = 2,006,000

수익총액 D = 375,000 − 102,000 = 273,000

기말자본금이 기초자본금 보다 159,000많으므로 순이익 F = 159,000

비용총액 E = 252,000 − 159,000 = 93,000

04

재무상태표

현 금	159,000	외상매입금	165,000
외상매출금	165,000	차 입 금	237,000
상 품	57,000	자 본 금	120,000
비 품	150,000	순 이 익	9,000
	531,000		531,000

포괄손익계산서

급 료	30,000	상품매출이익	66,000
잡 비	12,000	수입수수료	18,000
이 자 비 용	33,000		
순 이 익	9,000		
	84,000		84,000

05 순이익 = 수익 − 비용

수익(11,000+12,000+250,000) −

비용(50,000+10,000+20,000+18,000+15,000+13,000+90,000) = 57,000

포괄손익계산서

상품매출원가	90,000	매 출 액	250,000
급 료	50,000	이 자 수 익	11,000
광 고 료	10,000	수입임차료	12,000
소 모 품 비	18,000		
여 비	13,000		
지 급 임 차 료	20,000		
잡 비	15,000		
당 기 순 이 익	57,000		
	273,000		273,000

06 4월 1일 자본액 = (20,000+90,000+50,000+100,000+120,000)−
(180,000) = 200,000

9월 30일 자본액 = (80,000+110,000+200,000+60,000+250,000)−
(130,000+70,000) = 500,000

재산법에 의하여 당기순이익을 계산하면 300,000

포괄손익계산서

여울상점 | 20x7년 4월 1일~9월 30일 | (단위 :)

급 료	65,000	상품매출이익	416,000
여 비	9,000	수입수수료	12,000
통 신 비	22,000	잡 이 익	16,000
보 험 료	10,000		
지급임차료	23,000		
이 자 비 용	11,000		
당기순이익	300,000		
	444,000		444,000

상품매출이익 = 444,000 − (12,000+16,000) = 416,000

07

포괄손익계산서

광명상회 | 20x8년 1월 1일~12월 31일 | (단위 :)

매 출 원 가	231,000	매 출	352,000
판매수수료	36,800	수 입 수 수 료	25,700
급 료	6,000	이 자 수 익	3,600
운 반 비	7,900	배 당 금 수 익	2,100
교 통 비	3,100	유형자산처분이익	18,000
감가상각비	33,000		
이 자 비 용	3,000		
잡 비	1,600		
화 재 손 실	40,000		
당기순이익	39,000		
	401,400		401,400

08 ② : 1,000,000 ⑥ : 106,000 ⑦ : 100,000 ③ : 당기순이익 ④ : 30,000
① : 330,000

09

재무상태표

중앙상회 | 20x8년 5월 31일 | (단위 :)

현 금	1,500,000	매 입 채 무	1,820,000
당 좌 예 금	1,250,000	차 입 금	1,750,000
매 출 채 권	770,000	자 본 금	2,500,000
상 품	925,000	당기순이익	450,000
비 품	75,000		
건 물	2,000,000		
	6,502,000		6,502,000

포괄손익계산서

중앙상회 20x8년 5월 1일~ 5월 31일 (단위 :)

급 료	80,000	상품매출이익	675,000
광 고 료	25,000	수입수수료	75,000
이 자 비 용	20,000		
지급임차료	175,000		
당기순이익	450,000		
	750,000		750,000

10 자본금 = (26,500+28,400+102,400+40,000+24,000) − 40,600 = 180,700

재무상태표

(단위 :)

현 금	50,600	외상매입금	37,200
외상매출금	32,000	차 입 금	20,000
상 품	148,600	자 본 금	180,700
비 품	28,400	당기순이익	61,700
건 물	40,000		
	299,600		299,600

포괄손익계산서

(단위 :)

영 업 비	27,240	상품매출이익	170,820
급 료	60,000		
광 열 비	13,420		
잡 비	8,460		
당기순이익	61,700		
	170,820		170,820

5장

01 (1), (4), (5), (7), (9), (10)

02 (1) 교환거래 (2) 손익거래 (3) 교환거래 (4) 손익거래 (5) 혼합거래

03 (1) 현금거래 (2) 현금거래 (3) 현금거래 (4) 전부대체거래 (5) 일부대체거래

04 (1) 자산의 증가 ↔ 자산의 감소 (2) 자산의 증가 ↔ 자산의 감소
(3) 자산의 증가 ↔ 자산의 감소
부채의 증가
(4) 비용의 발생 ↔ 자산의 감소
(5) 자산의 증가 ↔ 자산의 감소
수익의 발생

05 (1) 상품을 구입하고 그 대금을 수표 발행하여 지급하다.
(2) 상품을 외상으로 구입하다.
(3) 기존의 외상대금을 상환하다.
(4) 이달분 급료를 현금으로 지급하다.
(5) 이달 분 이자 비용을 아직 지급하지 않다.
(6) 이달 분 이자를 현금으로 수령하다.
(7) 원가 10,000의 상품을 13,000원에 외상매출하다.
(8) 상품을 구입하고 1/2은 현금을 지급하고 나머지는 추후에 지급하기로 하다.
(9) 차입금과 그 이자를 지급하기 위하여 약속어음을 발행하다.
(10) 출자자가 자본금의 일부를 인출해 가다.

06 (1) A (2) L (3) A (4) R (5) E (6) A (7) C (8) L (9) R (10) A

07 (1) Dr, Cr (2) Dr, Cr (3) Dr, Cr, Cr (4) Cr, Dr, Dr (5) Cr, Dr, Dr

08 ① 상품을 매출하다. ② 상품을 외상으로 구입하다. ③ 외상매출금을 받다.
④ 이자수익이 발생하다. ⑤ 이자비용이 발생하다.
⑥ 사적인 용도로 회사 자본을 인출하다.

09 (1) 현금 20,000 / 외상매출금 20,000 (2) 대여금 80,000 / 당좌예금 80,000
(3) 현금 30,000 / 차입금 20,000
자본금 10,000
(4) 보험료 12,000 / 현금 12,000
(5) 현금 88,000 / 대여금 80,000
이자수익 8,000
(6) 현금 20,000 / 당좌예금 20,000
(7) 소모품 5,000 / 현금 5,000 (8) 당좌예금 100,000 / 현금 100,000
(9) 지급임차료 3,000 / 현금 3,000 (10) 상품 40,000 / 외상매입금 40,000

10 (1) 상품 200,000원을 현금으로 구입하다.

(2) 이번 달 이자 3,500을 현금으로 받다
(3) 원가 40,000의 상품을 50,000에 외상매출하다.
(4) 외상매입금 10,000월 현금으로 지급하다.
(5) 급료 15,000을 현금 지급하다.

11 (1) 현금 100,000을 차입하다.
(2) 상품 50,000을 외상매입하다.
(3) 외상으로 매출한 대금 30,000을 현금으로 받다.
(4) 대여한 돈 60,000을 현금으로 받다.
(5) 이번 달 영업비 4,500을 현금으로 지급하다.
(6) 상품 80,000을 구입하고 수표를 발행하다.

12

1) 분개

(1) 현금 100,000 / 자본금 100,000
(2) 비품 20,000 / 현금 20,000
(3) 상품 80,000 / 현금 50,000
외상매입금 30,000
(4) 현금 30,000 / 상품 60,000
외상매출금 38,000 상품매출이익 8,000
(5) 외상매입금 15,000 / 현금 15,000
(6) 현금 30,000 / 외상매출금 30,000
(7) 영업비 10,000 / 현금 10,000
(8) 현금 50,000 / 차입금 50,000
(9) 이자비용 2,000 / 현금 2,000
(10) 잡비 3,000 / 현금 3,000

2) 약식계정

현 금

(1) 자 본 금	100,000	(2) 비 품	20,000
(4) 제 좌	30,000	(3) 상 품	50,000
(6) 외상매출금	30,000	(5) 외상매입금	15,000
(8) 차 입 금	50,000	(7) 영 업 비	10,000
		(9) 이 자 비 용	2,000
		(10) 잡 비	3,000

상 품

(3) 제 좌	80,000	(4) 제 좌	60,000

외상매출금

(4) 제 좌	38,000	(6) 현 금	30,000

비 품

(2) 현 금	20,000		

외상매입금

(5) 현 금	15,000	(3) 상 품	30,000

차 입 금

		(8) 현 금	50,000

자 본 금

		(1) 현 금	100,000

상품매출이익

		(4) 제 좌	8,000

영 업 비

(7) 현 금	10,000		

이 자 비 용

(9) 현 금	2,000		

잡 비

(10) 현 금	3,000		

3) 계정집계표

계정집계표

차변금액	계정과목	대변금액
210,000	현 금	100,000
80,000	상 품	60,000
38,000	외 상 매 출 금	30,000
20,000	비 품	
15,000	외 상 매 입 금	30,000
	차 입 금	50,000
	자 본 금	100,000
	상품매출이익	8,000
10,000	영 업 비	
2,000	이 자 비 용	
3,000	잡 비	
378,000		378,000

6장

01 1) 분개장

분 개 장

일자		적요		원면	차변	대변
4	1	(현 금)	제 좌		400,000	
			(차입금)			200,000
			(자본금)			200,000
		현금, 차입금으로 영업개시				
"	5	(비 품)			50,000	
			(현 금)			50,000
		비품 구입				
"	6	(보통예금)			200,000	
			(현 금)			200,000
		은행에 보통예금 하다.				
"	8	(상 품)	제 좌		150,000	
			(보통예금)			50,000
			(외상매입금)			100,000
		상품을 보통예금과 외상으로 구입				
"	10	(현 금)			5,000	
			(수입수수료)			5,000
		수수료 현금으로 받음.				
"	12	제 좌				
		(현 금)			80,000	
		(외상매출금)	제 좌		80,000	
			(상 품)			120,000
			(상품매출이익)			40,000
		상품 매출				
"	16	제 좌				
		(차입금)			100,000	
		(이자비용)	제 좌		7,000	
			(보통예금)			100,000
			(현 금)			7,000
		차입금 지급				
"	20	제 좌				
		(상 품)			170,000	
		(운 반 비)	제 좌		2,000	
			(외상매입금)			170,000
			(현 금)			2,000
		강남상사에서 상품 구입				
			차 면 에		1,244,000	1,244,000

분 개 장

일자		적 요	원면	차 변	대 변
		전면에서		1,244,000	1,244,000
4	22	(대여금)		20,000	
		(현 금)			20,000
		동문상점에 대여			
"	24	(현 금)		60,000	
		(외상매출금)			60,000
		서부상회에 대한 외상매출금 회수			
"	25	(급 료)		8,000	
		(현 금)			8,000
		금월분 급료 지급			
"	28	(외상매입금)		50,000	
		(현 금)			50,000
		동방상점에 대한 외상매입금 지급			
"	29	(보통예금)		120,000	
		(현 금)			120,000
		은행에 보통예금 하다.			
"	30	(잡 비)		3,000	
		(현 금)			3,000
		금월분 잡비 지급			
				1,505,000	1,505,000

2) 총계정원장(약식)

현 금

날짜	적요	금액	날짜	적요	금액
4/ 1	제 좌	400,000	4/ 5	비 품	50,000
10	수 입 수 수 료	5,000	6	보 통 예 금	200,000
12	제 좌	80,000	16	이 자 비 용	7,000
24	외 상 매 출 금	60,000	20	운 반 비	2,000
			22	대 여 금	20,000
			25	급 료	8,000
			28	외 상 매 입 금	50,000
			29	보 통 예 금	120,000
			30	잡 비	3,000

보통예금

날짜	적요	금액	날짜	적요	금액
4/ 6	현 금	200,000	4/8	상 품	50,000
29	현 금	120,000	16	차 입 금	100,000

외상매출금

4/12 제 좌	80,000	4/24 현 금	60,000

대 여 금

4/22 현 금	20,000		

상 품

4/ 8 제 좌	150,000	4/12 제 좌	120,000
20 외상매입금	170,000		

비 품

4/ 5 현 금	50,000		

차 입 금

		4/1 현 금	200,000

외상매입금

		4/ 8 상 품	100,000
		20 상 품	170,000

자 본 금

		4/ 1 현 금	200,000

상품매출이익

		4/12 제 좌	40,000

수입수수료

		4/10 현 금	5,000

이자비용

4/16 현 금	7,000		

급 료

4/25 현 금	8,000		

운 반 비

4/20 현 금	2,000		

잡 비

4/30 현 금	3,000		

02 1) 분개장

분 개 장

일	자	적 요	원면	차 변	대 변
4	1	제 좌			
		(현 금)		300,000	
		(건 물)		450,000	
		(자본금)			750,000
		현금, 건물 출자 하여 영업개시			
"	2	(비 품)		42,000	
		(현 금)			42,000
		책상, 의자 등 사무용 비품 구입			
"	3	(상 품)		75,000	
		(현 금)			75,000
		동부상점에서 상품 구입			
"	5	(상 품)		120,000	
		(외상매입금)			120,000
		서울상점에서 상품 외상 구입			
"	6	(현 금) 제 좌		105,000	
		(상 품)			90,000
		(상품매출이익)			15,000
		동일상점에 상품 매출			
"	7	(당좌예금)		60,000	
		(현 금)			60,000
		서울은행에 당좌거래 개설			
"	9	(외상매출금) 제 좌		60,000	
		(상 품)			54,000
		(상품매출이익)			6,000
		삼일상점에 상품 매출			
		차 면 에		1,212,000	1,212,000

분 개 장

일자		적 요	원면	차 변	대 변
		전면에서		1,212,000	1,212,000
"	11	(외상매입금)		90,000	
		(현 금)			90,000
		서울상점에 대한 외상매입금 상환			
"	13	(대 여 금)		60,000	
		(현 금)			60,000
		김정남에게 현금 대여			
"	15	(현 금)		45,000	
		(외상매출금)			45,000
		삼일상점에 대한 외상대금 회수			
4	18	(상 품)		45,000	
		(현 금)			45,000
		남문상점에서 상품 매입			
"	25	제 좌			
		(급 료)		18,000	
		(지급임차료)		1,500	
		(현 금)			19,500
		금월분 급료, 집세 지급			
"	30	(현 금)		2,100	
		(이자수익)			2,100
		대여금 이자 받음			
				1,473,600	1,473,600

2) 총계정원장(약식)

현 금

4/ 1 자 본 금	300,000	4/ 2 비 품	42,000
6 제 좌	105,000	3 상 품	75,000
15 외상매출금	45,000	7 당 좌 예 금	60,000
30 이 자 수 익	2,100	11 외상매입금	90,000
		13 대 여 금	60,000
		18 상 품	45,000
		25 제 좌	19,500

당좌예금

4/7 현 금	60,000		

외상매출금

4/9 제 좌	60,000	4/15 현 금	45,000

상 품

4/3 현 금	75,000	4/6 현 금	90,000
5 외 상 매 입 금	120,000	9 외 상 매 출 금	54,000

대 여 금

4/13 현 금	60,000		

비 품

4/2 현 금	42,000		

건 물

4/1 자 본 금	450,000		

외상매입금

4/11 현 금	90,000	4/5 상 품	120,000

자 본 금

		4/1 제 좌	750,000

상품매출이익

		4/6 현 금	15,000
		9 외 상 매 출 금	6,000

급 료

4/25 현 금	18,000		

지급임차료

4/25 현 금	15,000		

03 1) 분개장

분 개 장

일	자	적 요		원면	차 변	대 변
5	1	제 좌				
		(상 품)			800,000	
		(현 금)			1,200,000	
			(자본금)			2,000,000
		현금, 상품 출자 하여 영업개시				
"	2	(비 품)			200,000	
			(현 금)			200,000
		사무용 비품 구입				
"	4	(현 금)	제 좌		320,000	
			(상 품)			240,000
			(상품매출이익)			80,000
		A상점에 상품 매출				
"	5	(비 품)	제 좌		100,000	
			(현 금)			50,000
		(미지급금)				50,000
		사무용 비품 구입				
"	6	(상 품)			600,000	
			(외상매입금)			600,000
		관악상점에서 상품 매입				
"	7	제 좌				
		(현 금)			400,000	
		(외상매출금)	제 좌		400,000	
			(상 품)			640,000
			(상품매출이익)			160,000
		신림상전에 상품 매출				
"	8	(대여금)			400,000	
			(현 금)			400,000
		대전상회에 대여				
"	9	(외상매입금)	제 좌		400,000	
			(상 품)			240,000
			(상품매출이익)			160,000
		강동상회에 상품 매출하고, 외상대금 상환				
"	20	(수도광열비)			16,000	
			(현 금)			16,000
		금월분 수도료,전기료 지급				
"	25	(급 료)			40,000	
			(현 금)			40,000
		금월분 급료 지급				
			차 면 에		4,876,000	4,876,000

분 개 장

일자		적 요		원면	차 변	대 변
		전면에서			4,876,000	4,876,000
5	26	(현 금)	제 좌		460,000	
		(대 여 금)				400,000
		(이 자 수 익)				60,000
		대여금 회수				
"	29	(잡 비)			20,000	
			(현 금)			20,000
		금월분 잡비 지급				
					5,356,000	5,356,000

2) 총계정원장(약식)

현 금

5/ 1 자 본 금	1,200,000	5 /2 비 품	200,000
4 제 좌	320,000	5 비 품	50,000
7 제 좌	400,000	8 대 여 금	400,000
26 제 좌	460,000	20 수 도 광 열 비	16,000
		25 급 료	40,000
		29 잡 비	20,000

외상매출금

5/7 제 좌	400,000		

상 품

5/1 자 본 금	800,000	5/7 제 좌	640,000
6 외 상 매 입 금	600,000	9 외 상 매 입 금	240,000

대 여 금

5/8 현 금	400,000	5/26 현 금	400,000

비 품

5/2 현 금	200,000		
5 제 좌	100,000		

미지급금

		5/5 비 품	50,000

외상매입금

5/9 제 좌	400,000	5/6 상 품	600,000

자 본 금

		5/1 제 좌	2,000,000

상품매출이익

		5/4 현 금	80,000
		7 제 좌	160,000
		9 외 상 매 입 금	160,000

이자수익

		5/26 현 금	60,000

급 료

4/25 현 금	40,000		

수도광열비

5/20 현 금	16,000		

잡 비

5/29 현 금	20,000		

7장

01 1) 분개

① 현금 400,000 / 차입금 200,000
자본금 200,000

② 비품 50,000 / 현금 50,000

③ 당좌예금 200,000 / 현금 200,000

④ 상품 150,000 / 당좌예금 50,000
외상매입금 100,000

⑤ 현금 5,000 / 수입수수료 5,000

⑥ 현　　금 80,000 / 상　　품 120,000
외상매출금 80,000 상품매출이익 40,000

⑦ 차입금 100,000 / 당좌예금 100,000
이자비용 7,000　현　　금 7,000

⑧ 상　품 170,000 / 외상매입금 170,000
운반비 2,000　현　　금 2,000

⑨ 대여금 20,000 / 현금 20,000

⑩ 현금 60,000 / 외상매출금 60,000

⑪ 급료 8,000 / 현금 8,000

⑫ 외상매입금 50,000 / 현금 50,000

⑬ 당좌예금 120,000 / 현금 120,000

⑭ 잡비 3,000 / 현금 3,000

2) 총계정원장 전기 및 마감

현　금

일자		적요	분면	금액	일자		적요	분면	금액
	①	제좌		400,000		②	비품		50,000
	⑤	수입수수료		5,000		③	당좌예금		200,000
	⑥	제좌		80,000		⑦	이자비용		7,000
	⑩	외상매출금		60,000		⑧	운반비		2,000
						⑨	대여금		20,000
						⑪	급료		8,000
						⑫	외상매입금		50,000
						⑬	당좌예금		120,000
						⑭	잡비		3,000
							결산잔액		85,000
				545,000					545,000
		전기이월		85,000					

당좌예금

일자		적요	분면	금액	일자		적요	분면	금액
	③	현금		200,000		④	상품		50,000
	⑬	현금		120,000		⑦	차입금		100,000
							결산잔액		170,000
				320,000					320,000
		전기이월		170,000					

외상매출금

일자	적요	분면	금액	일자	적요	분면	금액
⑥	제 좌		80,000	⑩	현 금		60,000
					결 산 잔 액		20,000
			80,000				80,000
	전 기 이 월		20,000				

대 여 금

일자	적요	분면	금액	일자	적요	분면	금액
⑨	현 금		20,000		결 산 잔 액		20,000
			20,000				20,000
	전 기 이 월		20,000				

상 품

일자	적요	분면	금액	일자	적요	분면	금액
④	제 좌		150,000	⑥	제 좌		120,000
⑧	외상매입금		170,000		결 산 잔 액		200,000
			320,000				320,000
	전 기 이 월		200,000				

비 품

일자	적요	분면	금액	일자	적요	분면	금액
②	현 금		50,000		결 산 잔 액		50,000
			50,000				50,000
	전 기 이 월		50,000				

차 입 금

일자	적요	분면	금액	일자	적요	분면	금액
⑦	당 좌 예 금		100,000	①	현 금		200,000
	결 산 잔 액		100,000				
			200,000				200,000
					전 기 이 월		100,000

외상매입금

일자	적요	분면	금액	일자	적요	분면	금액
⑫	현 금		50,000	④	상 품		100,000
	결 산 잔 액		220,000	⑧	상 품		170,000
			270,000				270,000
					전 기 이 월		220,000

자 본 금

일자		적 요	분면	금 액	일자		적 요	분면	금 액
		결 산 잔 액		225,000		①	현 금		200,000
							손 익		25,000
				225,000					225,000
							전 기 이 월		221,000

상품매출이익

일자		적 요	분면	금 액	일자		적 요	분면	금 액
		손 익		40,000		⑥	제 좌		40,000
				40,000					40,000

수입수수료

일자		적 요	분면	금 액	일자		적 요	분면	금 액
		손 익		5,000		⑤	현 금		5,000
				5,000					5,000

이자비용

일자		적 요	분면	금 액	일자		적 요	분면	금 액
	⑦	현 금		7,000			손 익		7,000
				7,000					7,000

운 반 비

일자		적 요	분면	금 액	일자		적 요	분면	금 액
	⑧	현 금		2,000			손 익		2,000
				2,000					2,000

급 료

일자		적 요	분면	금 액	일자		적 요	분면	금 액
	⑪	현 금		8,000			손 익		8,000
				8,000					8,000

잡 비

일 자		적 요	분면	금 액	일 자		적 요	분면	금 액
	⑭	현 금		3,000			손 익		3,000
				3,000					3,000

손 익

일 자		적 요	분면	금 액	일 자		적 요	분면	금 액
		이 자 비 용		7,000			상품매출이익		40,000
		운 반 비		2,000			수 입 수 수 료		5,000
		급 료		8,000					
		잡 비		3,000					
		자 본 금		25,000					
				45,000					45,000

결산잔액

일 자		적 요	분면	금 액	일 자		적 요	분면	금 액
		현 금		85,000			차 입 금		100,000
		당좌 예금		170,000			외 상 매 입 금		220,000
		외상매출금		20,000			자 본 금		225,000
		대 여 금		20,000					
		상 품		200,000					
		비 품		50,000					
				545,000					545,000

개시잔액

일 자		적 요	분면	금 액	일 자		적 요	분면	금 액
		차 입 금		100,000			현 금		85,000
		외상매입금		220,000			당 좌 예 금		170,000
		자 본 금		225,000			외 상 매 출 금		20,000
							대 여 금		20,000
							상 품		200,000
							비 품		50,000
				545,000					545,000

3) 수익에 관한 계정의 대체분개
상품매출이익 40,000 / 손익 45,000
수입수수료 5,000

4) 비용에 관한 계정의 대체분개
손익 20,000 / 이자비용 7,000
운반비 2,000
급 료 8,000
잡 비 3,000

5) 손익계정의 마감
손익 25,000 / 자본금 25,000

6) 자산계정의 대체분개
결산잔액 545,000 / 현 금 85,000
당좌 예금 170,000
외상매출금 20,000
대 여 금 20,000
상 품 200,000
비 품 50,000

7) 부채.자본계정의 대체분개
차 입 금 100,000 / 결산잔액 545,000
외상매입금 220,000
자 본 금 225,000

8) 자산계정의 개시분개
현 금 85,000 / 개시잔액 545,000
당좌 예금 170,000
외상매출금 20,000
대 여 금 20,000
상 품 200,000
비 품 50,000

9) 부채.자본계정의 개시분개

개시잔액	545,000	/	차 입 금	100,000
			외상매입금	220,000
			자 본 금	225,000

03

잔 액 시 산 표

200x년 xx월 xx일

차변	원면	계정 과목	대변
66,000		현 금	
83,000		매 출 채 권	
45,000		대 여 금	
96,000		상 품	
30,000		비 품	
		매 입 채 무	70,000
		자 본 금	228,000
		상 품 매 출 이 익	50,000
		이 자 수 익	6,000
14,000		급 료	
20,000		영 업 비	
354,000			354,000

04

정 산 표

	시산표		포괄손익계산서		재무상태표	
	차 변	대 변	차 변	대 변	차 변	대 변
현 금	9,600				9,600	
외상매출금	5,500				5,500	
상 품	12,800				12,800	
비 품	3,500				3,500	
외상매입금		7,200				7,200
차 입 금		4,000				4,000
자 본 금		20,000				20,000
상품매출이익		3,200		3,200		
수입수수료		600		600		
급 여	1,500		1,500			
영 업 비	1,400		1,400			
이 자 비 용	700		700			
당기순이익			**200**			200
	35,000	35,000	3,800	3,800	31,400	31,400

05

잔 액 시 산 표

200x년 xx월 xx일

차변	원면	계정 과목	대변
14,000		현 금	
55,000		은 행 예 금	
40,000		비 품	
146,000		상 품	
250,000		건 물	
		차 입 금	50,000
		자 본 금	442,000
		상 품 매 매 이 익	35,000
		이 자 수 익	1,000
20,000		급 료	
3,000		잡 비	
528,000			528,000

07

정 산 표

매산상점 20xx년 XX월 XX일 (단위 : 원)

	시산표		포괄손익계산서		재무상태표	
	차 변	대 변	차 변	대 변	차 변	대 변
현 금	370,000				370,000	
매 출 채 권	318,000				318,000	
상 품	604,000				604,000	
비 품	98,000				98,000	
건 물	550,000				550,000	
토 지	445,000				445,000	
매 입 채 무		483,000				483,000
차 입 금		300,000				300,000
자 본 금		1,500,000				1,500,000
상품매매익		398,000		398,000		
수입수수료		12,000		12,000		
급 료	252,200		252,200			
통 신 비	9,800		9,800			
광 고 비	16,000		16,000			
이 자 비 용	30,000		30,000			
당기순이익			**102,000**			102,000
	2,693,000	2,693,000	410,000	410,000	2,385,000	2,385,000

08

포괄손익계산서

평안상사 200x년 4월 1일 ~ 200x년 3월 31일 (단위 :)

급 료	43,000	상 품 매 출 이 익	115,000
광 고 료	27,000	수 입 수 수 료	36,000
통 신 비	13,500		
이 자 비 용	2,500		
잡 비	7,000		
당 기 순 이 익	58,000		
	151,000		151,000

재 무 상 태 표

평안상사 200x년 3월 31일 (단위 :)

자 산	금 액	부채 및 자본	금 액
현 금	195,000	외 상 매 입 금	275,000
외 상 매 출 금	210,000	차 입 금	700,000
상 품	95,000	자 본 금	1,135,000
비 품	78,000	당 기 순 이 익	58,000
건 물	710,000		
토 지	880,000		
합 계	2,168,000	합 계	2,168,000

09 (1) 잔액시산표

잔 액 시 산 표

200x년 xx월 xx일

차변	원면	계정 과목	대변
47,000		현 금	
70,000		당 좌 예 금	
68,000		상 품	
82,000		비 품	
22,000		외 상 매 출 금	
		차 입 금	30,000
		외 상 매 입 금	32,000
		자 본 금	200,000
		상 품 매 출 이 익	38,000
		수 입 수 수 료	8,000
15,000		영 업 비	
4,000		이 자 비 용	
308,000			308,000

(2) 결산에 필요한 분개

1) 수익에 관한 계정의 대체분개

상품매출이익 38,000 / 손익 46,000
수입수수료 8,000

2) 비용에 관한 계정의 대체분개

손익 19,000 / 영업비 15,000
이자비용 4,000

3) 손익계정의 마감

손익 27,000 / 자본금 27,000

4) 자산계정의 대체분개

결산잔액 289,000 / 현 금 47,000
당좌 예금 70,000
상 품 68,000
비 품 82,000
외상매출금 22,000

5) 부채.자본계정의 대체분개

차 입 금 30,000 / 결산잔액 289,000
외상매입금 32,000
자 본 금 227,000

(3) 결산분개의 손익 a/c에의 전기

손 익

일자		적요	분면	금액	일자		적요	분면	금액
		영 업 비		15,000			상품매출이익		38,000
		이자비용		4,000			수입수수료		8,000
		자 본 금		27,000					
				456000					46,000

(4) 계정의 마감과 개시기입

현 금

일자	적 요	분면	금 액	일자	적 요	분면	금 액
			123,000				76,000
					결 산 잔 액		47,000
			123,000				123,000
	전 기 이 월		47,000				

당좌예금

일자	적 요	분면	금 액	일자	적 요	분면	금 액
			157,000				87,000
					결 산 잔 액		70,000
			157,000				157,000
	전 기 이 월		70,000				

상 품

일자	적 요	분면	금 액	일자	적 요	분면	금 액
			196,000				128,000
					결 산 잔 액		68,000
			196,000				196,000
	전 기 이 월		68,000				

비 품

일자	적 요	분면	금 액	일자	적 요	분면	금 액
			82,000		결 산 잔 액		82,000
			20,000				82,000
	전 기 이 월		82,000				

외상매출금

일자	적 요	분면	금 액	일자	적 요	분면	금 액
			92,000				70,000
					결 산 잔 액		22,000
			92,000				92,000
	전 기 이 월		92,000				

차 입 금

일 자	적 요	분면	금 액	일 자	적 요	분면	금 액
			60,000				90,000
	결 산 잔 액		30,000				
			90,000				90,000
					전 기 이 월		30,000

외상매입금

일 자	적 요	분면	금 액	일 자	적 요	분면	금 액
			54,000				86,000
	결 산 잔 액		32,000				
			86,000				86,000
					전 기 이 월		32,000

자 본 금

일 자	적 요	분면	금 액	일 자	적 요	분면	금 액
	결 산 잔 액		227,000				200,000
					손 익		27,000
			227,000				227,000
					전 기 이 월		227,000

상품매출이익

일 자	적 요	분면	금 액	일 자	적 요	분면	금 액
	손 익		38,000				38,000
			38,000				38,000

수입수수료

일 자	적 요	분면	금 액	일 자	적 요	분면	금 액
	손 익		8,000	⑤	현 금		8,000
			8,000				8,000

영 업 비

일 자	적 요	분면	금 액	일 자	적 요	분면	금 액
			15,000		손 익		15,000
			15,000				15,000

이자비용

일 자		적 요	분면	금 액	일 자		적 요	분면	금 액
				4,000			손 익		4,000
				4,000					4,000

(5) 정산표

정 산 표

xx상점 20xx년 XX월 XX일 (단위 : 원)

	시산표		포괄손익계산서		재무상태표	
	차 변	대 변	차 변	대 변	차 변	대 변
현 금	47,000				47,000	
당 좌 예 금	70,000				70,000	
상 품	68,000				68,000	
비 품	82,000				82,000	
외상매출금	22,000				22,000	
차 입 금		30,000				30,000
외상매입금		32,000				32,000
자 본 금		200,000				200,000
상품매출이익		38,000		38,000		
수입수수료		8,000		8,000		
영 업 비	15,000		15,000			
이 자 비 용	4,000		4,000			
당기순이익			**27,000**			27,000
	308,000	308,000	46,000	46,000	289,.000	289,000

10 기말정리사항 분개

① 잡손실 10,000 / 현금예금 10,000

② 대손충당금 50,000 / 외상매출금 50,000

③ 2,000,000 * 5% = 100,000

대손충당금환입 50,000 / 대손충당금 50,000

④ 매 입 1,900,000 / 이월상품 1,900,000

이월상품 2,000,000 매 입 2,000,000

⑤ 감가상각비 94,000 / 감가상각누계액 94,000

⑥ 소모품 20,000 / 소모품비 20,000

⑦ 이자비용 40,000 / 미지급이자비용 40,000

⑧ 선급화재보험료 40,000 / 화재보험료 40,000

⑨ 이자수익 140,000 / 선수이자수익 140,000

재 무 상 태 표

xx상사 200x년 xx월 xx일 (단위 :)

자 산	금 액	부채 및 자본	금 액
현금예금	1,490,000	외상매입금	1,500,000
외상매출금	2,000,000	차입금	1,000,000
이월상품	2,000,000	대손충당금	100,000
대여금	1,000,000	감가상각누계액	1,940,000
소모품	20,000	미지급이자비용	400,000
선급화재보험료	40,000	선수이자수익	140,000
건물	9,000,000	자본금	10,000,000
비품	400,000	당기순이익	870,000
	15,950,000		15,950,000

포괄손익계산서

xx상사 200x년 xx월 xx일 ~ 200x년 xx월 xx일 (단위 :)

비 용	금 액	수 익	금 액
매입	2,400,000	매출	6,250,000
소모품비	80,000	이자수익	400,000
급료	900,000	대손충당금환입	50,000
화재보험료	200,000		
이자비용	1,300,000		
감가상각비	940,000		
잡손실	10,000		
당기순이익	**870,000**		
	6,700,000		6,700,000

8장

02 (1) 상 품 300,000 / 당좌예금 220,000
당좌차월 80,000

(2) 현 금 200,000 / 외상매출금 200,000

(3) 당좌예금 70,000 / 현 금 150,000
당좌차월 80,000

(4) 이자비용 1,200 / 당좌예금 1,200

(5) 정기예금 50,000/ 당좌예금 50,000
(6) 당좌예금 30,000 / 외상매출금 30,000

04 (1) 상품 50,000을 구입하고, 25,000은 현금으로 지급하고, 20,000은 당점 발행 수표를 지급하고 나머지는 외상으로 하다.
(2) 외상매출금 140,000을 회수하여 당좌예금하다. 단 당좌차월 잔액이 60,000 있었다.
(3) 용도계에 수표를 발행하여 45,300을 선도하다.
(4) 현금 50,000을 당좌예금하다.

05 (1) 6/5 현금 시재액 2,560원이 부족함이 발견되다.
(2) 6/7 시재액 부족함이 잡비 1,560원 임이 확인되다.
(3) 6/8 현금과잉액 중 300원은 이유를 확인치 못해 잡수익계정으로 처리하다.
(4) 6/30 현금과부족 잔액 2,300원을 손익계정으로 대체하다.

06 (1) 정기예금 3,000,000 / 현금 3,000,000
(2) 보통예금 3,150,000 / 정기예금 3,000,000
이자수익 150,000
(3) 대체저금 300,000 / 현금 300,000
(4) 대체저금 1,500,000 / 외상매출금 1,500,000
(5) 당좌예금 3,600 / 대체저금 3,600
(6) 당좌예금 3,000,000 / 현금 3,000,000
(7) 현금 2,100,000 / 상품 2,100,000
(8) 받을어음 150,000 / 외상매출금 150,000
(9) 당좌예금 150,000 / 받을어음 150,000
(10) 상품 600,000 / 당좌예금 450,000
당좌차월 150,000
(11) 이자비용 50,000 / 현금과부족 150,000
잡 손 실 100,000
(12) 보통예금 8,700 / 이자수익 8,700
(13) 소액현금 135,450 / 당좌예금 135,450

07 (1) 유가증권 85,000,000 / 당좌예금 85,000,000
(2) 유가증권평가손실 5,000,000 / 유기증권 5,000,000
(3) 유가증권 1,500,000 / 유기증권평가이익 1,500,000

(4) 유가증권 300,000 / 유기증권평가이익 300,000
(5) 당좌예금 90,000,000 / 유 가 증 권 85,000,000
유가증권처분이익 5,000,000

9장

01 ① 235,000 − 210,000 = 25,000
② (b+c) − 130,000 = 105,000 그러므로 (b+c) = 235,000
③ 260,000 − 155,000 = 105,000

④ 105,000 − 15,000 = 90,000 ⑤ 105,000 − 25,000 = 80,000
⑥ 100,000 − 80,000 = 20,000

⑦ 95,000 + 40,000 = 135,000 ⑧ 120,000 − 100,000 = 20,000
⑨ 120,000 − 95,000 = 25,000

⑩ 145,000 + 80,000 = 225,000 ⑪ 185,000 − 55,000 = 130,000
⑫ 185,000 − 145,000 = 40,000

⑬ 115,000 + 65,000 = 180,000 ⑭ 40,000 + 110,000 = 150,000
⑮ 150,000 − 35,000 = 115,000

02 (a) 4 (b) 8 (c) 5 (d) 3 (e) 6 (f) 1 (g) 2 (h) 7

03 〈대체분개〉
① 매 입 35,000 / 이월상품 35,000
이월상품 60,000 매 입 60,000
② 손 익 54,200 / 매 입 54,200
③ 매 출 69,000 / 손 익 69,000

이월상품

	전기이월	35,000	①	매 입	35,000
①	매 입	60,000		**차기이월**	**60,000**
		95,000			95,000

매 입

차변	금액	대변	금액
매 입 액	80,000	환 출 액	2,000
매 입 제 비 용	3,000	에 누 리 액	1,800
① 이 월 상 품	35,000	① 이 월 상 품	60,000
		② 손 익	54,200
	118,000		118,000

매 출

차변	금액	대변	금액
환 입 액	4,000	매 출 액	75,000
에 누 리 액	2,000		
③ 손 익	69,000		
	75,000		75,000

손 익

차변	금액	대변	금액
② 매 입	54,200	③ 매 출	69,000

04 〈대체분개〉

① 매 입 30,000 / 이월상품 30,000
 이월상품 50,000 매 입 50,000
② 매 출 95,000 / 매 입 95,000
③ 매 출 27,000 / 손 익 27,000

이월상품

차변	금액	대변	금액
전 기 이 월	30,000	① 매 입	30,000
① 매 입	50,000	**차 이 기 월**	**50,000**
	80,000		80,000

매 입

차변	금액	대변	금액
매 입 채 무	120,000	에누리와환출	5,000
① 이 월 상 품	30,000	① 이 월 상 품	50,000
		② 매 출	95,000
	150,000		150,000

매 출

에누리와환입	8,000	매 출 채 권	130,000
② 매 입	95,000		
③ 손 익	27,000		
	130,000		130,000

손 익

		③ 매 출	27,000

05 〈분 개〉

(1) 매 입 122,000 / 당좌예금 50,000
매입채무 72,000

(2) 매입채무 20,000 / 매 입 20,000

(3) 현 금 30,000 / 매 출 100,000
매출채권 70,000 현 금 1,000
운 반 비 1,000

(4) 매 출 10,000 / 매출채권 10,000

〈대체분개〉

① 매 입 70,000 / 이월상품 70,000
이월상품 65,000 매 입 65,000

② 매 출 107,000 / 매 입 107,000

③ 손 익 17,000 / 손 익 17,000

이월상품

전 기 이 월	70,000	① 매 입	70,000
① 매 입	65,000	차 이 기 월	65,000
	135,000		135,000

매 입

제 좌	122,000	매 입 채 무	20,000
① 이 월 상 품	70,000	① 이 월 상 품	65,000
		② 매 출	107,000
	192,000		192,000

매 출

매출채권	10,000	제 좌	100,000
② 매 입	107,000	③ 손 익	17,000
	117,000		117,000

손 익

③ 매 출	17,000		

06

〈대체분개〉

① 매 입 95,000 / 이월상품 95,000
   이월상품 148,000 매 입 148,000
② 손 익 1,548,000 / 매 입 1,548,000
③ 매 출 1,636,000 / 손 익 1,636,000

이월상품

전기이월	95,000	① 매 입	95,000
① 매 입	148,000	**차기이월**	**148,000**
	243,000		243,000

매 입

매입액	1,620,000	환출액	35,000
매입운임	15,000	에누리액	5,000
보험료	6,000	① 이월상품	148,000
① 이월상품	95,000	② 손 익	1,548,000
	1,736,000		1,736,000

매 출

환입액	25,000	매출액	1,665,000
에누리액	4,000		
③ 손 익	1,636,000		
	1,665,000		1,665,000

손 익

차변	금액	대변	금액
② 매 입	1,548,000	③ 매 출	1,636,000

07 〈대체분개〉

① 매　　입　　830,000 / 이월상품　　830,000
　이월상품　1,396,000　　매　　입　1,396,000
② 매　　출　2,323,000 / 매　　입　2,323,000
③ 매　　출　　500,000 / 손　　익　　500,000

이월상품

차변	금액	대변	금액
전 기 이 월	830,000	① 매 입	830,000
① 매 입	1,396,000	**차 이 기 월**	**1,396,000**
	2,226,000		2,226,000

매 입

차변	금액	대변	금액
매 입 액	2,950,000	에 누 리	18,000
매 입 제 비 용	35,000	환 출 품	78,000
① 이 월 상 품	830,000	①② 이 월 상 품	1,396,000
		매 출	2,323,000
	3,815,000		3,815,000

매 출

차변	금액	대변	금액
에 누 리	21,000	매 출 액	2,890,000
환 입 품	46,000		
②② 매 입	2,323,000		
③③ 손 익	500,000		
	2,890,000		2,890,000

손 익

차변	금액	대변	금액
		③ 매 출	500,000

기말상품재고액 : 1,396,000원

08 〈대체분개〉

① 매　입　150,000 / 이월상품　150,000
　이월상품　200,000　매　입　200,000
② 손　익　797,000 / 매　입　797,000
③ 매　출　1,048,000 / 손　익　1,048,000

이월상품

전 기 이 월	150,000	① 매　입	150,000
① 매　입	200,000	**차 이 기 월**	**200,000**
	350,000		350,000

매　입

매 입 채 무	850,000	매 입 채 무	3,000
① 이 월 상 품	150,000	① 이 월 상 품	200,000
		② 손　익	797,000
	1,000,000		1,000,000

매　출

매 출 채 권	2,000	매 출 채 권	1,050,000
③ 손　익	1,048,000		
	1,050,000		1,050,000

손　익

② 매　입	707,000	③ 매　출	1,048,000

09 〈대체분개〉

① 상품재고손실　40,000 / 이월상품　100,000
　상품평가손실　60,000
② 매　입　600,000 / 이월상품　600,000
　이월상품　740,000　매　입　740,000
③ 손　익　1,820,000 / 매　입　1,820,000
④ 매　출　2,300,000 / 손　익　2,300,000
⑤ 손　익　100,000 / 상품재고손실　40,000
　　상품평가손실　60,000

이월상품

전 기 이 월	600,000	상품재고손실	40,000
② 매 입	740,000	상품평가손실	60,000
		② 매 입	600,000
		차 이 기 월	**640,000**
	1,340,000		1,340,000

매 입

매 입 액	1,960,000	② 이 월 상 품	740,000
② 이 월 상 품	600,000	③ 손 익	1,820,000
	2,560,000		2,560,000

매 출

④ 손 익	2,300,000	매 출 액	2,300,000

손 익

③ 매 입	1,820,000	④ 매 출	2,300,000
⑤ 상품재고손실	40,000		
⑤ 상품평가손실	60,000		

10 (1) 상품재고손실 1,000 / 이월상품 1,300
상품감모손실 300
(50*20) + (30*10) = 1,300
(2) 상품평가손실 3,980 / 이월살품 3,980
(920*4) + (30*10) = 3,980

10장

05 (1) 매입제비용 (2) 매출에누리 (3) 매출원가 (4) 당기순매입액

06 (4 * 20) + (5 * 40) + (4 * 40) = 440원

07

상품재고장

(선입선출법)

일자		적요	수입			인도			잔액		
			수량	단가	금액	수량	단가	금액	수량	단가	금액
7	1	매입채무	60	75	4,500				60	75	4,500
"	2	매입채무				10	75	750	50	75	3,750
"	3	당좌예금	50	85	4,250				50 50	75 85	3,750 4,250
"	4	매출채권				50	75	3,750	50	85	4,250
"	5	매출채권	50	5	250				50 50	85 5	4,250 250
"	6	현　　금				30	85	2,550	20 50	85 5	1,700 250
"	31	차기이월				20 50	85 5	1,700 250			
			160		9,000	160		9,000			
8	1	전기이월	20 50	85 5	1,700 250						

상품재고장

(총평균법)

일자		적요	수입			인도			잔액		
			수량	단가	금액	수량	단가	금액	수량	단가	금액
7	1	매 입 채 무	60	75	4,500				60		
"	2	매 입 채 무				10	56.25	562.5	50		
"	3	당 좌 예 금	50	85	4,250				100		
"	4	매 출 채 권				50	56.25	2,812.5	50		

“	5	매 출 채 권	50	5	250				100		
“	6	현 금				30	56.25	1,687.5	70	56.25	3,937.5
“	31	차 기 이 월				70	56.25	3,937.5			
			160	56.25	9,000	160		9,000			
8	1	전 기 이 월	70	56.25	3,937.5						

08 (선입선출법)

(100 * 500) + (400 * 600) = 290,000원

(총평균법)

(400,000 + 250,000 + 240,000) / 1,900 = 468.42105

500 * 468.42105 = 234,210원

09 **상품재고장**

(이동평균법)

일자		적요	수입			인도			잔액		
			수량	단가	금액	수량	단가	금액	수량	단가	금액
10	1	전기이월	200	700	140,000				200	700	140,000
“	3	매 입	300	720	216,000				500	712	356,000
“	10	매 출				200	712	142,400	300	712	213,600
“	15	매 출				200	712	142,400	100	712	71,200
“	20	매 입	300	750	225,000				400		296,200
“	27	매 출				200	740.5	148,100	200	740.5	148,100
“	31	차기이월				200	740.5	148,100			
			800		581,000	800		581,000			
8	1	전기이월	200	740.5	148,100						

매출원가 = (140,000 + 441,000 − 148,100) = 432,900
매출 = (200 * 800) + (200 * 850) + (200 * 900) = 510,000
매출총이익 = 510,000 − 432,900 = 77,100

10 (1) FIFO

상품재고장

을 상품 (선입선출법)

일자		적요	수입			인도			잔액		
			수량	단가	금액	수량	단가	금액	수량	단가	금액
6	1	전기이월	20	1,000	20,000				20	1,000	20,000
“	4	매 입	80	1,100	88,000				20	1,000	20,000
									80	1,100	88,000
“	12	매 출				20	1,000	20,000	40	1,100	44,000
						40	1,100	44,000			
“	18	매 입	50	1,200	60,000				40	1,100	44,000
									50	1,200	60,000
“	22	매 출				40	1,100	44,000	40	1,200	48,000
						10	1,200	12,000			
“	30	매 입	10	1,300	13,000				40	1,200	48,000
									10	1,300	13,000
“	30	차기이월				40	1,200	48,000			
						10	1,300	13,000			
			160		181,000	160		181,000			
8	1	전기이월	40	1,200	48,000						
			10	1,300	13,000						

당기매입액 = 161,000
매출원가 = 20,000 + 161,000 − 61,000 = 120,000
기말재고액 = 61,000

(2) LIFO

상품재고장

을 상품 (후입선출법)

일자		적요	수입			인도			잔액		
			수량	단가	금액	수량	단가	금액	수량	단가	금액
6	1	전기이월	20	1,000	20,000				20	1,000	20,000
"	4	매 입	80	1,100	88,000				20	1,000	20,000
									80	1,100	88,000
"	12	매 출				60	1,100	66,000	20	1,000	20,000
									20	1,100	22,000
"	18	매 입	50	1,200	60,000				20	1,000	20,000
									20	1,100	22,000
									50	1,200	60,000
"	22	매 출				50	1,200	60,000	20	1,000	20,000
									20	1,100	22,000
"	30	매 입	10	1,300	13,000				20	1,000	20,000
									20	1,100	22,000
									10	1,300	13,000
"	30	차기이월				20	1,000	20,000			
						20	1,100	22,000			
						10	1,300	13,000			
			160		181,000	160		181,000			
8	1	전기이월	20	1,000	20,000						
			10	1,100	22,000						
			10	1,300	13,000						

당기매입액 = 161,000

매출원가 = 20,000 + 161,000 − 55,000 = 126,000

기말재고액 = 55,000

(3) 이동평균법

상품재고장

을 상품 (이동평균법)

일자		적요	수입			인도			잔액		
			수량	단가	금액	수량	단가	금액	수량	단가	금액
6	1	전기이월	20	1,000	20,000				20	1,000	20,000
"	4	매 입	80	1,100	88,000				100	1,080	108,000
"	12	매 출				60	1,080	64,800	40	1,080	43,200
"	18	매 입	50	1,200	60,000				90	1,146	103,200
"	22	매 출				50	1,146	57,300	40	1,146	45,900
"	30	매 입	10	1,300	13,000				50	1,178	58,900
"	30	차기이월				50	1,178	58,900			
			160		181,000	160		181,000			
8	1	전기이월	50	1,178	58,900						

당기매입액 = 161,000

매출원가 = 20,000 + 161,000 − 58,900 = 122,100

기말재고액 = 58,900

(4) 총평균법

상품재고장

을 상품 (총평균법)

일자		적요	수입			인도			잔액		
			수량	단가	금액	수량	단가	금액	수량	단가	금액
6	1	전기이월	20	1,000	20,000				20		
"	4	매 입	80	1,100	88,000				100		
"	12	매 출				60	1,131.25	67,875	40		
"	18	매 입	50	1,200	60,000				90		

"	22	매　　출				50	1,131.25	56,562.5	40		
"	30	매　　입	10	1,300	13,000				50		
"	30	차기이월				50	1,131.25	56,562.5			
			160		181,000	160		181,000			
8	1	전기이월	50	1,178	58,900						

평균단가 = 181,000 / 160 = 1,131.25

당기매입액 = 161,000

매출원가 = 20,000 + 161,000 − 56,562.5 = 124,437.5

기말재고액 = 56,562.5

11장

01 (통제계정)

6월 3일	매　　입	71,200	/	당좌예금	30,000
				매입채무	40,000
				현　　금	1,200
17일	매입채무	17,000	/	매　　입	17,000
20일	당좌예금	10,000	/	매　　출	40,000
	매출채권	30,000			
25일	매　　입	93,000	/	매입채무	93,000
29일	매입채무	50,000	/	당좌예금	50,000

매출채권

6/20 매출	30,000	**6/30 차기이월**	**30,000**
7/1 전월이월	30,000		

매입채무

17 매입	50,000	6/ 1 전월이월	17,000
29 당좌예금	66,000	3 제좌	40,000
30 차기이월	**34,000**	25 매입	93,000
	150,000		150,000
		7/ 1 전기이월	34,000

(매입처원장)

매입처원장

안성상사

주소

전화

20xx년		적 요	차 변	대 변	차 또는 대	잔 액
6	1	전월이월		17,000	대	17,000
	3	상품 매입		40,000	"	57,000
	17	상품 환출 및 에누리	50,000		"	7,000
	25	상품 외상매입		93,000	"	100,000
	29	외상대금 지급	34,000		"	66,000
	30	**차월이월**	**66,000**			
			150,000	150,000		
7	1	전월이월		66,000	대	66,000

02 (1) 여비교통비 105,000 / 가지급금 100,000
현 금 5,000

(2) 매출채권 12,000 / 매 출 12,000

(3) 현 금 300,000 / 차입금 300,000

(4) 차 입 금 300,000 / 당좌예금 325,000
이자비용 25,000

(5) 현 금 10,000 / 매 출 30,000
상 품 권 20,000

03 (1) 상품 20,000을 외상으로 매출하다.

(2) 비품 15,000에 구입하고 5,000원은 현금을 지급하고 잔액은 외상으로 하다.

(3) 상품 구입을 주문하고 이에 대한 계약금으로 30,000을 수표 발행하여 지급하다.

(4) 차입금 200,000과 이에 대한 이자 5,000을 수표 발행하여 지급하다.

(5) 점원이 귀점하여 송금액을 확인하니 30,000은 거래처에서 회수한 외상대금이고, 40,000은 대여금을 회수한 것으로 밝혀지다.

04

외상매출금

6/ 1 전 기 이 월	150,000	25 외 상 매 입 금	100,000
9 매 출	100,000	30 현 금	130,000
23 매 출	45,000	**30 차 기 이 월**	**65,000**
	295,000		295,000
7/ 1 전 기 이 월	65,000		

매출처원장

종로상회

주소

전화

20xx년		적 요	차 변	대 변	차 또는 대	잔 액
6	1	전월이월	90,000		차	90,000
	23	상품 외상 매출	45,000		"	135,000
	25	외상대금 회수		100,000	"	35,000
	30	**차월이월**		**35,000**	"	
			135,000	135,000		
7	1	전월이월		35,000	차	35,000

신림상회

주소

전화

20xx년		적 요	차 변	대 변	차 또는 대	잔 액
6	1	전월이월	60,000		차	60,000
	9	상품 매출	100,000		"	160,000
	30	외상대금 회수		130,000	"	30,000
	30	**차월이월**		**30,000**	"	
			190,000	190,000		
7	1	전월이월		30,000	차	30,000

<u>**외상매입금**</u>

당 좌 예 금	95,000	6/ 1 전 월 이 월	80,000
26 **차 기 이 월**	**190,000**	6 매 입	70,000
30		13 매 입	80,000
		19 매 입	55,000
	285,000		285,000
		7/ 1 전 기 이 월	90,000

<u>**매입처원장**</u>

대림상회

주소

전화

20xx년		적 요	차 변	대 변	차 또는 대	잔 액
6	1	전월이월		50,000	대	50,000
	6	상품 매입		70,000	"	120,000
	19	상품 매입		55,000	"	175,000
	30	**차월이월**	**175,000**			
			175,000	175,000		
7	1	전월이월		175,000	대	175,000

영동상회

주소

전화

20xx년		적 요	차 변	대 변	차 또는 대	잔 액
6	1	전월이월		30,000	대	30,000
	13	상품 매입		80,000	"	110,000
	26	외상대금 지급	95,000		"	15,000
	30	**차월이월**	**15,000**			
			110,000	110,000		
7	1	전월이월		15,000	대	15,000

05 (a) 57, 000 (b) 50,000 (c) 140,000 (d) 220,000 (e) 38,000 (f) 68,000
(g) 118,000 (h) 45,000 (i) 30,000 (j) 72,000 (k) 102,000

06 (1) 선 급 금 30,000 / 현 금 30,000
(2) 가지급금 22,000 / 현 금 22,000

(3) 급 료 776,800 / 현 금 740,000
소득세예수금 36,800

07 (1) 가지급금 100,000 / 현 금 100,000
(2) 현 금 500,000 / 가 수 금 500,000
(3) 가 수 금 500,000 / 외상매출금 500,000
(4) 여비교통비 25,000 / 현 금 25,000

08 (1) 대손상각비 28,000 / 대손충당금 28,000
(2) 대손상각비 13,000 / 대손충당금 13,000
(3) 대손충당금 4,000 / 대손충당금환입 4,000

09 (1) 대손상각비 6,000 / 대손충당금 6,000
(2) 대손상각비 4,000 / 외상매출금 4,000
(3) 대손상각비 150,000 / 외상매출금 150,000
대손상각비 9,000 대손충당금 9,000
(4) 대손상각비 2,000 / 외상매출금 2,000
(5) 현 금 4,000 / 상각채권추심이익 4,000
(6) 대손상각비 30,000 / 외 상 매 출 금 30,000
대손충당금 7,600 대손충당금환입 7,600

10

		대손발생시 대손충당금 잔액				
		₩0	₩20,000	₩60,000	₩80,000	₩100,000
대손채권중전기분	₩0	-₩80,000	-₩60,000	-₩20,000	0	₩20,000
	₩10,000	-₩90,000	-₩70,000	-₩30,000	-₩10,000	₩10,000
	₩40,000	-₩120,000	-₩100,000	-₩60,000	-₩40,000	-₩20,000
	₩70,000	-₩150,000	-₩130,000	-₩90,000	-₩70,000	-₩50,000
	₩80,000	-₩160,000	-₩140,000	-₩100,000	-₩80,000	-₩60,000

12장

01 이론문제 생략

02 이론문제 생략

03 유형자산의 취득원가 결정 방법

(1) 구입에 의한 경우 : 순수구입가액이 사용준비에 소용된 부대비용을 가산하여 결정

(2) 자가건설의 경우 : 취득원가는 제조가액에 의해 결정된다. 이 제조가액에는 그 제작에 의한 재료비, 노무비, 제조간접비가 포함된다.

(3) 현물출자한 경우 : 창업시 유형자산을 취득하는 대가로 주식을 교부하는 경우를 말하며 현물출자에 대한 회계처리는 공정가액 또는 주식의 발행가액으로 결정한다.

(4) 교환에 의한 경우 : 낡은 유형자산과의 교환한 경우, 더욱이 현금을 수반하는 경우를 포함하여 신자산의 취득원가는 처분한 자본의 시장가액에 의해 결정한다.

(5) 무상으로 취득한 경우 : 기업이 적자가 누적되거나 자본이 잠식될 때 자본보전을 위한 증여받는 경우나 타기관으로부터 무상으로 증여받는 경우, 공정가액을 취득원가로 하나 시장가치 형성이 어려운 경우에는 감정가등에 의할 수 있다.

04 유형자산의 유형은 토지, 건물, 구축물, 기계장치, 건설 중인 자산, 기타의 자산으로 구분한다.

(1) 유형자산의 분류 : 유형자산은 토지, 건물, 구축물, 기계장치, 건설 중인 자산, 기타 자산등으로 분류하고 있다.

① 토지는 기업이 현재 영업활동에 사용되고 있는 토지를 말하며, 영업용 건물이 들어서 있는 대지, 그리고 농산물 생산·판매회사의 전답과 임야, 그리고 잡종지 등을 말한다. 이자산은 특성상 감가상각의 대상이 되지 않는다.

② 건물은 건물, 냉난방, 전기, 통신 및 기타의 건물부속설비 등이다.

③ 구축물은 건물과는 별개로 마련된 구조물로서 교량, 궤도, 갱도, 정원설비 및 기타의 토목설비 또는 공작물이다.

④ 기계장치는 기계장치, 운송설비와 기타의 부속설비 등이다.

⑤ 건설 중인 자산은 유형자산의 건설을 위한 재료비, 노무비 및 경비로 하되 건설을 위하여 지출한 도급금액등이 포함된다. 이 자산도 토지와 함께 감가상각의 대상이 되지 않는다.

⑥ 기타의 자산은 위에 속하지 않는 차량운반구, 선박, 비품, 공기구 등이다.

05 이론문제 생략

06 이론문제 생략

07 (1) (차) 수선비 50,000 / (대) 현금 50,000 (수익적 지출)
(2) (차) 개량비 250,000,000 / (대) 현금 250,000,000 (자본적 지출)
(3) (차) 수선비 30,000 / (대) 현금 30,000 (수익적 지출)
(4) (차) 수선비 3,000,000 / (대) 현금 3,000,000 (수익적 지출)
(5) (차) 개량비 5,000,000 / (대) 현금 5,000,000 (자본적 지출)

08 $감가액(매년) = \frac{39,000-4,000}{7} = 5,000$

5년간 감가액 5,000 × 5=25,000

(1) (차) 현금 30,000 / (대) 기계 39,000
감가상각비누계액 25,000 유형자산처분이익 16,000
(2) (차) 현금 24,000 / (대) 기계 39,000
감가누계액 25,000 유형자산처분이익 10,000
(3) (차) 현금 20,000 / (대) 기계 39,000
감가누계액 25,000 유형자산처분이익 6,000

09 (1) (차) 기계장치 1,300,000 / (대) 미지급금 1,200,000
현금 100,000
(2) (차) 토지,건물 2,000,000 / (대) 현금 2,000,000
(3) (차) 건물 500,000 / (대) 현금 500,000
(4) (차) 토지 2,250,000 / (대) 미지급금 1,500,000
현금 750,000
(5) (차) 미수금 1,500,000 / (대) 기계장치 2,000,000
감가누계액 1,000,000 유형자산처분이익 500,000
(6) (차) 특허권 600,0000 / (대) 당좌예금 550,000
현금 50,000
(7) (차) 특허권상각 60,000 / (대) 특허권 60,000
(8) 9차) 감가상각비 300,000 / (대) 감가상각누계액 300,000

$9,000,000 \times \frac{1,000}{30,000} = 300,000$

10 (1) 기계장치를 ₩270,000에 수표발행하여 구입하고, 설치비 30,000은 현금으로 지급하다.
(2) 건물이 ₩1,000,000 소실되어 보험사에서 600,000 배상키로 하다.
(3) 건물 ₩100,000이 도괴되어 허물키로 하다.

13장

01 이론문제 생략

02 분개
(1) (차) 사채상환기금 2,000,000 / (대) 당좌예금 2,000,000
(2) (차) 토지 6,300,000 / (대) 당좌예금 6,000,000
현금 300,000
(3) (차) 매도가능금융자산 950,000 / (대) 당좌예금 950,000
(4) (차) 당좌예금 18,000,000 / (대) 관계회사 투자주식 14,000,000
관계회사투자주식처분이익 4,000,000
(5) (차) 투자부동산 2,500,000 / (대) 당좌예금 2,500,000
(차) 현금 4,000,000 / (대) 투자부동산 2,500,000
유형자산처분이익 1,500,000

03 이론문제 생략

04 (1) (차) 창업비 1,500,000 / (대) 당좌예금 1,500,000
(2) (차) 창업비 상각 300,000 / (대) 창업비 300,000
(3) (차) 건물 8,000,000 / (대) 당좌예금 10,000,000
영업권 2,000,000
(4) (차) 특허권 1,500,000 / (대) 개발비 1,500,000
(5) (차) 제자산 1,700,000 / (대) 제부채 700,000
영업권 200,000 당좌예금 1,200,000
(6) (차) 사채발행비 900,000 / (대) 당좌예금 900,000

05 (1) (차) 만기보유금융자산 980,000 / (대) 당좌예금 980,000
(2) (차) 당좌예금 50,000 / (대) 유가증권이자수익 50,000
(3) (차) 만기보유금융자산 20,000 / (대) 만기보유금융자산평가이익 20,000
당좌예금 30,000 유가증권이자 30,000

06 (1) 분개없음

(2) (차) 전화기 512,000 / (대) 당좌예금 500,000
현금 12,000

(3) (차) 임차보증금 10,000,000 / (대)당좌예금 10,200,000
지급임차료 200,000

07 (1) (차) 창업비 5,200,000 / (대) 당좌예금 5,200,000

(2) (차) 창업비상각 1,040,000 / (대) 창업비 1,040,000

(3) (차) 개업비 450,000 / (대) 당좌예금 450,000

(4) (차) 개업비상각 150,000 / (대) 개업비 150,000

08 (1) (차) 현금·예금 2,000,000 / (대) 지급어음 5,000,000
외상매출금 3,000,000 외상매입금 8,000,000
상품 5,000,000 당좌예금 20,000,000
건물 17,000,000
비품 3,000,000
영업권 3,000,000

(2) (차) 영업권상각 6,000,000 / (대) 영업권 6,000,000

09 (1) 신제품 개발에 따른 연구비 ₩1,000,000 지급하다.

(2) 의장등록에 따른 비용으로 ₩ 500,000 지급하다.

(3) 영업권 가액 중 1/5인 (₩200,000) 당기에 상각하다.

(4) 특허권취득을 위한 개발비를 ₩1,000,000로 전환하다.
각종 부대비용₩60,000은 수표발행지급하다.

10 (1) (차) 개발비 200,000 / (대) 당좌예금 200,000

(2) (차) 개발비 100,000 / (대) 현금 100,000

(3) (차) 개발비 265,000 / (대) 현금 265,000

(4) (차) 개발비상각 113,000 / (대) 개발비 113,000

(5) (차) 특허권 522,000 / (대) 개발비 452,000
현금 70,000

$$(200{,}000+100{,}000+265{,}000) \times \frac{4}{5} + 70{,}000 = 522{,}000$$

(6) (차) 시험연구비 522,000 / (대) 개발비 522,000

14장

01 이론문제 생략

02 이론문제 생략

03 이론문제 생략

04 이론문제 생략

05 이론문제 생략

06 (1) (차) 지급집세 360,000 / (대) 현금 360,000
(2) (차) 선수임대료 1,200,000 / (대) 임대료 1,200,000
(3) (차) 할부미수금 3,000,000 / (대) 상품 3,000,000
당좌예금 500,000 할부미수금 500,000
(4) (차) 당좌예금 500,000 / (대) 할부미수금 500,000

07 (차) 현금 9,600,000 / (대) 사채 10,000,000
사채할인발행차금 400,000 당좌예금 400,000
사채발행비 400,000

08 (차) 현금 4,750,000 / (대) 사채 5,000,000
사채할인발행차금 250,000
(차) 사채발행비 300,000 / (대) 당좌예금 300,000

09 (1) (차) 현금 950,000 / (대) 현금 1,000,000
사채할인발행차금 50,000
(2) (차) 사채이자 30,000 / (대) 현금 30,000
(3) 분개없음
(4) (차) 사채 500,000 / (대) 사채상환미지급금 500,000
(5) (차) 사채 1,000,000 / (대) 현금 950,000
사채할인발행차금 20,000
사채상환이익 30,000

(6) (차) 감채기금 800,000 / (대) 현금 800,000
(7) (차) 감채기금 44,000 / (대) 예금이자 44,000
예금이자 44,000 현금 44,000
(8) (차) 사채 1,000,000 / (대) 감채기금 1,000,000
(9) (차) 미처분이익잉여금 800,000 / (대) 감채적립금 800,000
금전신탁 800,000 현금 800,000
(10) (차) 사채 2,000,000 / (대) 감채기금 2,000,000
(차) 감채적립금 2,000,000 / (대) 현금 2,000,000
(11) (차) 미처분이익잉여금 5,000,000 / (대) 퇴직급여충당부채 5,000,000
(12) (차) 퇴직급여 3,000,000 / (대) 현금 3,000,000
(13) (차) 미처분이익잉여금 1,400,000 / (대) 특별수선충당부채 1,400,000
(14) (차) 특별수선충당부채 2,400,000 / (대) 현금 3,000,000
수선비 600,000

10 (1) 거래처 외상대금 400,0000이 회수하여 당좌예금하다(당좌차월액 100,000있다)
(2) 상품 35,000원 매출하고 계약금 10,000을 공제하고 잔액을 수표로 받다.
(3) 거래처 미지급금을 30,000을 현금으로 지급하다.
(4) 단기차입금 10,000,000을 수표발행 상환하다.
(5) 법인세 미지급분 10,000,000을 수표발행 지급하다.

15장

01 이론문제 생략

02 이론문제 생략

03 이론문제 생략

04 이론문제 생략

05 이론문제 생략

06 (1) (차) 현금 500,000 / (대) 자본금 500,000

(2) (차) 인출금 7,000 / (대) 현금 5,000
매입 2,000
(3) (차) 전기료 3,500 / (대) 현금 5,000
인출금 1,500
(4) (차) 자본금 8,500 / (대) 인출금 8,500
(5) (차) 미처분이익잉여금 90,000 / (대) 자본금 90,000

자본금 a/c

차변	금액	대변	금액
인 출 금	8,500	현 금	50,000
차 기 이 월	131,500	미처분잉여금	90,000
	140,000		140,000

인출금 a/c

차변	금액	대변	금액
제 좌	7,000	자 본 금	8,500
현 금	1,500		
	8,500		8,500

07 (1) (차) 제자산 3,000,000 / (대) 제부채 2,000,000
자본금 1,000,000
(2) (차) 당좌예금 6,000,000 / (대) 청약증거금 6,000,000
(차) 청약증거금 6,000,000 / (대) 자본금 5,000,000
주식발행초과금 1,000,000
(3) (차) 자본금 5,000,000 / (대) 미처리결손금 5,000,000
(4) (차) 자본금 5,000,000 / (대) 미처분이익잉여금 5,000,000
(5) (차) 자본금 5,000,000 / (대) 미처분이익잉여금 6,000,000
주식상환손실 1,000,000

08 (차) 제자산 15,000 / (대) 제부채 7,000
자본금 5,000
합병차익 3,000

09 (1) (차) 이월이익잉여금 3,000,000 / (대) 미처분이익잉여금 18,000,000
손 익 15,000,000
(2) (차) 미처분이익잉여금 18,000,000 / (대) 이익준비금 2,000,000
배당금 3,000,000
감채적립금 1,000,000
배당적립금 6,500,000
별도적립금 2,250,000
이월이익잉여금 3,250,000

10 (1) (차) 손익 2,340,000 / (대) 미처분이익잉여금 2,500,000
이월이익잉여금 160,000
(2) (차) 미처분이익잉여금 2,500,000 / (대) 이익준비금 234,000
주주배당금 600,000
신축적립금 82,800
감채적립금 1,217,200
별도적립금 232,000
이월이익잉여금 134,000

11 (1) –발행시–
(차) 현금 3,500,000 / (대) 자본금 2,500,000
주식발행초과금 1,000,000
(자본잉여금)
(2) –감자시–
(차) 자본금 1,400,000 / (대) 현금 800,000
이월결손금 500,000
감자차익 100,000

12 (1) (차) 자본금 2,000,000 / (대) 이월결손금 1,200,000
감자차익 800,000

재무상태표

제 자 산	1,0800,000	제 부 채	5,000,000
		자 본 금	5,000,000
		자 본 잉 여 금	800,000
	10,800,000		10,800,000

13 Ⅰ) 20×7년 5월
(차) 배당건설이자 24,000 / (대) 현금 24,000
Ⅱ) 20×8년 5월
(차) 배당건설이자 32,000 / (대) 현금 32,000
Ⅲ) 20×9년 5월
(차) 미처분이익잉여금 64,000 / (대) 배당금 64,000
배당금 64,000 현금 64,000

Ⅳ) 상각처리시

(차) 미처분이익잉여금 56,000 / (대) 배당건설이자 56,000

16장

01 〈결산정리분개〉

1) 매입 150,000 / 이월상품 150,000
   이월상품 128,000 / 매입 128,000
2) 대손상각비 3,250/ 대손충당금 3,250
   (105,000×0.05−2,000)=3,250
3) 단기매매증권평가손실 10,000 / 단기매매증권 10,000
4) 선급보험료 1,200 / 보험료 1,200
5) 이자비용 800 / 미지급이자비용 800
6) 미수수수료 1,000 / 수입수수료 1,000
7) 감가상각비 14,000 / 감가상각누계액 14,000
8) 현금 700/ 잡이익 700

정 산 표

계정과목	시산표		정리기입		손익계산서		재무상태표	
	차변	대변	차변	대변	차변	대변	차변	대변
현금·예금	50,200		700				50,900	
받을어음	83,000						83,000	
이월상품	150,000		128,000	150,000			128,000	
단기매매증권	100,000			10,000			90,000	
외상매출금	105,000						105,000	
건물	140,000						140,000	
외상매입금		71,000						71,000
차입금		53,500						53,500
대손충당금		2,000		3,250				5,250
자본금		400,000						400,000
매입	340,000		150,000	128,000	362,000			
매출		470,000				470,000		
수입수수료		3,200		1,000		4,200		
영업비	23,000				23,000			
보험료	8,500			1,200	7,300			
	999,700	999,700						
대손상각비			3,250		3,250			
단기매매증권평가손실			10,000		10,000			
선급보험료			1,200				1,200	

이 지 비 용			800		800			
미지급이자비용				800				800
미 수 수 수 료			1,000				1,000	
감 가 상 각 비			14,000		14,000			
감 가 누 계 액				14,000				14,000
잡 이 익				700		700		
당 기 순 이 익					54,550			54,550
合 計			308,950	308,950	474,900	474,900	599,100	599,100

02

시 산 표

차변	계정과목	대변
437,000	현 금	
450,000	당 좌 예 금	
638,000	외 상 매 출 금	
24,000	선 급 비 용	
800,000	건 물	
	외 상 매 입 금	750,000
	미 지 급 비 용	380,000
	장 기 차 입 금	773,000
	자 본 금	138,000
	용 역 수 익	958,000
	잡 수 익	40,000
230,000	급 료	
120,000	보 험 료	
340,000	지 급 이 자	
3,039,000	合計	3,039,000

03 〈결산정리분개〉

1) 매입 28,000 / 이월상품 28,000
이월상품 25,000 / 매입 25,000

2) 감가상각비 12,000 / 건물감가누계액 9,000
/ 비품감가누계액 3,000

3) 대손상각비 200 / 대손충당금 200
(35,000×0.02−500)

4) 단기매매증권평가손실 3,000/단기매매증권 3,000

5) 현금 1,800/잡이익 1,800

6) 자본금 8,000/인출금 8,000

정 산 표

계정과목	시산표		정리기입		손익계산서		재무상태표	
	차변	대변	차변	대변	차변	대변	차변	대변
현 금 · 예 금	35,000		1,800				36,800	
당 좌 예 금	114,000						114,000	
외 상 매 출 금	35,000						35,000	
단 기 매 매 증 권	30,000			3,000			27,000	
건 물	180,000						180,000	
비 품	30,000						30,000	
이 월 상 품	28,000		25,000	28,000			25,000	
외 상 매 입 금		44,000						44,000
차 입 금		25,000						25,000
대 손 충 당 금		500		200				700
건 물 감 가 누 계 액		18,000		9,000				27,000
비 품 감 가 누 계 액		6,000		3,000				9,000
자 본 금		320,000	8,000					312,000
인 출 금	8,000			8,000				
매 입	140,500		28,000	25,000	143,500			
매 출		205,000				205,000		
수 입 수 수 료		2,500				2,500		
급 료	12,000				12,000			
영 업 비	8,500				8,500			
	639,000	639,000						
감 가 상 각 비			12,000		12,000			
대 손 상 각 비			200		200			
단기매매증권평가손실			3,000		3,000			
잡 이 익				1,800		1,800		
당 기 순 이 익					30,100			
合 計			78,000	78,000	209,300	209,300	447,800	447,800

04 1) 지급입차료 800/ 선급임차료800

2) 소모품비 380/ 소모품 380

3) 감가상각비 360/ 건물감가누계액 360

4) 급료 700/ 미지급급료 700

5) 지급이자 250/ 미지급이자 250

정 산 표

계정과목	수정전시산표		수정분개		수정후시산표		손익계산서		재무상태표	
	차변	대변	차변	대변	차변	대변	차변	대변	차변	대변
현 금	1,000				1,000				1,000	
외 상 매 출 금	3,500				3,500				3,500	
선 급 임 차 료	2,400			(800)	1,600				1,600	
소 모 품	1,900			(380)	1,520				1,520	
건 물	4,000				4,000				4,000	
건물감가누계액		360		(360)		720				720
외 상 매 입 금		700				700				700
자 본 금		6,000				6,000				6,000
용 역 수 입		12,040				12,040		12,040		
급 료	3,800		(700)		4,500		4,500			
영 업 비	2,500				2,500		2,500			
	19,100	19,100								
소 모 품 비			(380)		380		380			
건물감가상각비			(360)		360		360			
미 지 급 급 료				(700)		700				700
지 급 이 자			(250)		250		250			
미 지 급 이 자				(250)		250				250
지 급 임 차 료			(800)		800		800			
당 기 순 이 익							3,250			3,250
			2,490	2,490	20,410	20,410	12,040	12,040	11,620	11,620

05 〈결산정리분개〉

1) 매입 17,000 / 이월상품 17,000
   이월상품 16,500 / 매입 16,500
2) 미수이자 1,000 / 유가증권수입이자 1,000
3) 대손상각비 650 / 대손충당금 650 (25,000×0.05−600=650)
4) 감가상각비 1,600 / 감가상각누계액 1,600
5) 지급지대집세 3,000 / 미지급지대집세 3,000
6) 선급보험료 600 / 보험료 600

정 산 표

계정과목	시산표		정리기입		손익계산서		재무상태표	
	차변	대변	차변	대변	차변	대변	차변	대변
현 금 예 금	16,000						16,000	
받 을 어 음	20,000						20,000	
외 상 매 출 금	25,000						25,000	
단 기 매 매 증 권	28,000						28,000	
이 월 상 품	17,000		16,500	17,000			16,500	
비 품	8,000						8,000	
지 급 어 음		14,000						14,000
외 상 매 입 금		24,000						24,000
자 본 금		56,000						56,000
대 손 충 당 금		600		650				1,250
감각상각누계액		1,500		1,600				3,100
매 입	85,000		17,000	16,500	85,500			
매 출		100,000				100,000		
수 입 수 수 료		7,000				7,000		
잡 이 익		5,200				5,200		
이자비용 · 할인료	2,700				2,700			
보 험 료	3,600			600	3,000			
잡 비	3,000				3,000			
	208,300	208,300						
미 수 이 자			1,000				1,000	
수 입 이 자				1,000		1,000		
대 손 상 각 비			650		650			
감 가 상 각 비			1,600		1,600			
지 급 지 대 집 세			3,000		3,000			
미지급지대집세				3,000				3,000
선 급 보 험 료			600				600	
당 기 순 이 익					13,750			13,750
合 計			40,350	40,350	113,200	113,200	115,100	115,100

06 해답해설

a) 42,000(포괄손익계산서 기초재고액)

b) 108,000(포괄손익계산서 당기매입액)

c) 600,000(합산액)

d) 1,800(재무상태표 대손충당금–포괄손익계산서 대손상각비)(4,800–3,000)

e) 300,000(재무상태표액)
f) 4,200(합산액)
g) 600,000(=c액)
h) 4,800(시산표소모품−포괄손익계산서 소모품비 9,000−4,200)
i) 487,200(합산액)
j) 3,000(포괄손익계산서 영업비−시산표 영업비 10,200−7,200)
k) 9,000(합산차액)
l) 487,200(=i액)
m) 36,000(s+t−42,000−108,000)
n) 186,000(42,000+108,000+n=s+t)
o) 2,400(재무상태표 감가누계액−시산표누계액 50,400−48,000)
p) 1,200(시산표 보험료−재무상태표 선급보험료 1,800−600)
q) 9,000(재무상태표 k액)
r) 42,000(합산액)
s) 126,000(시산표 매출액)
t) 60,000(재무상태표 이월상품액)
u) 186,000(s+t)
v) 36,000(m액)
w) 42,000(=r액)

07 (기말정리사항)

1) 기말상품재고액 ₩600,000이다.
2) 소모품사용액 ₩52,000
3) 대손충당금액 ₩10,000으로 정정하다.
4) 비품의 원가 4%감가하다.
5) 이자미지급분 ₩1,000 계상
6) 보험료선급분 ₩6,000 계상

〈결산정리분개〉

1) 매입 450,000/ 이월상품 450,000
   이월상품 600,000/ 매입 600,000
2) 소모품비 52,000/ 소모품 52,000
3) 대손상각비 4,000/ 대손충당금 4,000
4) 감가상각비 10,000/ 감가누계액 10,000
5) 이자비용 1,000/ 미지급이자 1,000

6) 선급보험료 6,000/ 보험료 6,000

잔액시산표

차변	계정과목	대변
10,000	현 금	
65,000	당 좌 예 금	
372,000	외 상 매 출 금	
450,000	상 품	
64,000	소 모 품	
250,000	비 품	
	외 상 매 입 금	464,000
	단 기 차 입 금	240,000
	대 손 충 당 금	6,000
	감 가 상 각 누 계 액	56,000
	자 본 금	400,000
1,650,000	매 입	
	매 출	1,900,000
112,000	판 매 비	
30,000	급 료	
24,000	지 급 집 세	
16,000	이 자 비 용	
24,000	보 험 료	
19,000	잡 비	
	잡 이 익	20,000
3,086,000	合 計	3,086,000

08 다음 정산표를 완성하라.

정 산 표

계정과목	시산표		정리기입		포괄손익계산서		재무상태표	
	차변	대변	차변	대변	차변	대변	차변	대변
현 금	15,000						15,000	
당 좌 예 금	277,000						277,000	
외 상 매 출 금	245,000						245,000	
대 손 충 당 금		2,800		4,550				7,350
이 월 상 품	125,000		152,000	125,000			152,000	
비 품	200,000						200,000	
비품감가상각누계액		60,000		30,000				90,000
외 상 매 입 금		176,000						176,000
차 입 금		500,000						500,000

매　　　　입	675,000		125,000	152,000	648,000			
매　　　　출		878,200				878,200		
급　　　　료	50,000				50,000			
보　험　료	9,000			3,000	6,000			
영　업　비	21,000		5,000		26,000			
대 손 상 각 비			4,550		4,550			
감 가 상 각 비			30,000		30,000			
선 급 보 험 료			3,000				3,000	
미 지 급 영 업 비				5,000				5,000
당 기 순 이 익					113,650			113,650
合　　　　計	1,617,000	1,617,000	319,550	319,550	878,200	878,200	892,000	892,000

09 〈결산정리분개〉

1) 매입 1,000 / 이월상품 1,000
   이월상품 1,500 / 매입 1,500
2) 감가상각비 450 / 건물감가누계액 450
3) 감가상각비 300 / 비품감가누계액 300
4) 미수이자 50 / 이자수익 50
5) 대손상각비 240 / 대손충당금 240
6) 잡비 100 / 미지급잡비 100
7) 선급보험료 30 / 보험료 30

정 산 표

계정과목	시산표		정리기입		포괄손익계산서		재무상태표	
	차변	대변	차변	대변	차변	대변	차변	대변
현　　　금	200						200	
당 좌 예 금	2,000						2,000	
단기매매증권	5,100						5,100	
매 출 채 권	6,000						6,000	
이 월 상 품	1,000		1,500	1,000			1,500	
비　　　품	3,000						3,000	
건　　　물	9,000						9,000	
매 입 채 무		5,000						5,000
미 지 급 금		2,000						2,000
자　본　금		15,000						15,000
매　　　입	27,000		1,000	1,500	26,500			
급　　　여	1,450				1,450			

이 자 비 용	200				200			
보 험 료	100			30	70			
잡 비	250		100		350			
매 출		33,200				33,200		
이 지 수 익		100		50		150		
	55,300	55,300						
감 가 상 각 비			750		750			
건물감가누계액				450				450
비품감가누계액				300				300
미 수 이 자			50				50	
대 손 상 각 비			240		240			
대 손 충 당 금				240				240
미 지 급 잡 비				100				100
선 급 보 험 료			30				30	
당 기 순 이 익					3,790			3,790
合 計			3,670	3,670	33,350	33,350	26,880	26,880

10 〈기말정리사항〉

1) 기말상품재고액 250,000
2) 기말상품재고액 감모분 50,000계상
3) 단기매매증권 ₩300,000으로 평가인상하다.
4) 영업권상각 10,000계상
5) 특허권상각 15,000계상
6) 건물원가의 4%, 비품 10%감가상각예상
7) 할부매출미실현이익 ₩100,000계상
8) 수수료미수분 30,000계상
9) 보험료 선급분 15,000계상
10) 이자할인료 25,000계상
11) 대손충당금 57,000으로 정정
12) 통신비 미지급분 5,200계상

잔액시산표

차변	계정과목	대변
30,000	현금	
400,000	받을어음	
1,000,000	외상매출금	
500,000	할부미수금	
300,000	이월상품	
280,000	단기매매증권	
1,000,000	건물	
300,000	비품	
50,000	영업권	
85,000	특허권	
	지급어음	550,000
	외상매입금	460,000
	퇴직급여	100,000
	건물감가누계액	200,000
	비품감가누계액	100,000
	차입금	700,000
	대손충당금	45,000
	자본금	1,000,000
2,500,000	매입	
	매출	3,530,000
	할부판매	1,500,000
	수입수수료	35,000
845,000	영업비	
150,000	통신비	
400,000	급료	
60,000	보험료	
320,000	이자할인료	
8,220,000	合計	8,220,000

17장

05

정 산 표

계정과목	시산표		정리기입		손익계산서		재무상태표	
	차변	대변	차변	대변	차변	대변	차변	대변
현 금	50,000						50,000	
매 출 채 권	1,000,000						1,000,000	
상 품	150,000		200,000	150,000			200,000	
비 품	400,000						400,000	
건 물	500,000						500,000	
영 업 권	50,000						50,000	
매 입 채 무		350,000						350,000
비품감가누계액		100,000		28,000				128,000
건물감가누계액		50,000		100,000				150,000
자 본 금		1,000,000						1,000,000
매 입	2,500,000		150,000	200,000	2,450,000			
매 출		3,000,000				3,000,000		
수 수 료 수 익		100,000				100,000		
유형자산처분이익		150,000				150,000		
사 채 상 환 이 익		50,000				50,000		
이월이익잉여금		200,000				200,000		
판 매 비	80,000				80,000			
보 험 료	150,000			10,000	140,000			
유형자산처분손실	50,000				50,000			
재 해 손 실	70,000				70,000			
	5,000,000	5,000,000						
대 손 상 각 비			20,000		20,000			
대 손 충 당 금				20,000				20,000
감 가 상 각 비			128,000		128,000			
선 급 보 험 료			10,000				10,000	
당 기 순 이 익					562,000			562,000
合 計			508,000	508,000	3,500,000	3,500,000	2,210,000	2,210,000

〈결산분개〉

1) 매입 150,000 / 상품 150,000
   상품 200,000 / 매입200,000

2) 대손상각비 20,000 / 대손충당금 20,000

3) 감가상각비 128,000 / 건물감가누계액 100,000
비품감가누계액 28,000

4) 선급보험료 10,000/ 보험료 10,000

18장

01 이론문제 해답생략

02 이론문제 해답생략

03 이론문제 해답생략

04 〈풀이〉 계정요약

외상매출금

기초 49,000 증가 7,000	기말 56,000
56,000	56,000

단기매매증권

기초 20,000 증가 15,000	기말 35,000
35,000	35,000

재고자산

기초 60,000	기말 40,000 감소 20,000
60,000	60,000

선급임차료

기초 40,000 증가 10,000	기말 50,000
50,000	50,000

외상매입금

기말 54,000	기초 40,000 증가 14,000
54,000	54,000

미지급법인세

기말 4,000 감소 1,000	기초 5,000
5,000	5,000

미지급급료

기말 8,000	기초 4,000 증가 4,000
8,000	8,000

기계장치

기초 130,000 증가 30,000	기말 16,000
160,000	16,000

감가상각누계액

기말 35,000	기초 25,000 증가 10,000
35,000	35,000

영업권

기초 50,000	기말 46,000 상각 4,000
50,000	50,000

단기차입금

기말 8,000 상환 2,000	기초 10,000
10,000	10,000

장기차입금

기말 70,000 상환 10,000	기초 80,000
80,000	80,000

자본금		자본잉여금		이익잉여금	
기말 100,000	기초 100,000	기말 30,000	기초 30,000	기말 49,000	기초 36,000
				배당금10,000	순이익23,000
100,000	100,000	30,000	30,000	59,000	59,000

현금흐름표

Ⅰ. 영업활동으로 인한 현금흐름		66,000
1. 당기순이익	23,000	
2. 현금의 유출이 없는 비용의 가산		
감가상각비	10,000	
영업권 상각	4,000	
3. 영업활동으로 인한 자산·부채의 변동		
재고자산의 감소	20,000	
외상매입금의 증가	14,000	
미지급급료의 증가	4,000	
외상매출금의 증가	(7,000)	
선급임차료의 증가	(1,000)	
미지급법인세의 감소	(1,000)	
Ⅱ. 투자활동으로 인한 현금 흐름		(45,000)
1. 투자활동으로 인한 현금유입액		
2. 투자활동으로 인한 현금유출액		
단기매매증권의 증가	(15,000)	
기계장치의 취득	(30,000)	
Ⅲ 재무활동으로 인한 현금흐름		(22,000)
1. 재무활동으로 인한 현금유입액		
2. 재무활동으로 인한 현금유출액		
단기차입금의 상환	(2,000)	
장기차입금의 상환	(10,000)	
배당금의 지급	(10,000)	
Ⅳ. 현금의 감소		(1,000)
Ⅴ 기초의 현금		17,000
Ⅵ. 기말의 현금		16,000

05

현금

차변	대변
기초4,900,000	기말4,680,000 감소 220,000
4,900,000	4,900,000

외상매출금

차변	대변
기초1,300,000 증가 330,000	기말1,630,000
1,630,000	1,630,000

재고자산

차변	대변
기존1,000,000 증가 200,000	기말1,200,000
1,200,000	1,200,000

선급비용

차변	대변
기초1,050,000 증가 990,000	기말2,040,000
2,040,000	2,040,000

외상매입금

차변	대변
기말1,100,000	기초 800,000 증가 300,000
1,100,000	1,100,000

미지급비용

차변	대변
기말 500,000	기초 300,000 증가 200,000
500,000	500,000

미지급배당금

차변	대변
기말 400,000	기초 0 증가 400,000
400,000	400,000

사채

차변	대변
기말 1,000,000 자본전환1,000,000	기초2,000,000
2,000,000	2,000,000

자본금

차변	대변
기말7,000,000	기초 6,000,000 사채전환1,000,000
7,000,000	7,000,000

건물

차변	대변
기초 2,000,000 취득 800,000	기말 2,100,000 처분 420,000 감가누가액300,000 유형자산처분이익 (20,000)
2,800,000	2,800,000

감가상각누계액

차변	대변
기말1,200,000처분 300,000	기초1,000,000 설정 500,000
1,500,000	1,500,000

재고자산

차변	대변
기말 450,000 증가 400,000	기초 150,000 순이익700,000
850,000	850,000

현금흐름표

Ⅰ. 영업활동으로 인한 현금흐름		560,000
1. 당기순이익	700,000	
2. 현금의 유출이 없는 비용의 가산		
감가상각비	500,000	
3. 현금유입이 없는 수익의 차감		
유형자산처분이익	(20,000)	
4. 영업활동으로 인한 자산·부채의 변동		
외상매입금의 증가	300,000	
미지급비용의 증가	200,000	
미지급배당금의 증가	400,000	
외상매출금의 증가	(330,000)	
재고자산의 증가	(200,000)	
선급비용의 증가	(990,000)	
Ⅱ. 투자활동으로 인한 현금 흐름		(380,000)
1. 투자활동으로 인한 현금유입액		
건물의 처분	420,000	
2. 투자활동으로 인한 현금유출액		
건물의 취득	(800,000)	
Ⅲ 재무활동으로 인한 현금흐름		(400,000)
1. 재무활동으로 인한 현금유입액		
2. 재무활동으로 인한 현금유출액		
배당금의 지급	(400,000)	
Ⅳ. 현금의 감소		(220,000)
Ⅴ 기초의 현금		4,900,000
Ⅵ. 기말의 현금		4,680,000

찾아보기

ㅇ

저자약력

▸ **金然洙**

- 전북대학교 상과대학 졸업
  동 대학원 졸업
  경영학박사(전남대학교)

- 목포대학교 기획실장, 교무차장, 교수평의회 의장
- 목포대학교 경영행정대학원장
- 사법시험 출제위원
- 한국상업교육학회 회장
- 한국국제회계학회 회장
- 한국회계정보학회 부회장
- 한국기업경영학회 부회장

- 現) 목포대학교 경영대학 교수
  세무사, 경영지도사

〈著書 및 論文〉

- 현대재무제표론(박영사)
- 현대회계원리(박영사)
- 회계학연습(금성출판사)
- 보험회계(세학사)
- 현대회계이론(두남출판사)
- 보험사 회계관리(심성생명)
- 의사결정회계의 계량적 분석방법에 관한 연구
- 정률법에 의한 종합상각률 산정가능성에 대한 연구 등 다수

▸ **韓承祐**

- 전주대학교 경상대학 졸업
  전북대학교 대학원 졸업
  경영학박사(대전대학교)

- 한국상업교육학회 회원
- 한국국제회계학회 이사

- 現) 서일대학 겸임교수
  대전대학교, 한국방송통신대학교 등 외래교수
  경영지도사, 기술지도사

〈著書 및 論文〉

- 창업 & 경영(범한)
- 경영학개론(범한)
- 입문 재무관리(범한)
- DEA모형을 이용한 새마을금고의 경영효율성 측정
- 간이 경영분석기구개발에 관한 연구 등 다수

회계원리 - ACCOUNTING K-IFRS : 개정2판

초　판 1쇄 발행 —— 2010년 3월 10일
개 정 판 1쇄 발행 —— 2011년 2월 25일
개정2판 1쇄 발행 —— 2013년 8월 30일
지은이 —— 김 연 수 · 한 승 우
펴낸이 —— 전 두 표
펴낸데 —— 도서출판 두남
서울시 강동구 성내로6길 34-16 두남빌딩
신 고 : 제25100-1988-9호
TEL : 02) 478-2065, 2066, 2067, 2311
FAX : 02) 478-2068
E-mail : dunam1@unitel.co.kr
http://www.dunam.co.kr

정가 26,000원

ISBN 978-89-6414-451-0 93320